首相権限と憲法

上田健介 著

成文堂

はしがき

一　日本の一九九〇年代までの統治構造の特徴は、強い「官」（各省の官僚制）と弱い「政」（内閣の政治家）にあった。もっぱら各省の官僚が権力を握り政策を形成するとの理解は一面的であるとしても、各省の官僚および各省の政策に利害関心を有する与党の有力国会議員（族議員）との狭間で内閣による統一的な政策形成が困難であったということはできるだろう。政治学や行政学の分野で政官関係が注目され、各省割拠主義に対する批判と「政治主導」という語が流行したのは、かかる統治構造が、変動する国内的、国際的な社会、経済情勢に対して機能不全を起こしつつあることへの危機感の表れであったと解される。橋本行革、小泉政権、二度の政権交代を経て、近時はいわゆる「ねじれ国会」の運用が関心を集めてきたが、内閣そのもののあり方と各省との関係如何が引き続き重要な課題であることには変わりない。

しかし、憲法学での行政権と内閣に関する議論の蓄積は、従来、決して多くはなかったように見受けられる。一九九〇年代に、国会・国民との関係における内閣の位置づけを再定義し、「統治――コントロール」図式のもとに、選挙を通じ直接的に国民の支持を得た内閣による政策の立案・提示を肯定的に捉えた高橋和之教授の「国民内閣制」論が登場し、橋本行革に対する検討が行われるとともに、憲法六五条の「行政権」の解釈をめぐる議論に拡がりと深みが出始めたが、二〇〇一年の橋本行革の実施が落ち着いて以降、行政権と内閣に関する議論は止まっているように思われる。また、個別的な制度に関わる検討は決して多くない。その結果、内閣と行政権に関しては――本書の中で取り上げるとおり何冊の憲法学の基本書で看過しえない叙述の展開があるものの――九〇年代までの伝統的な議論がなお実務や学説を支配していると言える。しかし、従来の議論の中には、無意識のうちに各省割拠主義を支え内閣による統一的な政策形成を阻む論理を提供してきたものがあるのではないか。

二　本書は、このような問題意識を持ちつつ、内閣のあり方に関して、特にその中心として舵取りを行い責任を負うべき首相の権限と地位に着目して比較法史的な考察を行うものである。第一編では、首相の地位と権限――行政権内部の諸関係（内閣内部の関係、内閣と行政各部の関係）におけるもの(*)――に関して、まず、議院内閣制の母国であるイギリス（第一章）、議院内閣制を採用しており日本に公法学の分野で伝統的に強い影響を与えてきたドイツ（第二章）を取り上げてその規範枠組みを探究する。そこでは、首相・宰相の権限・地位そのものについて（第一節）、またその権限・地位を裏側から規定していると思われる――憲法学の議論で重要となる――責任の構造について（第二節）、両国における理論と実際を検討する。その上で、両国との比較を意識しながら、日本における内閣総理大臣の権限・地位に関する理論と実際について整理する（第三章第一節）。そして、責任に関しては、「連帯責任」の理解がイギリスと大きく異なるので、その独特な観念の淵源について、歴史的考察を行う（第三章第二節）。

第二編では、行政各部との関係を念頭に置いた内閣の権限につき特に取り上げて考察する。ただし、行政学でしばしば内閣の権力のリソースとして挙げられる「組織」、「人事」、「予算」の権限のうち、「予算」については、別途、単独での膨大な考察が必要になると思われるため、本稿の考察対象から外し、「組織」について、行政組織編制権に関する理論を再検討し（第一章）、「人事」について、公務員（行政部の職員）の人事権に関する規範枠組みを、近年の公務員制度改革を題材として取り上げながら考察する（第二章）。

（＊）内閣総理大臣の地位と権限については、小嶋和司教授が、①内閣の組織者としての権能と地位、②内閣の主宰者としての権能、③内閣の代表者としての権能、という整理を行い、高橋和之教授も、同様に、①内閣を組織・維持する権限、②内閣の運営に関する権能、③内閣を代表する権能、という整理を行っていることが知られる（同『憲法概説』〔良書普及会、一九八七年〕四四八～五二頁、野中俊彦＝中村睦男＝高見勝利＝高橋和之『憲法Ⅱ』〔有斐閣、一九九二年〕憲法一四〇～六頁）。本書もその着想に従っているが、とくに行政権内部の諸関係に着目することから、③で掲げられる対外的な権能については考察の対象から外した上で行政権内部の問題である行政各部との関係をとくに取り上げて論じている。第一編第三章第一節**三3**を参照。

三　本書の元になった論文は、以下の通りである。

第一編　第一章　第一節「イギリス内閣制度と首相（一）」法学論叢一四七巻四号（二〇〇〇年）一二一～四一頁
第二節「イギリス内閣制度と首相（二・完）」法学論叢一四九巻三号（二〇〇一年）五四～七五頁
第二章　第一節「ドイツ宰相の地位と権限」近畿大学法学五一巻二号（二〇〇三年）一一～五二頁
第二節「ドイツ宰相の権限行使と大臣・内閣との関係」近畿大学法学五二巻一号（二〇〇四年）一五一～八一頁
第三章　第一節　書き下ろし
第二節「内閣総理大臣の内閣運営上の地位と権限について」奈良法学会雑誌一四巻一号（二〇〇一年）七一～一二二頁
結章　書き下ろし
第二編　第一章「行政組織編制権について――憲法学の観点から――」佐藤幸治先生還暦記念『国民主権と法の支配（上巻）』（成文堂、二〇〇八年）三三九～五五頁

第二章　「内閣と公務員の人事権」近畿大学法科大学院論集五号（二〇〇九年）一三五〜九〇頁
結章　書き下ろし
まとめ　書き下ろし

もっとも、三権の中で議会や裁判所に比べると、内閣の制度や慣行は、政治的な変動にさらされやすい。日本の状況もこの十数年間で大きく変化している。それゆえ、特に各国の制度や改革の現況に関する叙述は、参考文献も含めて、可能な範囲で更新をした。また、一書に纏めるために、各論文の重複部分を整理している。さらに、基本的な論旨は初出論文の時と変わりないが、旧稿にあった誤りやその後に認識が深まった点については、適宜、加除修正を行っている。

四　わたしが内閣制度と首相の権限の研究を始めたのは、一九九七年の大学院進学時に遡る。当時、橋本内閣の行政改革会議を契機として行政改革が進行中であったが、憲法学の分野では、司法権や立法権の研究に比して行政権の研究の蓄積は少ないようにみえた。学部時代は行政法のゼミに所属しており、もともと行政のあり方に関心があったが、憲法学の立場から、統治機構全体との関係で、あるいは現行法制に対し相対的な視点から、この国の行政を考えてみたい、という関心を抱いたのがきっかけであった。しかし、その後十余年、テーマの大きさもさることながら、わたし自身の力不足と怠惰のせいで、休んだり脇道に逸れたりを繰り返した。二〇一一年秋から一年間のイギリス（スコットランド）での在外研究を契機に、いったん研究をまとめることができたが、未だ道半ば、というのが実感である。

五　それにもかかわらず、論文集の出版に至ることができたのは、多くの方々のご教示とご支援によるものである。

佐藤幸治先生には、大学院進学時に門を叩いて以来、さまざまなかたちでご指導をいただいている。行政改革会議から司法制度改革会議と続く激務でご多忙な中、本書の原点となる論文の指導をして下さった。先生が京都大学をご退職されたのちに、筆者は先生と同じ大学で勤務することとなったが、そこでも、折に触れ、時に叱責を交えながら、学問と教育、実践とをどのように結びつけるか、ご指導いただいた。さらに、数年前には本書の出版のきっかけを作って下さった。本書によって先生の学恩に報いることができたかどうかには心許ないものがあるが、今後の精進を誓うとともに、この場を借りて深くお礼を申し上げたい。

京都大学大学院法学研究科在学中には、他の憲法学の先生方からも様々なかたちでご指導いただいた。初宿正典先生には、比較法研究を丹念に継続して行うことの重要性を説いていただいた。大石眞先生には、歴史を踏まえた堅実かつエレガントな憲法の論じ方を学ばせていただいた。土井真一先生には、明晰かつ説得的な思考や文章とはどういうものであるかを教えていただいた。先生方の教えは今に至るまでわたしの研究の導きとなっている。

研究者として自立して以降、奈良産業大学法学部（当時）、近畿大学法学部、近畿大学法科大学院の三つのファカルティでお世話になってきた。私立大学の研究基盤にはなお不十分な面があり、法科大学院を取り巻く環境も厳しい状況にあるが、その中でも、研究を大切にされ、教育や学内行政と両立させながら実践される何人もの同僚の先生方に恵まれた。事務職員、図書館職員の方々にも、様々な形でご援助いただいた。

また、近畿大学からは、一年間の在外研究の機会を与えていただいた。そして、本書の一部は、二度にわたり交付を受けた科学研究費若手研究（Ｂ）（研究課題番号：１８７３００２７、２２７３００３３）の成果でもある。

刊行に際しては、成文堂　土子三男氏に多大のご尽力をいただき、また編集作業では石川真貴氏、飯村晃弘氏にもお世話になった。このような論文集の出版をお引き受け下さった上、完成まで導いてくださったことに、心からの御礼を申し上げたい。

二〇一三（平成二五）年　七月

上田　健介

目 次

第二編

第一編

第一章　イギリス

はじめに

はじめに、イギリスについて検討する。いうまでもなく、日本の議院内閣制は「イギリス式議院内閣制を成文化したものである[1]」との理解が通説的であり、日本国憲法が定める内閣制度もイギリスのそれに近いことが前提とされている。また、近時の政治改革、行政改革でも、イギリスをモデルとして想定しているのだという認識では、その選択に対する論者の賛否に関わらず、一致をみているといってよい[2]。それにもかかわらず、憲法学においてイギリスの内閣制度――議会と内閣の関係ではなく、内閣それ自体――を取り扱った論考はそう多くない[3]。以下では、はしがきで掲げた視角と構成に従って、イギリスにおける首相の地位と権限ならびに首相の権限濫用に対する牽制として機能すると目される連帯責任の観念について考察を加えたい。

(1)　法学協会編『註解日本国憲法〈下〉』(有斐閣、一九五四年) 九七七頁。もっとも、もっぱら議会と内閣との関係に着目して述べられたものである。参照、宮澤俊義『憲法〔改訂五版〕』(有斐閣、一九七三年) 三一二～一五頁、同「議院内閣制のイギリス型とフランス型」同『憲法と政治制度』(岩波書店、一九六八年)。

（2）　たとえば、政治家によるものとして、菅直人『大臣〔増補版〕』（岩波書店、二〇一〇年）、研究者によるものとして、大山礼子『比較議会政治論』（岩波書店、二〇〇三年）。

（3）　たとえば、筒井信定『イギリス内閣論』（日本評論社、一九六五年）、大河内繁男「イギリスの内閣制度とその運用」公法研究四九号（一九八七年）七二頁以下、丹羽巌『英米法制と日本の政治機構』（成文堂、一九九四年）第四章、第五章、久保憲一『現代イギリス首相』（嵯峨野書院、一九九六年）。なお、政治学における近年の重要な業績として、高安健将『首相の権力』（創文社、二〇〇九年）。

第一節　首相の地位と権限

一　政府の組織に関する地位と権限

1　大臣の任免権

(1)　任命権

大臣の任命権は、形式上は国王大権に属するが、国王は首相の助言に拘束されるので、実質的には首相が有しているといえる。首相が任命できる大臣の範囲は、政府を構成するすべての者[4]、すなわち省庁の長たる大臣・無任所大臣・下級大臣[5]・法務官[6]（law officers）である。[7]なお、かつては、下級大臣の任命は省庁の長たる大臣が行っていたが、ロイド＝ジョージ以来、首相が行うようになったといわれている。[8] 二〇一一年に政府の運営や手続に関する規範——法令のみならず習律や内部準則を含む——を整理して明文化した「内閣手引書（Cabinet Manual）[9]」は、首相に関する条項も含むが、首相が有する特権（prerogative）の例として、「大臣の任命の推薦」を挙げる（三節三項）。

首相が大臣を任命する際には習律上の制約がある。第一に、大臣は、原則としてすべて、両議院の議員でなければならない。厳密に、任命時に議員資格が要求されるわけではないが、直ちに貴族の称号を与えて上院議員とするか、できるかぎり早期の補欠選挙で当選させて下院議員とするかしなければ、その大臣は辞任せざるをえない。例外的に、歴史的経緯から、分権前のスコットランド法務総裁（Lord Advocate）・スコットランド法務次長（Solicitor-General for Scotland）は議員であることを必要とされてこなかった。[10] 第二に、各省庁は必ず下院にスポークスパーソンを持たねばならず、省庁の長が上院議員の場合には必ず下級大臣の一人は下院議員でなければならない。第三に、とくに財務大臣は、下院のもつ財政統制権ゆえに下院議員でなければならないとされる。[11] さらに、二〇一〇年の連立政権の発足の際の内閣運営に関する連立協定（Coalition Agreement for Stability and Reform）[12] によって、大臣の任命及び権限分配に関し、首相は副首相に相談しなければならないとされ、このことが「内閣手引書」にも明記されている（三節三項）。

(2)　閣僚選任権

次に、首相は、閣僚（Cabinet Ministers）を選任する権限をもつ。閣僚とは、閣議に常時出席し議論に参加する資格をもち、狭義の内閣を構成する大臣であるが、どの大臣を閣僚にするかは首相が決定する。イギリスにおいては、「閣僚」という官職があるのではなく、ある官職に就いている大臣に閣僚という資格を首相が付与すると解するほうが適切だと思われる。二〇一一年内閣手引書は、首相の特権の例として、「内閣構成員の決定権」を明記する（三節三項)。もっとも、首相の閣僚選任権にも習律上の制約があるとされる。財務大臣、外務連邦大臣、内務大臣、国防大臣、スコットランド担当大臣、下院院内総務(Leader of the House of Commons)として任命された者は、平時には常に内閣の構成員でなければならないとされる。[13]上院との関係では、その運営のために議長と上院院内総務(Leader of the House of Lords)との二人は少なくとも閣僚であるのが望ましいと考えられている。労働党政権の場合には、党則(standing orders)により、それまで「影の内閣」で閣僚であった者を閣僚にしなければならないという制約がある点にも留意が必要である。

また、首相は、閣僚の序列(pecking order)を整える。これは、議会議事録の冒頭に掲げられる名簿で明らかとなるが、閣議の座席に反映されるといわれる。また、首相は、場合により副首相(Deputy Prime Minister)を任命する。[14]

(3)　解任権

大臣の解任権も、形式的には国王大権であるが、実質的には首相の権限といえる。[15]解任の時期、理由に関する制約の存否は、国王の拒否権の存否に関連して争いがあるが、この点については**2**で触れる。もっとも、現実に解任権を行使する例は稀で、通常は首相による辞任の要請に大臣が従い自発的に辞任する形がとられる。[16]ジェニングスが一九五九年に著した『内閣統治(Cabinet Government)』によれば、二〇世紀に入ってから首相が解任権を行使した例はなく、[17]ブレイジアーによると、一九九九年の時点で、その後も二件だけが挙げられるという。[18]大臣は、公益のために職務を遂行するものであるという伝統ゆえ、辞職を示唆された時には進んで辞職すべきだともいわれる。[19]

(4)　任免権の機能

以上が任免権の概要であるが、本書の視角からは、その機能として、次の二点を指摘することができる。第一に、首相の任免権は、「首相対大臣」の関係で首相の権力の源となる。任命権を用いることで、首相は、組閣時に、主導的に自らと政策を共にするホモジーニアスな集団を築くことが可能となる。また解任権は、首相にとって、内閣運営上、自らの意向に他の大臣を従わせるための究極の武器となるだろう。さらに、任命権と組み合わせ、政権誕生後にも、適宜、内閣改造を行うことで、よりホモジーニアスな集団を築くことも可能となる。いわゆるマネタリズムを採用したサッチャーが、政権誕生時には多数を占めていた「ウエット」と呼ばれる政府内の反対派を、内閣改造を通して次第に減らしていったのが好例である。

第二に、首相の任免権は、それによって行政部に入る政治家の数の多さから、「政府対中央省庁」の関係で政府の権力の源となる。すでに述べたように、首相が任免権をもつポストは、狭義の内閣を構成する閣僚から、広義の内閣（政府）を構成する下級大臣、法務官へと広がりをもち、合計すれば一〇〇人をこえる政治家が行政部に入ることとなる。[20] ここでは、さらに、議会担当秘書官（Parliamentary Private Secretaries）の存在も重要である。議会担当秘書官は、大臣の下で、主に大臣と議会との連絡調整に従事する議員である。大臣が任命権者であるが、任命に当たっては、幹事長（Chief Whip）に相談し、首相の承認を得ることとされている（大臣行為規範三節六項（九六年版四六項））。無給で、政府の一員ではない（同三節七項（九六年版四五項））が、大臣と密接な関係にあることから、連帯責任類似の行為規範が課せられ（同三節九項、一〇項（九六年版四七項））、これに違反した場合、首相の解任権に服する。[21] 議会担当秘書官は四〇人ほどいるので、これを合わせた政治家集団は一五〇人にのぼる。これだけの数の政治家が、首相の運営権のもと行政部内で政府を有機的に組織することで、一般政策の決定および中央省庁の統制という、質的に高度で量的に膨大な、困難な任務（それはまさに「統治」といえよう）の遂行が可能になるのである。

厳密な意味での権限ではないが、実際の政府成立および存続の基礎が首相の存在にある点は、組織原理上、重要である。[22]

2　政府存立の基礎としての首相

(1)　首相の組織上の地位

そこで、まず政府の成立過程をみる。はじめに行われるのは国王による首相の任命であり、首相による大臣の選任、政府の組織はこれに続いて行われる。したがって、首相の存在は政府の成立に先行する。これにより、首相は、組織原理上、内閣において、各大臣に対していわば「扇の要」[23]の地位を占めることとなる。【［国民］→［議会］→［首相］→［他の大臣］】→［中央省庁］という図式で、つまり首相を一段高いところにおく図式で描くことが可能であろう。

次に、政府の瓦解過程（首相の辞職過程）をみると、次の三つの場合に分けることができる。[24]第一は、総選挙で与党が敗れた場合である（下院の信任を失い下院を解散しない場合もこれに含まれるだろう）。第二は、首相が病気や老齢等で辞職したり、死亡したりした場合である。第三は、政府の政治的基礎が変更することを示すためにいったん首相が辞職する（そして再び首相に就任する）場合である。たとえば連立を組んだりそれを解消したりする場合である。前者の例として、一九三一年のマクドナルド挙国政権誕生、後者の例として、一九四五年のチャーチル政権の労働党との連立解消が挙げられる。

それぞれの場合で首相の辞職と政府の存続との関係は異なる。第一の場合、首相の辞職は、直ちに政府の総辞職を帰結する。これに対し、第二の場合、首相の辞職は他の大臣の辞職を導かず、その去就は新首相に委ねられることになる。第三の場合も、統一的な慣行は存在しないが、首相の辞職が他の大臣の辞職に自動的に結び付くわけではないようである。つまり、第二、第三の場合には、他の大臣の地位そして政府の存続は首相の存在に厳密な意味で依拠しているわけではなく、首相の「扇の要」としての地位は徹底していない。もっとも、新首相の任命に伴い必要に応じて辞任や解任の手続きがとられるのであるから、新首相の政府運営に支障がないことはもちろんである。

二〇一一年内閣手引書が首相に関する定めの冒頭に次のような記述を置くのも、同様の認識の表れではないかと思われる（三節一項）。

首相は政府の長であり、その地位は、彼（女）が下院の信任を得ており、下院はまた、総選挙を通じて表明された有権者の信任を得ている点から導かれる。首相の独特の権威ある地位は、下院の支持にも由来する。現代の習律により、首相は常に下院議員であるとされている。首相は、通常、下院多数派を率いる政党の、受け入れられた指導者である。

(2)　下院解散権

首相の組織上の地位に関連して指摘しておく必要があるのは、下院解散権である。下院解散権も、形式的には国王大権であるが、従来は内閣の助言に基づいて行使されてきた。しかし、一九一八年にロイド＝ジョージが「ほとんど偶然に」[25]首相単独で助言を行って以来、これが定着した。そこで、首相による下院解散権行使の明示ないし黙示の脅しが、首相による政府・与党の規律確保の手段になると指摘されてきた[26]。

しかし、この見解に対しては、次のような批判があった[27]。解散権が内閣にではなく首相にあることが意味をもつのは、首相と他の大臣とが対立し内閣が分裂している時であるが、そのような時に解散総選挙をしても野党を利するのみであり、首相自身にとっても利益がない以上、首相は実際には解散権を行使できないはずである。首相と他の大臣とは解散総選挙となると一蓮托生である以上、解散権を、首相の大臣に対する規律確保の手段として掲げるのは不適切だというのである。

また、そもそもこのような状況では、憲法上、首相は解散権を行使できないという論者もいた[28]。国王は、原則として、首相による下院解散の助言に従わなければならないのであるが、例外的に国王がこれを拒否しうる状況があるとも伝統的に考えられてきた。首相と大臣とが対立している状況は、ここにいう例外的な場合に当たり、ゆえに国王の拒否は憲法上適切であるというのである。この立場によれば、実際に首相が内閣の意思を離れ単独で解散権を行使することは不可能になるので、そもそも解散権が首相単独のものということ自体が疑わしくなる。もっとも、この見解に対しては、そもそも国王が首相による解散の助言を拒否した例は少なくとも一八三二年以降存在せず[29]、解散拒否の伝統は存在しないのではないか、また、仮に解散拒否の伝統が今日まで生きているとしても、その適用事例として内閣の分裂時が含まれるのかは定かでない、との反論が可能であろう。

本書では、首相は単独で解散権をもち、それは、現実に行使することはむずかしいが、行使するという脅しが現実政治にまったく影響を及ぼさないとはいいきれないという意味で、「核兵器」のごとく一定の権力の源泉となる、との見解[30]に従うこととする。下院の解散は、総選挙の結果次第で政府総辞職を導く以上、その決定は政府存続に関わるものといえよう。このように考えるとき、首相の下院解散権は、政府の組織編成の「扇の要」としての地位の現れだといえるだろう。

この点、二〇一一年議会任期固定法（Fixed-Term Parliament Act 2011）[31]は、次の総選挙を二〇一五年五月七日に、それ以降は総選挙後五年目の五月第一木曜日に定めるとともに（一条二項、三項）、任期満了以前の総選挙の実施を、①下院が総議席の三分の二以上の賛成で総選挙を行う動議を可決した場合、②下院が過半数の賛成で内閣不信任動議を可決した後、新たな政府に対する信任動議が一四日以内に可決されない場合に限定して（二条）、首相から下院解散権を奪ったことが注目される。この制度改革は、本書における政府内部の首相の権限という論点のみならず議院内閣制全体の根幹に関わるものであるが、十分な議論がなされないまま実施されてしまったようである。[32] ここには、この改革は連立政権に入った自由民主党が求めていたものであり、与党第一党の保守党の首相が保守党に都合のよい時期に――保守党で単独過半数を確保するために――下院の解散を行ったり、保守党の政策を自由民主党に押しつけるための手段として解散権を用いたりする可能性を消すことが連立政権の前提条件であったという政治的背景がある。[33] それゆえ、この連立政権を越えて制度として定着するのかが引き続き注目される。[34]

（4）　イギリス法において「政府（government）」という語は多義的に用いられるが、本書では、行政部内の、政治家たる大臣の集合体を指して用いることとする。また、「政府」（または「広義の内閣」）のうち、閣議に参加する主要大臣（senior ministers）の集合を「内閣」（または狭義の内閣）と呼ぶ。さらに、「政府」のもとにある、日本でいう行政各部を「中央省庁」、立法部や司法部との比較で「政府」と「中央省庁」を（厳密にいえば、さらに国王や枢密院を加えて）一体としてとらえたものを「行政部」という言葉で表現している。

（5）　下級大臣には、担当大臣（Ministers of State）と政務官（Parliamentary Secretaries. 法律上、院内幹事も含む）が含まれる。House of Commons Disqualification Act 1975, s. 9(1), (2), schedule 2.

（6）　法務官には、法務総裁（Attorney-General）、法務次長（Solicitor-General）、スコットランド担当法務総裁（Advocate General for Scotland）が含まれる（スコットランド法務総裁について、注（10）を参照）。法務官は、政府が決定を行う前に、法律問題につき諮問を受け意見を述べる（大臣行為規範二節一〇項〔九六年版二二項〕。大臣行為規範については、注（37）を参照）。

（7）　参照、田中誠「英国の大臣行為規範」レファレンス五五四号（一九九七年）五三頁。また、首相は、大臣が自らを補佐する特別顧問（Special Adviser）の任命を行うに際して同意権を有する（二〇一〇年憲法改革統治法〔Constitutional Reform and Governance Act 2010〕一五条一項(b)号）。

（8）　Anthony King, The British Prime Ministership in the Age of the Career Politician, in G.W. Jones (ed.), West European Prime Ministers, 1991, p. 45, n. 14 ; Patrick Gordon Walker, The Cabinet, 1970, p. 82.

（9）内閣手引書は、「政府の運営と手続に影響する法、習律及び諸準則」を整理して明文化したものである。二〇一〇年の総選挙を前にブラウン首相がオドンネル内閣官房長官に作成を指示したのが契機で、その背景には、一九七四年以来の、単独過半数を取る政党がなくなる議会（Hung Parliament）の出現が不可避の状況下で、組閣手続を明瞭にしておく狙いがあったようである。しかし、その内容は、全一一章の標題が「主権者」「選挙と組閣」「執行府―内閣総理大臣、大臣、政府の組織」「連帯責任の内閣の意思決定」「執行府と議会」「執行府と法」「大臣と公務員」「分権政府、地方自治体との関係」「欧州連合、他の国際機関との関係」「政府の歳入と歳出」「政府の情報」であることが示す通り、政府の運営と手続全般にわたる。組閣に関する章の草案が、まず二〇一〇年三月に、その後、全体の草案が、二〇一〇年一二月に発表され、特別委員会の調査等を経て、完成版が二〇一一年一〇月に公表されている。内閣官房長官の「はしがき」が述べるとおり、この文書は、既存の法と慣行を記録したもので、それ自体に法的拘束力はなく、また、新しい立法や習律の展開によって自ずと書き換えられ発展していくものだと考えられている。しかし、様々な形式で存在しているルールを一つの文書に纏めた点でも、不文の習律や慣行が明文化された点でも、憲法的に重要な意味がある。

（10）Rodney Brazier, Constitutional Practice, 3rd ed., 1999, p. 59. もっとも、一九六九年以来、スコットランド法務総裁は、下院議員でない場合一代貴族に任命されてきた。なお、両官職は、一九九九年の地方分権改革により、スコットランド政府の構成員とされ（一九九八年スコットランド法〔Scotland Act 1998〕四四条一項(c)号）、両者が果たしてきたイギリス政府に対するスコットランド法などに関する助言の任務を引き継ぐため、スコットランド担当法務総裁（Advocate General for Scotland）が新たに創設された（同法八七条）。初代の Lynda Clark、二代目の Neil Davidson は上院議員に任命され（それぞれ Baroness Clark of Calton、Lord Davidson of Glen Clova の称号を得た）、三代目、現在のスコットランド担当法務総裁である Lord Wallace も上院議員である。

（11）なお、かつては、大法官（Lord Chancellor）も、上院議長（Speaker of the House of Lords）を兼ねるため、上院議員であることとされていたが、これは憲法習律上の要請とはいわれていなかった。もっとも、二〇〇五年憲法改革法（Constitutional Reform Act 2005）の結果、大法官の権限は大幅に縮減された上で司法大臣の地位と結び付けられ、また上院議長の地位とも切り離されたため、この慣行は消滅した。See, Hilaire Barnett, Constitutional & Administrative Law, 8th ed., 2011, pp. 89, 433.

（12）同文書は内閣府のサイトで入手可能である。http://www.cabinetoffice.gov.uk/news/coalition-documents.

（13）Stanley de Smith and Rodney Brazier, Constitutional and Administrative Law, 8th ed., 1998, p. 172. 引用箇所では、大法官もこれと並んで挙げられている。

（14）Brazier, above n. 10, pp. 77-8.

(15) Sir Ivor Jennings, Cabinet Government, 3rd ed., 1969, pp. 207–15.
(16) de Smith and Brazier, above n. 13, p. 173.
(17) Jennings, above n. 15, pp. 209–14.
(18) 一九七五年に産業担当大臣（Minister for State for Industry）であった Eric Heffer が解任された例と、一九八一年に防衛省の下級大臣であった Keith Speed が解任された例である。Brazier, above n. 10, p. 85.
(19) Jennings, above n. 15, p. 215.
(20) See, David Butler and Gareth Butler, British Political Facts 1900–1985, 6th ed., 1986, p. 85; David Butler and Gareth Butler, British Political Facts Since 1979, 2006, pp. 1–18.
(21) Brazier, above n. 10, p. 57, n. 24.
(22) 日本憲法の議論として、宮沢・前掲注（1）三一一～一二頁、小嶋和司『憲法学講話』（有斐閣、一九八二年）八六頁、吉田栄司「内閣の対国会責任について」同『憲法的責任追及制論Ⅰ』（関西大学出版会、二〇一〇年）一一五頁（初出一九八七年）。
(23) イギリスにおいても、Lord Morty が、首相は 'keystone' である、との表現を用いていたことが知られる。Barnett, above n. 11, p. 261.
(24) Brazier, above n. 10, pp. 52–54.
(25) King, above n. 8, p. 33. See also, Geoffrey Marshall, Constitutional Conventions, 1993, ch. 3.
(26) Walker, above n. 8, p. 83.
(27) A.H. Brown, Prime Ministerial Power [1968] P.L. 28; Brazier, above n. 10, p. 94; A.W. Bradley and K. Ewing, Constitutional and Administrative Law, 14th ed., 2007, p. 273.
(28) de Smith and Brazier, above n. 13, pp. 173–74.
(29) John P. Mackintosh, The British Cabinet, 3rd ed., 1977, p. 135.
(30) de Smith and Brazier, above n. 13, pp. 178–79.
(31) 参照、小堀眞裕『ウェストミンスター・モデルの変容』（法律文化社、二〇一二年）一四六～六九、二八三～七頁、小松浩「イギリス連立政権と解散権制限立法の成立」立命館法学三四一号（二〇一二年）一頁以下。
(32) 憲法上の論点が十分に詰められていない点、法案提出までの過程が拙速であった点について、下院政治・憲法改革委員会、上院憲法委員会の報告書ともに批判的である。See, House of Commons Political and Constitutional Reform Committee 2nd Report

of Session 2010-11, Fixed Term Parliaments Bill, para. 51: House of Lords Constitutional Committee 8th Report of Session 2010-11, Fixed Term Parliaments Bill, paras. 172, 179.

（33）See, Vernon Bogdanor, The Coalition and the Constitution, 2011, p. 107.

（34）上院は、総選挙後に本法を継続するか否かを両院の積極的決議に付す旨のサンセット条項を挿入する修正を行ったが、下院はこの修正を否決し、結局、二〇二〇年に見直しを行うための委員会を設置する旨の妥協案が成立している（七条四～六項）。

二　政府の運営に関する権限

1　閣議主宰権

首相は、閣議主宰権をもつ。そもそも、近代的な意味での首相の起源は、ジョージ一世が、政策決定に関する助言を国王に行うCabinet Councilの出席を止めた際に、国王に代わり、ある大臣、多くの場合、第一大蔵卿たる首相がこの会議を主宰するようになったことに遡るのであって[35]、閣議主宰権は首相のもつ本来的な権限である。ただ、ここで注意しなければならないのは、「一般にイングランドやアングロサクソン諸国では、どのような会議も、その主宰者は、議事がきちんと促進されなければならず、また集団による作業のためには主宰者の規律に従わなければならない、という漠然とした感情から生ずる、格別の忠誠心を引きつける[36]」と指摘される点であろう。イギリスにおける首相の閣議主宰権は、想像以上に強く、また射程も広い。

閣議主宰権と密接に関連するものとして、首相は、大臣行為規範（Questions of Procedure for Ministers）を定める権限をもつ。大臣行為規範とは、政府内部の組織および運営に関し大臣が従うべき規則や慣習をまとめたもので、初代の内閣官房長官であるHankeyが一九一七年に定めた「大臣の手引き（Instruction to the Secretary）」に起源をもつ。一九九二年版が初めて公開され、その後、主に政権が代わる毎に改訂が加えられた。なお、一九九七年のブレア政権以降はMinisterial Codeと表題が改められている。その規律内容は相当に広範であり、二〇一〇年の大臣行為規範は一〇節、全一二三項に及ぶ（さらに、末尾には、附則として「公的生活の七原則（The Seven Principles of Public Life）」が付されている）[37]。大臣行為規範を定める権限は、閣議の運営に関する事項がこれに含まれることから、主宰者たる地位から導かれるようにもみえる。また、これを大臣に手渡すのは組閣時であることから、任命者たる地位から導かれるようにも思われる。ともあれ、このような規範を定める権限が、内閣ではなく首相にある点は、イギリスにおける首相の権限の強さ、地位の高さを表していると思われる。

閣議主宰権の内容について、時系列にしたがって検討したい。第一に、首相は、閣議をいつ、どのように開催するかを決定する。ウイルソン（政権中、遅くとも一九六九年）以来、定例閣議は、従来の週二回から週一回に減らされ、木曜日に開かれている。また、首相は、どの案件をどの順番で議論するか、すなわち議事日程を、内閣官房長官の意見を聞きつつ決定する。閣議での議論を望む大臣は、その案件を少なくとも七日前に官房に知らせ（大臣行為規範〔九六年版〕六項参照[38]）議事日程に掲載してもらう必要がある。議事日程にない案件を閣議で持ち出すことは許されない。なお、議事日程を組む際、首相は、事案により閣議に諮らなくとも関係省庁間の調整で解決できると判断することもあるだろう。かかる調整に首相が単独で乗り出す場合、首相の総合調整権が議事日程の決定権から導かれることを意味しないだろうか。

なお、サッチャーが首相の時、議事日程に変更が加えられた。それ以前の議事日程は次のように固定されていた。はじめに、口頭事項として議会事務と外交問題の二つが議論される。前者は、向こう一週間の議会の予定につき両院内総務からの報告の後に答弁担当者を決定するものであり、後者は、外交関係の出来事とその対応につき外務大臣からの報告の後に簡単な質疑応答を行うものである。この後に、委員会から上がってくる事案を処理する。当時は、実質的な議論は委員会に委ねられ、閣議はそこから上がってくる案件を修正、留保、否決するだけで、閣議で広く国政のあり方に関わる議論を行うことはなかった。これに対し、冒頭の口頭事項に、ヨーロッパ共同体に関係する事項、内政に関係する事項が加えられたのである。内政事項の導入の結果、閣議で一般国政の議論を行うようになったため、これを「閣議の復活」と評する者もいる。[39]

第二に、首相は、閣議の場で司会を務める。議事日程に従い議題を取り上げ、まず、その議題に関して書類を提出している者を指名し説明を求める。次に、議題に関係の深い者を指名して意見を述べさせ、その他の者の中から発言者を指名して議論を導く。最後に、首相は議論をまとめる。通常は、首相が閣議の意向を汲み取り(take the sense)閣議決定であると考える内容を「総括(sum up)」して述べるかたちがとられる。ここで特筆すべきは、表決のとられることが稀である点である。[40] また、日本における閣議書への署名のように、大臣が議事に対して明確に賛意を示したとみられるような仕組みが存在していない点にも留意すべきであろう。

第三に、首相は、官房が行う閣議議事録の編纂を指揮することによって、閣議では口頭のため不明確なことも多い結論の内容を最終決定する。ここで注意すべきは、閣議の結論には各省庁への命令が含まれる点である。[41] 議事録編纂の指揮は、中央省庁に対する命令の内容に首相独自の判断を加える方途となろう。

なお、予算は、閣議においてやや特殊な扱いを受けていることに注意する必要がある。[42] すなわち、予算は、形式的には閣議決定を経て下院に提出されることとされているものの、実際には首相と財務大臣とでその内容を決定し、閣議での議論を避けようとする傾向がある。予算閣議(Budget Cabinet)が開かれるのは、一九三六年までは下院に提出する日の平均四、五日前であったが、今日では下院に提出する日の朝である。注意を要するのは、政府の予算の策定は、秘密保持の理由から、歴史的に財務大臣に委ねられており、その作成は、財務大臣によって、予算担当大臣（Chief Secretary to the Treasury）、首相と相談の上、外部――それ以外の閣僚も含む――に漏れないかたちで行われる点である（'pre-Budget purdah' と呼ばれるようである。'purdah' とはイスラム教徒、ヒンズー教徒の婦人の居室のカーテンのことをいう）。それゆえ、首相、財務大臣、予算担当大臣以外の閣僚が予算の内容について知るのは予算閣議の時である。したがって、首相、財務大臣以外の閣僚が予算の内容に影響を及ぼすことは難しく、この二人の手中に財政政策が委ねられることとなる。

この慣行に対しては、他の閣僚も意見できるよう改めるべきだとの批判もある。しかし、実際には、財務大臣は、財政法案の委員会審議の段階で、政党や利益団体の意向に応え、これに譲歩して法案の修正を行うことがある。政府内部における作成段階での干渉を排除し、下院において調整を行っているわけである。このようなあり方は、下院の財政統制権尊重の観点、公開の場での調整の観点からは、むしろ合理性があるだろう。ともあれ、このような予算の取り扱いは、首相（と財務大臣）を他の大臣との関係で優位に立たせるものであることは間違いない。

もし、首相が、ここまで挙げてきた諸々の権限を極端なかたちで行使していくならば、次のようになるだろう。まず、首相は、議事日程のコントロールにより、自らが望まない案件は順位を下位にすることで実質的に排除して、望む案件のみを取り上げる。次に、閣議においても、反対派の大臣は指名しないことで自らの思う方向に議事を進める。さらに、「総括」により自らの望むかたちの閣議決定を行ったり、議事の流れが自らに不利な場合には議論を委員会に下ろすことで決定を延期したりする。そして究極には、議事録に自らの見解を加味する。これらを全体として見れば、首相は、内閣の意思決定を実質的にコントロールして、内閣全体の意向にかかわらず自らの望む決定を得ることができるかに思える[43]。

しかし、議事日程のコントロールについては、「絶えず流れ行く川の水門を調整するようなもの」[44]ともいわれ、決定を迫られている案件を閣議に提出しないままでいることは不可能だろう。また、連帯責任からすれば、閣議での議論は、妥協によって、少なくとも決定には従うという大臣の合意を得るまで行わなければならないともいえる[45]。さらに、有力な閣僚が閣議における議論を望む案件を排除したり、その意向に反して議論を誘導し決定を下したりすることは、首相にとって危険ですらある。これらの点は第二節で検討するが、首相の閣議主宰権には一定の制約が伴うことにも留意しなければならない。

2　委員会の編制・運用権

首相は、内閣の委員会（cabinet committees）を設置改廃し、その委員長および委員を選任し（場合によっては首相自ら委員長になる）、その所管事項（terms of reference）を定め、また委員会に対し閣議に代わる決定権を付与する権限をもつ。首相の有するこれらの権限も、閣議主宰権から導かれるといわれる[46]。

委員会は、十九世紀以来、アド・ホックなかたちで存在していた。しかし、行政国家化に伴う任務の増加を背景に、閣議を助け実効的な意思決定に資する、という明確な目的のもとに、各種の常設委員会が組織化され今日の委員会制度が整ったのは、第二次世界大戦後のことである[47]。

委員会は、純粋には大臣（閣僚以外の政治家も含む）から組織されるものを指すが、これに並行して設置されこれを支える、関係省庁の公務員で組織される事務方の委員会や、ヒースやキャラハンが首相の時に設置された、大臣と公務員とからなる混成委員会（mixed committees）[48]を含めて呼ばれることも多い。委員会には、常設委員会と特別委員会とが存在する。委員会の手続きは閣議と同様の形式に従う。また、その事務は内閣官房によって補佐されている。委員会の数は、ヘネシーによると、一九八五年一二月の時点で常設委員会が二〇、小委員会が二三、特別委員会が二九であった。[49]もっとも、委員会の数をはじめ、各委員会の構成員、付託事項は、一九九二年にメージャーによって初めて本格的に公開されるまで公式には秘密とされており、[50]現在でも不明な点が多いことには注意が必要である。たとえば、一九九七年に公表されたリストには、一二の常設委員会と八の小委員会の構成員および管轄が挙げられていたが、その手続き、開催日等は明らかにされていない。[51]ブレア政権の二〇〇三年時点でのリスト、ブラウン政権が二〇〇九年七月二一日に公表したリストも同様である。[52]また、キャメロン連立政権が二〇一〇年に公表したリストには、九の常設委員会、八の小委員会と、連立に伴うワーキンググループとの位置づけを与えられている「連立運営戦略計画グループ（Coalition Operation and Strategic Planning Group）」の構成員および所管事項が挙げられているが、やはり手続き、開催日等は明らかにされていない。[53]また特別委員会についてはまったく公開されていない。

委員会の目的は、かつての大臣行為規範に従えば二つある（大臣行為規範〔九六年版〕四項）[54]。すなわち、より低い段階でできるだけ多くの問題を解決することにより閣議の負担を減らすことと、重要問題が閣議に上がらない場合であっても、十分な検討を行うことで最終的な決定に十分な権威をもたせ、政府が全体としてその決定に対する責任を適切に受け容れられるようにすることである。閣議の任務は、主に「主要な政策上の争点を提起するか、または国民にとり決定的に重要であるがゆえに、政府の連帯責任を惹起させうる問題」、すなわち、一般性および重要性ゆえに連帯責任となる事項（重要問題）と「省庁間で議論が未解決である問題」、すなわち、重要問題とはならない省庁間の調整（総合調整）の処理とからなるので（大臣行為規範二節二項〔九六年版三項〕）、これと結びつければ、委員会の任務は次の三つとなるだろう。

①重要問題に関して要点を絞ったり妥協点を見出したりして閣議のための準備を行い、その負担を減らす。②重要問題ではない事項の総合調整を行い閣議の負担を減らす。③重要問題を委員会限りで決定を下す。①②は伝統的に委員会の任務と考えられてきたものである。[55] 問題は③である。これは、ウィルソンが委員会制度を改革した一九六〇年代以降に生じた新たな任務と考えられる。ウィルソンは、閣僚の異議申立て（appeal）権を制限した。従来、委員会の決定に不服のある閣僚は閣議にこの問題を提出する（これをしばしば「異議申立て」と呼ぶ）ことができたのであるが、あまりにその件数が多いので、閣議の効率的運用のために、異議申立てには当該委員長の同意を必要としたのである（もっとも、委員長の同意が得られない場合でも、閣議の主宰者たる首相に直接掛け合うことは可能なようである）。[56] この規範はそれ以来続いてきたが（参照、大臣行為規範〔九六年版〕五項）[57]、その結果、閣議に上がる案件の数は減り、閣議の回数も週二回から週一回に減った。

このことは、視点を変えてみれば、従来「重要問題」に相当するとして閣議に上がっていた案件が委員会限りで決定されるようになった、つまり、委員会の任務として③が加えられたといえるだろう。この結果、首相の力は強化された。なぜなら、委員会に問題を委ねることにより、首相は自ら支持する決定について、閣議の場でこれを弁明し正当化すべき機会を回避することが可能となり、さらに委員会の構成員を首相と見解を同じくする者で固め、場合によっては首相自らこれを主宰することで、事実上首相の意向どおりに内閣の決定を導くことが制度的には可能となったからである。[58]

もっとも、これによって実際に首相の力が高まったといえるのか、という事実の評価に関する疑問とともに、そもそもこのような制度改革が内閣の連帯責任との関係で許されるのか、という規範に関する疑義が存在することも確かである。この点については第二節で検討したい。ここでは、今日のイギリス内閣制度にとって最も重要な組織であると考えられる委員会の編制および運用に関する法的な権限が、完全に首相の掌中にある点を強調しておきたい[59]。

3　補佐機構

(1)　内閣官房

首相が実効的に閣議や委員会を主宰し内閣や政府を運営していくためには、その補佐機構が不可欠である。以下では、首相の補佐機構について概観する[60]。第一に、内閣官房（Cabinet Secretariat）である。内閣官房は、一九一七年、ロイド＝ジョージによって設置された。内閣府（Cabinet Office）[61]の内部に位置し、その内部組織はしばしば変更されているが、二〇一〇年現在では、内閣官房長官のもと、経済内政、欧州・グローバル問題、国防の三局から組織されている[62]。官房長官は公務員の最高位にあり、首相に対して戦略的助言者としての役割を果たすとともに、事務次官の会議を主宰する[63]。官房長官経験者によれば、政府を船に喩えれば「機関長」の役割を担う、極めて重要な役職である[64]。また、一九八一年の公務員省の廃止以降、内国公務員長官（Head of the Home Civil Service）を兼任し、公務員組織の運営という重い任務を同時に果たしていた[65]。各局の長は次官代理（Deputy Secretary）クラスの者が務め、これらの下にスタッフとして各省庁から派遣される上級公務員がつく。やや古い資料によるが、構成員の人数は、上級公務員が約三〇人[66]、全体で約七〇〇人[67]である。

官房の事務は設置当時と変わらない[68]。すなわち、①閣議につき首相の指揮に従い、また委員会につき委員長の指揮に従い、議事日程、資料を編纂する。②閣議および委員会の招集を行う。③閣議および委員会の議事録を作成、送付し、委員会の報告書を作成する。[69]④閣議および委員会のために覚書（memoranda）その他の文書を用意する。⑤議事録および関係文書を編纂、保管する。

以上の五つの事務を行う限り、内閣官房はあくまで閣議および委員会の運営を補佐する全体の秘書役にすぎないようにも思える。また、関係文書や決定の内容は閣外の省庁担当大臣にも送付され（大臣行為規範〔九六年版〕一三項）[70]、これらの者も閣議および委員会の決定やその背景を知ることができる以上、官房は広義の内閣全体に資する存在であるともいえる。したがって、この組織はもっぱら首相のみを補佐するわけではない。首相と官房長官との個人的な関係ゆえに首相の力の源となる点を強調する者がいるのはそれゆえであろう。[71]

しかし、官房は、首相の「省庁」と呼ばれることもある。これは、次のような観点からであろう。まず、官房は、上に挙げた五つの権限を、首相の指揮に従って行う。首相は、その閣議主宰権の行使を、官房によって補佐し実質化してもらっているのである。この点、**1**で述べたとおり、議事日程の編纂や議事録の編纂に際しての首相に対する補佐が重要な意味をもつであろう。さらに、官房は、閣議や委員会の準備にあたり、情報収集や政策立案というかたちで、首相のために能動的に活動するともいわれる。[72]もっとも、この能動的な活動、特に政策立案については、従来かかる実態はないとする見解もあった点には注意を要する。[73]

(2)　首相府

第二の補佐機構は、首相府（Prime Minister's Office, No. 10 Office）である。[74]首相府も、組織上は内閣府に属する。首相府の長は伝統的に主任秘書官（Principle Private Secretary）であった。ブレア政権下で、秘書室、政策室、報道室を統合的に指揮する「首席補佐官（Chief of Staff）」が設置され、政治任用の特別顧問がこれに任命されて首相府全体を統括し、[75]ブラウン政権では首相府の長として首相府事務次官が設置されたが、[76]二〇一二年以降は事務次官が廃止され、以前の姿、すなわち主任秘書官が首相府の長となる体制に戻されている(77)。首相府の内部組織は首相により変動するが、従来、次の四つが重要であるといわれてきた(78)。

第一は、秘書室（Private Office）である。秘書室は、首相の公務に関わり、省庁との関係を担当する。主な構成員は首相秘書官である。主任秘書官と、外交、内政、経済、議会担当の合計七名の秘書官からなる（外交担当の秘書官は、一九九四年以来二名に増員されている。また、キャメロン政権下で外交担当以外の秘書官がもう一名増員された模様である）。首相秘書官は職業公務員であり、省庁から、通常は約三年間出向する者で占められる(79)。首相に随行し、首相が目を通すべき文書の選別を行い、また省庁との連絡役を務め(80)、さらに首相のスピーチ原稿を準備する。議会担当の秘書官は、議員から首相への手紙の返事や、口頭質問の準備を補佐する。また主任秘書官の特別な任務として、女王との連絡役、諜報関係、叙勲が挙げられる。もっとも、秘書官は、物理的に首相との距離が非常に近い存在であるため、時に首相の有力な政策助言者として機能することもあるようである(81)。

第二は、政務室（Political Office）である。政務室は、首相の政党政治家としての――その意味では私的な――任務に関わり、党本部や平議員との関係を担当する。政務室は緩やかな組織であるが、政務秘書（Political Secretary）や議会担当秘書官（Parliamentary Private Secretary）がここに属するとされている。政務秘書は、顧問として政府に関係した経験や与党職員の経験を有する者から任命される。給与は公費ではなく政党または首相から支払われるため、政務秘書には公務員に課される議員等との接触禁止の制限はない。主に党本部や選挙区組織との連絡を行ったり、政党関係のスピーチを準備したり、選挙対策の観点からの助言を行ったりする。議会担当秘書官は、大臣の議会担当秘書官と同様、議員から任命される。首相と平議員との連絡役であり、議員の集まりに参加して動向を探ったり、議員の言葉を首相に伝えたり、首相と議員との会談を設定したりする。また、首相の代理として、下院の議事について政府と野党の院内幹事との間で行われる協議（いわゆる「通常の協議（usual channels）」[82]）にも参加する。

第三に、報道室（Press Office）である。報道室長（Chief Press Secretary）と数名の報道官から組織される。マスコミと中央省庁の両方に通暁していることが求められる。報道室長は、ジャーナリストや上級公務員から任命され、報道官は中央省庁の情報・広報担当の上級公務員が異動して務める。報道室長は、首相に代わって毎日のブリーフィングを行うとともに、その他、首相に対するプレスや放送局の取材等に応対する。また、行政部内の情報・広報担当の部局間の調整を――時期によっては担当の大臣及び内閣の委員会とともに――行う[83]。

第四が政策室（Policy Unit）及び政策顧問（Policy Adviser）である[84]。政策室は、一九七四年にウィルソンが設置したのが始まりである[85]。民間人から首相と政治哲学を共にする者――実業家や、ジャーナリスト、研究者などであるが、首相によりその構成は異なる――が任命され、首相に対して政策の助言を行った。サッチャーは、経済顧問（Economic Adviser）や外交顧問（Foreign Affairs Adviser）といった特別顧問（Special Adviser）を任命し、マネタリズムの実行やフォークランド紛争の戦後処理に際し助言を求めた。メージャーは顧問ではなく政策室を活用した。ブレアは政策室を特別顧問と公務員とが約半数ずつからなる二〇名規模の組織として活用するとともに、外交、欧州問題については別に政策顧問を置いて補佐を求めた[86]。ブラウン政権で特別顧問は当初その数を減らされたが後に大いに活用された[87]。キャメロン連立政権でも政策室は当初は大幅に縮小されたが、二〇一一年以降は「政策遂行室（Policy and Implementation Unit）」と看板を変えて十数名の組織に拡大されている[88]。

政策室は、かつては、その協力を得ることで首相が省庁（特に財務省）の出す提案を吟味し、対抗して自ら提案を行うことを可能にすることが期待されたものの、規模の小ささもあって、みずから政策を案出する力まではなく、せいぜい大臣の提案に対して首相が異論を示すことを可能にする程度の貢献を果たすものだともいわれた[89]。しかし、キャラハンがそうであったように、首相自身の評価は高く、またブレア政権に至って、首相の政治スタイルが変わったと指摘されるほど、政策室や政策顧問の重用が目立ったことも事実である。(90)

また、政策に関しては、第二次ブレア政権において二〇〇一年に設置された実施室（Delivery Unit）も重要である。(91)実施室は、第一次政権において政策形成能力は改善されたが充分な政策実施に至らなかったとの反省から設置されたものである。教育、健康、犯罪、交通の四分野について、公共サービス合意(92)と結び付けるかたちで各省庁の政策実施の監督を行い、成果が挙がっていない政策に対する助言と改善措置を——必要があれば現場に赴き現場職員に対して——行う。また、各省の財務、人事、ＩＴ等の諸項目を検査して政策実施能力を審査する能力審査（Capability Review）を行う。実施室は、形式的には財務省に属するが、首相に直接に報告を行うので、首相直属の補佐機構として位置づけられよう。構成員は、二〇〇七年以降、職業公務員のみならず民間からも任用されている。この実施室の働きは、従来、省庁がその責任のもと自律的に行ってきた政策実施の活動について、首相が財務省の助力を得ながら監督統制を行うという新しい機能を齎した点で注目される。(93)

首相府には他に、教会関係の任命や叙勲を担当する任命担当秘書官（Secretary for Appointments）が存在する。

以上を合わせた首相府の構成員の人数であるが、かつては上級のスタッフが二〇～三〇人、事務官やタイピストを含めた総勢が七〇人ほどにすぎなかったところ、九〇年代から増え、メージャー政権の終わりには、上級のスタッフが三五人、総勢一三〇人を数えるまでになり、ブレア政権下では、さらに質量ともに拡大し、二〇〇五年には二六一人を数えた。その後は二〇〇人弱で推移しているようである。(94)

また、近時は、構成員として、職業公務員だけではなく特別顧問の存在が重要となっている。(95)特別顧問は、上記の通り主に政策室で任用されてきたが、メージャー政権までは数名の規模で推移していた。しかし、ブレア政権下で三〇名まで増え、政策室のほか、全体を統括する首席補佐官をはじめ、秘書室や報道室など首相府全体に配置された。[96] その人数はブラウン政権下でいったん減少したが、キャメロン政権で再び増加している。

なお、二〇〇一年に、秘書室と政策室が合併し政策局（Policy Directorate）に、報道室がその他の情報関係の部署と合併してコミュニケーション・戦略局（Communication and Strategy Directorate）に、政務室も政務運営局（Political Operations）に改編されたのが注目される。[97] しかし、機能という面に着目すれば、上記の四つが引き続き首相府の果たす重要な機能といえるだろう（秘書室は、二〇〇五年に再び政策室から分離している）。主任秘書官（首相府事務次官）と内閣官房長官が非常に緊密な関係を保っていることからうかがえるように、首相府と内閣府とは密接に連携しながら業務を行っている。[98] この点に関連して重要なのは、首相と各省庁との連絡のルートは、閣議や委員会に関連して、内閣官房長官を通じてなされるものと、直接に秘書官を通して行われるものがありうるが、秘書官を通じて首相に申入れ等を行う場合、秘書官は必ずその内容を内閣官房長官に知らせなければならないというルールが確立されている点であろう。[99] 首相府が首相の補佐機構であることに異論はない。[100]

(3)　内閣府（その他の組織）

厳密な意味で、首相の補佐機構という意味では、内閣官房および首相府が重要であるが、内閣府には、このほか、次のような組織が含まれる。

戦略室（Strategy Unit）は二〇〇二年に設置された組織で、[101] 長期的な計画、省庁横断的な（cross-cutting）政策の研究や展開といった業務に従事する。「首相の優先順位に沿うかたちで、鍵となる政治領域における戦略や政策の発展を補佐する」のが主要な役割であるとされており、またその報告は官房長官を通じて首相に行うので、[102] 実質的には首相直属の補佐機構といえる。キャメロン政権では、内閣官房の経済内政局長が兼任で統括し、一名の局長（Director）の下、七名の局長代理（Deputy Director）が、経済・福祉、家族、開発・気候変動、内政、公務員、分権・政治改革、戦略審査の各分野を担当している。フルタイム換算で二六・八一名のスタッフから組織されている。

統合諜報部（Joint Intelligence Organisation）は、専門分析官長（Professional Head of Intelligence Analysis）の下、分析官（Assessment Staff）から組織され、統合諜報委員会（Joint Intelligence Committee）及び国家安全保障会議（National Security Council）の補佐を行う。[103]諜報機関[104]が収集した情報のみならず、外交ルートからの情報や公開されている情報を元に、情勢分析を行った上で、国益に対する脅威を警告したり、不安定な国を監視したりすることを任務とする専門家組織である。

立法事務局（Parliamentary Counsel Office）は、各省が提案する法案を、各省大臣が提出する命令書（instructions）に従って、実際に起草する組織である。[105]キャラハン政権の下では、長官（First Parliamentary Counsel）、副長官（Second Parliamentary Counsel）と、一一名の立法参事官（Parliamentary Counsel）、一五名の立法副参事官（Deputy Parliamentary Counsel）はじめ、フルタイム換算で一〇三・二五名のスタッフから組織されている。

さらに、内閣官房長官が内国公務員長官であることとの関係から、行政部の効率性向上の企画立案を行う部局が内閣府に継続的に設置されており、公務員制度改革を担当している（三**2**も参照）。内国公務員長官は、公務員運営委員会（Civil Service Steering Board）、上位二百職会議（Top 200）、上級職幹部委員会（Senior Leadership Committee）を主宰し、委員である各省の事務次官と共に、公務員制度の運営、上級公務員の人事管理を主導する。[106]また、古くは一九八三年に効率室（Efficiency Unit）が内閣府に置かれ、公務員制度改革を含めて、公務員管理を担当していた。[107]キャメロン政権下においても、内閣府と大蔵省の共管で、「効率改革室（Efficiency & Reform Group）」が設置されている。この他、政府調達（Government Commerce：フルタイム換算で二二八・八三名。以下同じ）、政府コミュニケーション（Government Communication：六九・二〇名）、政府情報（Government Chief Information Officer：四九・一八名）、市民社会（Civil Society：七〇・四八名）、主要プロジェクト担当（Major Products：四一・六九名）と並んで、公務員能力（Civil Service Capability：八一・五九名）という部署が置かれている。この部署は、公務員関係の諸費用の削減、給与体系の簡素化、公務員採用の凍結といった政策を担当しているものと思われる。

（35）William R. Anson, The Law and Custom of the Constitution Vol. II, Part I, 3rd ed., 1907, pp. 97–98, 112.

（36）Herman Finer, The Theory and Practice of Modern Government, 1954, p. 592.

（37）田中・前掲注（7）には、一九九二年の大臣行為規範の抄訳が掲載されている。See also, Martin Burch and Ian Holliday, The British Cabinet System, 1996, p. 57. 一九九六年の大臣行為規範は、Rodney Brazier, Ministers of the Crown, 1997, Appendix A に掲載されている。その後、大臣行為規範は、政権が変わる時を含めて、二〇〇一年、二〇〇五年、二〇〇七年に改訂され、最新版は、キャメロン連立政権発足時、二〇一〇年五月二一日に出されたものである。これらの点について、See, Oonagh Gay, The Ministerial Code, Standard Note：SN/PC/03750. また、吉田早樹人「英国における大臣行為規範について」議会政治研究八〇号（二〇〇六年）五〇頁以下、廣瀬淳子「ブラウン新政権の首相権限改革」レファレンス六八四号（二〇〇八年）四九頁以下、田中秀和「イギリスにおける大臣行為規範の変容」阪大法学五八巻三＝四号（二〇〇八年）八七九頁以下も参照。本稿で引用する大臣行為規範は、二〇一〇年版に依りつつ、〔　〕内に九六年版の項数も示した。二〇一〇年版は、内閣府のホームページ<http://www.cabinetoffice.gov.uk/sites/default/files/resources/ministerial-code-may-2010.pdf>で入手可能である。

（38）この条項は、二〇一〇年版では消えている。

（39）See, Simon James, The Cabinet System Since 1945: Fragmentation and Integration（1994）47 Parliamentary Affairs 613.

（40）Jennings, above n. 15, p. 262；Walker, above n. 8, pp. 27–28.

（41）See, Walker, above n. 8, pp. 50–54.

（42）Brazier, above n. 10, pp. 111–13；Brazier, above n. 37, pp. 151–52.

（43）おそらく、このようなかたちで議論を展開するのが、いわゆる首相統治制（Prime-Ministerial government）を唱える論者である。See, Mackintosh, above n. 29, p. 449.

（44）Walker, above n. 8, p. 113.
（45）Jennings, above n. 15, p. 262.
（46）James, above n. 39, p. 621. もっとも、二〇一〇年以降のキャメロン連立政権では、委員会の組織および付託事項について、首相が副首相に諮問することとされている。See, Coalition Agreement for Stability and Reform, para. 3.1 ; Cabinet Office, The Cabinet Committees System and List of Cabinet Committees in PDF Format, p. 1. 同文書も内閣府のホームページ<http://www.cabinetoffice.gov.uk/resource-library/cabinet-committees-system-and-list-cabinet-committees>で入手可能である。キャメロン政権下の委員会について、参照、濱野雄太「英国の内閣委員会制度」レファレンス七二七号（二〇一一年）九三頁以下。
（47）See, Hans Daadler, Cabinet System in Britain 1904-1963, 1963, p. 245 ; A. Esmain, Éléments de Droit Constitutionnel Français et Comparé, tom 1, 8ᵉ éd, 1927, p. 189.
（48）See, Bernard Donoughue, Prime Minister, 1987, pp. 101-102. なお、二〇一〇年版の大臣行為規範によれば、公務員が大臣の代理として委員会に出席することは認められておらず、別に出席する際には、事前に内閣官房に諮問しなければならない、とされている（二節五項）。
（49）Peter Hennessy, Cabinet, 1986, pp. 27-30.
（50）Martin Burch, The United Kingdom, in Jean Blondel and Müller-Rommel (eds.), Cabinets in Western Europe, 2nd ed., 1997, pp. 28-30.
（51）295 H.C. Deb. 302-10 (written answers 9 June 1997).
（52）これらのリストを記載したサイトは、国立公文書館のウエブアーカイブに保存されている。
（53）ただし、キャメロン政権の説明文書には、政府の事務と優先順位および連立協定の実施と運用を管理する「連立委員会（Coalition Committee）」と、本文で記した「連立運営戦略計画グループ」は、「毎週開催される」旨明記されている。Cabinet Office, above n. 46. しかし、実際には、前者は二〇一一年まで二度しか開催されず、後者は全く開催されていない。代わりに保守党の内閣府大臣 Oliver Letwin と自由民主党の予算担当大臣である Danny Alexander とが頻繁に協議を行い、連立に関わる政策調整を行っているという。Robert Hazell and Ben Young, The Politics of Coalition, 2012, pp. 55-61. なお、委員会の手続については、濱野・前掲注（46）が、書面によるものと会合によるものの二種があることとともに、それぞれの流れを明らかにしている。近時は、大臣が多忙になっているため、書面によるものが中心となっていることは、筆者の Robert Hazell 教授へのインタビューでも確認できた（二〇一三年二月二八日）。

キャメロン政権の下で設置された重要な組織として、国家安全保障会議（National Security Council）がある。首相、副首相、財務、外務連邦、国防、内務、国際開発、エネルギー気候変動、予算担当大臣、政府政策担当大臣が構成員であるが、必要に応じて他の大臣、三軍の参謀長、諜報機関の長が出席する。毎週火曜日、閣議の後に開催されている。これを支える事務方の会議（NSC（O））は毎週水曜日に開催され、国家安全保障顧問が主宰する。二〇一〇年一〇月に国家安全保障戦略（National Security Strategy）及び戦略的防衛安全保障審査（Strategic Defence and Security Review）を策定した。また、二〇一一年のリビア問題の際には、多い時に一日三回、延べ六〇回開催され、「戦時内閣」の体裁をなしたともいわれる。なお、ここでも自由民主党の大臣の出席が確保されている点が注目される。Peter Hennessy 教授のご教示による。

(54) この条項は、近年まで存在していたが、二〇一〇年版では消えている。See, Bradley and Ewing, above n. 27, p. 274.

(55) Jennings, above n. 15, p. 257.

(56) Walker, above n. 8, p. 119.

(57) この条項も、二〇一〇年版では消えている。連立政権下では、委員会で解決しなかった事案は当該委員長または副委員長（いずれかが連立各党に割り当てられる）により、常設委員会の筆頭に置かれた「連立委員会（Coalition Committee）」に付託するとされたことと関係していると思われる。Coalition Agreement for Stability and Reform, para. 3.5.

(58) Brazier, above n. 10, pp. 119–20.

(59) もっとも、ブレア政権下では、委員会すら使われず、首相とその周辺の者（特別顧問など）のアド・ホックな集団で政策決定がなされるようになったともいわれる（House of Lords Constitutional Committee 4th Report of Session 2009–2010, The Cabinet Office and the Centre of Government, p. 27, para. 120.）。その例として、二〇〇三年のイラク出兵に関する主要な決定は、防衛海外政策委員会（Cabinet Committee on Defence and Overseas Policy）ではなく、少数の大臣と特別顧問によってなされた点が挙げられる（See, Bradley and Ewing, above n. 27, pp. 272, 275.）。しかし、ブレアの最重要な助言者であったジョナサン・パウエルは、委員会を「政府の意思決定における不可欠の道具（essential instrument）である」と評価する（*Ibid*, p. 180〔Memorandum by Jonathan Powell〕）。また、キャメロン連立政権では、連立両党間の合意を確保するための公式の意思決定の場として委員会が再生している。Hazzel and Young, above n. 53, pp. 50–52.

(60) 参照、片岡寛光『内閣の機能と補佐機構』（成文堂、一九八二年）一六〇～七一頁、田中嘉彦「英国における内閣の機能と補佐機構」レファレンス七三一号（二〇一一年）一二一頁以下の一二七～三一頁。

(61) See, Peter Hennessy, Whitehall, 1989, pp. 388–92 ; King, above n. 8, p. 33.

（62）チャート図上は、国防局は、「国防」という括りで「内閣、首相及び副首相の補佐」という経済内政、欧州・グローバル問題の両局に与えられている位置づけとは別に、これと並列する形で描かれている。「国防」の括りには、統合諜報部（Joint Intelligence Organisation）が存在する（(3)を参照）。また、戦略室も、チャート図上は、「内閣、首相及び副首相の補佐」という位置づけを与えられている。なお、一九九八年の時点では、海外国防、統合情報、経済内政、遠距離通信、ヨーロッパの五局と儀典課、組織管理官グループから構成されていた。HMSO, Civil Service Yearbook 1998, pp. 67–92.

（63）House of Lords Constitutional Committee, above n. 59, p. 114, Q253 (Evidence of Lord Heseltine), p. 147, Q344 (Evidence of Sir Gus O'Donnell). 委員会では首相の傍に座るようであり、また、委員会の議論を見渡しつつ閣議でかけるべき議題について首相に提案する役割を有する。*Ibid.*, p. 153, Q379（Evidence of Sir Gus O'Donnell).

（64）Lord Butler へのインタビューによる（二〇一二年六月一三日）。首相は船長でブリッジから指示を出すが、機関長がその指示を各方面に適切に伝達しなければ船（政府）は首相の望む方向に進まない、という意味である。Robert Armstrong がこの表現を案出したといわれる。See, Lord Armstrong Ilminister, The Ship of State : A View from the Engine Room, 1992 ; House of Lords Constitutional Committee, above n. 59, p. 57, Q110（Evidence of Sir Lord Butler of Brockwell).

（65）もっとも、二〇一一年一二月に Gus O'Donnell が内閣官房長官を退職した後は、首相府事務次官であった Jeremy Heywood が内閣官房長官となったが、彼は内国公務員長官を兼職していない。内国公務員長官はコミュニティ・地方自治省事務次官の Bob Kerslake が兼職している。

（66）See, Martin Burch and Ian Holliday, The Prime Minister's and Cabinet Offices : An Executive Office in All But Name（1999）Parliamentary Affairs 32, at 36–39. 上級公務員（Senior Civil Service）は、一九九六年に給与の決定方式に関して制度化され、そこでは、グレード5（課長に相当）以上の者を意味する。しかし、この言葉は以前から用いられており、本書が参照した文献でも、かかる厳密な意味で用いられているとは思われない。人数の出所も不明であるが、主なスタッフの職名、職務範囲、連絡先を示す Civil Service Yearbook（そこには、より下位のグレード6やグレード7の者も掲載されている）に載っている者の数がこれに近いことから、これを参照したとも考えられる。また参照、外国公務員制度研究会編『欧米国家公務員制度の概要』（生産性労働情報センター、一九九七年）一一五頁以下。

（67）Michel Lee, The Ethos of the Cabinet Office, in R.A.W. Rhodes and Patrick Dunleavy（eds.), Prime Minister, Cabinet and Core Executive, 1995, p. 152.

（68）See, Report of Machinery of Government Committee, Cd. 9230（1918), part I, para. 10.

(69) なお、閣議の議事録は記録というよりも各省庁に対する命令を狙いとしたものであり、そこには結論とともに大まかな議論が掲載されるが、それはあくまでも命令の内容としての結論の釈義のためであり、特定の大臣の名指しが避けられる点には注意が必要である。See, Walker, above n. 8, pp. 50–54. そこでは議事録の見本もみることができる。

(70) この条項も、二〇一〇年版では消えている。

(71) de Smith and Brazier, above n. 13, p. 179–80.

(72) Walker, above n. 8, p. 56; G.W. Jones, The Prime Minister's Power (1965) 18 Parliamentary Affairs 167, at 172–73. See also, House of Commons Public Administration Select Committee 19th Report of Session 2010–2012, Leadership of change: new arrangements for the roles of the Head of the Civil Service and the Cabinet Secretary, Ev 7, Q34 (Evidence of Lord Armstrong of Ilminster).

(73) See, Anthony Seldon, The Cabinet Office and Coordination, 1979–87, in Rhodes and Dunleavy, above n. 67, p. 142. See also, Daintith and Page, The executive in the constitution: structure, autonomy and internal control, 1999, p. 54.

(74) G.W. Jones, The Prime Minister's Aides, in A. King (ed.), The British Prime Minister, 2nd ed., 1985; King, above n. 8, pp. 40–41; Hennessy, above n. 61, pp. 382–87; J.M. Lee, G.W. Jones and June Burnham, At the Centre of Whitehall, 1998, pp. 29–40; マーガレット・サッチャー（石塚雅彦訳）『サッチャー回顧録㊤』（日本経済新聞社、一九九六年）三二～四頁。ブレア政権までの概略について、阪野智一「イギリスにおける中核的執政の変容」伊藤光利編『政治的エグゼクティヴの比較研究』（早稲田大学出版部、二〇〇八年）三三頁以下の四〇～七頁、高安健将「議論・調整・決定」公共政策研究第九号（二〇〇九年）二三頁以下を参照。

(75) Paul Fawcett and Oonagh Gay, The Centre of Government—No. 10, the Cabinet Office and HM Treasury, House of Commons Research Paper 05/92, 2005, pp. 52–4.

(76) House of Lords Constitutional Committee, above n. 59, para. 12, 19.

(77) Public Administration Select Committee, above n. 72, Ev 51, Q. 288 (Sir Gus O'Donnell GCB).

(78) Lee, Jones and Burnham, above n. 74, p. 29.

(79) 秘書官の選任は、各省から推薦を得た上で、官房長官、有力な事務次官、主任秘書官の合議を経て、首相に提案され、首相が最終決定を行うことによって行われる。これにより、首相と公務員（Civil Serviceという一体）、双方の意向に叶う人物の選任が確保されている。なお、外交担当秘書官は外務連邦省、経済担当秘書官は大蔵省からの出向者で占められているが、内政担当秘書官、議会担当秘書官の出身省庁は様々である。Lee, Jones and Burnham, above n. 74, pp. 53, 56–57, 59–63.

（80）省庁から首相への文書の伝達役としての役割（transmission）と、首相が特定の政策、事項に関する情報を求めた場合に省庁に赴いて資料を収集して首相に説明を行う役割（briefing）とがあるようである。Lord Butler へのインタビューによる（二〇一二年六月一三日）。

（81）Dennis Kavanagh and Anthony Seldom, The Powers Behind the Prime Minister, 2000, pp. 189-2, 212-3.

（82）参照、大山・前掲注（2）一九一頁。また参照、拙稿「議院の議事運営に対する内閣の関与について」大石眞先生還暦記念『憲法改革の理論と実務　上巻』（信山社、二〇一一年）五五一頁以下の五五五頁。

（83）ブレア政権下で、全省庁の広報部門を統轄してマスコミに発信する情報をコントロールし、さらに一部のメディアを通じて政府の望む内容、筋書きのニュースを報道させるという手法が採られたことが知られている。このようなマスコミ戦略に従事した特別顧問を指して「スピン・ドクター」という。もっとも、キャメロン政権で長に就いた Andy Coulson は省庁や省庁の特別顧問に対する統制を弱めた。Hazell and Young, above n. 53, pp. 140-1.

（84）参照、高安・前掲注（74）二三頁以下。

（85）Lee, Jones and Burnham, above n. 74, p. 39. なお、ウィルソンは、一九六〇年代の第一次内閣の際に、エコノミストを内閣府に置いて経済政策の助言を求めており、ヒースも、内閣府に、中央政策審議官（Central Policy Review Staff）を設置している。政策室はこれらを引き継ぐものである。

（86）Fawcett and Gay, above n. 75, p. 66, Appendix G.

（87）参照、濱野雄太「英国の省における大臣・特別顧問」レファレンス七〇九号（二〇一〇年）一三一頁以下の一四五～六頁。

（88）構成員の半分は公務員である。また、「政策遂行室」は、連立政権下において、副首相も同時に補佐する組織であるとの位置づけを与えられている点も重要である。Hazell and Young, above n. 53, p. 65

（89）サッチャー政権期の政策室の評価として、Kavanagh and Seldom, above n. 81, p. 159.

（90）参照、高安・前掲注（3）八二頁。

（91）David Richards, New Labour and the Civil Service, 2008, pp. 116-29.

（92）公共サービス合意（PSAs : Public Service Agreements）とは、一九九八年にブレア政権によって導入された制度であり、政策項目ごとに投入する資源（歳出）とともに業績目標を数値化したかたちで掲げさせる、大蔵省と各省との合意文書である。参照、稲継裕昭「英国ブレア政権下での新たな政策評価制度――包括的歳出レビュー（ＣＳＲ）・公共サービス合意（ＰＳＡｓ）――」季刊行政管理研究九三号（二〇〇一年）二九頁以下。実施室は、ＰＳＡのうち、首相が重点を置いた本文の四分野に関して、その策定過程に関与するとともに、その実施につき監督を行う。See, Evert Lindquist, Organizing for Policy Implementation : Comparisons, Lessons and Prospects for Cabinet Implementation Units, Journal of Comparative Policy Analysis, Vol. 8, No. 4 (2006), p. 424.

(93) ブレアは二五のＰＳＡに係る政策実施について、自らのスタッフと共に、関係大臣及び職員と面談を行っていた。See, David Richards and Martin Smith, Central Control and Policy Implementation in the UK : A Case Study of the Prime Minister's Delivery Unit, Journal of Comparative Policy Analysis, Vol. 8, No. 4 (2006), p. 339.

(94) House of Lords Constitutional Committee, above n. 59, p. 166. See also, Martin Burch and Ian Holliday, The Blair Government and the Core Executive [2004] Government and Opposition 1, at 3, 12 ; Colin Turpin and Adam Tomkins, British Government and the Constitution, 6th ed., 2007, pp. 390-91. キャメロン政権下のチャートでは、フルタイム換算で一七八・二九名からなる。

(95) 特別顧問については、濱野・前掲注(87)を参照。ブレア政権下の一九九七年には、三名を上限として、顧問に公務員を指揮する権限を付与する枢密院令が定められた(実際には Jonathan Powell と Alastair Campbell の二名にこの権限が与えられた)が、ブラウン政権に変わった二〇〇七年にこの命令は廃止されている。

(96) 二〇〇〇年二月の組織図によると、首席補佐官、副首席補佐官のほか、政策室に一二名、報道室に五名、秘書室に二名、その他の組織に六名が配置されている。Evidence given to Public Administration Select Committee 11 February 2002 (Fawcett and Gay, above n. 75, Appendix D より再引用).

(97) Burch and Holliday, above n. 94, pp. 8-10. なお、副首相府 (Deputy Prime Minister's Office) も重要である。副首相府は、ブレア政権下でも、プレスコット副首相の下に組織されていたが、キャメロン連立政権の下、その規模が拡大されているとみられる。主任秘書官と、経済内政問題担当、外交国防担当、憲法改革担当の三名の秘書官が存在する。なお、組織図上は、副首相府と並んで、憲法グループが置かれている。この中に、「選挙・民主制」担当と「議会・憲法」担当が配置されているところから、選挙制度改革等を担当している部署と推測される。

(98) House of Lords Constitutional Committee, above n. 59, p. 147, Q344 (Evidence of Sir Gus O'Donnell and Jeremy Heywood), p. 152, Q376 (Evidence of Sir Gus O'Donnell).

(99) Lord Butler へのインタビューによる(二〇一二年六月一三日)。

(100) 関連して興味深いのは、管見の限り、これら補佐機構を設置する法令が存在しない点である。もちろん、予算措置が必要となる場合に議会の関与は不可欠であって、現に、たとえば、内閣官房は一九一七年の補正予算で登場している (Jennings, above n.

15, p. 244. もっとも、首相府の政務室は、本文でも触れたとおり、首相または与党が資金を賄っている）。政府や首相の補佐機構の設置は必要的法律事項だと考えられていないことになるだろう。首相は、閣議の主宰者として、政府の良き運営のために補佐機構を設置する権限をもつともいえそうである。

(101)　その前身は一九九八年に設置された業績革新室（Performance Innovation Unit：PIU）と二〇〇一年に設置された長期戦略室（Forward Strategy Unit）に遡る。なお、ブレアは、業績革新室に先立って社会的排除室（Social Exclusion Unit）を設置した。この組織は、首相府の政策室と緊密に連携をとり、社会的排除の問題について政策室が立案した――多くの省の所管にまたがる――政策を関係各省に実施させる役割を期待された。業績革新室はこの手法を様々な分野に取り込もうとするものであった。その構成員は各省庁から派遣された公務員と外部（民間企業、コンサルタント、大学、シンクタンク、地方自治体、ＮＧＯ）から任用された者で、新しい業務手法を省庁から派遣された公務員に持ち帰らせる機能を果たした。他方、長期戦略室は、首相の要望に応じて理論的な政策体系の案出を行う組織であった。Fawcett and Gay, above n. 75, pp. 39, 57–8.

(102)　Bradley and Ewing, above n. 27, p. 305；Richards, above n. 91, p. 112.

(103)　国家安全保障会議については、注（53）を参照。統合諜報委員会は、一九三六年に設置された組織である。一九五七年に統合幕僚本部の下から内閣府に移管された。構成員は上級公務員であるが、関係省庁は、当初の国防省、外務省に加え、内閣府の諜報統括官（Intelligence Co-ordinator）、財務省、通商産業省、内務省に拡がっている。議長は内閣官房国防局長や国防担当首相特別顧問が務めていたが、現在は統合諜報部の専門分析官長が兼務する。委員会は、諜報機関の監督の他、各種の――安全保障、外交が主だが、現在はそれに限られていない――領域の問題に関する、総合的な情報分析の結果を大臣や上級公務員に提供することを任務としてきた。もっとも、国家安全保障会議の設置によってこの機能がそちらに移動しているようにも見受けられる。See, Report of a Committee of Privy Counsellors, Review of Intelligence on Weapons of Mass Destruction, HC 898, para. 41–47；Cabinet Office, National Intelligence Machinery, 2010, p. 22–6；Cabinet Office, Supporting the National Security Council（NSC）: The central national security and intelligence machinery, 2011.

(104)　ＭＩ５、ＭＩ６、ＧＣＨＱのみならず、国防省の諜報機関（Defence Intelligence Staff）も含まれる。

(105)　Brazier, above n. 37, pp. 188–90. 日本の内閣法制局とは、その機能に着目すれば、第一に各省が起草する法案の形式を審査するのではなく各省の指示に従いみずから起草を行う点、第二に憲法適合性を含む法案の内容審査を行うわけではない点で、随分と異なる。

(106)　Public Administration Select Committee, above n. 72, Ev 52–3, Q. 300, Ev 55, Q. 321（Sir Gus O'Donnell GCB）.

（107） Lee, Jones and Burnham, above n. 74, p. 128.

三　中央省庁に対する権限

1　行政組織編制権

(1)　官職の設置改廃権限

首相は、単に既存の官職に大臣を任命する権限だけではなく、官職そのものの創設、その権限の改廃を行う権限を有する。[108] すなわち、少なくとも新しい国務大臣（Secretary of State）を設置し、その担当を定める権限は、形式上は国王大権に属するが、国王は首相の助言に拘束されるので、実質的には首相が有しているといえる。国務大臣の任務として行政長官としての役割を含める場合、省庁との関係では、首相は、その設置改廃を行う権限、すなわち行政組織編制権を有することになる。[109] 内閣手引書が、首相の大臣への権限分配権ともに、大臣への権限分配を反映して省庁の編制が変更することを明らかにし（三節四八項、四九項）、さらに「首相は政府機構の変更に関して責任を負う」（三節五五項）と述べるのは、この権限の由来と内容を表現したものと理解できる。

(2)　大臣法

一九七五年大臣法（Ministers of the Crown Act 1975）は、かような首相の行政組織編制権を前提として、第一に、行政組織の再編に伴う権限の移転、第二に、省庁の名称の変更につき定めを置いている。前者については、一条一項が次のように定める。

女王陛下は、枢密院令で、次の事項を定める。

(a)　大臣（Minister of the Crown）に対する、従前に別の大臣によって行使されてきた権限（function）の移転

(b)　大臣が所管する省庁の廃止および従前当該省庁を所管する大臣によって行使されてきた権限の、枢密院令で定める他の一または二以上の大臣に対する移転または分配

(c)　大臣の権限を同時に他の大臣が行使する旨の、またはそのような行使を停止する旨の命令

すなわち、既存の省庁間の権限移転、省庁の廃止とそれに伴う権限移転、権限の別省庁による兼担およびその廃止は枢密院令の所管とされる。また、かかる権限移転等に伴い必要となる、財産・権利・責任の移転、関係法令の改正、訴訟・契約等の当事者の地位の移転も枢密院令事項とされる（一条二項）。なお、国務大臣については、理論上、権限移転はこの法律に基づかなくとも可能である――国務大臣に対して行政作用を授権する法律上の主語は、たとえば“Secretary of State for Trade and Industry”のように担当まで明記したかたちではなく、たんに“Secretary of State”であり、「“Secretary of State”は、女王陛下の主たる国務大臣の一人を意味する」のが解釈準則であって（一九七八年解釈法〔Interpretation Act 1978〕五条、附則一）、首相はどの国務大臣にどの権限を委ねることも法的には可能であるからである[110]――ため、権限移転等に伴い必要となる、財産・権利・責任の移転等についてのみ枢密院令事項とされている（二条）。

つぎに、後者、すなわち法令等における大臣の名称変更については、四条が次のように定める。

女王陛下は、枢密院令で、大臣の名称（style and title）の変更を命令することを望まれる場合には、その枢密院令には、次の法令等の諸規定を新しい名称に置き換える定めを含めることができる。

(a)　大臣に関する制定法（第一条二項d号にいう制定法を含む）

(b)　その枢密院令の発効日以前に定められまたは開始された法律文書（instrument）、契約または法的手続き

これらの大臣法の規定に基づき、行政組織再編に伴い必要となる、権限の移転——それは作用法上のものとも理解することができる——や付随的な法律関係の移転は、個別の法律の定めによらず、枢密院令かぎりで行うことが可能となっている。大臣法も、組織法上の組織編制権には触れていないと解される点には注意が必要であろう。

これらの枢密院令は、省庁の廃止を内容とするものについては、両院が当該枢密院令を定めるべき旨の勅語奉答文（Address）を発することで初めて効力をもち（五条一項）、それ以外のものについても両院の拒否権にさらされる（五条二項）。

また、国務大臣ではなく担当大臣（Minister）を長とする省庁の設置には一九七五年大臣法が適用されず、法律の制定が必要とされる。実際、ウィルソンが一九六四年に省庁再編を行った際に、担当大臣を長とする省庁（国土天然資源省〔Ministry of Land and Natural Resources〕、海外開発省〔Ministry of Overseas Development〕、科学技術省〔Ministry of Technology〕）を設置するに当たり、法律（一九六四年大臣法〔Ministers of the Crown Act 1964〕）が定められた。これらの省庁もその改廃には一九七五年大臣法が適用され、枢密院令で行うことが可能である。しかし、国務大臣を長とする省庁の設置は枢密院令で可能なのに対し、担当大臣を長とする省庁の設置が法律事項とされるのは理由が定かでなく、批判もある。(三)

それでは、省庁再編に関する枢密院令の実質的決定権者は誰か。枢密院は、一三世紀以来、国王大権の行使に関わる助言、行政機関であったが、内閣や中央省庁の発達に伴い、その実質を失った。今日では、国王大権に基づく行為に対し、布告（Proclamation）や枢密院令という形式を用いて形式的効力を与える場にすぎない。もっとも、そ

の伝統や心理的効果に着目して、枢密院令に対し、法律により授権される事項も多い。省庁再編に関する枢密院令もその一例として理解することもできる。ともあれ、その議事はもっぱら形式的なものであり、実質的には別のところで決定がなされた内容をただ承認するだけである。[112]

(3)　枢密院令

そこで、省庁編成に関し法律により授権されている枢密院令の場合、その内容を実質的に決定しているのはどこかが問題となる。しかし、首相が単独で決定できるのか、内閣が全体で決定する必要があるのかは明確でない。この点、ある行政法教科書によれば、一般に、イギリスにおいては、国王の存在ゆえに、法律中で首相の称号を用いることができないという「タブー」があるため、「特定の省庁の領域に含まれず、首相が責任を負う事項について命令制定が必要となる場合には、この命令制定権を国王に付与するのが慣行である」[113]。枢密院令事項とするときに、すべてというわけではないが、首相に対する授権を意味する場合もあることがうかがえる。省庁再編に関する枢密院令についても、このような意味のものだと理解することができるだろう。

(4)　大臣行為規範

大臣行為規範も、首相に行政組織編制権があることを前提とする定めを置いている。大臣行為規範は、時期により変更されており、二〇一〇年版は簡略化されているが、その内容は次のとおりである。

四節一項[114]　首相は行政部全体の組織及び省庁を担当する大臣間の権限の分配に関して責任を負う。

二項[115]　この権限分配および大臣の権限を消去する責任に影響を与える変更の提案には、首相の同意を求めなければならない。この定めは、問題となっている権限が、制定法に基づくものであるか、国王大権の行使に基づくものであるか、一般行政上の責任であるかに関わらず、適用される。

三項[116]　次に定める権限移転の提案には、首相の書面による同意を求めなければならない。
a．省庁を所管する大臣間の権限移転。ただし、変更が、最小限であって（de minimus）、行政的に行うことができ、公示を要しない場合を除く。
b．一の大臣の責任領域内の権限移転であっても、当該変更が政治的に慎重を要する可能性があるかまたは広範囲の政策上もしくは組織上の問題を惹起する可能性がある場合。
c．一の省庁内の下級大臣間の権限移転で大臣の名称変更を伴う場合。
四項[117]　前項の場合のほか、ある大臣に対し新たな権限を分配する提案は、当該権限が一の大臣の責任領域に完全には含まれない場合または誰が責任を負うかにつき争いがある場合には、首相の書面による同意を求めなければならない。
五項[118]　権限分配に関する未解決の争いは、首相に提出する前に、内閣官房長官に照会するものとする。

(5)　運用

実際にも、首相と内国公務員長官、内閣官房長官の三人（二〇一一年までは内国公務員長官と内閣官房長官とは兼任なので実質的には二人）で組織編制に関する決定が行われているとの指摘がある。[119]これによると、関係省庁の大臣、事務次官の組織編制の決定への関与はアド・ホックであり、たとえば事務次官が組織変更の詳細を知るのは、その決定が公にされるわずか数日前、場合によっては数時間前のことである。また、内閣府内に組織編制に関する調査及び企画立案を行う政府機構部（Machinery of Government division）という部局が存在し、内国公務員長官を通じて首相に助言を行っているようである。[120]

以上より、一部に、大臣法という法律による授権に基づき、かつ両院の拒否権に服するものを含むが、首相は単独で中央省庁の組織編制権をもつということができよう。このような制度が中央省庁に与える影響はすこぶる大きいと評価できる。

2　人事権

公務員の任免、服務規律や管理は、従来、形式的には国王大権であったが、実質的には首相が責任をもっていた[121]。二〇一〇年憲法改革統治法（Constitutional Reform and Governance Act 2010）[122]は、公務員の管理（management）に関する国王大権を取り除き、この権限を公務員担当大臣（Minister for the Civil Service）に付与した（三条一項）[123]。ここにいう「管理」には、任免権が含まれる（三条三項）[124]。公務員担当大臣は首相が兼務するので、実質的に首相が責任を負う点を法制上も明確にしたものだといえよう。もっとも、この権限は、以前から内国公務員長官および各省の事務次官に委任されており、現在もその点に変わりない[125]。

首相は、各省の事務次官および局長（Director General）クラスの上級公務員の任命に関与してきた。これは、一九一九年九月四日にロイド＝ジョージが発した命令に由来する[126]。現在、法文上は、事務次官は内国公務員長官の推薦に基づき首相が任命し、事務次官以外の上級公務員は内国公務員長官の推薦に基づき首相が同意を与えることとされているが（公務員管理規範〔Civil Service Management Code〕五―二―一項）、実際には、当該事務次官が――場合によっては公募の手続を取った上で――提出する候補者リスト（通常は六〜七名の氏名が掲載される）を元に、内国公務員長官が、上級職幹部委員会（Senior Leadership Committee）[127]の補佐を受けて二名〜三名まで候補者を絞り、これらの候補者に順位を付して首相と話し合いを行うようである。内国公務員長官が推薦した者でなければ首相は同意を与えられず、首相が同意した者でなければ任命できないという独特の仕組みとなっているわけである。この仕組みは、一方で、党派的な任用から公務員制度を防御する機能を果たしているものともいえるが[128]、他方で、首相が積極的に人事に関与する気があれば一定程度その意向を反映させることができるものともいえる。[129] いずれにしろ、このような任命手続を採用した結果、上級公務員については同一省庁の内部から昇格するのではなく、他の省庁からも異動、昇格する——場合によっては外部から登用される——制度が形成されている。この制度は、公務員の一体化に寄与しているといえ、「省庁割拠主義」が問題視されている日本との大きな違いであるといえよう。[130]

また、首相は、公務員担当大臣として、公務員の行為規範を定める権限を有し（二〇一〇年憲法改革統治法五条一項。この権限に基づき、公務員の基本的な行為準則を定める「公務員規範（Civil Service Code）」と、任用、勤務条件、服務等に関する包括的かつ詳細な規律を含む「公務員管理規範」が制定されている）、公務員制度を管理する。公務員制度の管理は、従来、財務省の管轄であったが（いわゆる「大蔵省統制[131]」）、一九六八年に公務員省（Civil Service Department）が設立されて以来、首相の下に一定の事項が移管される傾向にある。[132] 現在、内閣府は、幹部候補生採用試験（ファーストストリーム試験）や、上級公務員の給与および等級づけ（grading）を——上級職給与審議会（Senior Salaries Review Body）から助言を受けつつ——担当し、また上級公務員を除く職員全般につき各省庁が委任に基づき行う採用、給与および等級付けを監督する。[133] また、本節**二3**(3)でも触れたように、公務員制度改革を——財務省と共管するかたちで——担当している。[134]

なお、公務員制度管理との関係で、人事委員会（Civil Service Commission）が存在する。同委員会は、二〇一〇年憲法改革統治法によって法律に基づく組織とされたが（二条）、その前身である（旧）人事委員会（Civil Service Commission）の創設は一八五五年に遡る。[135] 人事委員会は、伝統的に、公務員の任用に関して、それが能力（merit）に基づいてなされるべく基準を定めるとともに監督を行ってきた。すなわち、任用のための選考は「公正かつ公開の競争により、能力に基づき」なされなければならないという根本原則（二〇一〇年憲法改革統治法一〇条二項）の下、人事委員会は、選考に関する原則（「任用原則（Recruitment Principle）」）を、公務員担当大臣に諮問した上で定める（同法一一条一項、二項）[136]。また、人事委員会は、上級公務員の任命につき同意権を有し（同法一二条一項a号、任用原則三項、附則B）[137]、省庁やエージェンシーにおける任命の基準や慣行が根本原則や任用原則に適合しているかを監督する（同法一四条）ほか、すべての公務員について、その選考が根本原則に違反して行われた場合に不服申立てを審査する権限を有する（同法一三条）。さらに、人事委員会には、一九九六年以降、公務員規範に反する行為を要求されたときまたは認識したときで省庁内の手続を尽くしても解決しない場合に、報告を受理し勧告を行うかたちで解決を図る権限が付与されている（公務員規範〔二〇一〇年版〕一六～二〇項）[138]。

3　関与権

組織、人事に関する権限に加えて、首相は、まず、省庁の事務に関与する（intervene）権限をもつ。ただし、首相が関与権をもつという点では多くの論者が一致するものの、その内容については、あいまいであったり、必ずしも一致していなかったりする点には注意が必要である。

第一に、関与権の内容それ自体があいまいであり、そもそも日本で議論される指揮監督権、訓令権に類するものといえるかは疑わしい。たとえば、その内容として「提案」と述べ、具体的には「質問を発し、異なる選択肢を探るべきことを示唆し、あるいはその選択肢が政治的に不可能であることを警告するかたちで提案を行う」ことを挙げている者がいる[139]。また、「首相は、個別の大臣の意見を聞きつつ、閣議を待たずに、諸決定を下し、あるいは［大臣の］諸決定を承認することができる」と述べる者もいる[140]。前者は、それ自体としては何らの法的効果も生じないものであろう。後者も、首相は担当の大臣と見解を共にして「関与」する以上、命令権とはいえない。「内閣及び首相はただ大臣を励ましたり思いとどまらせたりできるだけである（can only encourage or discourage）。指揮することはできないのである（cannot instruct）[141]」、「誰も大臣を指揮（instruct）できない。知られているように、首相は、無能な大臣を解任または異動させることができるが、通常は内閣改造を待たなければならない[142]」と述べる論者もいるところである。法的には、通常、権限が授権されているのは国務大臣（Secretary of State）であることから、大臣の個別責任と相俟って、省庁は相当程度の自律性を有しているのである[143]。しかし、それでも首相が省庁の事務に関与することが承認されている点は看過しえない。

第二に、閣議の決定を経ずに、首相が独自に関与することができるかどうかについて見解が一致していない。すなわち、一方では、「首相は閣議の決定が各省庁によって実施されているかどうか注視する[144]」、「首相は政府の諸決定が実施されるのを確保するために、必要な場合に関与する当然の権限（natural right）を持つ[145]」、「政府の長として、首相は、いかなるときでも省庁に関与する権限をもち、首相の中には、この権限を他の首相より多く行使した者がいた[146]」と述べて、閣議の決定を前提としているような者もいれば、他方、「首相は［……］自ら望めば関与することができる[147]」、「首相のもっとも重要な力は、彼が選択するどのような政策に対しても、関与することができるということである[148]」、「首相は、大規模な労働争議その他の緊迫した問題に、個人的に関与することができる[149]」と、閣議の決定を前提としていないような表現をする者もいる。もっとも、すでに述べたように、首相は閣議の決定の内容それ自体を、閣議の主宰やその議事録の作成の指揮を通じて、比較的自らの思い通りのものにできる点を強調すれば、両者の見解は接近する。さらに、「首相は、各大臣が自らの省庁を政府の政策枠組みの中で運営するのに任せる[150]」という表現が示唆するように、閣議の決定を抽象的なものでよいとするならば、両者の違いはより小さくなるだろう。

第三に、首相は大臣を飛び越えて省庁内部に対し直接関与することができるかが問題となる。この点も明確ではない。一方で、首相は各省庁の事務次官を呼ぶことができると述べる者がいる[151]。他方、閣議決定に基づく命令について、第一次大戦中の戦時内閣では、内閣官房が大臣を通さず直接各省庁にその内容を伝えていたが、戦後、各大臣が閣議の結論を受け取って、自らの責任で各省庁を指揮するように慣行が改められた事実が指摘される[152]。

ただ、イギリスで関与権の議論をする際に、外務省を特別視する者が多い点は興味深い[153]。首相は、外務大臣とともに、閣議にその都度諮ることなく外交を行う。場合によっては外務大臣に諮ることなく、首相単独で外交交渉に関する決定を下し、外務大臣をまるで首相の次官であるかのように取り扱うこともあるという。このことは、政治的に重要で迅速な判断を求める問題に関しては、首相は、具体的な閣議決定を経ずに、大臣に対し（あるいは省庁に対し直接?）関与しうることを示唆しているようにも思えるところである。

また、首相は、権限争議を裁定する権限をもつ。既に掲げたように、大臣行為規範によれば、権限の帰属につき大臣間で合意が成立しない場合には、首相が書面により決定を下す（大臣行為規範四節四項（九六年版三四項））[154]。この場合、大臣は内閣官房長官に事前に照会することが求められている（大臣行為規範四節五項（九六年版三八項））。この首相の権限は、行政組織編制権の現れであると思われる。

以上から、首相は、組織や人事に加え、行政作用の領域でも、各大臣や省庁の活動に優越的に関与することが認められているといえよう。ただし、この「権限」は、日本の指揮監督権のような確固とした法的権限ではなく、政治の力学の中で揺れ動く流動的な性格をもつものと解されることには注意が必要である。この点、ある論者が、首相の外交に対する関与につき、「（外務大臣がそれを拒むだけ強力でない限りで）首相は自ら、主な外務省の政策を指揮できる[155]」と慎重に留保を付しているのが象徴的である。

(108) 参照、佐藤功『行政組織法〔新版・増補〕』（有斐閣、一九八五年）二三五～二三七頁。この点は第二編第一章で改めて触れる。

(109) Brazier, above n. 37, pp. 38-41；Bradley and Ewing, above n. 27, p. 272. もっとも、一九四九年大臣法（後述する一九七五年大臣法の前身）の制定までは「省庁間の権限の移転は第一次的立法によってのみ実行可能であった」とする文書もある（J.M. Lee (1977) Reviewing the Machinery of Government 1942-1952. House of Lords Constitutional Committee, above n. 59, para. 178 からの再引用）。これはおそらく、法律で省庁を設置して権限を付与していた場合（後述）を念頭においた叙述だと思われる。

　また、二〇〇五年憲法改革法（Constitutional Reform Act 2005）による大法官府の廃止に先立ち、二〇〇三年の内閣改造の際に、首相が大法官及び大法官府の廃止を発表し、後にそれは大法官が法律上の職であるために法律改正によらなければできないことが発覚するという事件があった（Colin Turpin and Adam Tomkins, British Government and the Constitution, 7th ed., 2011, p. 26）。この事件の経緯を調査した貴族院憲法委員会は、首相がこの組織変更を大法官に事前の相談なしに断行したものと認定し、内閣制度の趣旨に照らせば、重要な機構改革については、関連する大臣に対して事前に相談をすべきである（そして大臣が反対する場合には解任した上で新たな大臣を任命した上で進めるべきである）ことを示唆する（House of Lords Constitutional Committee, above n. 59, para. 208-209）。しかし、本件は司法部の機構改革も含む重要な憲法改革であって、これが組織編制全般に関わる一般的な規範を示しているとはいえないと思われる（なお、司法部にも事前の相談がなされていなかったようであり、極めて異例の事態であった）。貴族院憲法委員会の報告書も、憲法に影響を与える機構改革について、その論点と帰結を分析した書面の提出及び口頭説明と、関連する特別委員会による事前及び事後の統制を求めるにとどまっている（*Ibid.*, para.217）。

(110) Adam Tomkins, The Struggle to Delimit Executive Power in Britain, in Paul Craig and Adam Tomkins (eds.), The Executive and Public Law, 2006, pp. 18-19, n. 9；Brazier, above n. 37, p. 10. 内閣手引書も、「変更が、国務大臣間での、『国務大臣』により行使可能と表現されている権限の再分配である場合には、枢密院令の制定を待たずに当該変更を行うことが可能である」と述べる（三節五七項）。

(111) Brazier, above n. 10, p. 141; Brazier, above n. 37, p. 41. もっとも、一九世紀半ばから一九六〇年代までは、法律に基づき、担当大臣が長となる省庁が設置されていたが、それ以降は大権に基づく（大臣法に基づく財産等の権利主体の移転と合わせての）国務大臣を長とする省庁の設置が通常となっている。Daintith and Page, above n. 73, pp. 32-3.

(112) de Smith and Brazier, above n. 13, p. 160-61.

(113) H.W.R. Wade and C.F. Forsyth, Administrative Law, 7th ed., 1994, p. 55.

(114) 九六年版三二項の前段と同じ文言である。二〇一一年内閣手引書三節三項、四八項も参照。

(115) 九六年版三二項の後段とほぼ同じ文言である。
(116) 九六年版三三項とほぼ同じ文言である。九六年版では、「書面の」という文言は入っていなかった。
(117) 九六年版三四項とほぼ同じ文言である。九七年版では、「書面の」という文言は入っていなかった。
(118) 九六年版三八項前段とほぼ同じ文言である。九六年版では、照会の宛先は内国公務員長官とされていた。
(119) Christopher Pollitt, Manipulating the Machine, 1984, pp. 125-49.
(120) Lee, Jones and Burnham, above n. 74, pp. 240-42. 第二次世界大戦中に、戦後の機構改革を検討するために組織された内閣の委員会が起源とされる。当初は大蔵省に属したが、公務員省の創設に伴いそちらへ移管され、その後、一九八一年に設置された人事管理庁（Management and Personnel Office）を経て、内閣府内の「公務員担当大臣庁（Office of Minister for Civil Service）」に属している。
(121) 公務員法制に関しては、参照、高橋滋「ブレア政権下の英国公務員制度とその動向」塩野宏先生古稀記念『行政法の発展と変革（上）』（有斐閣、二〇〇一年）八二一頁以下、田中孝和「行政の変容と公務員法制」榊原秀訓編『行政サービス提供主体の多様化と行政法』（日本評論社、二〇一二年）三一一頁以下。
(122) 同法については、参照、田中嘉彦「二〇一〇年憲法改革及び統治法――ブラウン政権下の未完の憲法改革」ジュリスト一四一〇号（二〇一〇年）一〇四頁、河島太朗「イギリスの二〇一〇年憲法改革及び統治法（1）――公務員――」外国の立法二五〇号（二〇一一年）七一頁以下。
(123) Explanatory Notes to Constitutional Reform and Governance Act 2010, para. 7. ただし、諜報関係の職員については、引き続き国王大権のもとにおかれる。外務公務員については、「国務大臣」に権限が付与されている（同法三条二項）。ここにいう「国務大臣」とは、外務大臣を念頭に置いていると解される。このような定め方をする理由については、注(110)及びその本文を参照。
(124) See also, Explanatory Notes to Constitutional Reform and Governance Act 2010, para. 80.
(125) *Ibid*.
(126) R.H.S. Crossman, Introduction, to Walter Bagehot, English Constitution, 1963, pp. 48-50. かつては、上級公務員にも等級制（Grade）が敷かれており、事務次官（Grade 1/1a）、事務次官補（Deputy Secretaries. Grade 2）につき首相が同意権を有していた。一九九五年に上位の等級制が廃止され特定の職に任命する制度となり、さらに二〇〇六年に「上位二〇〇職グループ（top 200 group）」制度が導入され、この職を構成する者が「上級公務員」と呼ばれるようになっている。従来の事務次官及び事務次官補――事務次官補はEUに合わせて「局長（Director-General）」と名称変更されている――に該当する職がこれに当たるようである。

Richards, above n. 91, pp. 158, 238-9.

(127) 上級職幹部委員会は二〇〇三年に従来の上級職任用選抜委員会（Senior Appointments Selection Committee）を組織替えして設置された組織である。数名の事務次官と首席人事委員会（First Civil Service Commissioner）、民間人で構成される。旧委員会は各省の望む任命が適切なものであるかを監視する色彩が強かったのに対し、新委員会にはより積極的・戦略的な行動が期待されているという。Richards, above n. 91, p. 159.

(128) なお、注（137）で述べる通り、外部からの任命に対しては、最終段階として、人事委員会の書面による同意が必要となる。これも、手続の公正性を担保し公務員の政治的中立性の確保する機能を果たしているものである。

(129) それゆえ、上級公務員の選考の結果は、実際には首相の関心によって大きく変わるという。任命手続きの実際も含めて、See, Richards, above n. 91, pp. 161-2. なお、村松岐夫編著・公務員制度改革（学陽書房、二〇〇八年）一〇七頁では、事務次官は内国公務員長官の「推薦に基づき首相が任命する」のに対し、局長、エージェンシーの長は、内国公務員長官の「推薦者に対する首相の承認を得て各大臣が任命する。ただし、一般的には事務次官が任命し、大臣が直接関与することはない模様」とされる。

(130) Jennings, above n. 15, p. 145. なお、このクラスより下の職員については、各省の職員は事務次官、エージェンシーの職員はエージェンシーの長が任命を行う。村松・前掲注（129）一〇七頁。

(131) 参照、小島昭「大蔵省統制の形成とその論理的展開」蝋山政道先生古稀記念『現代行政の理論と現実』（勁草書房、一九六五年）四八九頁以下、大河内繁男「英国における大蔵省統制の展開過程㈠～㈣」国家学会雑誌八二巻九＝一〇号（一九六九年）一頁以下、八二巻一一＝一二号（一九六九年）一頁以下、八三巻七＝八号（一九七〇年）四八頁以下、八三巻九＝一〇号（一九七〇年）二〇頁以下。

(132) A.W. Bradley and K. Ewing, Constitutional and Administrative Law, 12th ed., 1997, pp. 305-306. 一九九八年に公務員庁（Office of Public Service）が内閣府に合併されて以来、公務員制度の管理運営も内閣府の事務とされている。本節**二3**を参照。

(133) 参照、村松編・前掲注（129）一一〇、一二八頁。See also, Daintith and Page, above n. 73, p. 73.

(134) Bradley and Ewing, above n. 27, p. 276.

(135) 参照、足立忠夫『英国公務員制度の研究〔新装版〕』（弘文堂書房、一九六八年）一〇九頁。二〇一〇年法により、法人格が付与されている（二条一項）。

(136) 従来、一九九五年公務員令（Civil Service Order in Council 1995）が根本原則を明記し（二条一項）、詳細は人事委員会の規範（Code）が定めるという形態をとってきたところ、二〇一〇年法はこれを引き継いでいる。

(137) 厳密には、事務次官とBand 3の上級公務員の選考については、公務員の外部、内部を問わず、Band 2の上級公務員の選考については、外部からの登用についてのみ、同意を求めている。なお、一九九五年公務員令は、上級公務員の任命について人事委員会の書面による同意を要求しており（五条一項、附則第二。ただし実務上は外部からの任命に限る運用をとっていたようである。Daintith and Page, above n. 73, p. 80.）、二〇一〇年法はこれも基本的に踏襲している。

(138) See, Daintith and Page, above n. 73, pp. 98-101.

(139) James, above n. 39, p. 624.

(140) Bradley and Ewing, above n. 27, p. 272.

(141) Ferdinand Mount, The British Constitution Now: Recovery of Decline?, 1992, p. 149 (Daintith and Page, above n. 73, p. 30 からの再引用).

(142) Stuart Weir and David Beetham, Political Power and Democratic Control in Britain, 1999, p. 153.

(143) Daintith and Page, above n. 73, pp. 29-31.

(144) O. Phillips and P. Jackson, Constitutional and Administrative Law, 1987, p. 318.

(145) Brazier, above n. 10, p. 96.

(146) Brazier, above n. 37, p. 155. 具体的な首相の名として、イーデンとサッチャーを挙げる。

(147) Jones, above n. 72, p. 172.

(148) James, above n. 39, p. 624.

(149) Bradley and Ewing, above n. 132, p. 289.

(150) Brazier, above n. 10, p. 96.

(151) Bradley and Ewing, above n. 132, p. 295.

(152) Jennings, above n. 15, p. 245.

(153) *Id*., at 214-24. 今日では、外交と並んで経済を挙げる論者が多い。Weir and Beetham, above n. 142, p. 154 ; Bradley and Ewing, above n. 27, p. 272.

(154) なお、九六年版三五項では、一の大臣が権限移転を提案し、それが他の大臣によって受け容れられない場合などの不合意についても首相が決定を下すことが定められているが、この条項に該当するものは二〇一〇年版では存在しない。

(155) Brazier, above n. 10, p. 97.

第二節　政府の連帯責任と首相

一　問題の所在——委員会制度——

第一節でみたように、イギリスの首相には広範な権限が認められるが、その限界はどこに画されるのだろうか。日本では、連帯責任の観念が、内閣総理大臣の権限行使に限界を画する機能を果たしているとみられる。この点、イギリスにおいてはどうなのか。以下では、イギリスにおいて連帯責任の観念がどのように作用しているのかを検討したい。

イギリスにおいて連帯責任を説かれる際にしばしば論じられるのは、内閣（政府）の意思決定のあり方ではなく、むしろ決定後の大臣の行為規範に関してである。[156] すなわち、第一に、大臣は、政府の決定に拘束され、公の場、すなわち議会における投票と政府外における発言の際に、反対を表明することは許されず、反対を表明する場合には、まず大臣を辞任することが求められる（参照、大臣行為規範二節一項〔九六年版一八項〕）。第二に、大臣は、決定を実施するために、自らの担当省庁を指揮する（instruct）責任を負う（大臣行為規範〔九六年版〕一三項）[157]。したがって、政府の決定や政策が首相の指導の下に進められる場合には、首相は政府内で最も影響力をもつ人々、すなわち大臣による公の批判を免れることとなる。このことから、日本において通常理解されてきたところとは逆に、連帯責任は首相の力の源として挙げられる。

この首相の力は二つの方途で強化される。第一は、行為規範の対象となる大臣の範囲を拡張することである。通常、行為規範の対象となる大臣に議会担当秘書官は含まれていないと考えられている。しかし、首相は、自ら望めば、これを議会担当秘書官にまで拡張することができ、実際、第二次世界大戦後は常に拡張させてきた。現在の大臣行為規範でも、議会担当秘書官は、重要な表決（division）においては政府を支持することが期待され、政府に反対する投票を行った時は、その地位を保持することが許されない旨が定められている（大臣行為規範三節九項〔九六年版四七項〕）[158]。行為規範の名宛人を拡大する分、首相の力も大きくなるといえるだろう。

第二の方途は、行為規範を適用する決定を、閣議によるものから委員会によるものにまで拡張することである。今日、委員会による決定は、閣議による決定と同等のものと考えられている。大臣行為規範も、委員会の決定は、閣議の決定と同様に、すべての大臣を拘束すると明言している（大臣行為規範二節三項〔九六年版一七項〕）。したがって、首相は、内閣の意思決定機関として委員会を用いて、より簡便に自ら望む内容の決定を得た上で、その決定に対し連帯責任に基づく行為規範を適用することで、自らの望む決定に大臣を従わせることが可能となる。行為規範が適用される決定を拡大する分、首相の力も大きくなるといえるだろう。

ここで特に注目しなければならないのは、この第二の方途のもつ意味の大きさについてである。なぜなら、行為規範を委員会による決定に結びつけることで、首相は反対派閣僚を内閣の意思形成から排除することが可能となり、それゆえ委員会制度が発達し、内閣制度が大きく変容したとも思われるからである。すなわち、首相は、まず、委員会の組織編制および運用の権限を行使して、閣僚を委員会から排除することができる。次に、首相は、委員会の決定にも行為規範を適用して、これに閣議の決定と同等の効力を与えることができる。最後に、首相は、委員会から排除されたことを不満とする閣僚からの、閣議への異義申立てを拒絶することで、反対派閣僚の参加を排除した手続きから、従来の閣議決定と同じ効力をもつ決定を得ることができることとなる。

この仕組みは、自らの意向を内閣の決定に反映させたい首相にとってまことに都合のよいものである。閣議の主宰者として委員会の組織および運用の権限をもつ首相は、この仕組みを利用すべく、委員会を多用するようになるのは当然であろう。一九六〇年代以降、内閣制度の動力源がますます委員会へ移り、ついには一九八〇年代に「委員会による統治」と呼ばれ、「閣議はかつての枢密院と同じように憲法の尊厳化された部分（dignified part of the constitution）になってしまったのか[159]」と問われるようになった背景には、ウィルソンが閣僚の異議申立てを制限した結果、上のような仕組みが可能になったという事情があったに違いないのである。

このような委員会制度は、連帯責任から閣議での全員一致原則が当然に導かれると解する、日本の支配的見解を考察する上で、貴重な批判的視座を与えてくれるように思われる。というのも、イギリスにおいては、閣議が全員一致制でなく、たとえ閣内に反対者がいても首相は自らの望む決定を下すことが可能であるばかりか、ここでは、首相は反対派閣僚の内閣の意思決定に対する関与を排除することすら可能だというのである。前者はともかく、後者、そしてその帰結としての委員会制度が、なぜ政府の連帯責任の観念を維持するイギリスにおいて許容されているのだろうか。

実際、このような内閣運営のあり方に対しては、イギリスにおいても、現実政治、学説の双方での批判がある。まず、現実政治において何度か批判が行われたが[160]、代表的な例は、一九八六年、いわゆるウエストランド事件[161]で辞任した国防相ヘーゼルタインによる批判である。経営危機に陥ったイギリス唯一のヘリコプター製造会社の救済方法について、ヨーロッパの企業連合による救済を主張し、アメリカ企業による救済を支持したサッチャーと対立したヘーゼルタインは、経済問題関係委員会（ＥＡ）で実質的な議論の機会を与えられないまま敗れ、閣議への異議申立ても認められず、最終的に辞任することとなった。この時、彼によってなされた批判は、争点となっている問題についての、内閣全体による適切な議論の欠如は、「憲法の働き（working）を破壊する」、というものであった。これは、連帯責任（collective responsibility）と「全員による意思決定」（collective decision-making）との結びつきを強調するものである。(162)

次に、学説においても、委員会制度に批判的な論者が存在する。クロスマンを嚆矢とする、今日のイギリス政治を「首相統治制」「大統領化」と分析し、これを問題視する者達である。(163) 彼らは、一九六〇年代以降の政府内部の意思決定過程における変化につき、首相の力の向上と内閣の地位の相対的な低下を強調して、従来の「内閣統治制」から「首相統治制」への変化と捉える。彼らもまた、連帯責任に、「全体による意思決定」の観念を含ませるがゆえに、委員会制度に代表される政府内部の意思決定過程の変化を、従来の制度からの逸脱として捉えるのだといえよう。

しかし、このような「首相統治制」との批判に否定的な論者も多いように思われる。(164) そしてここで重要なのは、憲法学においても、実際の政治運営の重点が内閣にあるものから首相にあるものまでを含めて、連帯責任を基軸とする議院内閣制の枠内に収まると考えられている点である。ここでは、一方で連帯責任という概念を維持しながら、他方で委員会制度に代表される今日の政府のあり方を許容しているのである。このような理解が可能となるのはなぜなのか。果たして「全体による意思決定」を論理的前提としない政府の連帯責任という観念が成立しうるのであろうか。この点に着目しながら、二ではイギリスにおける連帯責任の理解を探究する。

（156）Chris Brady, Collective Responsibility of the Cabinet: An Ethical, Constitutional or Managerial Tool?（1999）52 Parliamentary Affairs 214.

（157）この条項は、二〇一〇年版では消えている。

（158）二〇一〇年版と九六年版とは表現が異なっている。九六年版では、「重要な」という修飾語が存在していなかったので、二〇一〇年版ではこの要請が若干緩和されているとみることができよう。

（159）James, above n. 39, pp. 620-21.

（160）David L. Ellis, Collective Ministerial Responsibility and Collective Solidarity [1980] P.L. 367, at 370-71.

（161）参照、北村亘「現代英国における『省庁間調整』」法学論叢一三九巻五号（一九九七年）七〇頁以下、一四二巻一号（一九九八年）五三頁。

（162）Colin Turpin, Ministerial Responsibility, in Jeffrey Jowell and Dawn Oliver (eds.), The Changing Constitution, 3rd ed., 1994, pp. 149-50. 近時もヘーゼルタイン自身は同様の主張をしている。House of Lords Constitutional Committee, above n. 59, p. 147, Q344（Evidence of Sir Gus O'Donnell and Jeremy Heywood）, p. 107 Q229, p. 108 Q233（Evidence of Sir Lord Heseltine）.

（163）Crossman, above n. 126, p. 92.

（164）James, above n. 39; Jones, above n. 72; Walker, above n. 8.

二　正当化——連帯責任の「分枝」としての全員一致原則——

1　授権的習律としての全員一致原則

そもそも、イギリスにおいては、連帯責任の内容として何が観念されているのだろうか。この点、マーシャルによれば、連帯責任には、①信任原則（confidence principle）、②全員一致原則（unanimity principle）、③秘密原則

(confidentiality principle) という三つの枝があるという。(174) 信任原則とは、政府の存続は議会（下院）の信任に基づくものであるというもので、具体的には、政府不信任決議の可決または信任決議の否決がある場合には、政府は自らの総辞職か下院の解散を選択しなければならないことを意味する。全員一致原則とは、大臣が、公の場での発言や議会での投票の際に政府の方針に一致して行動しなければならないことを意味する。秘密原則は、閣議等の政府内部の手続や議論の内容に関する秘密保持義務を大臣が負うことを意味する。このような理解に立つと、委員会制度の可否を論じる際には、全員一致原則との関係が問題となりそうである。

ただ、ここで注意しなければならないのは、彼のいう全員一致原則とは、「全員による意思決定」の要請といった、意思決定手続上の準則ではなく、意思決定後、それを実行する場面のみを問題としている点である。なぜ、このような理解が可能となるのだろうか。

この点に関連して興味深いのは、マーシャルは、右に挙げた三つの原則を同質のものと考えていないことである。彼によれば、信任原則は、政府と議会との関係で政府が議会（下院）に対して負っている義務的習律であるが、全員一致原則と秘密原則は、このような義務的なものではなく、むしろ、政府内部において、首相に対し、その判断に基づき諸々の行為規範を大臣に課すことを認める、授権的習律である。全員一致原則が授権的習律であるとはどういうことなのか。(175) まず、この点を明らかにしておこう。

彼は、秘密原則に関して次のように述べる。「たとえ政府がすべての政府内部の手続きを完全に公開するという慣行を作ったとしても、なんらかの［たとえば議会や野党の持つ、政府の秘密を保持させる］権限の侵害があるのだろうか？　もちろん、個人個人の構成員は互いに義務を持つかもしれないし、首相は彼らに対して秘密を保持させる権限を持つかもしれない。しかし、問題なのは、政府が連帯して他の者に対して秘密を保持する義務を負っているのか、ということなのである」[176]。マーシャルにすれば答えは否であろう。政府は、ある事柄について明らかにしてはならないという特定の内容を持った義務を、憲法上はじめから、他のもの（たとえば議会）に対して負っているわけではないのである。

全員一致原則についても同様である。この原則も、たとえば「全員による意思決定」という内容を持つ義務を、政府がはじめから他のものに対して憲法上負っているということを意味するものではない。むしろその原則は、「その同僚の義務に対応する、首相固有の権限」の性質をもつものであり、首相は、自らの政治的判断でその内容を定めることができる。「首相は、政府のどの構成員まで全員一致原則を拡張するか、どの時間や場所［における行為］にまで全員一致原則を拡張するか、決定することができ」るのである。したがって、「仮に政府、首相が、政府内部の意見の相違を表にさらすことを気にしないならば」、全員一致原則の内容を改めて、政府内部の意見の相違が表に出ても構わないものと決定することも可能である。そのような決定は、「政治的に無分別であったり戦術的に危険であったりすることはあっても、憲法違反であったり習律違反であったりする」ことはない[177]。

したがって、全員一致原則は、政府が他のもの（たとえば議会）に対し連帯して特定の内容の義務を負っていることを意味するのではなく、首相が大臣に対して「政府が全員一致しているかのように振舞うべきである」という内容の行為規範を課すことができることを意味する。このような意味で、全員一致原則は「授権的習律」なのである。

2　全員一体の活動

1では、全員一致原則を、「大臣は政府が全員一致しているように振舞うべきである」という行為規範を首相が任意に課すことができる「授権的習律」であるとする理解を見た。しかし、実際には、議会が「政府は全員一致団結して活動していない」ことを理由として政府の責任を追及することはあるだろうし、また認められるだろう。首相が右に述べた行為規範を課すのも、議会による責任追及を恐れるからに他ならない。それならば、やはり、上で述べたこととは異なり、全員一致原則を、「政府は全員一体となって活動しなければならない」という内容の義務（以下「全員一体活動義務」と呼ぶ）と理解し、政府はこの義務を議会に対して負っていると考えるべきなのではないか。この点、マーシャル流の理解からはどのように説明できるのだろうか。

ここで想起されるのは、ダイシーやその同時代の人々は、信任原則を連帯責任の「核心（kernel）」と考えていた、と評価されている点である。[178] 実際、筆者の見る限り、ダイシーは、連帯責任を論じるとき、民事訴訟および刑事訴訟に服し弾劾裁判に従うという狭義の法的責任は別にして、ここでいう信任原則を念頭においた議論をしているのであるが、[179] この点、マーシャルも同様に考えていると思われる。すなわち、議会は、政府の活動が支持できなくなった場合には、不信任を表明することで政府を総辞職させることができる（信任原則）。しかし、どのような場合に不信任を表明できるのかという要件は定まっていない。抽象的には、当該政府に政治運営を委ねるのがふさわしくないと判断できる場合なのであろうが、具体的には様々な事態があるだろう。その中の一つの例として、「全員一体活動義務」に政府が反している状況があると考えられる。

政府は、巨大化した中央省庁との関係で、その継続的業務を効果的にコントロールするためには、一致団結し協力することが不可欠であろう。また、政府の新たな政策を中央省庁に忠実に執行させるためにも、政府は、その政策が政府全体の支持（そして究極には議会の選挙を通じての国民の支持）を得て推進されようとしているものであることを中央省庁に対して顕示する必要がある。また、政府は、議会や国民との関係で、実効的なコントロールを受けるためにも、政府内の意思を一つにまとめなければならない。政府の意思が明確になってはじめて、議会や国民はその意思を捉え批判をすることができるからである。

以上のような点に鑑みて、「全員一体活動義務」は、極めて重要な政治道徳上の要請である。それは、憲法上の原則であるといってもよいだろう。あまりに政府内部で意見が分かれて国政が停滞している場合、議会は不信任に至ることもあろうし、そこまでいかない場合でも、政府が一枚岩でない点は当然に議会による政府批判の材料となるのである。

それでは、マーシャルが、「全員一体活動義務」という、重要な義務について特に触れていないのはなぜなのだろうか。それは、すでに述べたことからもうかがえるように、この義務を、あくまで「幹」としての信任原則の一適用事例、一つの「枝」として考えているからだと思われる。しかし、この「枝」を「全員一体活動義務」というかたちで特に取り上げても、彼の連帯責任の理解には反しないだろう。それどころか、かかる義務を明確にすることによって、信任原則と、授権的習律としての全員一致原則・信任原則とを繋ぎ合わせて、連帯責任を総合的に理解することができるように思われる。すなわち、政府は議会に対して、信任原則から派生する「全員一体活動義務」を負うのであるが、この義務を果たす必要ゆえに、首相には、大臣に対して、発言や議会での表決の際に一致して行動すべきだとの行為規範や、秘密保持の義務を課す権限が認められる、と構成できるのである。したがって、全員一致原則を首相に対する授権的習律と理解することと、「全員一体活動義務」とは両立する。

3　全員一体の意思決定

しかし、連帯責任が委員会制度との関係で問題となるのは、議会との関係というより、むしろ大臣との関係においてであった。イギリスの現実政治において委員会制度を批判していたのは、首相に反対する大臣であったのである。もし、日本における通説的理解のように、連帯責任は、「全員による意思決定」を前提にして初めて成立すると解するのであれば、首相は、大臣に対して、政府の決定を行う際には大臣全員を参加させなければならない義務（以下「全員一体意思決定義務」と呼ぶ）を負うとはいえないだろうか。

しかし、イギリスにおける一般的理解は、この義務を連帯責任の内容として捉えていないように思われる。それは、次の事実からもうかがわれる。イギリスにおいては、不信任の名宛人は、内閣ではなく政府（Her Majesty's Government）であるところ、(180)政府の構成員である下級大臣は閣議から排除されているのである。この事実は、責任と決定との不一致を示している。それにもかかわらず、これに対する異論は、委員会制度に批判的な論者も含めて存在しない。このことは、イギリスにおいては、連帯責任と「全員による意思決定」との結びつきを自明だとは考えていないことを示しているのではないか。

この点、より理論的に見れば、イギリスにおける連帯責任の観念は、以下のように説明できる。先に述べたように、連帯責任の議論の出発点は、信任原則である。首相は、議会との関係で、絶えず、政府が全体として統治の担い手としてふさわしい活動をしているかを意識しなければならない。そこでは、政策の内容の当否のみならず、活動の方法も問題となろう。政府が一体として活動しているかどうかに首相が配慮する必要があるのは、議会がこの点に対して関心を示すからであった。それでは、政府内部における意思決定のあり方についてはどうであろうか。このように問うとき、議会が、「政府が一体として活動していない」と批判することは容易に想像できるのに対して、「政府は全員参加して意思決定をしていない」という点それ自体を批判する場合は想定しづらい。なぜなら、たとえ一大臣が決定手続きに直接に参加していなくとも、また個人的に決定内容とは異なる見解を有していても、政府の一員として決定を遵守し、政権運営に参画することは可能であり、そのこと自体は憲法上当然に非難されるべきことではないと考えられるからである（もちろん、大臣が議員の立場からこのような批判をする場合は考えられるが、この点は後述する。ここでは、野党や国民からの批判を念頭に置いている）。したがって、「全員一体意思決定義務」は、原則として、議会との関係で論じられる連帯責任の射程に、直接には入ってこないのではないだろうか。

それでは、イギリスにおいて、政府内部の意思決定のあり方を決めるのは誰だろうか。この点、「授権的習律」とは明示されていないが、発言や議会での投票の際に一致して行動すべきだとの行為規範や、秘密保持の義務を大臣に課す権限と同様、政府内部の意思決定のあり方を決めるのは、政府全体ではなく、首相であるといえる。首相は、政権担当者として、政府が一体として活動することを確保する役割を担うのである。しかし、その手段は一義的でない。事前にできるだけ多くの者の意見を聞き、議論した上で決定した方が、決定後に政府が一体として活動するのに都合がよい、と判断する事項については、閣議を開けばよいだろう。政府の決定段階で広範かつ綿密な議論を行ったことは、決定の遵守を大臣に対して正当化する根拠ともなる。しかし、あるいは分業の考えに基づき、またあるいは迅速さの要請から、専門ごとに少数者の議論により決定した方がよい事項については、委員会を活用すればよいのである[181]。委員会制度には、「情報を獲得し集団での熟慮や決定に参加する機会に参加する機会は限られたものしか持っていなかっ」た下級大臣[182]に、決定に関与する機会を与え、彼らの協力を得ることができるという長所もある。首相は、議会の効果的な統制を受け、中央省庁の効果的な統制を行うことができるような政府の仕組みの構築を請け負っているのである。

これに対し、大臣たちも、首相の定める運営方法に従うことを、当然のことと考えているようである。その背景には次のような発想があるのではないか。政府は、本来、政策を同じくするホモジーニアスな政治家集団であり、また、議会との関係においても一体性が強く要請される（信任原則の「枝」としての「全員一体活動義務」）。そこで、この政治家集団は、誰かを中心として、誰かに合わせるかたちで活動を行おうとする。その「誰か」とは首相以外にありえない、との認識が大臣にあるのではないだろうか。首相は、何より政府存続の基礎であり、大臣の任命権者である。大臣たちは、自分たちを任命してくれた首相に従うだろう。また、首相は閣議の主宰者でもある。すでに述べたような、主宰者に対し格別の敬意を払うイギリスの伝統からも、大臣は、自分達を任命してくれた首相に従うであろう。そして、首相は大臣の解任権者でもある。首相の政府運営に対してあまりにも不満を示す大臣は、首相によって政府という政治家集団から追い出されてしまう。このような点から、大臣たちには、自分たちは首相を中心としたホモジーニアスな集団である、との意識が強いように思われるのである（この点は、日本との比較の観点から、もっと強調されるべきであろう）。このような発想からすれば、政府の意思決定方法の定めを首相に一任しているとしても不思議ではない。

結局、次のように考えられる。議会が第一次的に関心を示すのは統一的な政策遂行であり、政府内部の意思決定手続の問題は、かかる目的実現のための手段として考慮されるものだと位置づけることができる。その意味で、意思決定方法については、議会との関係で論じられる連帯責任の直接的な射程に含まれると解する必然性はない。また、政府内部においても、意思決定方法の決定は首相が行うものと考えられている。そこでは、政府の意思決定への全員参加は、首相を拘束する厳格な準則であるとまでは考えられていない。したがって、首相は、政府が一体として活動できるかという点に留意しながら、みずからの判断に基づき委員会制度を採用することも可能となる。

(174)　Geoffrey Marshall, Introduction, in Geoffrey Marshall (ed.), Ministerial Responsibility, 1989, p. 3.
(175)　参照、原田一明『議会特権の憲法的考察』（信山社、一九九五年）三八～四一頁。
(176)　Marshall, above n. 174, p. 7.

（177）Marshall, above n. 25, pp. 57–58. See also, Turpin, above n. 162, p. 147 ; L.S. Amery, Thoughts on the Constitution, 1953, p. 30.
（178）Turpin, above n. 162, p. 117.
（179）A.V. Dicey, Introduction to the Study of the Law of the Constitution, 10th ed., 1959, pp. 325–27, 417–73.
（180）For example, 965 H.C. Deb. 461–590（28 march 1979）.
（181）ここにいう委員会に、事務方の公務員を含めた混成委員会や、事務方のみからなる委員会まで含めることができるかについては、注（203）を参照。
（182）Kevin Theakston, Junior Ministers in British Government, 1987, p. 113.

三　限界――連帯責任の「基幹」としての信任原則――

二では、一見すると連帯責任の観点から問題となるようにみえる委員会制度が、実は連帯責任そのものの理解に照らして正当化可能であることを示した。また、その背景には、政府とは首相を中心とした政治家集団である、という観念があるとの分析を示した。しかし、連帯責任のこのような側面を強調すれば、政府の意思決定過程における、首相に対する制約はあまりに小さく、場合によっては大統領と変わらないだけの権限を導くのではないか、との危惧が生じても不思議ではない。実際、たとえばサッチャーは、委員会すら積極的に用いようとせず、数名の者との非公式会合で、実質的な政府の意思決定を行い、場合によっては、首相単独で決定を行うようになっていったといわれ、(201)またブレアにも同様の傾向がみられたが、(202)このような事態も、上述の連帯責任の理解からは正当化可能ということになってしまう。(203)「首相統治制」を問題視する論者の批判もおそらくこの点にある。確かに、「首相統治制」を問題視する論者が論じるように、政府における決定の重心が内閣から首相へと移行しているのは事実であろう。しかし、今なお、首相は、議院内閣制、連帯責任の枠内で制約を受けており、決して大統領制になったわけではない[204]。

それでは、首相の力に限界を与え、また首相の暴走を防ぐ安全弁の役割を果たしているものとは何か。これすなわち、連帯責任を首相とともに負う大臣の存在であり、連帯責任の核心たる信任原則である。大臣は、既に述べたように、首相を中心としたホモジーニアスな政治家集団の一員として、首相に従うものである。しかし、彼らは、首相に対して、厳格な上下関係、指揮命令関係に服する官僚ではない。彼らは、首相と完全に意見が一致することはないし、またそれを許される政治家なのである。

首相が定める政府の意思決定手続の仕組みを含め、首相の政治運営に不満を持つ大臣は、次の二つの段階で抵抗を試みることができる。第一に、首相に対する不満を公に表明することである。その手段としては、大臣が議員としての立場で、政府内部の意思決定方法を問題とし、かかる意思決定方法に基づく政府の政策決定に対して議会内外で反対の意見表明を行ったり、かかる政策決定を具体化した政府提出法案に対して議会で反対や棄権の投票を行ったりすることが考えられる（もちろん、大臣の地位を維持したまま政府の政策決定を批判することは連帯責任〔全員一体活動原則〕違反であるが、ウエストランド事件がそうであったように、実際にそのような事態はまま見られる。また匿名のリークもイギリスの現実政治ではしばしば行われる）。このような行動が、直ちに政府の政策を変更させ政府提出法案の否決を導くことはないかもしれない。しかし、このような行動は、それだけで政府の一体性が損なわれていることを露呈させ、野党による批判や、国民からの政権担当能力に対する疑問を巻き起こすことになるだろう。これにより、大臣の行動は、首相に対する制約として機能しうるのである。この段階での大臣の首相に対する牽制は、いわば、信任原則の「枝」としての「全員一体活動義務」に訴えるものであるといえよう。

このような段階での批判で満足できない大臣は、第二に、大臣を辞職し、下院議員としての立場から、政府不信任を（野党とともに）行って首相に引導を渡すことができる。いわば、信任原則の「幹」そのものに訴えるのである。ここで重要となるのは、政府の構成員は原則としてすべて議員であり、またその多くが下院議員であることである（この習律も信任原則から導かれるといわれる(205)）。

もちろん、政党組織が発達した現在、このような形で政府不信任が行われるのは極めて例外的である。「首相統治制」を問題視する論者が重視するのはまさにこの点であった(206)。しかし、この見解は、党首たる首相の党員たる大臣や議員に対する支配を強調しすぎているように思われる(207)。確かに、これらの者の間の政治上の力関係を判定するのは難しい。しかし、そもそも、この力関係に影響を及ぼす要因として、党内の有力者である大臣が、大臣を辞職し平議員に戻った後に、与党議員の一団を率いて、与党政府を分裂させる形で内閣の信任から手を引くことを保障する制度、すなわち信任原則の存在は軽視すべきでない。第一段階での批判、すなわち、演説や投票による反対の表明が首相に対する牽制として有効であるといわれるのも(208)、究極の武器として、政府不信任が背後に控えている点を考慮に入れるからであろう。

したがって、第一に、首相、内閣の任期は固定されておらず、（五年の任期内で）議会（下院）の信任のある限り存続するという信任原則、第二に、政府の構成員は常に（多くの場合下院の）議員であるという習律、この二つの習律ゆえに、大臣（特に有力な閣僚）は内閣不信任を用いて首相を解任する方途を有している。大臣はこれを担保に政府運営に関して首相と渡り合う(209)。ここに首相の力の限界が引かれるのである。この二つの習律はともに議院内閣制固有の制度であり、したがって首相は、大統領には課されない制約に服する(210)。

さらに、実際には、この連帯責任を前提に、様々な仕組みが首相に対する歯止めとして機能している。まず、政府与党内に存在する制約として見過ごすことができないのは、与党の党首選挙制度である。[211] 保守党は、一九七四年以降、議員の一〇パーセントの支持を得た挑戦者が要求する場合には、年に一度、党首選挙を行うこととなっているが、これは与党、すなわち党首が首相である時も同様である。[212] 労働党も、かつては首相である限り、その党首としての地位は不可侵であったが、一九八〇年以降、この場合にも、党大会でカード投票により多数決で要請された場合に限るものの、党首選挙が行われる可能性が生じた。[213] したがって、現在は、二大政党ともに、現職の首相であっても、毎年党首選挙をたたかわなければならない可能性がある。党首選挙で敗れた場合、首相は、与党、すなわち下院の多数を占める議員の信任を失ったことを意味する以上、信任原則に照らして辞任しなければならないだろう。

これを首相と大臣との対立という観点からみれば、首相の政府運営に不満をもつ大臣は、政府不信任を行使するまでもなく、党首選挙制度を利用することで首相に対抗することが可能となる。実際に、首相在任中の党首選挙は保守党で三度行われており、中でも一九九〇年のそれは、サッチャーが辞任に追い込まれたことで有名である。党首選挙を契機として首相が交代するのは初めてのことであり、今後どのような形で首相への制約として機能するのか、興味深い。[214]

また、先に、大臣の不満の表明は野党の批判と結び付くことを述べたが、政府が一体として活動していない場合には、野党はこれを公開の議会で指摘し、政府与党を攻撃して国民に訴えるだろう。国民もこれを見聞して、場合によっては補欠選挙で与党議員を落選させることで、首相に警告を発するだろう。そして最終的に、国民は、次の総選挙で審判を下す。この意味で、首相に対するコントロールの仕組みは、本稿で検討した政府（与党）内部に限らず、議会（野党）、選挙（国民）へと幾重もの広がりをもつ。

しかし、与党の党首選挙制度も、野党の議会における批判、国民の選挙（補欠選挙、総選挙）を通じた意思表示も、いずれもその根幹には信任原則が存在し、その上に組み立てられている制度であることは見逃してはならないだろう。以上からも、イギリス議院内閣制における、連帯責任の核心部分たる信任原則の重要さがますます浮かび上がってくるように思われる。

(201) Michael Doherty, Prime-Ministerial Power and Ministerial Responsibility in the Thatcher Era（1988）41 Parliamentary Affairs 49, at 54-55.

(202) 注（59）を参照。

(203) また、かかる連帯責任の理解からは、閣議に代わり決定を行う委員会として、事務方の公務員を含めた混成委員会や、事務方のみからなる委員会まで含めて観念することができることになるだろう。もっとも、このような意思決定に対する事務方の参加は、専門知識の補充や現場情報の提供にとどまるものや、基本政策が決定された後の実施にかかわる意思決定ならばともかく、基本政策の最終的な決定に直接に関わるようなものであるならば、行政部内部における政府と中央省庁との区別の重視からは（これらの用語法については注（4）を参照）、政府による意思決定の放棄として許されない可能性がある。

(204) 「首相統治制」を問題視する論者も、あくまで首相と大統領とを区別して論じている点には留意が必要である。See, John Hart, President and Prime Minister：Convergence or Divergence?（1991）44 Parliamentary Affairs 208.

(205) 宮沢・注（1）三一六頁。

(206) Crossman, above n. 126, p. 39-46：Humphry Berkeley, The Power of the Prime Minister, 1968, pp. 22-25, 41-43.

(207) 例えば、一般に、小選挙区制を採用するイギリスにおいては、政党の公認権が議員の再選可能性を決定づけ、それゆえに議員は公認権を握る党幹部、首相の意向に従わざるを得ないのだと観念されているように思われる。しかし、候補者の選任に決定的な力を持っているのは党中央から独立した選挙区支部である。また、イギリスの下院議員選挙制度は、小選挙区制をとるため、名簿式比例代表制の場合と異なり、議員は自らの名前で選挙に当選することから、議員は政党に対しても一定程度の独自性、正統性を主張することが可能である。See, Dick Leonard and Valentine Herman（eds.）The Backbencher and Parliament, 1972, Part 1：Lisanne Radice, Elizabeth Vallance and Virginia Willis, Member of Parliament, 2nd ed., 1990, Ch.2. また参照、拙稿「イギリスにおける選挙制度と政党」比較憲法学研究二二号（二〇一〇年）三五頁以下。

(208) See, Brown, above n. 27, p. 38-41.

(209) See, William R. Anson, The Law and Custom of the Constitution, Vol. I, 5th. ed., 1922, p. 407.
(210) See, Hart, above n. 204, p. 210.
(211) 参照、宮畑健志「イギリス二大政党の党首選出手続」レファレンス六八〇号（二〇〇七年）七頁以下。See also, Brazier, above n. 10, Appendix B.
(212) Robert Garner and Richard Kelly, British Political Parties Today, 1998, pp. 80-81. 保守党においては、一九九八年には下院議院の一五％の要求がある場合に不信任投票の制度が導入されている。不信任投票は、二〇〇三年に初めて行われ、ダンカンスミスが不信任多数で党首を解任されたことが知られる。
(213) Rodney Brazier, The Downfall of Margaret Thatcher（1991）54 M.L.R. 471, at 479.
(214) Rodney Brazier, Reducing the Power of the Prime Minister（1991）44 Parliamentary Affairs 453, at 459. See also, Nicholas D. J. Baldwin and F. Nigel Forman, Ministers and Parliament : Responsibility and Accountability, in Nicholas D.J. Baldwin（ed.）, Parliament in the 21st Century, 2005, 265, at 271-73.

おわりに

第一節では、イギリスの首相の地位と権限について、整理を試みた。

まず、内閣の組織に関して、宰相は、大臣の任免権をもつ。また、首相が下院の不信任の結果辞職する場合には、大臣も辞職しなければならない。以上より、首相は、組織上、大臣に優位する。首相は、【〔国民〕→〔議会〕→〔首相〕→〔他の大臣〕】→〔中央省庁〕という正統性の鎖の中で「扇の要」としての地位を有するといえる。

次に、内閣の運営に関して、首相は、閣議主宰権を有する。この主宰権は、日本で想定されるものよりも広範かつ強力なものである。議事日程の決定、閣議の司会と結論の総括、閣議議事録の編纂という諸作用を駆使することで、首相は、閣議での意思決定を、相当程度、みずからの希望する方向へ誘導することが可能となる。また、首相は、閣議主宰権から、内閣の委員会（cabinet committee）の編制権、運用権を有する。委員会は、閣議の「前捌き」や各省間の調整にとどまらず、重要問題の決定を行うこともある。首相は、委員会を活用することで、みずからの意向を決定にヨリ反映させやすくなるともいえよう。内閣の運営において首相を支える補佐機構としては、閣議および委員会の運営を補佐する内閣官房のほかに、首相府が存在する。日程管理及び中央省庁との連絡調整（秘書室）、議会・政党・議員との連絡調整（政務室）、マスコミや国民に対する情報発信（報道室）、政策提案（政策室、政策顧問）といった機能ごとの分業が進んでいる点が特徴的である。

第三に、各省に対する首相の権限としては、次のものが認められる。組織について、首相は、省庁の設置改廃を行う権限を実質的に有する。省庁の設置改廃に伴う個別の権限や権利関係の移転も、枢密院令で――実質的には首相の決定に基づき――行う。人事についても、首相が抽象的にはすべての内国公務員の任免や服務の監督について責任を負っており、二〇一〇年憲法改革統治法はそのことを公務員担当大臣の権限として明文化した。具体的にも、首相は、各省の事務次官および局長クラスの上級公務員の任命同意権を有する。さらに、作用の領域でも、首相は、厳格に法的な権限ではないが、各大臣や省庁の活動に優越的に関与することが認められている。これらの、とりわけ組織、人事の権限によって、中央省庁の割拠を防ぎ、統一を維持することが可能となっているといえよう。この場面では公務員の長としての内国公務員長官の権威と役割も重要である。

その上で、第二節では、イギリスにおける連帯責任の観念――日本では内閣総理大臣の権限を制約する要素として捉える傾向が強い――について考察した。連帯責任の基幹は、「信任原則」である。また、「全員一体活動義務」

は、信任原則から派生する重要な義務である。この二つは憲法上の原則・義務といえよう。これらに対し、「全員一体意思決定義務」は、信任原則から必然的に導かれるものではなく、連帯責任の射程に直接には含まれない。それゆえ、この義務は、憲法上の義務とまではいえない。むしろ、政府内部において「全員一体活動義務」の遂行を確保するのは首相の役割であって、また、政府とは、かかる首相を中心とした政治家集団であるとの認識が共有されているように思われる。このような認識に基づく各種の授権的習律（「全員一致原則」・「秘密原則」・政府の意思決定方法を決定する権限）を用いて、首相は政府を主導することが可能となる。

他方、これに対し、大臣は、首相の政府運営に不満をもった場合、第一に、この不満を公にすることで「全員一体活動義務」違反を惹起せしめ、首相を弱体化させる方途を有する。第二に、不信任決議に訴えることで、信任原則に基づき首相を辞職させる方途を有する。ここでは、大臣と議会（下院）との人的結合関係が大きな意味をもってくる。このような方途を有する大臣の存在こそが、首相の権限濫用に対する究極の安全弁となって、かつ大統領にはない制約として機能する。

したがって、政府を主導する首相と、これに従いつつもこれを常にチェックする大臣との、自由な政治的営みを支える仕組みが、連帯責任であるといえるだろう。

かかる連帯責任の観念からもうかがえるように、イギリスの首相は、政府運営に際して、憲法上の制約を受けることが少ない（さらにいえば、与党の党首選挙はその要請が一定の要件を充たした場合に限り行われることから窺われるように、政党政治上の制約を受けることも少ない）。首相が政府の構成員たる大臣に対して強いリーダーシップを発揮することができるのは、このためである。しかし、その裏では、大臣、与党、野党、そして究極には国民による政治上のコントロールが効果的にはたらいている点を見過ごすことができない。憲法上の制約が小さく政治上のコントロールが大きいのがイギリス内閣制度である。このような自由な政治制度は、究極には、「政治的主権者」たるイギリス国民の自信に裏付けられているのではないだろうか。

第二章　ドイツ

はじめに

次に、ドイツについて検討する。ドイツの宰相は、「政治の基本方針を定め、これについて責任を負う」（基本法六五条一文）権限、すなわち「基本方針決定権限」を有することが——日本の内閣総理大臣の「弱さ」との対比で——指摘される。(1) しかし、宰相は、これ以外にも各種の権限を有し、特別な地位にある一方で、イギリスの首相と比較するならば、その「強さ」は、決して顕著なものでない。本章でも、はしがきで掲げた視角と構成に従って、第一に、ドイツにおける宰相の地位と権限を整理し（第一節）、その上で、宰相の権限濫用に対する牽制として機能すると目される「所管原理（Ressortprinzip）」と「合議体原理（Kollegialprinzip）」、関連して「単独責任」制について考察を加えたい（第二節）。

（1）　参照、清水望『西ドイツの政治機構』（成文堂、一九六九年）三四三〜八〇頁、毛利透「ドイツ宰相の基本方針決定権限と『宰相民主政』」筑波法政二七号（一九九九年）三九頁以下。

第一節　宰相の地位と権限

一　内閣の組織に関する地位と権限

1　組閣権

(1)　実質的任命権

宰相は、「実質的組閣権」(materielles Kabinettbildungsrecht) を有する。[2] すなわち、内閣は宰相と大臣で組織されるが(基本法六二条)、宰相は大臣の任命の提案を大統領に対して行う(基本法六四条一項)。大統領はこの提案に拘束されると解されているので、大臣の実質的な任命権は宰相にあることとなる。なお、宰相は、政務次官 (Parlamentarische Staatssekretär) についても——担当大臣の同意を要するものの——任命権を有するが、これは組閣権に含まれないとも言われており、[3] 三1で検討する。

(2)　執務領域の割当て

注意しなければならないのは、「組閣権」と述べる場合には、人の任命権にとどまらず、組織編制権、すなわち執務領域 (Geschäftsbereich) の割当てと大臣数の決定を行う権限も含まれる点である。ある論者は、組閣権には「人的」要素のみならず「組織的」要素も含まれると述べるところである。[4] この点、これらの権限の基本法上の根拠を直截に六四条に求める説と、[5]「基本法六四条一項は、連邦宰相の組織的な組閣権を暗黙のうちに前提としている」として、六四条のみならず、六三条や六七条も含めて導かれる宰相の地位の中に求める説があるようであるが、[6] この権限が宰相に属するという理解に争いはない。実務上も、連邦政府執務規則九条一文は、「個々の連邦大臣の執務領域は、基本的に、連邦宰相が定める」と、また大臣法（Gesetz über die Rechtsverhältnisse der Mitglieder der Bundes-regierung〔BminG〕）二条三項は、「連邦大臣に対する任命書には、委ねられる執務分域（Geschäftszweig）を挙げるものとする」と定めるところである。これらの規定は宰相に組織編制権があることを前提にしているものといえよう。

執務領域等の決定権には、次のような限界があるとされる。[7] 第一は、憲法上の制約である。すなわち、基本法上に明示されている大臣すなわち国防大臣（六五a条）、法務大臣（九六条二項四文）、財務大臣（一〇八条三項二文、一一二条、一一四条）は必ず設置しなければならない。[8] これに加え、外務大臣と内務大臣についても設置することが憲法上の要請といえるかどうかは、学説上、争いがある。[9] 第二の制約は、法律、執務規則上の制約である。執務規則にも、法務大臣（二六条）、財務大臣（一六条三項、二六条）、内務大臣（二六条）、外務大臣（一一条二項）の存在を前提とする定めが置かれている。第三の制約は、政治上の制約である。執務の種類及び割当ては、現実の政治状況（とくに連立の状況）に左右されることに注意しなければならない。とりわけ、誰をどの大臣に任命するかに関しては、組閣に先行して締結される連立協定によって政治的な拘束を受ける。

(3)　無任所大臣・特任大臣

なお、執務領域の割当てを受けない無任所大臣（Minister ohne Geschäftsbereich）や、執務領域の割当てを受けるもののその性質により独立した省庁（Ressort）を要しない特任大臣（Bundesminieter für besondere Aufgaben）の設置も憲法上可能と解されている。[10] 上で触れた大臣法二条三項が Geschäftszweig という語を用いているのは、このことに配慮しているのだという論者もいる。[11] もっとも、実際には無任所大臣が設置されたことはなく、第二立法期以降、特任大臣が無任所大臣の機能の代わりを果たしている。

(4)　宰相代理

また、宰相は連邦大臣の一人を宰相代理に任命する（基本法六九条一項）。その具体的な内容は執務規則八条が定めており、いわく、「宰相が執務遂行一般を妨げられるときは、基本法六九条に基づきその代理に任命された連邦大臣が、宰相のすべての執務領域において、宰相を代理する。その他の場合は、宰相が代理の範囲を詳細に定めることができる」。どの大臣を代理にするかについて、権力集中を恐れて、財務大臣や法務大臣、内務大臣、あるいは国防大臣を代理に任命できないとする論者もいるが、このような制約は憲法上存しないという説の方が通説である。[12] なお、シュレーダー政権、メルケル政権においては、外務大臣が宰相代理に任命されている。

(5)　人数

大臣の人数は基本法や法律において定められていない。人数に憲法上の上限があるかについては、学説は争いがあるが、消極説の方が多数である。[13] 実際には一四人から二四人の間で揺れ動いている。ちなみに、現在のメルケル政権では、宰相以外に外務、内務、財務、法務、国防、経済・テクノロジー、労働・社会問題、食糧・農業・消費者保護、家庭・高齢者・女性・青少年、保健、運輸・建設・都市問題、環境・自然保護・原子力安全、教育・研究、経済協力・開発、宰相府をそれぞれ担当する一五人の大臣がいる。[14]

(6)　組織編制の方式

組織編制の方式についてもまた、基本法や法律に定めはない。実務上は、一九六九年以来、組織令（Organisationserlass）により行われている。組織令は政府の関係者に示されるのみで、国民に対し公布されるものではない。連邦官報（Bundesanzeiger）に、「連邦大統領が△△を〇〇に関する大臣に任ずる」旨の告知が掲載されるにすぎない。これに対しては、法治主義及び立憲主義の観点から学説の批判が強い。すなわち、政府の組織に関する規律は国民に関わりない内部的なものではなく、公権力の行使及び公役務の遂行のための大綱（Maßbestimmung）である以上、それは法規であって、国民に知らされなければならないといわれる。これに応えて、実務は、法律及び法規命令に基づく権限に影響を与える所管の割当てに限り、組織令を公布するようになった。しかし、まだ不十分であるというのが学説の趨勢である（**三2**も参照[15]）。

(7)　解任権

大臣の解任権も、形式的には大統領が有するが、任命と同様、宰相の提案に拘束されるので、実質的には宰相が有する。時期に関する制約はなく（大臣法九条二項二文）、理由も要しない[16]。解任は大臣に対する懲戒の機能も有しているといえよう。この観点からは、宰相が、執務領域の決定権を行使して行う、大臣の執務領域の縮減を、懲戒の「より緩やかな形式」としてここで合わせて挙げることができる[17]。

(8)　小括

以上が「実質的組閣権」――執務領域の割当て、任命、解任などの諸権限――のあらましである。ドイツにおいては、比較憲法の視点から、これらの権限は次の二点で宰相の地位を強めるものであることが指摘される[18]。第一は、大統領から影響を受けない点である。この点、フランス第五共和政において大統領が大臣の任免に関して影響力を行使するのに対し、ドイツはむしろイギリスに類似しているといわれる。第二は、議会との関係である。ラント憲法の中には、大臣の任命や政府の職務の引受け（Übernahme）のために議会の同意を要求するものがある（たとえばバーデン＝ヴュルテンベルク憲法四六条、バイエルン憲法四五条、ニーダーザクセン憲法二九条三項、ラインラント＝プファルツ憲法九八条二項、ザールラント憲法八七条一項二文[19]。さらに、執務領域の割当てについても、かつては憲法じしんで定めるもの（一九九八年改正前のバイエルン憲法四九条[20]）があり、現在でも議会の同意を要求するもの（バーデン＝ヴュルテンベルク憲法四五条三項、一九九八年改正後のバイエルン憲法四九条[21]）がある。これらと比較した場合、基本法の定める連邦宰相の権限の強さは特徴的だということができるだろう。

2　内閣存立の基礎としての宰相

1では、宰相の大臣任免権に着目したが、より広く、内閣の成立、瓦解の過程に着目すれば、宰相が内閣の存立にとって欠かせない「扇の要」の地位にあることが浮かび上がる。まず、内閣の成立過程を見る。ここでは、「二段階」の過程を経ることが明確に指摘される[22]。すなわち、第一段階として宰相の選出（基本法六三条）、第二段階として**1**で扱った宰相による大臣の選任（基本法六四条）である。

また、内閣の瓦解過程を見ても、「連邦大臣の官職は、連邦宰相の官職に依拠する[23]」。宰相が辞職するのは、第一に自発的な辞職又は死亡のとき、第二に新しい連邦議会が集会したとき（基本法六九条二項）、第三に建設的不信任決議が可決されたとき（基本法六七条一項）、そして第四に宰相が提出した信任決議が連邦議会により否決され、連邦議会が解散権の行使を消滅させるべく新しい総理大臣を選挙したとき（基本法六八条一項）である[24]。基本法六九条二項は、いずれの場合についても大臣の職務が終了することを明記する。すなわち、「連邦宰相または連邦大臣の職務は、いずれの場合においても、新たな連邦議会の集会とともに終了し、連邦大臣の職務は連邦宰相の職務のその他のすべての終了の場合にも、終了する」。これは、大臣の政治的運命の、宰相に対する「付従性」（Akzessorietät）

を意味し、また宰相原理の人的側面における現れであるといわれる。[25] また、とくに上の第一の場合に着目して、「この［……］場合は連邦議会との関係が問題ではなく、基本法が議院内閣制をこの点においては宰相制（Kanzlersystem）として設けたことを示している」と述べる論者もいる。[26]

以上のことから、ドイツにおいては、【［国民］→［議会］→［宰相］→［大臣］】→［各省］という図式で、宰相を大臣より一段高い地位に置いて描くことが——イギリス以上に——可能であるように思われる。[27]

（2）Ernst-Wolfgang Böckenförde, Die organisationsgewalt im Bereich der Regierung, 2 Aufl. 1998, S. 139ff ; Georg Hermes, in: Dreier（Hrsg.）, Grundgesetz-Kommentar, Bd. 2, 1996, Art. 64, Rdnr. 24.

（3）Hermes（Fn. 2）, Art. 64, Rdnr. 24.

（4）Thilo Brandner/Dirk Uwer, Organisationserlasse des Bundeskanzlers und Zuständigkeitsanpassung in gesetzlichen Verordnungsermächtigungen, Döv. 1993, S. 109; Hartmut Maurer, Staatsrecht Ⅰ, 6 Aufl. 2010, §14, Rn. 33.

（5）Meinhard Schröder, in: Mangoldt/Klein/Starck（Hrsg.）, GG Kommentar, Bd. 2, 6 Aufl. 2010, Art. 64, Rdnr. 9, 22; Martin Oldiges, in: Sachs（Hrsg.）, Grundgesetz Kommentar, 6 Aufl. 2011, Art. 64, Rdnr. 24, Art. 65, Rdnr. 11; Karl-Ulrich Meyn, in: von Münch/Kunig（Hrsg.）, Grundgesetz-Kommentar, Bd. 2, 5. Aufl., 2001, Art. 65, Rdnr. 5.

（6）たとえば、ヘルメスによれば、組織権について定める基本法上の明文はないが、執務領域の決定が大臣の任命に先行して行われる以上、合議体としての内閣が決定権を有することはなく、またそもそも「政府を組織する人間を宰相が任命できるならば、宰相は関連する官庁（Ämter）の数と大まかな割当についても規律することができなければならない」。Hermes（Fn. 2）, Art. 64, Rdnr. 4. Böckenförde,（Fn. 2）, S. 140f. なお、基本法上の根拠を八六条二項に求める説もあるが（ベッケンフェルデ）、同条が「行政」に関する第八章に置かれていることから、省——ドイツにおける「行政」と「執政（Regierung）」の区別によれば、後者の領域に属する——の規律は同条からは導き得ないとの批判が強いようである。村西良太・執政機関としての議会（有斐閣、二〇一一年）一八八～九〇頁。Vgl. Maurer（Fn. 4）, §14, Rdnr. 33, §18, Rdnr. 26; Michael Sachs, in: Sachs（Hrsg.）, Grundgesetz Kommentar, 6 Aufl. 2011, Art. 86, Rdnr. 34.

（7）Klaus Kröger, Die Ministerverantwortlichkeit in der Verfassungsordnung der Bundesrepublik Deutschland, 1972, S. 36;

Schröder（Fn. 5), Art. 62, Rdnr. 9.

（8）Schröder（Fn. 5), Art. 62, Rdnr. 8f, Art. 64, Rdnr. 14.

（9）Schröder（Fn. 5), Art. 62, Rdnr. 9, Fn. 22.

（10）Schröder（Fn. 5), Art. 64, Rdnr. 15; Oldiges（Fn. 5), Art. 64, Rdnr. 25.

（11）Schröder（Fn. 5), Art. 64, Rdnr. 27.

（12）Kröger（Fn. 7), SS. 67-74. ただし Kröger によれば、八条を「職務の遂行が一般的に妨げられる場合は常に全所管範囲を代理する」と解釈する通説はおかしく、二文を一文に関連づけて、「二文で所管範囲を決定している場合を除いて、職務の遂行が一般的に妨げられる場合は全所管範囲を代理する」と理解すべきだという。財務大臣、法務大臣、内務大臣を宰相代理に任命することに反対する説として、Wolfgang Pflaum, DVBl. 1958, S. 452. 国防大臣を宰相代理に任命することに反対する説として、Ulrich Beckemann, Die Rechtsstellung des Stellvertreters des Bundeskanzlers, 1966, S. 61.

（13）Schröder（Fn. 5), Art. 62, Rdnr. 10; Hermes（Fn. 2), Art. 62, Rdnr. 12.

（14）訳語については、総務庁行政管理局監修・主要国行政機構ハンドブック〔改訂版〕（ジャパンタイムズ、一九九三年）を参考にした。なお、かつてのシュレーダー政権では、宰相以外に外務、内務、財務、法務、国防、経済・労働、教育・研究、消費者保護・食糧・農業、保健・社会保障、環境・自然保護・原子炉安全、運輸・建設・住宅、家庭・高齢者・女性・青少年、経済協力・開発をそれぞれ担当する一三人の大臣がいた。人数や所管が変わっていることが窺える。

（15）Schröder（Fn. 5), Art. 64, Rdnr. 17; Böckenförde（Fn. 2), S. 281f.

（16）Schröder（Fn. 5), Art. 64, Rdnr. 31.

（17）Ernst Ulrich Junker, Die Richtlinienkompetenz des Bundeskanzlers, 1965, S. 79.

（18）Hermes（Fn. 2), Art. 64, Rdnr. 3f.

（19）バーデン＝ヴュルテンベルク憲法四六条三項「政府は、官職の引受けのためにラント議会の承認（Bestätigung）を必要とする。」同条四項「承認後の首相（Ministerpräsidenten）による政府構成員の任命には、ラント議会の同意を必要とする。」バイエルン憲法四五条「首相は、ラント議会の同意を得て、大臣及び次官を任免する。」ニーダーザクセン憲法二九条三項「ラント政府は、官職の引受けのためにラント議会の同意を必要とする。」同条四項「承認後の首相による政府構成員の任免には、ラント議会の同意を必要とする。」ラインラント＝プァルツ憲法九八条二項「ラント議会は、討論なしに、法定議員数の過半数で、首相を選出する。首相は大臣を任免する。政府は職務の引受けのためにラント議会の明示の承認を必要とする。大臣の解任には、ラント議会の同意を必要とする。」ザールラント憲法八七条一項二文「首相はラント議会の同意を得て大臣及びその他の政府構成員を任免する。」

(20) 当時のバイエルン憲法四九条は次の通り。「一　政府の所管は、次の所管領域（省庁）に分割する。1．内務　2．法務　3．教育及び文化　4．財務　5．経済　6．ラント経済、食糧及び山林　7．労働及び社会保障　8．運輸、郵便及び電報　二　特任大臣は、二人を超えない限り、設置することができる。　三　職務領域の数の増減及び区分の変更は、首相の提案に基づき、ラント議会の議決により行う。」

(21) バーデン＝ヴュルテンベルク憲法四五条三項「政府はラント議会の立法権にかかわらず、政府構成員の所管領域を決定する。その決定にはラント議会の同意を必要とする。」一九九八年改正後のバイエルン憲法四九条「首相は、執務領域（省庁〔Staatsministerien〕）の数および区分を決定する。この決定にはラント議会の決議による承認を必要とする。」

(22) z.B., Volker Busse, Bundeskanzleramt und Bundesregierung, 5 Aufl. 2010, S. 46.

(23) Busse (Fn. 22), S. 47.

(24) 第四の場合に関して、信任決議の否決それ自体は宰相の辞職を義務づけない。少数内閣として存続する可能性が開かれている（基本法八一条を参照）。

(25) Hans-Peter Schneider, in: Kommentar zum Grundgesetz für die Bundesrepublik Deutschland, Bd. 2, 1984, Art. 69, Rdnr. 7; Hermes (Fn. 2), Art. 69, Rdnr. 13.

(26) Meyn (Fn. 5), Art. 65, Rdnr. 3.

(27) この点、すでに樋口陽一が「連邦議会が連邦宰相だけを選挙し、かつ、連邦宰相だけを信任・不信任決議の対象とする一方、連邦大臣についての実質的任免権を連邦宰相にあたえることによって、連邦政府のなかでの連邦宰相の地位は、きわめて強化されている」と述べているところも参考になる。樋口陽一『比較憲法〔全訂第三版〕』（青林書院、一九九二年）三一三頁。

二　内閣の運営に関する権限

1　基本方針決定権

(1)　「政治の基本方針」の定義

宰相は、「政治の基本方針（Richtlinien der Politik）」を定める権限を有する（基本法六五条一文、連邦政府執務規則（以下、原則として「執務規則」と略記する。）一条一項）[28]。もっとも、「政治の基本方針」とは何か、その法的性質や形式については明確ではない。たとえば、ヘンニスによれば、「『基本方針』の概念の定義はいかなる法概念の解釈によっても推論できない[29]」し、マインによれば、「何が『政治の基本方針』として適切であるか、という問いは、多くの努力にもかかわらず、全員一致するかたちで解決されていない[30]」。

これに対して、もちろん、様々な形で「政治の基本方針」を定義しようとする試みがなされてきた。ここでは、ユンカーの整理にしたがってこれらの試みを概観する[31]。第一に、「政治の基本方針」も法令用語である以上、他の法令における「政治」「基本方針」という語の意義からの考察が試みられる。しかし、この試みは、いずれの語も法令用語として確立したものでないためうまくいかない。すなわち、「基本方針」の語は、行政法においても使用されるが、ここでは行政行為の法規への一定の拘束が問題となるのに対し、「政治の基本方針」においてはかかる拘束は存在しない。また、「政治」や「政治的（politisch）」という用語も、「政治的理由」（ライヒ公務員損害賠償法）「政治的官吏」（連邦公務員法）「政治的結社」（ライヒ結社法）など、時々、法律の中で用いられてきたが、文脈に応じて様々な意味をもつ。それゆえ、「政治の基本方針」の定義を用語の解釈自体から導くことは不可能である。[32]

第二の試みは、歴史的に「政治の基本方針」の観念を探るものである。しかし、ここからも解答は得られない。基本方針の概念を産み出したのはプロイスであるが、彼がこの概念によって目指したものは、第一に、議会に対する責任の分担と所在を明確にすること、第二に、国政全体について責任を負う政治家を作り出すことであった。彼は、「政治」「基本方針」という語に正確な意味を持たせていたわけではなく、具体的な内容は慣行の中から産み出されるべきであると考えていたのである。

第三の試みは、「政治の基本方針」が属する国家活動の領域、すなわち統治（Regierung）領域の特徴からその意味を導こうとするものである。ここでよく引用されるショイナーによれば、政治とは、「社会全体を形成する一定の理念や目的の設定及び実現」であり、「国家全体に関わる目的についての、またその実現のために社会的な力を獲得し行使することについての創造的な決定」である。[33]そして、基本方針とは、「国家指導の政治的な決定、基本方針の定立、国家の統合的な指導」（ユンカー）、「根本的に国家の方向を定める決定又は政治的な目的及び原則の決定」（シュレーダー）とまとめられる。[34]もっとも、この議論の前提には、統治領域、あるいは政治権力（politische Gewalt）を国家作用の一部として認める理論が存在する。この理論は、伝統的な権力分立の理論、すべての作用を法の観点から説明しようとする実証主義の理論への挑戦を含んでおり、受け入れるためには慎重な吟味が必要になるだろう。[35]

そこで、「政治の基本方針」の定義をあきらめ、むしろ政治指導の道具としての機能に着目して、基本方針決定権は宰相の政治指導を貫徹し確保するために用いられるあらゆる権限を意味するのだと述べる論者が出てくる。[36]しかし、この立場からは、他の基本法や法律の条項によって宰相に与えられる権限以外に、基本方針決定権から固有の権限が導かれるのか、導かれるとしてどのようなものなのかは明確とならない。この立場は、基本方針決定権の法的な内容を詰めることよりも、むしろ、基本方針決定権が宰相にあるということが実際に大臣に与える心理的な影響、宰相と大臣の関係に生じる政治的な効果に着目して、「政治の基本方針」とは何かを考えようというアプローチであると解される。[37] その意味で、「政治の基本方針」の内容はその時々の現実政治の姿、宰相の権力をアド・ホックに反映するものということになるだろう。

また、基本方針で定めることができる事項を宰相が自ら決定できるとする論者がいる。ヘルメスは、宰相は「定義権（Definitionskompetenz）」を有するという。[38] しかし、この主張はワイマール憲法下から基本法下の初期に唱えられた「権限決定権（Kompetenzkompetenz）」の主張と重なるところが多いように思われる。[39] 権限決定権とは基本法の真正な解釈権を認めるものであり、かかる権限はいかなる国家機関にも存しないとする反対論がここでも当てはまろう。反対論によれば、「政治の基本方針」の内容は、あるいは、基本法の解釈に関わる以上、憲法裁判所の権限争議に委ねるべきだとされ、[40] あるいは、政治過程に委ねるべきだとされる。[41] もっとも、宰相の「定義権」を唱えるヘルメス自身もこの権限に憲法上の限界があることを認めている点には注意しなければならない。この点で、「権限決定権」の主張とは決定的に異なると解することも可能である。[42] しかし、憲法上の限界は不明であり、その画定に力が注がれているわけでもない。むしろ議論の力点は、抽象的な憲法上の限界内で、宰相が基本方針の内容を実際の政治過程の中で決めていくことができるという点に置かれている。その意味で、この「定義権」という主張もまた、基本方針の内容は政治過程の中でアド・ホックに作られるものであるという立場に含められると解される。

(2)　「政治の基本方針」の特徴

結局、「政治の基本方針」の定義は一義的には明らかとならない。柔軟性がその本質的特徴であると言われる所以である。[43] しかし、どのような立場からも、おおむね次の二点を「政治の基本方針」の特徴として挙げることが可能であろう。

第一に、「政治の基本方針」は「具体化」を必要とするものであるという点である。そもそも「基本方針」という語から、その決定にはさらなる仕上げ（Ausgestaltung）のための余地を与えなければならない。「枠」としての性質を表現しているのである。また、基本法の定め方は、統治の決定、政治決定のすべてを宰相が基本方針の形式で行うのではなく、大臣も、内閣の一員又は各省の長として、統治の決定に参加することを予定している旨が指摘される[44]。このことは、省庁（Ressorts）に独自の決定権――それも、単なる執行上の決定ではなく、政治決定を行う権限――を留保しなければならないということを意味しており[45]、基本法六五条二文にいう大臣の所管原理と関連することになると思われる。

第二の特徴は、「政治の基本方針」は国家全体に関わる内容であるという点である。これは、先に挙げたショイナーの定義に端的に表現されている。このこと自体は、政治・統治に独自の位置を認めない説からも否定されないのではないだろうか。プロイスが「政治の基本方針」を導入しようとしたのは国政全体に責任をもつ政治家を作り出す目的であったこととも平仄が合う。

このような特徴との関連で、また基本方針権限の内容を少しでも明らかにするために、一つの論点に触れてみたい。その論点とは、「宰相は基本方針権限に基づいて具体的な行為、措置を大臣に命じることができるのか」という問いである。この点、先に挙げた特徴の一番目、すなわち「『政治の基本方針』は『具体化』を必要とするものである」という点からは、消極に解されそうである。クレーガーによれば、「大臣が個別にいかなる措置を必要とするか、大臣がいかなる道を歩むのかを決定することができるのは、大臣のみである。宰相がこの決定を行うことはできない。宰相は、具体的な場合に際しては、政治の基本方針がまったく又は十分に顧慮されていない時に異議を唱える権限（義務でもある）を有するにすぎない[46]」。

しかし、多くの論者は、個別の「命令」を肯定する。[47] たとえば、イプセンは、「政府の存続とって重要な高度に政治的な（hochpolitisch）個別事例における決定もまた『政治の基本方針』であることは、今日、承認されている」と述べる。[48] また、シュテルンは、一九六六年のイスラエルとの国交回復の決定や、一九六九年の通貨を切り上げない旨の決定を例として挙げながら、「一定の場合には、すなわち、政治の方向が具体的な決定の中に表明されている場合や、原則が具体的な問題の中に存在している場合には、政治の基本方針は完全に具体的な決定を含むことができる」と述べる。[49] さらに、クレーガーが否定論者として挙げるベッケンフェルデも、具体的な事案そのものの中に原則的な事柄が含まれている場合には、例外的に、基本方針権限と個別の事案における決定とが重なることを認め、一九六三年の独仏友好協力条約の締結を例として挙げる。[50] クネップフルは、起草者であるプロイスの意思からも、また「事物の本性」からも、政治の基本方針は個別的な決定を排除するものではないと結論づける。[51]

このように、個別の「命令」が承認されるということは、「政府の基本方針」とは何かを考える際、先に挙げた特徴の二番目、「政府の基本方針」とは国家全体に関わる内容であることが重みを持つことを示唆しているように思われる（もっとも、その判断も宰相に委ねられるので、この性質も決定的なものというわけではないが）。

(3)　「政治の基本方針」の形式・名宛人・実現確保手段

基本方針の形式については、一定のものがあるわけではないというのが通説的見解である。書面である必要もない。[52] 具体的には、政府演説（Regierungserklärung）、公の場での談話、閣議での発言や態度、大臣に対する手紙の中などで触れられるといわれる。大臣は、これらを注視し、場合によっては宰相府に接触することで基本方針の内容を知る必要がある。[53] 一般的な法規範ではない点に注意が必要だろう。

基本方針の名宛人は、大臣である。すなわち、執務規則一条一項二文によれば、「基本方針は、連邦大臣を拘束し、連邦大臣がその執務領域において独立して固有の責任のもとに実施する」ものである。ここで基本方針は、各省の指揮（Ressortsleistung）のみならず、大臣のその他の政治上の行為をも拘束する。[54] たとえば、執務規則一二条は、「公の場で行われる又は公のために定められた連邦大臣の発言は、連邦宰相が定める政治の基本方針と合致しなければならない」と定める。これは、宰相が有する政府の執務の統一性を確保する権限、その反面として大臣に課せられる対外的に一体として行動する義務に関わる[55]（**2**を参照）。

基本方針は、上記の通り連邦大臣を拘束するものであるが、その実施の確保のための手段については、「法の問題ではなく、政治的な貫徹能力の問題である」といわれる。[56] 基本法に具体的な担保手段についての定めはない。執務規則にも、「連邦宰相は、基本方針の実施を監督する権限及び義務を有する」という定めはあるものの（一条二項）、この権限を担保するための具体的な手段については、強いていえば執務規則三条の報告徴取権にこの機能を見出すことができるものの、とくに何の定めもない。このことから、第一に、宰相は基本方針を実施させるために各省を自ら指揮することは許されず、第二に、基本方針の実施に当たっては、大臣に対する批判や叱責、究極にはその解任に担保を求めるしかないことが導かれる（**三3**を参照）。

(4)　小括

以上、基本方針決定権について概観した。その内容や形式は明確でなく、また効果も法的なものなのか政治的なものなのか曖昧である。さらにいえば、実際に宰相が基本方針決定権を明示的に行使した例はほとんどない。このような点に鑑みれば、基本方針決定権は宰相の地位を劇的に強化する機能を果たしているわけでもなさそうである。しかし、基本方針決定権が宰相にあることによって、実際の行使をまたず大臣が宰相に一歩を譲るという政治的な意味が出てくることも看過できない。このような理解に基づけば、基本方針決定権は、内閣の長が——イギリスの首相のごとく——有する、政策形成を主導しうる力を確認的に明文化したものということもできるだろう。

2　政府の執務指揮権

(1)　総説

宰相は、政府の執務指揮権（Geschäftsleitungskompetenz）を有する。すなわち、基本法六五条四文によると、「連邦宰相は、連邦政府が決定し、かつ連邦大統領が認可した執務規則に従って、連邦政府の執務を指揮する」。執務指揮権は、合議体としての政府の運営に関わるものである。[57]ただし、その対象は、合議体としての政府には属しないが、閣議に参加する次官やその他の官僚にまで拡大される。また、執務指揮権は、狭く閣議での議長（Vorsitz）の役割にとどまらず、時間的に前後する諸権限をも含み、空間的にも閣議の外で政府全体を総合調整する権限をも根拠づける。ただ、「執務規則に従って」行われる点には留意が必要であり、執務規則はとくに閣議に関し比較的詳細な定めを置いている。

(2)　閣議の招集と議長

宰相は、議事日程（Tagesordnung）を付して閣議を召集し（執務規則二一条一項二文。現在、閣議は毎週水曜日の午前中に開かれるのが通例である）[58]、そのための準備を宰相府長官に指示する（二一条一項一文）。

議事日程に関して、閣議の個々の案件は、原則として、省庁（Ressort）が提出する議案が基礎となるようである。[59]所管の大臣が、後述の通り、事前の——場合によっては宰相府長官や宰相も関与しての——協議を経た上で、一週間前までに書面で議案を宰相府長官に提出する（連邦各省共通執務規則二二条、二三条）[60]。しかし、大臣には特定の事項を閣議で取扱うことを請求する法的権限は存在しない。議事日程に掲載するか否かは宰相（実際には宰相府長官）の権限である。[61]

実際には、最初に「第一項目（Top-1-Punkten）」と呼ばれる議題が掲げられる。これらは審議なしに直ちに一括して議決に付せられる議案であり、大臣が異議を主張した場合に限り後の閣議で審議に付される。法律案、命令、連邦政府の態度表明や報告、議会の大質問への答弁などであって、閣議の負担を減らすための措置だと解されている。この後に、審議を行う前提のもとに、法律案や人事など様々な議題が取り上げられる。中には、「雑件」という名のもとに、議決を前提とせず重要問題について討議を行うこともあるようである。[62] なお、実際の意思決定は合意による（後述）ため、議事日程を決定する前段階で、宰相は意見の調整を行う。この段階で、各大臣から上がってくる議案に対して、宰相がその内容に影響を与えたり、場合によっては議案の提出それ自体を拒否したりすることもありうるという（この場合は宰相と大臣との関係で基本方針権限を行使していると考えられている[63]）。

なお、閣議は持回りでも行うことができる（持回り手続〔Umlauffahren〕）。宰相府長官は、案件について口頭での審議が必要ないときは、政府構成員の同意を書面で求めることができる（執務規則二〇条二項）。持回り閣議は、宰相府長官が、期限と、期限までに構成員から異議がある場合には手続を中止する旨の言明を付して議題が告知され、異議が提起されず、構成員の過半数が意見表明することで手続に関与し、そのうち必要とされる過半数が決定に賛成した場合に有効な決定がなされたものとみなされる。[64]

また、宰相は各議案にかかる出席者を決定する。[65] すなわち、執務規則によれば、閣議の参加者は、通常、大臣、宰相府長官、宰相付きの政務次官、大統領府長官、プレス情報局長官、宰相秘書官（Persönliche Referent des Bundeskanzlers）、書記官であるが（執務規則二三条一項[66]）、事務次官（Staatssekretär）以外の官僚を個別の議案に関する審議に加えることが望ましい場合には、大臣の申出に基づき、宰相はこれを認めることができる（同条三項）[67]。さらに、宰相は出席者を大臣のみに限定することもできる（同条四項）。

宰相は閣議の議長を務める（執務規則二二条一項）。宰相は、発言を許し、表決を行う。なお、議決権を有するのは、基本法六二条により、大臣と宰相に限られる[68]。執務規則は議決定足数につき宰相を含め大臣の半数と定める（二四条一項）。また議決は多数決とし、可否同数のときは議長の票により決する（同条二項）。もっとも、実際には議論の流れの中で明示的な異議がないことをもって合意（Einvernehmen）が形成されたと判断されるようである[69]。議長は、決定の文言を当該議案の審議の終了時に確定する（二五条）。もっとも、実際にはこのような形での決定の文言の確定はあまり行われておらず、議事録による[70]。議事録には書記官の署名が付され、直ちに写しが大臣に送付される（二七条一項）。送達後三日以内に大臣から内容又は形式に対する異議がなされないとき、議事録は同意されたものとして効力を持つ（同条二項）。疑義がある場合には、当該議事は再び閣議に提出される（同三項）。なお宰相は、議会の議長と同様の秩序維持権を有するが[71]、これも執務指揮権から導かれるものと解されている。

(3)　総合調整権

宰相の執務指揮権は、狭く閣議に関わる諸権限のみならず、広く、政治の基本方針の実施を監督する権限や政府の全政策を総合調整する権限をも導くと言われる[72]。政治の基本方針については**1**で既に述べたので、ここでは総合調整権について概観する。「宰相は、政治の基本方針の決定と並んで、政府における執務遂行の一体性を確保しなければならない」（執務規則二条）。この一体性確保という点から、その前提として関係各省の協働が求められ、また宰相府による総合調整が導かれることとなる[73]。これを閣議との関連でみると次のようになろう。

第一に、省庁が議案を作成するにあたって、意思形成の段階から宰相府がこれに関与することとされている。政治的に重要な案件については早い時点で宰相府に報告することが必要とされ、法律案の場合にも同様である（連邦各省共通執務規則二四条一項、四〇条）。連邦宰相府は、この段階から、宰相の基本方針や政府の全体の政策との整合性について監視するとともに、各省が統一的な見解に到達するべく活動することが期待されているのである[74]。

第二に、閣議に提出する案件は、緊急に決定しなければならないものを除き、すべて事前に関係大臣の間で協議しなければならないところであるが（連邦政府執務規則一六条一項[75]）、協議によってもなお争いが残った点は、解決策の理由を付して、宰相府長官に書面その他適切な方法で提出することが必要となる（同条二項）。宰相は、この段階でもまた調整に乗り出すことが可能となろう。なお、文言上は関係大臣と宰相府長官しか出てこないが、宰相府長官と宰相とが密接な関係を有することは明らかであり、たとえば、持回り閣議に付すか否かの判断に関して、口頭での審議の必要性につき疑義があるときは宰相の決定を求める旨を定めているのも（二〇条二項二文）、宰相府長官の背後に宰相が存在することを示唆している。

第三に、「連邦大臣の間での意見の相違については、連邦政府がこれを決定する」ことになっているが（基本法六五条三文）、関係大臣は意見の相違の裁定を閣議に提出する前に合意のための努力を試みなければならず（執務規則一七条一項）、これに関連して、宰相は、閣議での審議に先立ち、自ら主宰して関係大臣と協議を行うことができる（同条二項）。この手続きもまた、基本法上は合議体による決定が予定されているものについて、宰相が合議体にかける前に優越的な立場から問題を解決することを可能とする制度と解されるだろう。

(4)　委員会制度

かかる総合調整が閣議から離れた形で行われるようになったのが、委員会（Kabinettsausschüsse）制度である[76]。委員会は、一九五一年三月に設置された経済問題閣僚調整委員会（Ministerielle Koordinierungsausschuß für Wirtschaft.

後に経済委員会（Kabinettsausschuß für Wirtschaft）が始まりのようであるが、六〇年代になってその数を増やし、一九七一年には、経済委員会以外に、社会厚生委員会、連邦国防会議（Bundessicherheitsrat）など一〇を数えた[77]。二〇〇九年現在で、連邦国防会議、新ラント委員会、経済委員会、アフガニスタン委員会が存在する[78]。またこれらは常設のものであるが、これ以外にアド・ホックのものも存在する。これらは大臣から組織される。すべての委員会の主宰者は宰相である。実際には宰相の負担軽減の目的から、受託議長（Beauftragter Vorsitzender）が選任されているが、宰相は主宰権を留保している。実際に宰相自らが主宰することもあり、たとえばアデナウアーは、経済政策や社会政策に関する事項には関心が薄かったため宰相代理のブリュッヒャーに受託議長を委ねていたが、連邦国防会議は自ら主宰していたという。宰相が委員会の主宰者であるという原則も、宰相の優越的地位を現しているといえよう。この点、ヘンニスがドイツの制度を紹介しつつ、「委員会における主宰は首相に帰属するということが、イングランドにおいては自明の事柄である」と述べているのは比較法的にも興味深い[79]。

これらの委員会は、限定された形ではあるが決定を行うのが慣行である。たとえば、連邦国防会議執務規則一条二項は、委員会が可能な限りで仮決定（Vorentscheidung）を行うこと、基本法または連邦法律が連邦政府の決定を要求していない限りで終局的な決定を行えることを明記する。このような委員会制度は、宰相にとって、閣議で議論すべき事項の相当を委員会に下ろし、さらに自らが主宰して議事を導くことで、その総合調整権を強める可能性を秘めたものと解される[80]。

(5)　対外的な政府の代表と一体性保持

総合調整権は、対外的に宰相が政府を代表することにも表れるといえる[81]。宰相は、政府提出法案を提出する（執務規則二八条一項[82]）。法案に関しては、連邦議会と連邦参議院との見解が相違する場合に合同協議会が開催されるが（基本法七七条二項)、これに関し、政府が要求する場合にその旨の閣議決定を伝達するのも、連邦議会及び連邦参議院が要求する場合に開催の通知を受けるのも宰相である。[83] 宰相は、大統領に対する報告(執務規則五条)、連邦参議院や合同委員会に対する報告(基本法五三条三文、五三a条二項一文)といった他の憲法上の機関に対する報告の任務も有する。[84] さらに、宰相を補佐する宰相府が、連邦議会からの各種の質問への対応を取り纏めていること(連邦各省共通執務規則二八条、二九条[85])もここに含めて考えることができる。[86]

対外的な関係では、政府の一体性を保持する大臣の義務とそのために宰相が配慮を行う権限も重要である。すなわち、一体性確保のため、内閣は連帯して(solidalisch)いなければならず、大臣に一定の行為義務が課せられる。**1**でも触れた「公の場で行われる又は公のために定められた連邦大臣の発言は、連邦宰相が定める政治の基本方針と合致しなければならない」という規律(執務規則一二条)や、政府が決定した立法府に対する提案について、「[立法府における政府の]代表は、個々の大臣が違う見解を有していたとしても、一体になって遂行しなければならない。連邦政府の見解に反対することは、連邦大臣には許されない」との定めがそれである(執務規則二八条二項。連邦各省共通執務規則五二条一項も参照)。また、閣議が秘密でなければならないという準則(執務規則二二条三項)も、内閣内部の分裂をできるだけ公衆に知らさないでおくという意味があると言われる。[87] それゆえ、「とくに個々の大臣の発言、投票の割合、議事録の内容について開示することは、宰相の特別の授権がない限り許されない」(執務規則二二条三項二文)。ここには、政府の一体性の確保にかかわる宰相の位置づけが表れていると言えよう。また宰相は、大臣が一体として行動している限りは、その権威で大臣を守らなければならないともいわれるところである。[88] この点、ヘンニスが、「閣議の秘密性と内閣の連帯性とは密接な関係にある。両者はとくに、政府の他の構成員に対する宰相の優位を確保するのに役立つ[89]」と述べるのは、日本やイギリスの制度と比較する際にも示唆的である。

(6)　小括

執務指揮権は、そこから導かれる手続上の優位によって、宰相の基本方針権限を補うとともに、その地位を高める効果を有していることに間違いない。これにより、宰相は、合議体としての政府の意思決定における舵取りを行うことが制度上可能となるのである。しかし、実際にそれが可能となるかどうかは、「法的問題ではなく、政治の問題である」、そして「実際には政治の力関係に依拠している」点には留意しなければならない(90)。

3　補佐機構

(1)　補佐機構の設置権限

宰相は、補佐機構を設置する権限を有する。この権限は、基本法六五条一文の基本方針権限から導かれる組織編制権に基づく(91)。もっとも、論者の中には、組織編制権に加えて基本法六五条四文の政府の執務指揮権を根拠として挙げる者もいる(92)。設置それ自体にどのような形式の法令が要求されるのか明確でないが、実際には、各省からの執務領域の移管を伴うものについては組織令（Organisationserlass）(93)で示され、また予算の中にも名前が登場するようである。

(2)　宰相府

補佐機構の第一は、宰相府（Bundeskanzleramt）である(94)。管見によれば、宰相府については法的に明確な設置法令は見当たらない。もちろん、予算の中では触れられており、やや古いが一九七九年の予算案には次のようにその任務が描かれている（Einzelplan 04 前文）(95)。「連邦宰相府は、現在の一般政策の問題及び連邦省庁の活動に関して、連邦宰相に報告を行うものとする。連邦宰相府は、連邦宰相の決定を準備し、その実施を監督するものとする。連邦各省の活動を総合調整することも連邦宰相府の任務である。さらに、連邦政府の官房事務の遂行が連邦宰相府に属する。連邦宰相府は、閣議及び委員会の準備並びに連邦政府の決定の準備を担当する。連邦宰相府は、同時に、国防の全体計画及び総合調整についても担当する」。冒頭の報告任務との関係では、情報の要約や選別のほか、発案――直ちに宰相の決定を求める場合もあれば、所管の各省との協議に入る場合もある――を行うようである。(96) 宰相府は宰相の補佐を中心としつつ、政府全体の補佐も行っていることが窺える。

宰相府は次の組織からなる。(97) 宰相府長官（Chef des Bundeskanzleramtes）は、次官又は大臣が任命されるが、一九八四年以降は、一九九九年から二〇〇五年を除き、大臣がこの職を務めている。宰相府長官には直属のグループが存在し、ここには宰相府長官秘書官や報道官が属する。

次に、三名の政務次官が存在する。ただし、これらは法的には宰相に直属し、宰相府長官を長とする指揮系統からは外れている。政務次官のうち一名は連邦議会との連絡役を果たす。連邦参議院や合同協議会とも関わる。また連邦議会では長老評議会に政府の代表として出席し、手続問題を処理するという任務も重要である。(98) 一名は、かつては新ラント担当政府受託者（Beauftragte der Bundesregierung für Angelegenheiten der neuen Länder）」として内閣の委員会の議長代理や次官会議における議長を務め、新ラントの内閣との共通会議の準備を行い、再建プログラム「東方の将来（Zukunft Ost）」の総合調整を果たしていたが、二〇〇五年一一月以降、メルケル政権では、移民難民統合担当政府受託者（Beauftragte der Bundesregierung für Migration, Flüchtlinge und Integration）を兼務している。残りの一名は、「文化及びメディア担当政府受託者（Beauftragte der Bundesregierung für Angelegenheiten der Kultur und der Medien）」を兼務している（この職については、(4)で触れる）。

宰相には別に、宰相秘書官室（Kanzlerbüro）が直属する。宰相秘書官室は秘書機能を果たす。宰相あての手紙、電話、面会申込みの中から宰相が対応すべきものを選別したり、宰相のスピーチ原稿を準備したりする。陳情や請願に対する回答を、宰相等が自ら用意したり内容の専門性ゆえ専門部局に回付する必要があるなどしない限り、処理する課も存する。また、プレス応対を行う課も含まれる。さらに、二〇一〇年以降、「政治計画、基本問題、特定問題」を担当するスタッフが宰相の直属となっている。(99)

宰相府長官の下には、上記の直属グループのほか、六つの局が存在する。第一局は、宰相府の人事、予算などの官房機能及び閣議、議会、連邦ラント関係を担当するほか、内務、法務領域の総合調整を行う。「内閣議会課（Kabinett- und Parlamentsreferat）」は、閣議の議事日程を用意し、またその議事録を作成するとともに、法律案その他の文書を議会に送付するという重要な役割を果たしている。(100) 連邦ラント関係を担当する「連邦ラント関係・連邦参議院課」も、連邦参議院や合同協議会の会議、宰相とラント政府の長との会談などの準備を行う。第二局は、外交・安全保障・開発の、第三局は、社会・健康・労働市場・インフラクトラクチャー・教育研究の、第四局は、経済・財政の、そして第五局は欧州政治の領域の総合調整を担当する。第六局は諜報担当である。第六局には、「連邦情報局（Bundesnachrichtendienst）」が属する。(101) また、宰相府長官は、連邦情報部局担当受託者（Beauftragte für die Nachrichtendienste des Bundes）を兼任し、連邦情報局、内務省に属する憲法擁護庁、国防省に属する軍事防諜部（Militärische Abshirmdienst）の諜報を担当する三部の総合調整を行うが、(102) この任務を補佐する部も第六局に存在する。これらの各所管に対応した担当部局は、「蝶番」の役割を果たしており、一方で宰相や閣議の決定のために、担当する所管省庁の状況を取り纏めるとともに、他方で宰相らの決定を所管省庁に知らせる任務を負っている。(103)

なお、近時、国家規範統制委員会（Nationale Normenkontrollrat）が二〇〇六年八月一四日法律(104)により設置された。この機関は独立して活動するが（同法一条一項）、規律が市民、経済、公行政にもたらす時間やコスト（これを「実現費用（Erfüllungsaufwand）」と呼ぶ）を審査するようである。

(3)　プレス情報局

補佐機構の第二は、プレス情報局（Press- und Informationsamt der Bundesregierung）である。[105]一九五二年に宰相府から分離し、一九七七年一月一〇日組織令[106]により法的に明確な存在となった。そこで列挙されている任務は次のとおりである（同組織令Ⅱ一）。(a)連邦大統領及び連邦政府に対する世界の報道に関する情報提供、(b)連邦政府の政治活動にとって決定の助けとなる世論の研究及び描出、(c)広報活動を通じて連邦政府の活動、意図及び目的を表現及び解説することによる市民及びメディアに対する政府の政策の情報提供、(d)記者会見における連邦政府の代表、(e)外務省と共働しての外国政治の情報提供、(f)一般政策上重要な事項に関わる措置による、所管を越えた広報活動及び所管に関わる広報活動の総合調整。実際には政策の議論の上で重要な論考や記事を宰相に伝えること、宰相の公式な発言を用意し補佐すること、マスコミ向けに政府の施策を解説すること、連邦政府及び連邦宰相府のサイトの運営などが行われているようである。

(4)　文化及びメディア担当政府受託者

補佐機構の第三は、「文化及びメディア担当政府受託者（Beauftragte der Bundesregierung für Angelegenheiten der Kultur und der Medien）」である。一九九八年一〇月二七日組織令[107]により設置された（同組織令Ⅳ）。これによると、「文化及びメディア担当政府受託者」は、「連邦宰相に直属する」が、「その内部の行政事務（Verwaltungsangelegenheiten）を独立して指導する。その執務領域において、文化及びメディア担当政府受託者は、ドイツ連邦共和国を裁判上及び裁判外で代表する」。執務領域は、①(a)文化及びメディア（教会及び宗教団体に関する事項を除き、難民及び亡命者のための文化保護並びに祖国を失った外国人及び外国の少数民族のための文化保護に関する事項を含む）、(b)記念の場所（Gedenkenstätten）（以上、内務省から移管）、②メディア産業、映画産業及び出版に関する事項（以上、経済技術省から移管）、③(a)ベルリンにおける首都文化促進、(b)ボン都市圏の文化事項（以上、運輸建設住宅省から移管）、④メディア政策に関する事項（以上、教育研究省より移管）である。

(5)　小括

補佐機構は、宰相の基本方針決定権および執務指揮権の実現のために不可欠な組織である。それが、これだけの規模と陣容を備えている——たとえば、宰相府は総勢約五三〇人、そのうち一四〇人が上級公務員である[108]——ところにドイツの特徴が表れている。

(28)　基本方針決定権については、歴史的に、また政治的な文脈の中で、その由来を明らかにしたものとして、毛利・前掲注（1）をまず参照されたい。
(29)　Wilhelm Hennis, Richtlinienkompetenz und Regierungstechnik, 1964, S. 41.
(30)　Meyn（Fn. 5）, Art. 65, Rdnr. 9.
(31)　Junker（Fn. 17）, S. 45ff.
(32)　Vgl., Helmut Karehnke, Richtlinienkompetenz des Bundeskanzlers, Ressortprinzip und Kabinettsgrundsatz—Entspricht Art. 65 des Grundgesetzes noch heutigen Erfordernissen?, DVBl. 1974, S. 102, Fn. 13.
(33)　Ulrich Scheuner, Der Bereich der Regierung, in: Festschrift für Rudolf Smend zum 70. Geburtstag, 1952, jetzt in: ders., Staatstheorie und Staatsrecht, 1978, S. 472. Vgl., ders., Das Wesen des Staates und der Begriff des Politischen in der neueren Staatslehre, in: Festschrift für Rudolf Smend zum 80. Geburtstag, 1962, S. 259f.; Hermes（Fn. 2）, Art. 65, Rdnr. 18.
(34)　Junker（Fn. 17）, S. 47 ; Schröder（Fn. 5）, Art. 65, Rdnr. 13.
(35)　ドイツにおける「統治」概念について、参照、宮井清暢「『統治（Regierung）』の概念について」北野弘久還暦記念『納税者の権利』（勁草書房、一九九一年）九七頁以下。
(36)　Oldiges（Fn. 5）, Art. 65, Rdnr. 14.

(37)　「法的意味における基本方針権限」と「政治的意味における基本方針権限」とを区別して論じようとするマウラーのいう、「政治的意味における基本方針権限」に通ずるものがあると思われる。Vgl., Hartmut Maurer, Die Richtlinienkompetenz des Bundeskanzlers, in : Festschrift für Werner Thieme zum 70. Geburtstag, 1993, S. 125f.「政治的に有効な制度」として意義を見出すものとして、Oldiges（Fn. 5）, Art. 65, Rdnr. 18a.

(38)　Hermes（Fn. 2）, Art. 65, Rdnr. 21; Schröder（Fn. 5）, Art. 65, Rdnr. 13. Vgl., Maurer（Fn. 37）, S. 129.

(39)　ワイマール憲法のコンメンタールでは「宰相だけが、彼の権限に何が属し何が属しないのか決定しうる」とある。Vgl., Poetzsch-Heffter, Organisation und Geschäftsformen der Reichsregierung, in: Anshütz/Thoma, Handbuch des Deutschen Staatrechts, Bd. 1, 1930, S. 514.

(40)　Meyn（Fn. 5）, Art. 65, Rdnr. 9. Vgl. Karl Heinrich Friauf, Grenzen der politischen Entschließungsfreiheit des Bundeskanzlers und der Bundesminister, in : Festgabe für Heinrich Herrfahrdt zum 70 Geburtstag, 1961, S. 49f. 機関争訟の可能性を指摘するものとして、Schröder（Fn. 5）, Art. 65, Rdnr. 23, Fn. 70.

(41)　Kröger（Fn. 7）, S. 39.

(42)　Maurer（Fn. 37）, S. 129.

(43)　Schröder（Fn. 5）, Art. 65, Rdnr. 15. 参照、毛利・前掲注（1）七九～八一頁。

(44)　Junker（Fn. 17）, S. 53f; Hermes（Fn. 2）, Art. 65, Rdnr. 18, 25; Konrad Hesse, Grundzüge des Verfassungsrechts der Bunderepublik Deutschland, 20 Aufl., 1999, Rn. 642（初宿正典＝赤坂幸一訳『ドイツ憲法の基本的特質』〔成文堂、二〇〇六年〕三九八頁）、Kröger（Fn. 7）, S. 39.

(45)　Schröder（Fn. 5）, Art. 65, Rdnr. 15.

(46)　Kröger（Fn. 7）, S. 39f. Vgl., Junker（Fn 17）, S. 109f.; Böckenförde（Fn. 2）, S. 206f. ベッケンフェルデは、政治的に重要な事項であっても特定の所管問題は宰相が自ら関与してはならないと述べる。

(47)　Hermes（Fn. 2）, Art. 65, Rdnr. 20, Fn. 86 は Munch、Ipsen、Hesse、Oldiges、Achterberg などを掲げる。他に、Schröder（Fn. 5）, Art. 65, Rdnr. 16; Maurer（Fn. 37）, S. 128, Fn. 15.

(48)　Jörn Ipsen, Staatsrecht Ⅰ, 23 Aufl., 2011, Rn. 429.

(49)　Klaus Stern, Das Staatsrecht der Bundesrepublik Deutschland, Bd. Ⅱ, 1980, 31 Ⅳ2a）α）.

(50)　Böckenförde（Fn. 2）, S. 207. Vgl., Maurer（Fn. 37）, S. 128.

(51) Franz Knöpfle, Inhalt und Grenzen der "Richtlinien der Politik" des Regierungschefs, DVBl. 1965, SS. 857-862. Vgl. Junker (Fn. 17), SS. 46-55.

(52) Schröder（Fn. 5), Art. 65, Rdnr. 18; Hermes（Fn. 2), Art. 65, Rdnr. 23; Norbert Achterberg, Innere Ordnung der Bundesregierung, in: Isensee/Kirchhof, Handbuch des Staatsrechts der Bundesrepublik Deutschland, Bd. 2, 1987, §52 Rn. 22. もっとも、これに対しては、基本方針が法的意味を有し大臣を拘束するという以上は、少なくとも大臣がそれと認識できるものでなければならないという主張も存在する。Maurer（Fn. 37), SS. 126, 129.

(53) Junker（Fn. 17), S. 107.

(54) Schröder（Fn. 5), Art. 65, Rdnr. 22.

(55) Junker（Fn. 17), S. 107.

(56) Schröder（Fn. 5), Art. 65, Rdnr. 26.

(57) 「政府」という語には、「合議体（Kollegium）としての政府」、すなわち、宰相と大臣とからなる合議体すなわち内閣（閣議）の意味のほか、論者によっては、宰相、大臣、合議体としての政府というそれぞれ独立して意思決定を行う三者のいわば総称の意味で使われることがある。Böckenförde（Fn. 2), SS. 137-8, 179. この二つの観念を区別する議論については、第二節**三2**(2)を参照。

(58) Busse（Fn. 22), S. 79.

(59) Busse（Fn. 22), S. 89. 議案には各省の長（Leitung）すなわち大臣が署名をするとの定めがある（連邦各省共通執務規則二三条二項）ことからも、所管の大臣が提出することが原則であることが窺える。ただし、宰相自らが特定の事項を閣議で取り上げることも稀ではなく、また決定も、事前に提出された議案に対してだけに限られず、閣議における議論から追加的になされるという。Busse（Fn. 22), S. 95. 議案（Kabinettsvorlage）には、①簡潔な状況説明と提案理由、②決定方式（口頭での審議が必要か否かなど）、③どの大臣がどのような結論で関与したかに関する報告、④［市町村や専門職の］組合（Verband）の関与の結果、⑤ラント政府の関与の有無、関与の結果、事前に予測される問題、実施するべき参議院の手続、⑥連邦政府受託者等の態度、⑦決定にかかる提案の実施がもたらす費用の予測及び財政上の帰結、を記載することとされている（同規則二二条一項）。法律案の場合は、法律案そのもののほか、理由書、概要からなる（同規則四二条一項）。連邦各省共通執務規則については、注（85）を参照。

(60) 法律案の場合には特別な書面による（連邦各省共通執務規則五一条）。また、通常は閣議の二日前に、宰相府長官が主宰し事務次官が出席する会議が開かれる。この会議では、議事日程のすべてにつき議論がされ、閣議での議論のポイントが整理されるとともに、意見の相違については宰相府長官による仲裁が試みられる。出席者だけを見れば日本のかつての事務次官会議に似ているが、閣議での実質的な議論を前提とする事前準備である点で大きく異なる。

(61) Busse (Fn. 22), S. 94.

(62) Busse (Fn. 22), S. 83f.

(63) Oldiges (Fn.5), Art. 65, Rdnr. 37; Schröder (Fn.5), Art. 65, Rdnr. 25, 43. もっとも、議案を提出する大臣は、その写しを宰相府長官（Staatssekretär des Bundeskanzlers. 邦訳について注（64）参照。）のみならず、同時に大臣（と大統領府長官）に直接送付することになっており（執務規則二一条二項）、このことと議事日程の決定、閣議の召集との関係は不明である。

(64) Busse (Fn. 22), S. 89. 執務規則の法文上は "Staatssekretär des Bundeskanzleramtes" となっているが、ブッセの記述からも、実質的には（次官でなく大臣である場合を含めて）宰相府長官を指すと解されているといえる。以下でも「宰相府長官」と訳している。

(65) Hans Lechner/Klaus Hülshoff, Parlament und Regierung, 3 Aufl. 1971, G4 §21 Fn. 1.

(66) 大臣が出席できないときは、政務次官が代理として出席する。また、大臣は望めば事務次官を出席させることができる。これには宰相の同意は必要とされていないようである（いずれも執務規則二三条二項）。

(67) 慣行上は、宰相府の各部長、報道官の代理、外務省の欧州問題担当政務次官が出席するようである。また、予算案など、議案によっては連立与党の党首や連邦中央銀行総裁が出席を要請されることもあるという。Busse (Fn. 22), S. 82f.

(68) Lechner/Hülshoff (Fn. 65), G4 §23 Fn. 2.

(69) Busse (Fn. 22), S. 84f.

(70) Lechner/Hülshoff (Fn. 65), G4 §25 Fn. 1.

(71) Achterberg (Fn. 52), §52, Rn. 78.

(72) Oldiges (Fn.5), Art. 65, Rdnr. 12; Hermes (Fn.2), Art. 65, Rdnr. 51. 総合調整権は、基本方針決定権の機能として導かれるとも言われる。Junker (Fn. 17), S. 59f.

(73) Vgl. Busse (Fn. 22), S. 60.

(74) Busse (Fn. 22), S. 92f.

(75) 実際には、事務レベルで課→部→局とレベルを上げながら調整が行われ、不調に終わった場合に大臣が関与することになるようである。Busse (Fn. 22), S. 90.

（76） Kröger（Fn. 7）, SS. 60-66; Hennis（Fn. 29）, SS. 21-24.

（77） 五〇年代中盤の社会保障改革と社会改革委員会（Kabinettsausschuß für Sozialreform）について、平島健司『ドイツ現代政治』（東京大学出版会、一九九四年）七三～七七頁。

（78） Busse（Fn. 22）, S. 96.

（79） Hennis（Fn. 29）, S. 23.

（80） 政府の外部の者も入れてのユニークな会議体として、連邦・ラント首脳会談が、通常、年に二回開催される（執務規則三一条参照）。この会議には、連邦政府から、宰相のみならず、議題に関係する大臣も出席する。

（81） 「対内的」「対外的」という言葉については、ユンカーを参考した。Junker（Fn. 17）, S. 59. ただし、その使い方は異なる。

（82） 実際に準備するのは宰相府である。また、政府提出法案については、連邦参議院の態度決定（Stellungsnahme）を聴取し、それに対する反論（Gegenäußerung）を合わせて連邦議会に提出することとされている（基本法七六条二項）ところ、この聴取を円滑に得るため、連邦参議院は会議日の予定を事前に連邦政府に告知し、連邦宰相は原則としてその六週間前に法案を連邦参議院に提出する旨の申合せが連邦参議院と連邦宰相府との間でなされている。Busse（Fn. 22）, S. 61f.

（83） Busse（Fn. 22）, S. 63f.

（84） 基本法五三条三文、五三 a 条二項一文の解釈について、Kröger（Fn. 7）, S. 59.

（85） Gemeinsame Geschäftsordnung der Bundesministerien. 連邦各省共通執務規則は二〇〇〇年七月一六日の政府の決定により全面的に改正されている。参照、古賀豪「ドイツ連邦政府の事務手続―連邦省共通事務規則―」外国の立法二一四号（二〇〇二年）一三〇～三三頁、同「連邦省共通事務規則」外国の立法二一四号（二〇〇二年）一三四～六三頁。

（86） Kröger（Fn. 7）, S. 59, Fn. 134 ; Busse（Fn. 22）, S. 65f.

（87） Hennis（Fn. 29）, S. 16.

（88） Vgl. Junker（Fn. 17）, S. 59f.

（89） Hennis（Fn. 29）, S. 16f.

（90） Oldiges（Fn. 5）, Art. 65, Rdnr. 37; Schröder（Fn. 5）, Art. 65, Rdnr. 45.

（91） Meyn（Fn. 5）, Art. 65, Rdnr. 5. Vgl. Kröger（Fn. 7）, S. 46ff; Hennis（Fn. 29）, SS. 18-21; Stern（Fn. 49）, 31 II 4a）α）. Vgl. Josef Kölble, Ist Artikel 65 GG（Ressortprinzip im Rahmen von Kanzlerrichtlinien und Kabinettentscheidungen）überholt?, DöV 1973, S. 10f.

(92) Oldiges (Fn. 5), Art. 65, Rdnr. 12; Schröder (Fn. 5), Art. 64, Rdnr. 10.
(93) 組織令については**三1**を参照。
(94) Busse (Fn. 22), SS. 108-132. また参照、片岡寛光『内閣の機能と補佐機構』(成文堂、一九八二年) 二〇一～一五頁。
(95) Stern (Fn. 49), 31 IV 4a) α) からの再引用による。
(96) Busse (Fn. 2), S. 58f.
(97) Vgl. Busse (Fn. 22), SS. 115-23. また、宰相府のサイトに掲載されていた二〇一一年三月三一日現在の組織図<http://www.bundesregierung.de/nsc_true/Content/DE/__Anlagen/2010/2010-12-15-organigramm-bkamt,property=publicationFile.pdf/2010-12-15-organigramm-bkamt>も参照した。
(98) 参照、拙稿「議院の議事運営に対する内閣の関与について」大石眞先生還暦記念『憲法改革の理念と展開　上巻』(信山社、二〇一一年) 五五一頁以下の五六三頁。
(99) なお、連邦議会に議席をもつ政党、会派や議員との関係は、与党本部が補佐しており、通常、月曜午後は会派の役員会、火曜午前は会派の作業部会会合、昼に会派の全体会合がもたれ、宰相も出席する。他方、官邸に会派の長が来て会合をもつことも普通にあるようである。Busse (Fn. 22), SS. 129-32.
(100) 内閣議会課は宰相府長官の直属組織だった時期もある。
(101) この機関は一九八九年に組織令上で公式に認められている。BGBl. I, S. 901 (1989).
(102) 連邦情報部局担当受託者は、三部の予算の議会での取扱いへの関与、議会統制委員会 (Parlamentarishes Kontrollgremium) の準備等を行う。Busse (Fn. 22), S. 139f.
(103) Busse (Fn. 22), S. 133f.
(104) BGBl. I, S. 1866 (2006).
(105) Kröger (Fn. 7), S. 48f; Stern (Fn. 48), 31 II 4a) β).
(106) BGBl. I, S. 128 (1977).
(107) BGBl. I, S. 3288 (1998).
(108) Busse (Fn. 22), S. 128.

三　各省に対する権限

1　行政組織編制権

(1)　行政組織編制権

宰相は、各省を設置、改廃する権限を有する。[109]基本法六二条にいう大臣はあくまで内閣構成員としての大臣のみを意味する。しかし、通常、大臣は、各省の長でもある。「二重の権限」(Doppelfunktion)、「二重の地位」(Doppelstellung)を有するのである。[110]そこで、宰相は、**一1**で触れた執務領域の割当て権限を行使する際に、その前提として各省の組織編制――省庁の数や各省の所管――についても触れることになるであろう。大統領に対し大臣の任命を提案する際には、大臣の所管責任(Ressortverantwortlichkeit)を明確にするためにも、その担当する所管省庁(Ressort)の付与を含めて行わなければならないと言われるのも、[111]この理を表しているといえる。執務領域の割当て権は、**一1**でみたように、多くの説によれば基本法六四条から導かれると解されている。それゆえ、行政組織編制権も同条に基づいて宰相に与えられているということになると思われる。

(2)　組織令

宰相は、各省の設置、改廃を組織令(Organisationserlass)によって行う。もっとも、組織令という形式は法律により定められたものではない。かつてはErlaß, Anordnung, Verfügungなど様々な名称の書面で関係大臣に知らされていたところが、一九六九年に初めてOrganisationserlassという名称が登場し、これが実務上定着したもののようである。[112]ただ、かかる組織編制の規律を公示することについては法律が定めている。一九七五年権限委譲法[113]（Zuständigkeitsanpassungs-Gesetz）がこれであった。同法の五六条は次のように定めていた。[114]

一項　連邦大臣の執務領域が新たに区分されるときは、法律及び法規命令により連邦大臣に割り当てられた権限は、新しい区分の後に所管を有する連邦大臣に移転する。連邦宰相は、このこと及び移転の日を連邦官報に公示する。

二項　法律及び法規命令により連邦大臣に割り当てられた権限は、連邦大臣の官庁名の変更によってもそのままとする。

三項　連邦法務大臣は、連邦大臣の権限または官庁名の変更の際に、関係大臣との合意により、連邦参議院の同意なしの法規命令によって、今まで権限を有していた連邦大臣を新しく権限を有することとなった連邦大臣に、または今までの連邦大臣の官職名を新しい連邦大臣の官職名に置き換えることができる。

上述したとおり、それまでの基本法下における組織の規律は、関係大臣に対する、形式の定まっていない書面によっていた。すなわちその内容は外部者、国民には知らされていなかったのである。それゆえかかる慣行は「法治国的―立憲主義的な文化の衰弱」であると批判された。[115]一九七五年権限委譲法は、「統治領域（Regierungsbereich）における組織の規律に公式の形式と公示を与えるべきである」という学説からの要求に応えるものであったのである。[116]

しかし、宰相が憲法上の権限として組織編制を行い、それによって各種の作用法上の主体も変更されることとなる点には変更がないことには注意を要する。[117]すなわち、第一に、組織令は法規命令ではない。法律の委任に基づき発するものではなく、あくまで憲法上直接に宰相が有する権限として発するものだと理解されている。組織令は法律に優位するとすらいわれるのである。[118]第二に、大臣間の権限の移転が行われるのは権限委譲法五六条三項（当時）[119]が定める法務大臣の発する法規命令によってではなく、あくまで宰相の組織令によるのであって、法務大臣の発する法規命令は、実際の状態と法令との形式的な不一致を修正するものにすぎないと解されている。確かに、これに対しては、法律（各種の作用法律）によって大臣に与えられた権限の主体を法律や法規命令によらずして変更するので法治国の原則に照らして許されないとの批判もある。[120]しかし、状況に即応した行動をとるために迅速な組織編制を実施することが政府には要請されており、そのために憲法で組織編制権が宰相に与えられていることからすれば、この批判は当たらないという再反論が可能であろう。[121]

(3)　内部部局の編制

宰相は省庁の内部部局の編制権をも有するか。管見による限り、この論点に関する議論は行われていない。というのも、実際に宰相が内部部局の編制についてまでは決定していないからである。たとえば、一九八〇年代から九〇年代にかけての重要な組織改編として一九八六年の環境省の設置が挙げられるが、この組織令は次のようなものであった。組織令の具体的な例としても興味深いので示してみる。

一九八六年六月五日連邦宰相組織令公示
(Organisationserlass des Bundeskanzlers vom 5. 6. 1986, BGBl. I S. 864.)

次の通り、一九八六年六月六日に効力を発する一九八六年六月五日連邦宰相組織令を公示する。

Ⅰ．連邦環境自然保護原子力安全省を設置する。

Ⅱ．連邦環境自然保護原子力安全省に、次の権限を移転する。
　1．連邦内務省の執務領域から次のものに関する権限
　　a．環境保護
　　b．原子核技術施設安全及び放射線防護
　2．連邦食糧農林省の執務領域から、環境及び自然保護に関する権限

3．連邦青少年家庭保健省の執務領域から、環境保護、放射線衛生、食品残留有害物質及び化学製品に関する権限

Ⅲ．連邦青少年家庭保健省は連邦青少年女性家庭保健省に改組する。連邦青少年女性家庭保健省は、法律制定権を含め、女性問題に関する責任を負う。そのため、はじめに連邦労働社会省の執務領域から女性及び職業に関する権限を連邦青少年女性家庭保健省に移転する。

移転の詳細は連邦政府の関係構成員の間で規律し、連邦宰相府長官に報告するものとする。

このように、組織令では省庁それ自体の設置と、執務領域を基準とした権限の移転のみが定められるにすぎない。環境省の内部でどのような部局を設置して任務の配分を行うのかまでは踏み込んでいないのである。これは、おそらく、所管原則に基づき大臣が自らの責任で「執務分配計画」（Geschäftsverteilungsplan）（連邦各省共通執務規則七条二項）により定めることと考えられているからであると解される[122]。もっとも、連邦各省共通執務規則七条一項で各省は局（Abteilung）及び課（Refarat）に分割されること（一文[123]）、基本単位は課であること（二文）、といった基準が定めており、七条四項は「連邦各省の組織構造（organisatorische Ausbau）は、公示されるものとする」と命じる。

2　人事権

(1)　政務次官の任免権

宰相は、担当大臣の同意を得て、政務次官[124]の任命を大統領に提案する（政務次官の法関係に関する法律〔Gesetz über die Rechtsverhältnisse der Parlamentarischen Staatssekretäre〕二条）。また、同じ手続でいつでも解任を提案することができる（同法四条）。政務次官は原則として連邦議会の議員でなければならず（同法一条一項。宰相付きの次官については例外的に議員であることが要求されない）、付された政府構成員の「統治の任務の実現」を補助することとされてい

る（同法一条二項）。具体的には、「連邦大臣が、いかなる任務を政務次官に担当させるか個別に決定する」こととされているが（執務規則一四a条）、主に議会との連絡役を期待されているようである。

(2)　政治的官吏などの任命

管見によれば、これ以外に宰相が各省内の人事権を有しているものはない。もっとも、事務次官の任命を組閣や連立協定に含む慣行があるようである。[125] また、合議体としての政府が各省内の人事権を一定の範囲で行使する点には留意する必要があろう。すなわち、執務規則一五条二項は、次のように定める。

連邦政府には、さらに次の事項が提案される。

(a)　いつでも一時的休職になすことができる官吏、俸給規則にしたがい固定給を受けるその他の官吏並びに参事官及びこれと同等の各省官吏の任命案

(b)　連邦公務員俸給表の俸給グループＩに依拠する連邦最高官庁職員の任用若しくは分類又はより高額の俸給協定に関する提案

(c)　意思決定に至らない審議を行うものとして、連邦の最上級裁判所における裁判官の任命に対する所管大臣の同意案

ここでは(a)号が問題になる。「いつでも一時的休職になすことができる官吏」とはいわゆる「政治的官吏」のことである。[126] 連邦官吏法五四条一項によれば、具体的には事務次官及び局長（一号）、外務省におけるＢ三等級以上の上級公務員及びＡ一六等級の大使（二号）、憲法擁護庁、連邦情報局におけるＢ六等級（部長に相当）以上の上級公務員（三号）、連邦刑事庁長官（七号）などである。[127] 本書の関心からいえば、事務次官に加えて局長、一部の部長までが政権交代によって容易に代わりうる「政治的官吏」に含まれる点が注目される。

これに加えて、(a)号の後段によれば、各省の参事官、課長クラスの者の任命についても内閣が関与しうることに

なる。この点、局長まで閣議承認を要求する日本よりも広範な内閣の関与が予定されていることとなる。なお、政治的官吏の休職は、連邦官吏法三六条の法文上は大統領が主語だが、提案者は大臣であると解されているようである。(128)

3　関与権

(1)　関与の対象

宰相は、各省の個別的活動に対して関与する権限を有する。もっとも、宰相が関与する直接の対象は大臣であって、(129)「宰相は、大臣を無視して所管内で自ら活動することはでき」ず、「大臣に服する官僚や官庁に対し直接の指示（Weisungen）を発することはできない(130)」点には注意が必要である。したがって、宰相の決定に各省内で拘束力を持たせるには、行政規則、個別の命令その他の措置といった形で大臣による「変型」が要求されるなどともいわれる。(131)

しかし他方で、既に触れたように、宰相は、基本方針の実施を監督する権限や政府の全政策を総合調整する権限を、基本法上の基本方針決定権や執務指揮権から派生する権限として有しており、これらの権限を各省に対する関与権の観点から把握することも可能であろう。

(2)　報告の徴取

まず、宰相は報告徴取権を有する。執務規則三条は次のように定める。「宰相は、政治の基本方針の決定及び連邦政府の執務指揮にとって重要な措置及び行為に関して、連邦大臣の執務領域から、報告を徴取することができる」。実際には、緊急に報告を受ける必要がない場合は、大臣から月次報告を受けているようである。(132)また、法律案の起草について、「法律案を起草したときは連邦宰相府に報告しなければならない。起草の状態および法律制定手続の予想日程に関して定期的に報告しなければならない。法律案に係る作業が重大な出来事により影響を受けるときは、このことを連邦宰相府に報告しなければならない」という定めもある（連邦各省共通執務規則四〇条）。これらの報告徴取権の背後には「連邦宰相は、基本方針の実施を監督する権利及び義務を有する」とする執務規則一条二項、さらにその背後に基本法六五条一文が存在することも、すでに述べたとおりである。

(3)「政治の基本方針」の発布

また宰相は、**二1**で述べたように、政治の基本方針を大臣に発することができる。そこでの表現に従えば、個別の「命令」権を有することとなる。ただ、すでに触れたように、この「命令」の実施を担保するための手段は、法的なものではなく、むしろ政治的なものにとどまる点には注意を要する。そもそも、宰相と大臣との関係は、上級行政機関と下級行政機関という関係とはいえない[133]。したがって、ここでは「命令」という語を用いたが、これが日本の行政法学にいう上級行政機関から下級行政機関に対する指揮権や訓令権の発動として「訓令・通達」という形式で表される命令[134]と同じ意味であるかは微妙である。むしろ、法的効果の有無だけに着目すれば、日本でいう「指示」に近いように思われる。基本方針決定権を有するからといって、各省の個別の行政活動に関与する場面で強い法的権限を有しているわけでは必ずしもないのである[135]。しかし逆にいえば、その程度の権限で、十分に基本方針の実現を担保することができることを示唆しているとも解される。

(109) 参照、木藤茂「法概念としての『行政』に関する一考察：ドイツにおける『組織権』をめぐる法理論を手がかりに」一橋法学五巻二号（二〇〇六年）四九三頁以下。関連して、連邦議会の質問に対する応対の窓口となる連邦宰相府は、質問に対する回答を担当する所管省庁を決定する権限を有するが、この権限も、連邦宰相の組織編制権に由来するものである。Busse (Fn. 22), S. 66.

(110) Meyn (Fn. 5), Art. 62, Rdnr. 20; Kröger (Fn. 7), S. 33 ; Schröder (Fn. 5), Art. 65, Rdnr. 28.

(111) Schröder (Fn. 5), Art. 64, Rdnr. 27. Vgl., auch Oldiges (Fn. 5), Art. 64, Rdnr. 25.

(112) Gerold Lehnguth/Klaus Vogelgesang, Die Organisationserlass der Bundeskanzler seit Bestehen der Bundesrepublik Deutschland im Lichte der politischen Entwicklung, AöR 113, S. 533, Fn. 3.

(113) BGBl. I S. 705 (1975).

(114) Brandner/Uwer (Fn. 4), S. 109.

(115) Böckenförde (Fn. 2), S. 282.

(116) Brandner/Uwer (Fn. 4), S. 109. Vgl. Schröder (Fn. 5), Art. 64, Rdnr. 17. この点は**Ⅰ 1**も参照。なお、上記で引用した一九七五年権限委譲法の内容は、二〇〇二年権限委譲法（Gesetz zur Anpassung von Rechtsvorschriften an veränderte Zustandigkeiten oder Behördenbezeichnungen innerhalb der Bundesregierung : ZustAnpG）で置き換えられている。しかし、一九七五年法五六条一項が二〇〇二年法の一条一項、三項に、一九七五年法五六条二項が二〇〇二年法の一条二項に、一九七五年法五六条三項が二〇〇二年法の二条に対応しており、その実質的内容についての変更はない。二〇〇二年権限委譲法については、その全訳も含めて、参照、木藤茂「ドイツの『権限順応法』（Zustandigkeitsanpassungsgesetz）について」獨協法学七四号（二〇〇八年）二四九頁以下。

(117) 一九七五年権限委譲法以前の例として、「連邦衛生庁（Bundesgesundheitsamt）」の移管が挙げられる。本庁は一九五二年二月二七日の連邦衛生庁設置法により内務大臣の所管のもとに設置された。その後、一九六一年一一月一四日の編制替えにより青少年家族保健大臣の所管のもとに移された。一九六四年七月二九日に移管について法律が定められたが、それ以前においても（といっても三年の長きにわたって）、実務上は移管されたものとして扱われてきたという。Kölble (Fn. 91), S. 5, Fn. 55.

(118) Volker Busse, Regierungsbildung aus organisatorischer Sicht, Döv. 1999, S. 317 ; Busse (Fn. 22), S. 53.

(119) 注（116）のとおり、現在でいえば二〇〇二年権限委譲法二条がこれに相当する。

(120) Brandner/Uwer (Fn. 4), S. 109.

(121) Busse (Fn. 118), S. 318.

(122) Lehnguth/Vogelgesang (Fn. 112), S. 534. 連邦各省共通執務規則については注（85）を参照。

(123) 全面改正される前の連邦各省共通執務規則によれば局と課の間に部（Unterabteilung）も置かれていた（同第一部四条一項）。

(124) 政務次官については、毛利透「内閣と行政各部の連結のあり方」公法研究六二号（二〇〇〇年）八〇頁以下を参照。

（125）Böckenförde（Fn. 2）, S. 210.

（126）毛利・前掲注（124）九一頁注一六。また参照、村松岐夫編著『公務員制度改革』（学陽書房、二〇〇八年）一八一～八頁。

（127）俸給表Aは一般官吏で、一から一六等級までである。俸給表Bは重要課長・参事官クラス以上の上級公務員に対して適用されるものである。外国公務員制度研究会編『欧米国家公務員制度の概要』（生産性情報センター、一九九七年）二一〇、二二九頁、村松編・前掲注（126）一九〇～二頁を参照。

（128）Hans-Jörg Behrens, Beamtenrecht, 2 Aufl. 2001, SS. 17, 58f.

（129）基本方針権限の名宛人に関して、Hermes（Fn. 2）, Art. 65, Rdnr. 25.

（130）Junker（Fn. 17）, S. 109. Vgl., Meyn（Fn. 5）, Art. 65, Rdnr. 14; Böckenförde（Fn. 2）, S. 207.

（131）Kölble（Fn. 91）, S. 10; Karehnke（Fn. 32）, S. 102.

（132）Lechner/Hülshoff（Fn. 65）, G4 §3 Fn. 1.

（133）Oldiges（Fn. 5）, Art. 65, Rdnr. 25; Kröger（Fn. 7）, S. 16, 39. 同様に、宰相府も各省に対して上位の省庁（Überministerium）ではなく、命令権（Weisungsrecht）も持たない。Busse（Fn. 22）, S. 60.

（134）参照、佐藤功『行政組織法〔新版増補〕』（有斐閣、一九八五年）二三八頁、塩野宏『行政法Ⅲ〔第四版〕』（有斐閣、二〇一二年）三九～四一頁、藤田宙晴『行政組織法』（有斐閣、二〇〇五年）七六～八頁。

（135）プロイスは、「全ての執務指揮への監視（Einblick）権と所管行政のあらゆる措置に対する拒否権」を、行政全体と所管における指揮との間の一致を確保するために宰相に認めようとしていた。Hugo Preuss, Die Organisation der Reichsregierung und Die Parteien, 1890, abgedruckt in: ders., Staat, Recht und Freizeit, 1926, S. 197. Vgl., Knöpfle（Fn. 51）, S. 859. この「停止権」は日本の内閣制度との関係でも興味深いが、ドイツにおいてその後どのように展開して現在どうなのかまで後を追うことができなかった。

第二節　所管原理・合議体原理と宰相

一　問題の所在――「宰相原理」と「所管原理」・「合議体原理」

第一節でみた宰相の地位や諸権限は、「宰相原理」(Kanzlerprinzip) の名のもと、基本法に淵源をもつものとして位置づけられる。しかし、他方で、基本法は「宰相原理」に対抗するものとして二つの原則を掲げる。「所管原理」(Ressortprinzip) と「合議体原理」(Kollegialprinzip) である。これら三つの原則は「純粋な形態で完全には相互に両立しえない」[136]。にもかかわらず、ドイツの現実においては三原則が相並んでいるのである。それでは、これらはどのようなかたちで妥協して存在しているのだろうか。「宰相原理」から眺めた場合、「所管原理」「合議体原理」はこれをどのように制約しているのだろうか。この「機関内コントロール[137]」の内容を解明する作業は、管見によるかぎり、今まで行われていない。これを試みることが本節の目標である。

さらに、本節では、ドイツにおける「単独責任」制についても検討してみたい。これは、「所管原理」や「合議体原理」と宰相との関係を検討する際には、合わせて「責任」のあり方にも目を向けることが有意義であると解されるからである。ドイツにおいては、日本やイギリスにおける「連帯責任」の観念は存在せず、「単独責任」制が採用されているわけであるが、かかる責任の構造が宰相と大臣との関係に、連帯責任を採る場合の首相と大臣との関係とは異なる要素を持ち込んでいる可能性がある。

そこで以下では、まず、いわば正面から、「所管原理」と宰相との関係（二）、合議体原理と宰相との関係（三）を検討し、その後に「単独責任」制の内容を明らかにすることによって裏側から宰相と大臣、政府との関係を重ねて考察してみたい（四）。

なお、この考察は、日本法を考察する際にも一定の意義を有すると思われる。なぜなら、「所管原理」は、日本法でいう「分担管理原則」、「国務大臣＝行政長官」の立場を強調する傾向（第三章第二節参照）に対応すると解され、そして、「合議体原理」は、「内閣総理大臣の権限ではなく内閣の権限なのだからその決定がなければ内閣の代表者たる内閣総理大臣は権限行使ができない」という論理と相通ずる要請を含んでいると思われるからである。日本では、後述のとおり、これらの「原則」「論理」が、内閣総理大臣の権限行使を相当に強く拘束しているように見受けられる。しかし、このようなあり方は必然のものであるのか。このような問題意識の下に、ドイツ法の考察を行いたい。

(136)　Karehnke,（Fn. 32）, S. 101; Böckenförde,（Fn. 2）, S. 168f; Oldiges, Die Bundesregierung als Kollegium, 1983, S. 43f.

(137)　Karl Loewenstein, Political Power and the Governmental Process, 1957, Ⅵ（阿部照哉＝山川雄巳訳『現代憲法論〔新訂〕』（有信堂高文社、一九八六年）第六章）。ただし、大統領との関係については、本稿では考察しない。

二　大臣——所管原理——との関係

1　所管原理

(1)　所管原理の前提

基本法六五条二文は、「この基本方針の範囲内において、各連邦大臣は、独立して、かつ自らの責任において自己の執務領域を指揮する」と定める。この条項が所管原理を定めたものといわれる。以下、簡単にではあるがこの条項の意味を検討した上で、宰相の権限との関係について考察した上、他の基本法の条項で明記され特別な権限を与えられた大臣の地位につき別に検討を加える。

所管原理は、内閣構成員としての大臣ではなく、各省の長としての大臣の地位にかかわる。したがって、特任大臣には適用されるが、無任所大臣には適用されない[138]。ここで、ドイツにおいては、第一に、内閣構成員としての大臣と各省の長としての大臣とを論理的に明確に区別して考えていること、第二に、以下に述べる大臣の権能や地位を——内閣構成員として同格だからという理由づけではなく——あくまで各省の長の地位から説明していることは、日本における議論を検討する際に興味深い視座を提供してくれるものと思われる。

(2)　所管原理の内容

所管原理とは、雑駁にいえば、大臣がその所管の指揮に関し独立して決定を行うことができることを意味する。それは、「宰相に対して防御的な（kanzlerfrei）」「内閣に対して防御的な」性質を有する。

所管原理は、対外的には、大臣が、大統領の行為に対する副署を行い（基本法五八条）、また法規命令を発する（基本法八〇条）点にあらわれている。これらは、大臣が、宰相や合議体としての政府——すなわち内閣[139]——の意思とは別に、みずからの意思に基づき行うものである。たとえば、副署について、所管の大臣が反対していれば宰相がこれに代わって副署することは許されない旨が説かれる[140]。また、各省の活動に関して国民に情報提供を行う広報活動も、所管原理の対外的な側面の一つであると理解されている[141]。

対内的には、大臣は、その執務領域の諸事項について最終的な決定権を有する。大臣は「宰相の基本方針権限との関係では劣位する固有の基本方針権限」を有するとまで述べる論者も存する[142]。具体的にいえば、大臣は、組織、人事、財政上の決定を行う権限を有する。すなわち、大臣は、省内の局、部、課を設置改廃し[143]、また職員を任免し、さらに予算の枠内で各種の財政上の措置を行う権限を有する。これらは、責任を持って各省の指揮を行う「機能を保障するための補助的権能」（die funktionssichernden Hilfskompetenzen）であるともいわれる[144]。

もっとも、所管原理も絶対的なものではない。大臣が独立であるといっても、それは第一に「基本方針の範囲内において」であって、宰相の基本方針には従わなければならない。また第二に、内閣の調整権限にも服する。本書の関心からは、所管原理もまた宰相の基本方針権限との関係で限界が存在する点に留意する必要があろう[145]。

2　宰相との関係

(1)　問題とされる場合

それでは、所管原理との関係で宰相の権限はどこまで主張できるのだろうか。ここでは、宰相の権限の中から、所管原理との関係で問題となりそうなものを取り出し、それにつきどのような見解が存するのかを検討することにする。

第一に、所管原理の対外的な側面との関係で問題となりうるのは、プレス情報局（Press- und Informationsamt der Bundesregierung）である。[146] プレス情報局は、「広報活動を通じて、連邦政府の活動、意図及び目的を表現及び解説することによる市民及びメディアへの政府の政策についての情報提供」（一九七七年一月一〇日の組織令Ⅱ一c）や「一般政策上重要な事項に関わる措置による、所管を越えた広報活動及び所管に関わる広報活動の総合調整」（同f）を行うが、この権限と各省が独自に広報活動を行う権限との関係が問題となる。この点、二〇〇〇年改正前の連邦各省共通執務規則第一部八一条が、「省庁の執務領域の事項の取り扱いを越えて一般政策上の意義を有する省庁の声明は、プレス情報局を経由して行わなければならない」（二項二文）と定め、さらに「省庁は、公衆の中での討議が待たれる計画及び措置について、できるだけ直ちにかつ広くプレス情報局に情報提供をしなければならない」（五項）としていたことから、これでは実際に各省に残される広報活動がほとんどなくなるのではないかという批判が存した。[147]

第二に、所管原理の対内的な側面との関係で、人事に関し、一定範囲の官吏、職員の任命や採用案を閣議事項とする執務規則一五条二項a号及びb号が——宰相ではなく内閣との関係であるが——問題となる。この規定に関しては、ベッケンフェルデをはじめとして、人事に関し独立して決定を行う大臣の権限を侵害するものであり、所管原理に触れ憲法違反なのではないかとする比較的有力な批判が存する。[148]

組織に関しては、管見による限り、所管原理に抵触するとの批判の対象は具体的には存しない。[149] 改正前の連邦各省共通執務規則第一部四条〜一二条は、省内の組織編制について一定の原則や基準を定めていた（たとえば四条一項は局、課に分割し、部はそれが必要でありそのもとに五以上の課が属する場合にのみ設置が可能であるなど。なお、改正後は六条～一〇条に、同様の内容が定められている）が、これは大臣が同意の上、内閣に委任しているものと理解されている。[150]また、それは組織編制の「原則」「基準」であって個別的な内部組織の設置を定めるものではないため、所管原理に抵触しないとの説明もできそうである。[151]したがって、これを越えて、たとえば、個別具体的にどのような局を設置するのか、局の中をさらに部に分けるのか、分けるとしてどのように分けるのか、課の数やその配置をどのようにするのかを命じることはできないと言われる。[152]

第三に、所管原理の対内、対外両面に関するものとして、組織、人員管理といった対内的な事項、法制などの対外的な事項で、省庁横断的な計画、総合調整を宰相の補佐機構で行うことが問題となりうる。具体的には、宰相府の各局の任務が挙げられる。また、委員会を宰相の補佐機構と捉えれば、その任務も同様に考えることができるだろう。[153]委員会については、その決定に拘束力を持たせるあり方が、所管原理との関係で問題となることが指摘される。[154]

また、宰相の大臣に対する個別の指揮の可否も問題とされてきた。そこでは、所管原理に鑑み、ある程度の判断余地を大臣に残さなければならないことを強調する見解も存する。[155]

(2)　理論的検討

しかし、かかる批判はどちらかといえば散発的であるように思われる。また、実際政治においては宰相の権限が拡大しており、かかる趨勢は実際上の必要という点で止め難いところもある。

それでは、どこまで宰相の権限行使が許されるのか。宰相（またその補佐機構）の任務拡大にどのような正当化が可能なのか。この点、上でみた組織編制の議論は、内部事項に関して、宰相は「原則」を定めることが許されることを示唆しているように思われる。宰相は、組織のあり方、仕事の進め方を「揃える」ことができるのである。そしてそれが可能なのは、「全体としての連邦政府の活動能力を保持し促進するために必要あるいは目的適合的である」からだろう。この観点から、上級公務員の人事権を大臣から奪うことも正当化されるのである。[156] また、宰相（またその補佐機構）が組織や人員管理に関して計画や総合調整を行うことができるのも当然ということになる。外部事項については、最終的な決定を下すのが大臣であれば、少なくとも、宰相（またその補佐機構）が大臣の決定を準備、補佐できることに争いがない。それゆえ、各種の省庁横断的な任務（法制などの計画や総合調整）を内閣直属の組織に委ねることが許されることとなる。もちろん、これら内閣直属の組織は、個々の大臣が行う決定の準備など、大臣の職務遂行に関する補佐を行うのみで、決定権をもたないことが前提となる。

しかし、「宰相は、各省の政策を基本方針として（richtlinienhaft）定めることができる」[157]。基本方針として定めうる内容じたいが政治的関心の移ろいゆえに流動的であるため、[158] 宰相が基本方針として定めうる各省の政策も多岐にわたることが考えられる。大臣は基本方針に従わなければならない以上、これを通して宰相は大臣所管の事項についても「決定」を行うことが可能となろう。

もちろん、大臣は、基本方針について政府内部で宰相に再検討を求めることができる（執務規則四条）。また、大臣は、自分の執務領域に関する基本方針を宰相が定めるのに先立ち、自らその構想を宰相に示すことができる。[159] その意味で、基本方針に大臣が拘束されるといっても、「裁判所や行政官庁が法律に拘束されるのとは異なる」[160]。もっとも、大臣は、基本方針に反対でも対外的な言動においてはこれと異なる見解を表すことが許されない（議会との関係について、執務規則二八条二項。公衆の面前において、執務規則一二条）。この背後には、大臣の「連帯」（Solidarität）義務があるといわれる。[161]

また、宰相は自ら省内に入って監督することができず、公的な対外的決定（たとえば法規命令の発令）は大臣が下さなければならない。その意味で、宰相が行う「決定」と大臣がなす執行との分離が制度上保障されている。しかし、逆にいえば各省の所管に関わる「決定」は基本方針に含めうる限りで宰相が行うこともできると解される。委員会の決定が拘束力を有することも、委員会を宰相の補佐機構と捉えた上で、「拘束力」とは宰相の基本方針に大臣が従わなければならないのと同じ意味であると解すれば、正当化が可能になるのかもしれない。

結局、内部事項、外部事項に共通する正当化要素を纏めると、「国家指導の統一性（Einheit）」の確保ということになるだろう。[162]「大臣は、宰相の権威のもとで一体を成す」のである。[163]組織のあり方、仕事の進め方を揃えるのも、各省の政策を調整し纏めるのも、政府が一体として活動する必要性ゆえではないだろうか。政府の広報活動が各省バラバラに行なわれるのではなく、プレス情報局で一元化されているのも、この必要性ゆえに正当化されると思われる。この点、人事への関与に比較的有力な異論が唱えられるのは、その関与が大枠の方針ではなくまさに個別の人事に関わるからであると理解することができる。しかし、かかる異論に対しては、人事など、それ自体は個別的な性質のものに対する関与であっても、その関与が、各省の活動を、政府として一体のものとなるよう「纏める」機能を有している点に着目すれば、正当化可能ではないかとの反論も可能であるように思われる。

このように見てくると、宰相の権限は、大臣の所管原理を考慮しても、相当に広く主張できることになるだろう。その基本法上の根拠としては、次のものが挙げられる。第一に、大臣が所管事務を指揮するのは「基本方針の範囲内で」と定める、基本法六五条二文である。第二に、宰相に広範な組織編制権を認める基本法六四条も――大臣が主張する所管それ自体、元来は宰相が組織編制権に基づいて割り当てたものであるから――挙げることができる。ここから、所管原理に対して、宰相原理が優位するともいわれるのである。[164]

3　特別の大臣

(1)　基本法による言及

基本法には、特定の大臣を明示して一定の権限を付与する条項がある。すなわち、基本法一一二条は、「予算超過支出および予算外支出は、連邦財務大臣の同意を必要とする」、基本法一一四条は、「連邦財務大臣は、次の会計年度中に、連邦政府の責任を解除するために、連邦議会および連邦参議院に対し、すべての収入および支出ならびに資産および債務について、会計報告をしなければならない」と定め、連邦財務大臣（Bundesminister der Finanzen）を明記する。また、基本法六五ａ条は「連邦国防大臣は、軍隊に対する命令権および司令権を有する」と定め、連邦国防大臣（Bundesminister für Verteidigung）を明記する。さらに、基本法九六条二項四文は「[軍刑事]裁判所は、連邦法務大臣の執務領域に属する。」と定め、連邦法務大臣（Bundesjustizminister）に言及する。

そこで、これらの大臣が、その他の大臣とは異なり、宰相との関係で何らかの特別な地位に立つのか、別に検討が必要となる。

(2)　宰相の内閣組織に関する権限との関係

この点、第一に、これらの大臣は必ず設置しなければならないという意味において宰相の組織編制権は制約を受ける[165]。このことはまた、これらの大臣には一定の権限を必ず付与しなければならないことをも意味しよう。たとえば、財務省を予算省と国税省に分割することは憲法改正によらない限り許されず、また国防大臣とは別に、陸軍大臣、海軍大臣、空軍大臣を設けることは憲法上許されないといわれる[166]。

(3)　宰相の内閣運営に関する権限との関係

第二に、これらの大臣の職務遂行との関係で宰相の基本方針決定権や政府執務指揮権が特に制約を受けるのかが問題となる。この点は、各大臣について個別に論じられる。

① **国防大臣**　国防大臣に対する軍隊の命令権、司令権の付与は、国防大臣を宰相の基本方針決定権との関係で特別な地位に立たせるものではないと解されている。この点、かかる命令権、司令権が、他の省庁における任務と同様の性質を持つものであるのかについては争いがある。他の任務と同様に、通常の行政であって、従って命令権、司令権の行使もあくまで所管の一に過ぎないという理解も強い[167]。これに対しては、通常の行政、法律執行とは異なる独自の作用であると主張するベッケンフェルデの有力な反対説もある[168]。しかし、かかる見解の相違にかかわらず、国防大臣のこれらの権限の行使が、あくまで宰相の基本方針の範囲内でなければならない点には争いがない[169]。

② **財務大臣**　これに対し、財務大臣の予算超過支出および予算外支出に対する同意権は、少なくとも予算執行を監督する任務につき、宰相との関係で財務大臣の独立性を高めるものとの理解が優勢である。すなわち、宰相は、財務大臣に予算超過支出および予算外支出に対する同意を与えることが許される要件(「予見することができず、かつ、避けることのできない必要がある場合」)の存否を基本方針の対象とすることができるとする学説も存するが[170]、多くはかかる見解に対して批判的である。これらの批判的な学説は、予算超過支出および予算外支出に対する財務大臣の同意は、基本方針権限の行使などを通じた宰相の関与を排除すると理解しているといえるだろう[171]。

興味深いのは、財務大臣と宰相とで立場が異なる場面を想定した議論が行なわれていることである。このことは右の両説ともにそうであって、たとえばユンカーは財務大臣を「予算均衡の保持者」として、ともすれば歳出を増大させようとする宰相から予算均衡を守る役割を強調する[172]。これに従うならば、財務大臣は、宰相の権限行使に対して一定程度これを抑制する機能を果たすことが期待されていることになろう。

財務大臣については、基本法以外にも特別な地位を認めているものがある。その中でもよく挙げられるのは、政府内の議決の際に停止的拒否権を認める執務規則二六条一項である。いわく、

連邦政府が財政上重要な問題において財務大臣の票に反してまたは票を得ないで決定を行なったときは、財務大臣はこの決定に対して明示的に異議を唱えることができる。第一文に基づきまたは法律上定められた場合において異議が唱えられたときは、その案件について再度閣議で表決を行なうものとする。財務大臣が異議を唱えた案件の実施は、その案件が、財務大臣またはその代理が出席した新たな表決において全連邦大臣の多数決により議決され、かつ連邦宰相が多数に同調して投票するまでは停止しなければならない。

財務大臣は、この権限を梃子にして、予算案やその他予算執行を伴う法律案の決定の場面でも、他の大臣と異なる優越的な地位に立つことができる。この規定に対しては、基本法が財務大臣の優越的な地位を認めたのは予算執行の場面についてだけであって、それ以外についても停止的拒否権を認めるのは基本法が定める政府内部の組織関係を変更するものであるとしてこれを問題視する見解(173)と、基本法は予算定立等の場面においても暗黙裏に財務大臣の優越的地位を認めているのでこの規定も問題ないとする見解(174)が対立している。ただ、仮にこの停止的拒否権を認めるにせよ、最終的には宰相の意向が優先する仕組みとなっていることには注意が必要であろう(175)。

③　**法務大臣**　基本法九六条による、法務大臣に対する軍刑事裁判所に関する権限の付与は、宰相の基本方針決定権や政府執務指揮権に影響を与えない。これは、あくまで執務領域を憲法上定めたものに過ぎないからと解される。法務大臣、そして内務大臣には、執務規則二六条二項で「連邦法務大臣または連邦内務大臣が法律案、命令案

または連邦政府の措置に対して現行法との抵触を理由に異議を唱えたときも、第一項を準用する。」との定めが置かれ、上の財務大臣と同様の停止的拒否権が与えられている。これは、法令、行政行為の合憲性（命令、行政行為の場合は合法性も）を確保する役割を両大臣に期待したものと解され、ゆえに「この定めによれば、『憲法大臣』（Verfassungsminister）が二名いる」とも言われる。[176]この規定に対しても、問題視する見解と問題なしとする見解が対立している。[177]しかし、宰相原理との関係では、最終的に宰相の意思が優先する仕組みとなっているのは財務大臣の拒否権と同様である。

（4）　小括

以上をまとめれば、財務大臣については、基本法により直接与えられかつ宰相の基本方針権限にも服さない権限を有することから、一定程度、宰相との関係でも特別の地位を有するといえるが、国防大臣、法務大臣については、基本法の定めは特定の執務領域の配分を固定するだけの効果にとどまり、宰相の基本方針権限などに対する制約になるとは考えられていないこととなる。また、執務規則がこれら諸大臣に付与する、政府の決定に対する停止的拒否権も、可否につき争いがあるものの、宰相との間の力関係を大きく変えるものではないと思われる。[178]

(138)　Hermes, (Fn. 2), Art. 65, Rdnr. 28. Vgl. Meyn, (Fn. 5), Art. 65, Rdnr. 13.
(139)　これについては、注（57）および三2(2)を参照。
(140)　Junker, (Fn. 17), S. 127. 実際には宰相と所轄の大臣とが共に副署を行うこととされているので（執務規則二九条）、宰相の副署のみで大臣の副署をも兼ねることは許されないということだと解される。Vgl. Achterberg, (Fn. 52), § 52 Rn. 35.
(141)　Hermes (Fn. 2), Art. 65, Rdnr. 30.
(142)　Schröder, (Fn. 5), Art. 65, Rdnrn. 27, 30. Vgl. Hermes (Fn. 2), Art. 65, Rdnr. 28 ; Hesse, (Fn. 44), Rn. 644. なお、ここから、省内におけるヒエラルヒーが要請されると説かれることがある。

(143)　ベッケンフェルデによれば、内部組織以外に下部組織（Unterbau）、政治的スタッフ組織を設置する権限が挙げられる。Böckenförde（Fn. 2), S. 147f.

(144)　Oldiges,（Fn. 5), Art. 65, Rdnr. 21 ; Hermes（Fn. 2), Art. 65, Rdnr. 30 ; Schröder（Fn. 5), Art. 65, Rdnr. 30, Art. 62, Rdnr. 26.

(145)　逆にいえば、これ以外のものに大臣は服しない。ここから、イギリスを念頭においた委員会制度や、調整大臣制度――大臣の上位に大臣を置く――には否定的な帰結が導かれる。Böckenförde（Fn. 2), S. 177f ; Kölble,（Fn. 91), SS. 5f, 9.

(146)　プレス情報局については、第一節**二3**(**3**)を参照。

(147)　Kröger,（Fn. 7), S. 51f. 現在の連邦各省共通執務規則は、報道・広報業務につき、一二五条で次のように定める。参照、古賀訳・注（85）の「連邦省共通事務規則」一三四頁以下。

一項　プレス情報局は、広報活動（Öffentlichkeitsarbeit）の手段を通じて、連邦政府の目標及び計画について市民及びメディアに情報を提供する。

二項　各省の活動についてのプレス情報局によるメディアに対する発表は、その発表が当該各省からプレス情報府に送付されたものでないときには、当該各省との合意を必要とする。

三項　プレス情報局の、所管を横断した広報活動の計画で各省の執務領域に関わるものは、当該各省と調整しなければならない。

四項　各省は、そのプレス・広報活動を通じて、当該各省の活動及び目標について市民及びメディアに情報提供を行う。各省のプレス発表は、はじめに、プレス情報局に通知される。

五項　各省の所管を横断した広報活動上の措置は、プレス情報局と調整しなければならない。

(148)　Böckenförde（Fn. 2), S. 209f ; Jean Amphoux, Le chancelier fédéral dans le régime constitutionnel de la République fédéral d'Allemagne, 1962, p. 291.

(149)　「連邦宰相は所管の内部組織に干渉することはできない」と述べる論者がいるが、「宰相が所管責任を縮減しようとしないならば」との条件が付されている。Oldiges（Fn. 5), Art. 64, Rdnr. 27.

(150)　Böckenförde（Fn. 2), S. 149.

(151)　Vgl. Böckenförde（Fn. 2), S. 292.

(152)　Kölble（Fn. 91), S. 11. Vgl., Böckenförde（Fn. 2), S. 149f.

(153)　宰相府については、第一節**二3**(**2**)を、委員会については、第一節**二2**(**4**)を参照。

(154)　Böckenförde（Fn. 2), SS. 177f, 248; Kölble,（Fn. 91), S. 14.

(155) Kölble (Fn. 91), S. 9f.
(156) Kölble (Fn. 91), S. 14.
(157) Oldiges (Fn. 5), Art. 65, Rdnr. 24.
(158) Karehnke (Fn. 32), S. 102.
(159) Busse (Fn. 22), S. 51.
(160) Junker (Fn. 17), S. 107. Cf. Amphoux, *op. cit.,* (n. 148), p. 292.
(161) Junker (Fn. 17), S. 107f; Kröger (Fn. 7), S. 55; Hennis, (Fn. 29), S. 16f. クレーガーによると、この義務は基本方針決定権、政府指揮権から導かれる。
(162) Schröder (Fn. 5), Art. 65, Rdnr. 28.
(163) Amphoux, *op. cit.,* (n. 148), p. 297.
(164) Hennis (Fn. 29), S. 13; Meyn (Fn. 5), Art. 65, Rdnr. 2. Vgl., Kröger (Fn. 7), S. 51; Karehnke (Fn. 32), S. 108.
(165) Böckenförde (Fn. 2), S. 200. Werner Heun, in: Dreier (Hrsg.), Grundgesetz-Kommentar, Bd. 2, 1996, Art. 65a, Rdnr. 6.
(166) Böckenförde (Fn. 2), S. 201.
(167) Kröger (Fn. 7), S. 130; Junker (Fn. 17), S. 116.
(168) Böckenförde (Fn. 2), SS. 152-7.
(169) Schröder (Fn. 5), Art. 65, Rdnr. 14, Art. 65a, Rdnr. 24; Heun (Fn. 165), Art. 65a, Rdnr. 13.
(170) Junker (Fn. 17), S. 114. Siehe auch, Oldiges (Fn. 5), Art. 65, Rdnr. 24a.
(171) Böckenförde (Fn. 2), S. 184, Fn. 58. Vgl., Friauf (Fn. 39), S. 52.
(172) Junker (Fn. 17), S. 115. 同意について基本方針の対象とするとしても、財務大臣はこれに従わないこともありえ、そのときは宰相の決定をもって財務大臣の同意に代えることは許されず、財務大臣を更迭し新しい財務大臣による同意を得なければならないといわれる。
(173) Böckenförde (Fn. 2), SS. 183-6. Vgl. Hermes (Fn. 2), Art. 65, Rdnr. 29; Siekmann, in: Michael Sachs (Hrsg.), Grundgesetz. Kommentar, 6 Aufl. 2011, Art. 112, Rdnr. 21.
(174) Kröger (Fn. 7), S. 119f. Vgl. Junker (Fn. 17), S. 114f.
(175) Oldiges (Fn. 5), Art. 65, Rdnr. 41. もっとも、停止権の行使そのものを基本方針の対象としてコントロールすることはできない。Kröger（Fn. 7), S. 119.

(176) Junker（Fn. 17), S. 115.

(177) 問題視する見解として、Kröger（Fn. 7), SS. 114-7 ; 問題視しない見解として、Böckenförde（Fn. 2), S. 186f ; Junker（Fn. 17), S. 115f ; Oldiges（Fn. 5), Art. 65, Rdnr. 40.

(178) 執務規則は、青少年・家族・女性・保健大臣に、女性政策上重要な事項については、他の連邦大臣の所管に属するものであっても、連邦宰相の同意を得て、閣議に審議及び議決のために議案の提出を要求することを認める（一五a条一項。提出は当該所管の大臣が行う）。同様の規定は、消費者保護政策に関して、消費者保護・食品・農業大臣についても存在する（一五a条三項）。これらの規定も宰相との力関係を変えるものではない。

三　内閣――合議体原理――との関係

1　合議体原理の内容

(1)　合議体原理の純粋型と実際

基本法六五条三文は、「連邦大臣の間での意見の相違については、連邦政府がこれを決定する」と定める。また四文は、執務規則を連邦政府が決定すると定める。これらは、合議体原理（または「内閣原理」〔Kabinettsprinzip〕）のあらわれであるといわれる。

合議体原理とは、意思決定を内閣という合議体により行うことを意味し、その純粋な形態としては、「連邦政府は合議体として政治的な責任を負わなければならない」こと、「連邦政府の領域において特別な基本方針権限を必要としない」こと、「宰相も大臣も、内閣の（多数による）決定にのみ常に拘束されること」が挙げられる。(179) しかし、ドイツにおいて、かかる「純粋な形態」が現実に貫徹できていないのは明らかである。責任を負うのは宰相であり（これについては**四**を参照）、また宰相の基本方針権限が存するからである。

(2)　内閣の役割に関する諸理解

そもそも、六五条三文の解釈からして、基本法は合議体としての内閣に大きな役割を与えていないとの指摘がなされる。これによると、六五条三文は「仲裁（Schlichtung）」の役割といった弱い立場しか内閣に期待していない。内閣による、「上からの計画、調整、目標設定は、［……］はじめから弱くしか発揮されえない」のである。[180] この理解の根拠としては、基本法制定時の議論、六五条が合議体原理として掲げる事項（＝意見の相違の決定と執務規則の決定）の乏しさと並んで、「宰相原理への伝統的な関心の集中」が挙げられる。[181] この理解の根底には、合議制という要素が宰相原理や所管原理といった単独制の要素に比して弱いという、ドイツにおける伝統が存することが窺われる。合議体原理は宰相原理や所管原理に対して「防御的」（Defensive）なものなのである。[182]

もっとも、論者の中には、合議体としての政府、すなわち内閣に対して、かかる消極的な役割を超えて、「政治指導（politische Führung）」の役割を期待する者がいる。[183] この主張の背景には、「議会における政治的な意見は幅が広く、政府はかかる議会に依拠して政治を行なわなければならないので、意見の多様な構成員からなる内閣で意思決定を行うことには意味がある」という発想が存する。かかる理解は多党制的な議会および連立政権との関連で興味深い。[184] しかし、この理解に対しては、基本方針決定権と執務指揮権を有する宰相こそが「国家指導の統一性」を担保するのだという主張が対峙する。[185] また、内閣に大きな役割を期待する論者も、内閣の内部における宰相の指導的な役割を否定するわけではない点にも注意が必要である。「連邦政府の内部の構造は、連邦宰相と合議体としての政府を、二つの相互に競合する統治指導機関であると認める」のである。[186]

以下では、このような諸理解の存在を前提として、合議体原理と宰相の権限との関係を探っていく。そこでは、次の二点を検討する必要があると思われる。第一に、宰相が単独で決定できる事項と、内閣の決定を経なければならない事項との境界はどこで引かれるのか。第二に、内閣において宰相がいかなる地位に位置し、どこまでの権限を有するのか。以下ではそれぞれについて、別に検討することとする。

2　宰相との関係(1)——権限

(1)　基本法六五条三文の権限

権限の分割という観点から見た場合、ドイツにおける合議体原理は、宰相に対する制約として——所管原理との比較においても、また日本における類似の議論との対照においても——強く働いていないように見受けられる。それは以下のような諸事情による。

まず、基本法六五条三文は、「連邦大臣の間での意見の相違については、連邦政府がこれを決定する」と定める。この権限を行使するのが合議体としての政府、すなわち内閣であることに争いはない。しかし、ここで内閣が決定できる「意見の相違」の内容は思いのほか狭い。第一に、ここでいう「意見の相違」とは、大臣どうしのものであって、宰相と大臣との間のものは含まれない。これは、宰相と大臣との間の場合は宰相の基本方針決定権の問題になるからだといわれる。[187]第二に、大臣どうしのものであっても、宰相の基本方針権限や組織編制権の対象となるものはここでいう「意見の相違」に含まれない。第三に、大臣の所管原理に関わるものも含まれない。それゆえ、結局、ここでいう「意見の相違」とは「各省に跨る（ressortübergreifend）または各省に重なる（ressortüberschneidend）事項で、全体の政策の方向に関わらない」ものということになる。[188]もっとも、「各省に跨る」ものであれば、現実に大臣間で意見の相違がなくても内閣の決定の対象になるともいわれる。(189) しかし、それでもなお、その範囲は狭いと思われる。なぜなら、「各省に跨る」ものの多くは基本方針決定権や組織編制権の対象にもなりうるからである。この点、諸論者が政府の決定の範囲を論じるに当たり、まず宰相の基本方針決定権や組織編制権（そして大臣の所管原理）の対象を先に挙げて、それを控除したもの、という筋道を採る点は示唆的である。

(2)　その他の基本法上の権限

また、基本法は、六五条三文以外にも、いくつかの事項を「政府」の権限であると定める。一覧として掲げれば、三二条三項（ラントの条約締結に対する同意）、三七条（連邦強制）、七六条（法律案の提出）、七七条二項四文（連邦参議院の同意を必要とする法律について合同委員会を招集する要求）、八〇条（法規命令の発布）、八四条二項（行政規則の発布）、五項（法律執行のための個別的指示）、九三条一項二号（抽象的規範統制の申立て）、一〇八条二項三文（中級官庁の長の任命に対する同意）、一一三条（予算増額などに対する同意）、一一五a条一項二文（防衛上の緊急事態の申立て）、一一五f条（防衛上の緊急事態における非常権限）、一一五i条二項（ラント政府が非常権限に基づき行った措置の取消し）などである。

しかし、これらの権限の行使が合議体としての政府、すなわち内閣の決定によらなければならないかについては争いがある。この争いは、基本法六二条の解釈として行なわれてきた。(190) すなわち、一方では、基本法六二条は、合議体としての政府の構成について定めるほか、「政府」（Regierung）という語の法的定義を行なっているのであり、従って、他の条項で『政府』の権限」としている場合は、その行為、決定は合議体としての政府、すなわち内閣が行なわなければならないという主張がある。他方、基本法六二条は合議体としての政府の構成を定めたものにすぎず、他の条項で出てくる「政府」という語の意味を規定するものではないとの解釈も存する。ベッケンフェルデによれば、「合議体（Kollegium）としての政府」と「全体機関（Gesamtorgan）としての政府」とを区別しなければならない。前者は、宰相と大臣とからなる合議体としての政府（すなわち内閣）、後者は、宰相、大臣、合議体としての政府（内閣）というそれぞれ独立して意思決定を行う三者のいわば総称である。したがって「『政府』の権限」とされている場合は、それは、「全体機関としての政府」を意味するに過ぎない。その中で宰相、大臣、内閣のいずれの権限であるのか、さらに検討を加える必要があるわけである。その際、ベッケンフェルデによれば、基本法六五条の重心の置き方が解釈基準となり、その結果、たとえば、基本法七六条一項の定める法律案の提出には内閣の議決が必要であるのに対し、連邦議会からの質問に対する答弁や「政府演説」は宰相や大臣が行なうものであるという。[191] また、オルディゲは、ベッケンフェルデが「全体機関としての政府」という概念を利用することや、解釈基準としてもっぱら基本法六五条に依拠することを批判するが、基本法における「政府」という語が直ちに合議体としての政府（閣議）を意味しないという構成は支持し、「政府」に対する授権規範における権限の具体的主体については、当該権限の性質や他の条項——基本法六五条に限らない——との関連などから考察すべきことを示す。[192] このように、権限の主体に「政府」という文言があるからといって、ただちに合議体としての政府、すなわち内閣（閣議）を指すわけではないという解釈が有力に存在する点は、日本国憲法の解釈との関係でも注目に値する。

(3)　執務規則一五条の権限

第三に、執務規則一五条一項は、次のように定めて内閣に広範な権限を認める。いわく、

連邦政府には、審議および議決を行なうために、一般の内政もしくは外交政策上、経済的、社会的、財政的または文化的に重要なすべての事項、とくに次の事項を提出することができる。

(a) すべての法律案
(b) すべての政府の命令案
(c) 特に政治的に重要である場合に、その他の命令案
(d) 連邦政府の提案に対する連邦参議院の態度決定
(e) 基本法または法律がこのこと［＝政府での審議および議決］を定めているすべての事項
(f) 連邦大臣間の意見の相違。関係大臣にとって原則として重要な事項または財政的に相当重要な事項が問題となっている場合に、財政計画、予算法律および予算計画の案に関する意見の相違。

この定めの柱書によるならば、内閣は「一般的な内政政策もしくは外交政策上、経済的、社会的、財政的または文化的に重要なすべての事項」につき権限をもつことになるので、内閣の権限は狭いどころか、基本法の定める範囲から相当に拡大したと解されそうである。

しかし、これについては、かかる諸権限は宰相の基本方針権限（と大臣の所管権限）を損なうおそれがあるため、憲法上疑義が唱えられ、あるいは違憲だともいわれる。[193]そこでは、本条について、宰相との関係でたとえば次のような「合憲限定解釈」が行われる。[194]

各省の管轄事項の相互の影響や依存関係が増大している中、上からの計画、総合調整の必要性も高まることとなる。この任務は基本方針権限に基づき宰相が行うべきなのであるが、宰相のみではかかる任務を遂行することができない。そこで、内閣に上からの計画、総合調整の任務を委ねることが考えられる。内閣は補正的な（ausgleichend）総合調整権限のみを基本法六五条三文によって委ねられているが、この条項は、内閣に、上からの計画、総合調整の任務を委ねることを禁止しているわけではない。そこで執務規則で内閣にこの任務を委ね、内閣はその限りで強化される。しかし、宰相の憲法上の地位は原則として修正されない。

この見解に従えば、執務規則が定める広範な内閣の付議事項は決して排他的な権限ではない。むしろ宰相が自ら単独でこの権限を行使しようとする際にはそれを優先する趣旨であることになろう[195]。

もちろん、かかる見解に対しては、執務規則一五条の合憲性を特に問題とせず、内閣の権限拡大に好意的な立場も存在する。しかし、この見解をとる者は、この権限分配の問題について基本法は決定を下しておらず、後の政治過程に委ねたとの前提に立っていると解される点には注意しなければならない。宰相の基本方針権限の範囲についても流動的なものであるとの理解に基づいているのである。それゆえ、この立場においても、宰相が基本方針権限を行使することによってかかる事項に関与することは排除されないこととなる[196]。

また、執務規則一五条が定める事項は、もともと内閣の権限に属するとの立場も存する。かかる立場は、ワイマール憲法五七条が定める政府の権限のうち、「すべての法律案」「憲法または法律がとくに規定している事務」にあたる文言が基本法から消えた理由を、これらの権限が内閣に属することが「余計なこと」「自明なこと」だからにすぎないとの理解に基づく。この理解に立てば、執務規則一五条は確認的な定めということになろう。しかし、この立場も、内閣のこれらの権限が宰相の基本方針決定権を排除するとまで主張するわけではない[197]。

結局、執務規則一五条の合憲性につき疑義を唱える立場であれ、これを問題としない立場であれ、本条に定める事項について、宰相が基本方針決定権を行使して単独で決定を行うことは排除されないという帰結において、懸隔はないものと解される[198]。

(4)　小括

以上より、基本法六五条三文の「意見の相違」裁定権限に含まれる排他的な権限の範囲は決して広いものではないこと、他の基本法上の条文で「政府」の権限とされているものがただちに内閣の権限になるとの解釈が自明なわけではないこと、執務規則で内閣に与えられた広範な付議事項も宰相の権限行使を排除するものではないことが明らかとなった。これらの帰結には、いずれにおいても、宰相の基本方針決定権と組織編制権の存在が影響を与えている。「意見の相違」裁定権限をめぐる議論において示唆されるが、宰相原理は合議体原理に対して優先すると解されているのである。

3　宰相との関係(2)——内閣における宰相と大臣

(1)　意思決定手続

それでは、内閣の内部において、宰相は、いかなる地位にあり、どこまでの権限を有するのか。ドイツでは、内閣における意思決定手続が執務規則により明文で定められている。大臣により提出される議案、説明は、宰相府長官に出されるほか、同時にすべての大臣及び大統領府長官にも直接渡されるものとされているが（二一条二項）、「審議前に内容の検討を行うため十分な時間をおく」ため、提出は、審議される閣議の一週間前までに行わなければならない（二一条三項）。また、定足数は、主宰者（Vorsitzenden）を含めて大臣の過半数である（二四条一項）。議決は投票の過半数で行う（二四条二項）。

日本との比較において興味深いのは——しばしば挙げられることであるが——、ドイツでは、日本と同様に大臣と各省長官との兼任制が採用されており、しかも二で検討したように「所管原理」が存在するにもかかわらず、内閣における意思決定の際には全員一致が要請されていないという点である。これは、政府構成員としての大臣の地位が各省長官としての地位と明確に区別されていることと関連していると思われる。[199]

もっとも、冒頭に掲げた意思決定手続に関する諸準則は、ヘルメスによれば、内閣への帰責可能性を確保するための憲法上の要請である。このように解するならば、宰相は、大臣に対し、定足数、議決要件、資料提供などにつき配慮を払うべき、憲法上の他律的な義務を負っているということになる。もしそうだとすれば、意思決定手続に関し、全面的に内閣の自律権を尊重するイギリスとは若干異なる仕組みを採っていることになるだろう。[200]

(2)　手続上の優位

この点を踏まえつつ、宰相は、内閣における意思決定手続の中で、特別な地位を有するのか、有するとすればどこまでの特別な地位や権限を有するのかを検討しよう。この点、第一節**二2**でみたとおり、宰相が、政府の執務指揮権（六五条四文）を有することに異論はない。宰相は、手続上、優位に立つといわれるところである。[201]

宰相は、具体的に、次のような権限を有する。まず、閣議の議事日程の決定権である。ここでは、宰相にとって望ましくない結論を導くおそれがある事案は決定を引き延ばすこともできる。また、厳密には権限ではないが、宰相は、閣議の前段階で影響力を行使することで、はじめから自分にとって望ましくない提案を防ぐこともできるともいわれる。さらに、宰相は、審議の一週間前に議案を提出しなければならないという上述の準則を守らなかった議案の取り扱いについても優越的な地位が認められている。すなわち、「[……]二大臣または代理の申出に基づき、この事項は議事日程から削除される。ただし宰相が直ちに審議することが必要であると判断する場合を除く」（執務規則二一条三項）。また、ドイツでは持回り閣議が頻繁に行われているようであるが、[202] ある議案を持回り閣議に付すか否かの最終的な決定権限も宰相にある（二〇条二項）。これらの権限を纏めれば、宰相は議事の決定権限を有すると整理できよう。さらにまた、議事の決定の際には何らかの調整を行うものだと考えれば、宰相は一定の調整権をも有すると解される。大臣間の意見の相違の解決について、閣議にかける前に宰相が主宰して関係大臣と議論を行うことを定めた規定（一七条二項）もこの文脈の中に位置づけることができるように思われる。

(3)　実体上の優位

それでは宰相は、いわば実体的にも優越的な地位を有するといえるだろうか。この点、宰相が可否同数の場合の決定権を例外的に有することは確かである（執務規則二四条二項）。しかし、これを越えて、閣議での審議や議決にあたり、大臣に対し決定の内容に関する大枠の指示等を出すことができるかについては争いがある。宰相から見れば、閣議での審議や議決に基本方針権限を持ち出すことが可能かという問題、大臣から見れば、この場面において宰相の指示権（Weisungsrecht）に服するか否かという問題である。

この点、学説は肯定、否定双方が拮抗していると見られる。すなわち、一方では、たとえば、基本方針権限は合議体権限（Kollegialkompetenz）を侵害してはならない、内閣は宰相の基本方針権限に拘束されない、宰相は執務指揮権の行使を除いては「司会者」（Moderator）の役割に限定される、とする立場がある。[203]この主張は、所管原理との関係で存在する「基本方針の範囲内で」という文言（基本法六五条二文）が、合議体原理との関係では存在しないことを根拠とする。しかし、これに対しては、閣議での審議や議決の際にも、宰相が基本方針権限を行使して大臣に一定の枠をはめることができるとする理解もまた有力である。[204]もっとも、仮にかかる「実体的」な権限を認めなくても、「手続的」な権限の行使の仕方によっては、「実体的」な権限を付与したのと変わらない結果をもたらすようにも思われる。

(4)　小括

以上、雑駁ではあるが、内閣における宰相の地位、宰相と大臣との関係について概観した。その結果は、次のように纏められる。第一に、宰相は、手続上、優越的な地位を有するので、少なくとも宰相の意思に反する決定が内閣で行われることはない。もちろん、政治的な駆け引きの結果、宰相が譲歩することはありうるが、それは別である。[205] 第二に、宰相が、実体上、積極的に自らの望む決定を大臣の反対を押し切って行うことができるほどの優越的な地位にあるかには疑問が残る。もっとも、過半数の賛成があれば残りの大臣の反対を法的にも押し切れること、手続上の諸権限の利用の仕方によっては内閣の意思決定に自らの意思を相当に反映させうることは、日本との比較の上でも興味深い。イギリスとの比較においても、論者によっては一定の議事手続が憲法上の要請として他律的に宰相を拘束する点など、すべてを自律に委ねるイギリスの在り方とは異なる理解も認められるが、基本的にはこれと類似しているように思われる。

（179） Karehnke,（Fn. 32）, S.104. いったん閣議で決定したことは宰相も一方的に覆すことができないと主張されることがあるが、これは最後者のコロラリーとして理解することができる。Kröger（Fn. 7）, S. 57. また、ミュンヒは、合議体原理の内容として、すべての事項が内閣で審議され、各構成員の等しい投票権のもとに決議されることを掲げる。Vgl. Fritz Münch, Die Bundesregierung, 1954, S. 206.

（180） Böckenförde（Fn. 2）, S. 170f.

（181） Schröder（Fn. 5）, Art. 65, Rdnr. 32. ワイマール憲法の制定過程において、プロイスは、帝国の宰相原理とプロイセンの合議体原理の混合を目指していたが、合理体原理は責任の所在を不明確にするため、所管原理を案出して宰相原理と所管原理とで政府の組織を構想したところ、審議段階でデルブリュックにより合議体原理が挿入されたという経緯があった。毛利・前掲注（1）四二〜五四頁。

（182） Schröder（Fn. 5）, Art. 65, Rdnr. 32 : Böckenförde（Fn. 2）, S. 170. Vgl. Karehnke,（Fn. 32）, S. 110.

（183） Oldiges（Fn. 5）, Art. 65, Rdnr. 33. Siehe auch Stern（Fn. 49）, 31 Ⅲ 3b)α). もっとも、予算への関与を越えて各省の計画に口出しすることまでは認めていない。Oldiges（Fn. 5）, Art. 65, Rdnr. 34. Vgl. Kröger（Fn. 7）, S. 21, Fn. 26.

（184） ワイマール期には多党分立ゆえに政治の重心が宰相から内閣に移っていったと指摘するものとして、Böckenförde（Fn. 2）, S. 170, Fn. 6. 同様の認識を基本法の下でも指摘するものとして、z.B. Oldiges（Fn. 5）, Art. 65, Rdnr. 12, 17 ; Hennis（Fn. 29）, S.14. また参照、毛利・前掲注（1）五四〜六二頁。

(185) Hermes (Fn. 2), Art. 65, Rdnr. 28; Kröger (Fn. 7), SS. 10, 21, 55f. Vgl., Stern (Fn. 49), 31 IV 2b) α). 毛利によれば、ワイマール期には宰相と（連立政権を構成する）政府の関係が「メインテーマ」であったという。毛利・前掲注(1)六二頁。

(186) Oldiges (Fn. 5), Art. 65, Rdnr. 36.

(187) Achterberg (Fn. 52), §52, Rdnr. 56.

(188) Kröger (Fn. 7), S. 56; Meyn (Fn. 5), Art. 65, Rdnr. 16; Achterberg (Fn. 52), §52, Rdnr. 56; Oldiges (Fn. 136), S. 123f.

(189) Achterberg (Fn. 52), §52, Rdnr. 56. Vgl., Hermes (Fn. 2), Art. 65, Rdnr. 36.

(190) Oldiges (Fn. 5), Art. 62, Rdnr. 7-11; Hermes (Fn. 2), Art. 62, Rdnr. 11. かかる解釈は、ワイマール憲法五二条（「ライヒ政府は、ライヒ宰相およびライヒ大臣でこれを組織する。」）の「ライヒ政府」についてもすでにみられた。Oldiges (Fn. 136), S. 109f. なお、基本法制定時の議論では、基本方針決定権と、権限争議の裁定権以外の政府の権限との関係については答えが出されていないという。Oldiges (Fn. 136), S. 124.

(191) Böckenförde (Fn. 2), SS. 137f, 179. なお、予算計画の決定は内閣で行われる。Bundeshaushatsordnung §29 I.

(192) Oldige (Fn. 136), SS. 136-150.

(193) Hermes (Fn. 2), Art. 65, Rdnr. 36; Kröger (Fn. 7), S. 58f; Böckenförde (Fn. 2), S. 209f; Achterberg (Fn. 52), §52, Rdnr. 59; Oldiges (Fn. 5), Art. 65, Rdnr. 30-31. なおそこでは、とりわけ所管原理との関係で、政治的官吏の任命に関する一五条二項a号、b号の合憲性が疑問に付されている。

(194) Karehnke, (Fn. 32), SS. 107, 109. 以下は要約である。

(195) もっとも、いったん閣議で出された決定を、事後的に、宰相がたとえば「基本方針権限の対象である」として覆すことまで許されるかには争いがある。Vgl. Kröger (Fn. 7), S. 57f; Junker (Fn. 17), S. 118f.

(196) Stern (Fn. 49), 31 IV 4 a), b). Vgl. Junker (Fn. 17), S. 119f. ユンカーは、宰相の基本方針権限に基づく決定と内閣の決定とは質が異なると述べる。すなわち、前者は対内的、一般的な意思の発露であって特定の形式は存せず、後者は対外的、具体的な行為であって形式が存する。両者は両立可能であり、ある事項が基本方針権限の対象であっても、具体的な行為に移す時点で内閣の決定を経ることを前提としている。それゆえ、ユンカーは執務規則一五条を問題視しない。

(197) Oldiges (Fn. 136), SS. 113-118, 126f.

(198) Vgl. Karehnke, (Fn. 32), S. 111. カレーンケは、上記のように宰相優位を維持する合憲限定解釈を行いつつも、その前提には政府内の権限分配を柔軟に行う可能性を認める。なお彼じしんは、宰相の単独の決定に伴う判断の誤りを縮減できるといった理由から、内閣の合議に委ねることに好意的であるようである。

(199) Hermes (Fn. 2), Art. 62, Rdnr. 19, 20, 27.

(200) Hermes (Fn. 2), Art. 62, Rdnr. 13. もっとも、果たしてヘルメスの主張が正しいのか疑問が残る。ドイツにおいても他方では閣議の秘密が要請されているからである（執務規則二二条三項）。

(201) Oldiges (Fn. 5), Art. 65, Rdnr. 37.

(202) 古い文献であるが、内閣の議決の七五パーセントが持回り閣議によると述べるものがある。Renate Mayntz, Executive Leadership in Germany : Dispersion of Power or "Kanzlerdemokratie"?, in Richard Rose and Ezra N. Suleiman (eds.), Presidents and Primeministers, 1980, p. 154.

(203) Hermes (Fn. 2), Art. 65, Rdnr. 20, 26, 28, 32. Vgl., Oldiges (Fn. 5), Art. 65, Rdnr. 36.

(204) Meyn (Fn. 5), Art. 65, Rdnr. 11; Hesse (Fn. 43), Rdnr. 642; Karehnke, (Fn. 32), S. 104; Knöpfle, (Fn. 51), S. 929. Vgl., Karehnke, (Fn. 32), S. 110, Fn. 75.

(205) Junker (Fn. 17), S. 118.

四　議会に対する責任からみる宰相と大臣、内閣の関係

1　議会に対する責任

(1)　単独責任

ドイツにおいては、日本やイギリスにおける「連帯責任」の観念は存在せず、「単独責任」制が採用されている。基本法は六五条一文で、「連邦宰相は、政府の基本方針を定め、これについて責任を負う」、二文で「この基本方針の範囲内において、各連邦大臣は、独立して、かつ自らの責任において自己の執務領域を指揮する」と定め、宰相

と大臣の責任について触れる。かかる「単独責任」制は、宰相と大臣、そして合議体としての政府（＝内閣）の権限分配と一定の対応関係にあると推測されるため、「単独責任」制の検討を通じて、「連帯責任」を採用する場合とは異なる権限分配のあり方が浮かび上がるかもしれない。また、現実政治の上でも、責任の負い方を通して、宰相と大臣、政府との関係に、「連帯責任」を採用する場合とは異なる何らかの影響を与えているかもしれない。このような関心から、以下では、議会に対する責任の構造を考察してみたい。

(2)　責任の内容

この点を考察するにあたり、はじめに、責任の内容につき確認しておく。まず、ドイツにおいて、責任とは二つの要請が結びついているものといわれる。二つの要請とは、バドゥーラの表現を用いれば、「任務遂行と法との適合性及び政治的な目的との整合性についての説明義務（Rechenschaftspflichtichtigkeit）という意味での責任」と「政府がその時々の議会多数派に政治的に依存しているという意味での責任」である。[206] そして、前者に"Verantwortung"、後者に"Vertrauen"という語をそれぞれあてることが多い。[207] 本稿では、「任務遂行」における宰相、大臣、内閣の関係に着目するため、第一の責任（"Verantwortung"）を中心に検討をおこなうこととなる。

そこで次に、この第一の責任（"Verantwortung"）の内容をさらに二つに分類する見解に触れておく。すなわち、クレーガーは、これを釈明義務（Rechenschaftspflicht）と履行義務（Prästationspflicht）とに分ける。前者の実現に資する制度が、大臣に議会への出席および答弁を義務づける基本法四三条一項である。[208] また、後者は、不履行や失敗につき、軽い場合にはその穴埋めをし、適切な予防措置を行わなければならないことを、重い場合には辞職しなければならないことを意味する。注意すべきは、「履行義務は議会による不信任決議を前提とはしていない」という点である。「むしろ逆に不信任決議が履行義務を前提としている。履行義務は不信任決議を行使しえない場合でも存在し、連邦政府のすべての構成員に原則として同じように当てはまる」。もちろん、履行義務を果たさせる方法の中で、辞職を強制的に導く点で、もっとも重い形式が不信任決議の制度であり、基本法は、六七条において、限定的に、宰相の履行責任を実現する際にのみ、これを定めていることになる。[209] しかし、クレーガーの履行義務の概念は、先に掲げた"Vertrauen"とは異なり、むしろ"Verantwortung"に着目してその内容を捉えたものと理解しうる。

(3)　責任発生の基準

なお、どのような場合にどの程度の責任（"Verantwortung"）が生じるのかという基準は明確に決まっているわけではない。これに関して、大臣の責任を論じるのに故意や過失といった帰責性が必要とされるかが問題とされる。この点、シュレーダーやバドゥーラのように、辞職と結びつける場合には個人としての帰責性を考慮に入れることが適切であると明言する者もいる。[210] しかし、一般には、民事責任や刑事責任の場合と異なり、大臣の帰責性は要件とされない。結局のところ、「議会によるコントロールの基準を形づくる適法性および合目的性の設定は、連邦議会、とりわけ、重要な統制権の担い手である議会少数派の事項である」[211] ということになりそうである。

ただ、本稿の関心から着目したいのは、責任を論じるために権限の帰属を考慮に入れる見解が存在する点である。いわく、「責任を論じるには、当該事項領域に対して、宰相、大臣または内閣に権限が帰属していることで十分なのである」[212]。この表現は、二つのことを示唆していると解される。第一に、権限と責任の関係は、［権限］→［責任］であって、［責任］→［権限］ではない点である。第二に、さらにいえば、宰相、大臣、内閣の三者の間においては、これらのどこかに権限があることによって各々が責任を果たす必要が生じるのではないかということである。それでも、責任の所在から何らかの権限の存在を推測することはできるし、また責任の所在そのものが実際政治上に与える効果を考えることはできる。以下では大臣と内閣についてそれぞれの責任のあり方を検討する中で、かかる責任るのかを考察してみたい。

2　大臣の責任と宰相

(1)　大臣が責任を負う相手

基本法六五条二文は、大臣の責任について、「この基本方針の範囲内において、各連邦大臣は、独立して、かつ自らの責任において自己の執務領域を指揮する」と定める。この条項の解釈のあり方は、宰相の権限行使に対する制約を考察する際にも重要となるように思われる。なぜなら、ここで大臣が責任を負う相手が議会なのか宰相なのかによって、宰相の立場に次のような違いが出てくるからである。

すなわち、大臣が議会に責任を負うとするならば、このことは二つの点で宰相の地位と権限に対する制約として働くことになると思われる。第一に、議会が直接、大臣に対して責任を追及できることは、それだけで直ちに、大臣の任免権者であり内閣の一体性の纏め手である宰相の地位に影響を与える。第二に、大臣が議会に対して直接に責任を負うことは、その程度が大きくなるほど大臣の独自性も大きくなるので、結果として宰相の権限行使に対する制約に繋がる。[213]クレーガーが、「代表委任や、それに対応して議会に対する責任について語ることができるのは、受任者が原則的な指揮、決定、行為の自由を有する場合のみである」と論じる[214]のは、この文脈で理解できる。本稿の関心からは、後者が重要となること、もちろんである。

これに対し、もし大臣の責任の宛先が議会ではなく宰相であるとしても、確かに大臣は宰相に対し、所管事務に関して、一定程度「独立して」指揮等を行う自由――それが「所管原理」であろう――を確保する。そうでなければ、「自律の観念と責任の観念との間には必然的なつながりがある」以上、「責任」を論じる意味がなくなるからである。[215]しかし、責任を負う相手が宰相であることによって、むしろ宰相の大臣に対する優越的地位が浮かび上がることになるだろう。この解釈をとる場合には、前者の解釈に比して、大臣との関係において宰相の権限行使に対する制約は小さくなる。

それでは、どちらの解釈が有力であるのか。かつては、大臣が責任を負う相手は宰相であるとの理解が強かったようである。[216]しかし、今日では、「広く行き渡った理解によれば、六五条は、議会に対する責任を連邦大臣にも定めている」といわれる。[217]

(2)　責任の内容

もっとも、「議会に対する責任」といっても、その内実が問題になる。基本法は、ワイマール憲法においては五四条で定められていた、各大臣に辞職を義務づける不信任決議の制度を採用していない。[218]基本法上、連邦議会が大臣に対して行使しうる権限は、連邦議会への出席要求権、質問権（四三条）、調査権（四四条）にとどまる。[219]責任を果たさなかった場合に辞職という「制裁」がないのに責任を語りうるのか。大臣が「議会に対する責任」を有するとの理解に否定的な論者はこの点を問題にしていると解される。[220]それでは、大臣の「議会に対する責任」を肯定する論者はその内容をどのように理解しているのだろうか。二つの理解の仕方が存するように思われる。

一つは、責任を辞職と結び付けつつも、それは法的に強制されなくても他の制度を通じて政治的に実現されればよい、という理解である。ベッケンフェルデは、大臣が責任を負う相手は宰相のみならず議会も含まれると主張するが、彼によれば、不信任決議の制度がないことは、大臣の議会に対する責任を否定することにはならない。不信任決議の制度がなくても、議会は質問権など手持ちの武器を使って大臣を辞職に追い込むことができれば、責任を十分に実効的に果たさせることができるからである。[221] また、ヘッセは次のように論じる。「連邦議会は連邦宰相にのみ不信任を宣言できるのであるが、このことは、連邦大臣が連邦議会に対して責任を負わないことを意味しない。たしかに、連邦議会は、各大臣を法的に辞職に追い込むことはできない。しかし、議会と政府の政治的な協力の枠内で、議会は、連邦大臣に対して不信任（Mißbilligung）を宣言したり、連邦宰相に、連邦大統領に大臣の解任を提案するよう求めたりすることができ、責任を果たさせるだけの十分な手段を有する」。[222]

もう一つの理解は、責任を辞職から切り離し釈明義務（そして辞職を除く履行義務）との関係に重点をおいて捉えるものである。ユンカーは、官職の保持（Amtsinnehabung）と官職の遂行（Amtsführung）とを区別しなければならないとし、その上で、「議会は大臣の官職の保持には何らの影響ももたず、それゆえ大臣は議会の信任（Vertrauen）を要しない。これに対し、責任は官職の遂行のみに関わる。官職の遂行は完全に議会のコントロールに服する」と論じ、これに対応する制度として、大臣の議会への出席、発言、答弁の義務を掲げる。[223] クレーガーも、議会に対する責任とは、第一に発言及び答弁、すなわち説明を果たすこと、そして第二に説明したことを請け負うこと（einstehen）を意味すると述べる。かかる理解は「責任」概念の十九世紀前半からの歴史的理解にも対応するという。[224] ここにもまた、**1**で触れた“Vertrauen”と“Verantwortung”とを別に考えようという傾向が見られる。

このように、二つの理解で、やや議論の重点の置き方は異なるものの、次の点では共通しているといえるだろう。第一に、責任を負うことと不信任決議により辞職を強制する制度とは必ずしも結びつかないと考えていること、そして第二に、議会による質問権、そしてそれに対応する大臣の釈明義務や履行義務（最終的な担保として自発的な辞職までを視野に入れるかどうかはともかく）を責任の内容に含めることである。

（3）　大臣の責任と宰相の地位との関係

それでは、この理解に立つならば、大臣が議会に対して直接責任を負うことは宰相の権限行使にどのように影響するだろうか。ここで示唆的なのは、大臣の釈明義務や履行義務を宰相の基本方針権限の限界と関連して説明しようとするユンカーの所説である。これによると、大臣が宰相に対してのみ責任を負う、すなわち、宰相のみが議会に対して責任を負うとする説も、「基本方針権限は所管行政（Ressortverwaltung）へ介入することはできないという見解なので、連邦宰相は彼が決定することができるものよりも大きい責任を負わなければならないという結論になる」。しかし、「権限と責任とは一致しなければならないというのが国法上の基本原則」である。それゆえ、大臣は議会に対して責任を負わなければならない。ここには、大臣の所管原理、宰相の基本方針権限の限界、大臣の対議会責任の三者を結び付けて理解しようとする視点が存在する。かかる視点からすれば、逆に、大臣が議会に対して直接責任を負うことは宰相の大臣に対する権限行使の制約を意味することとなるだろう。

しかし、この点、権限と責任に関して、より柔軟な理解に立てば、異なる像を描くことも可能である。大臣が議会に対して直接に責任を負うとしても、**1**（**3**）でみたように、議会によるコントロールの基準である適法性および合目的性を定めるのが議会自身であるならば、その範囲はある程度の流動性をもつことになるだろう。このことは、議会の政府統制の実効性を確保するという観点からも問題にはならない。なぜなら、議会の立場からすれば、関心のある行政について適切な説明を受けることができれば、説明の主体が宰相であろうが大臣であろうが関係ないといえるし、説明を求める事項が政治的にも重要な問題であると判断するならば、大臣ではなくむしろ宰相に釈明義務、履行義務を求める可能性を開いておくことが議会の側からも望ましいといえるからである。このとき、宰相は、自らに求められた説明義務、履行義務を果たすために、大臣から報告を徴取したり、場合によっては大臣を解任したりすることが可能となろう（むしろ必要となる）。このような場合を想定すれば、二で検討したように、所管原理は絶対的なものとはいえないこととなる。なお、このような理解は、見方によれば宰相の責任がその権限よりも若干大きくなる場合を生むのであるが、かかる場合も、**1**(**3**)で指摘したように、宰相、大臣または内閣のいずれかに権限が帰属していれば宰相は責任を果たすべきであるといえるのであれば、ただちに「国法上の基本原則」に反するから妥当でない、とまでは言い切れないと思われる。結局、このような柔軟な理解に立てば、大臣の対議会責任を肯定したとしても、その対象となる所管原理の内容が宰相の関与を排除するかたちで固定的に存在することにはならないこととなる。

もっとも、大臣が議会に対して独自の責任を負うということになれば、大臣は、「議会が納得するかたちで私みずから釈明義務、履行義務を果たさなければならない。だから宰相の意向に反してでも私はみずからの方針を採る」との姿勢をとることも正当化されそうである。それならば、やはり宰相の大臣に対する立場は弱くなるのではないか。しかし、ここでは、「宰相が大臣の任免権を有していること」が効いてくるだろう。仮に大臣が上のようなことを主張するならば、それに対し宰相は「いや、もし最終的に議会があなたの解任を求めてきたとしても、わたしはあなたを解任しない。身を張って守る。[225]だから、あなた自身が議会の納得すると思う方針を採るのではなく、わたしの方針に従って動きなさい」と対抗することが可能となる。宰相の持つ任免権は、このような場面で、公の場での発言や議会での行動において基本方針や政府の見解に従わなければならないというルール（執務規則一二条、二八条二項）を担保し、「政府における職務遂行の一体性」の確保（執務規則二条）に資するといえよう。

このように考えれば、大臣が議会に対して説明責任、履行義務といったかたちで独自に責任を負うことは、それほど大臣の宰相に対する独立性を強めることにはつながらないと解される。むしろ大臣の地位が議会によって直接にではなく、宰相によって（議会から見れば宰相を媒介として間接に）左右されることこそが、宰相の大臣に対する地位を高めているのではないだろうか。ヘッセの次の所説も、このような文脈の下で理解することが許されよう。「基本法は大臣と連邦議会との間に連邦宰相を介在させることによって、大臣は議会に対して大きな独立性を獲得すると同時に、宰相への従属性は高められ、宰相の基本方針に対する大臣の拘束も強められる[226]」。

3　内閣の責任と宰相

(1)　内閣の責任の有無

基本法では、宰相と大臣の責任について触れるのみで、内閣の責任については明記していない。そこで、そもそも内閣に責任があるか否かの次元で理解の相違が存在する。

この点、内閣の責任については論じる必要がない、すなわち内閣の責任は存在しないというのが通説的理解である。基本法が内閣の責任について定めていないことはワイマール憲法のあり方を受け継いでいるのであるが、ワイマール憲法の起草者であったプロイスは合議体の内閣に対して否定的であった。なぜなら、「合議体の決定の後ろに退く可能性は、ただ不明確さと混乱のみをもたらす[227]」からであり、「彼はこの〔＝合議体の〕政府形態の中に、非人格的な多数決による決定の体現と、それゆえ、議会に対する政府構成員の明確な責任が見失われる危険を見ていた」のである[228]。この見解の根底には、合議体に責任を負わせると責任の所在がぼやけるのであって、効果的な責任追及を確保するためには、宰相と大臣の個別に権限と責任を配分するあり方のほうが望ましいとの判断が働いていたのだろう。ここには、全体としての政府の構成原理を、宰相原理と所管原理を中心に捉えようとする傾向との対応がうかがえる。そして、かかる発想は、ワイマール憲法下、そして基本法の下においても、ドイツでは引き続き根強く存在しているのである。[229]

しかし他方で、政府のあり方を論じる際に合議体の要素を組み込もうとする立場も存在する。かかる立場もまた、ワイマール憲法下から見られた。その背景には、次の三つの事情が存在していた。第一に、現実政治において内閣の意思決定が存在し、また増大しているという事実。第二に、連立政権という政党システムを考えれば政府の中心が「合議体」になるのは必至である、[230] また、宰相とならんで一定の範囲で責任を負う大臣が登場することによって両者（あるいは大臣相互間）の調整を行う場が必要になる、[231] との実際上、理論上の認識。さらに第三に、ワイマール憲法の中に、制定過程においてデルブリュックの修正案が受け入れられ、合議体としての政府の権限、手続を定める条項が加えられたという条文上の根拠。このような中で、たとえば、グルムが内閣は宰相に優位するとの主張を行い、[232] ヴィットマイヤーがワイマール憲法の五四条、五七条などは合議体が権力の第二の中心（第一は宰相）として展開することを促すものであると論じたのである。[233]

かかる背景事情は基本法の下においても基本的に変化がない。現実政治における内閣の意思決定は引き続き存在し、またむしろ、**三2**で見たように、法令上は合議体としての内閣の権限が増大しているようにも見受けられる。連立政権や独自に責任を負う大臣、という状況も変わりない。そして、基本法の規定の上でも、政府の権限、決定手続を定めるワイマール憲法五七条や五八条の文言は消えたが、六五条三文に権限争議の裁定権が存在する。学説も合議体原理の存在を認めている。それゆえ、基本法の下においても「内閣の責任」について触れる論者がいるのは自然のことといえる。

ただし、注意しなければならないのは、合議体の要素を論じる傾向は、宰相原理と所管原理を軸に政府の組織を議論する傾向に比べて弱く、またその主張内容においても控え目である点である。たとえば、合議体としての政府の権限、手続を定める条項の産みの親であるデルブリュックにおいてすら、争議の裁定を宰相原理、所管原理の修正にすぎないとし、またそもそも、「内閣が固有の指導を行う部分として確立されているのか、されているとしてどの程度か」に関する認識が不明確であった。[234]この点は基本法の下でも同じで、「基本法六五条三文は大臣の独自性を保障したもので大臣に対するの制限を定めたものではない」、「合議体の作用は、所管の独自性の付属物（Appendix）のように見える」と言われるのである。[235]

以上の点に留意しながら、次に、内閣の責任を認める立場において、その内容そして宰相の権限行使との関係がどのようなものになるのかを考えてみたい。

(2)　内閣の責任に肯定的な見解

はじめに、この見解がいかなる解釈に基づいているのかを確認しておく。この見解は、基本法が内閣の責任を明記しない点について、次のように解釈する。六五条が「宰相と大臣の責任に明示的に触れているのは、とりわけ、政府内部の権限分配と連邦議会に対する責任とが一致していることを強調する機能を有している」[236]のであって、ここで宰相と大臣の責任について触れるのは「宣言的（確認的）な機能」を有するにすぎない。[237]だから基本法六五条に「内閣の責任」が明言されていないことが内閣の責任の否定にとり決定的であるというわけではない。[238]また、基本法一一四条一項には「政府の責任」という文言が登場する。これは基本法じしんが「責任の個人的な性格が連帯責任への拡張にも開かれている」ことを示唆していると理解できる。[239]さらに、基本法一一二条に関する事案において、憲法裁判所も「内閣の責任」に好意的な判断を行っているという。[240]

この見解には、第一に、はじめから責任の所在を考えるのではなく、まず諸条項を通して権限の配置を検討し、その上で責任を配分しようとする姿勢が見られる。この点、ワイマール憲法下のヴィットマイヤーによる、「議会の影響力の増大は、必然的に、重要な政治問題の決定と政治的な責任の重心を合議体に移すことを要求する」との認識が示唆的である。(241) ここにも、権限の所在から責任の配分を考える発想が垣間見えよう。第二に、この見解には、制定法上の権限の観点からのみならず、現実政治の動向を踏まえた慣習（法）上の権限の所在をも視野に入れて議論していこうとする傾向が見られる。このような、「内閣の責任は、成文憲法の外にも、国家慣行（Staatspraxis）の中に展開しうる」という主張もまた、ワイマール期に遡るものである。(242)

それでは、かかる内閣の責任に肯定的な見解は、その責任の内容としてどのようなものを念頭に置いているのだろうか。しかし、この点、自覚的、明示的な議論はない。あえて傾向を拾い上げれば、"Verantwortung"というよりはむしろ"Vertrauen"に重点があると解される。たとえば、かつてヴィットマイヤーは、議院内閣制における内閣の「政治的責任」とは「議会およびそこでの所与の多数派と一致していること」に尽きると述べていた。(243) かかる理解の背景には、"Verantwortung"の意味での内閣の責任は観念しえないという前提があるようである。現実に説明を行うのは政府構成員たる宰相か大臣（の地位に就いている人間）であって、内閣という組織ではないというのである（この前提は後に(3)で紹介する内閣の責任を否定する見解と共通である）。なお、"Verantwortung"の意味でも観念上は内閣の責任を認めた上で、それを宰相や大臣に割り振る、という筋道もありえそうな気もするが、そこまでの議論はみられない。

また、"Vertrauen"の意味での責任についても、実際には、政治的な責任追及の手段が、（宰相や大臣に対する不信任ではなく）内閣に対する不信任決議という形式で実施されているわけではない。(244) 結局、内閣の責任に肯定的な見解が、その責任の内容をどのようなものと考えているのか、宰相や大臣の責任のみを考える場合と異なるものだと考えているのかは明らかとはならない。ただし、重ねて言えば、この見解が［合議体の責任］→［合議体による決定］

ではなくて、［合議体による決定］→［合議体の責任］という議論の流れであることには注意する必要がある。内閣の責任を肯定するからといって、そこから内閣の意思決定のあり方について何らかの要請が導かれているわけではないのである。もちろん、内閣の責任を肯定する前提として、当該事項につき内閣が現実に決定を行っていることは確かであるが、そのことと、特定の事項につき内閣が決定を行うべきであり、宰相単独の決定が排除されるべきであるという議論とは別である。

したがって、いったん内閣に責任があることを認めたとしても、そのことから直ちに宰相の内閣に関係する地位に特段の変化を及ぼすことにはならなさそうである。この点、とりわけ日本的な感覚からすれば、内閣に責任があると認定すればそれに対応して権限の重心も内閣に傾くので、結果、宰相の権限が制限されるかのような印象を受けるのであるが、ドイツの論者は必ずしもそのようには解していない点が重要であろう。たとえば、すでに述べたように、ワイマール憲法下においてヴィットマイヤーは、合議体としての政府の役割が増大している現実を踏まえて、内閣の権限、そして責任を広く認めようとする見解に立っていたが、彼は、内閣の権限が宰相の基本方針決定権に優位するものではないことを明らかにしていた。彼の理解には、宰相と内閣の力関係については、広く現実政治に委ねるという色彩が濃厚である。[245] ここには、少なくとも、内閣の権限と責任を認めることによって、規範的に宰相の権限行使に制限を加える、という発想は存在しない。

これに対し、ワイマール期の学説において唯一、内閣の権限が宰相の基本方針決定権に優位し、宰相の権限を狭く、内閣の権限を広く解釈すべきであると主張したのがグルムである。[246] ただし、この主張はワイマール期の学説において少数説だった点に注意が必要である。[247] また、グルムの所説の背景には、ドイツにおいては連立政権が必須であったという現実の政党システムの認識があり、この認識が具体的な帰結に影響を与えている。[248] グルムにおいても、宰相が内閣の内部で特別な地位にあり、宰相が定める政治の基本方針には大臣が拘束されること、大臣は連帯して（soldarisch）行動しなければならず、宰相は政策の一体性を確保する地位にあることが認められていた点には留意が必要であろう。[249] ドイツにおいても一種の「連帯責任」を採用したのだと説いていたことも合わせて、[250] グルムの所説からは、内閣の内部における宰相の地位に関して、イギリスにおける首相の地位と同様の、優越性を認める構造を見出すことも可能である点が興味深い。

⑶　内閣の責任に否定的な見解

これに対し、内閣の責任を論じない見解もある。この見解に立つ場合、内閣の決定に対して誰が責任を負うのかという点が問題になる。この点について、ワイマール憲法下においては、所管の大臣が責任を分担して負うと考えられていたようであるが、[251] 現在では、一般に宰相が責任を負うと考えられている。

この見解の議論の筋道は、次のように描くことができる。はじめに、宰相が責任を負う範囲に関しては、「すべての官職の遂行」と一致し、[252] 基本法六五条一文の文言にかかわらず、基本方針の決定以外に、宰相は、組閣や大臣の執務領域の決定、政府の全体指揮につき責任を負う。[253]「六五条一文のみ責任について言及しているのは、責任を限定する趣旨ではなく、たんにもっとも重要な任務に際して責任を強調する趣旨である。さもなくば、責任の欠欽を生ぜしめることになるが、これは議院内閣制において許されない」からである。[254]

このように解した上で、この見解は、内閣の決定について宰相のみが責任を引き受けるのか否かについて、次のように議論を進める。はじめに、「連邦宰相の全体指揮権は、その権限から独立した、連邦政府構成員の合議体としての内閣の同じ権限を排除する。すなわち、政府の全体指揮に対する連邦宰相の責任のほかに、これと別の内閣の全体責任は存在しないのである」[255] として合議体としての政府の責任を否定する。その上で、「連邦宰相は、必要とされる合議体の決議を、政府全体の指揮行為（基本法六五条四文）として導き、議会の前で説明しなければならない。連邦大臣はこの責任を原則として分担しない[256]」として、他の大臣より宰相の責任を優先させるのである。結局、宰相が政府の執務指揮権（基本法六五条四文）を有することから、内閣の決定についても、これを導く宰相のみが責任を負うのだということになる。

内閣の決定を問題にするのに、内閣のすべての構成員ではなく宰相のみを取り上げる筋道じたい、内閣における宰相の権限（ここでは執務指揮権）の大きさを前提としており興味深いが[257]、ここでは、なぜ合議体としての政府それ自体の責任を問わないのか、が問題となる。この点、次のような理由が示される。「議会に対する責任は、その内容に従えば、本質的に、釈明義務と就任義務であり、それは自らのまたは責任を負う他人の誤りに関わる。かかる責任は個人的な責任としてのみ意味あるものとして実現される[258]」。実際に釈明を行ったり、場合によっては辞職したりするのは、合議体ではなく個人である、ということに理由が求められているようである。

かかる議論に対しては、すでに(2)で述べたように、内閣の責任に肯定的な論者から、合議体としての内閣の決定について宰相という一部の構成員に責任を負わせることは「決定権限と責任との分離という結果になる」ので「説得的ではない」という批判が浴びせられる[259]。「決定権限なき責任は存在しえない」のである[260]。責任を果たすのは個人であるというオルディゲの議論に対しても、「議会に対する責任の内容を個人的なものであると誤って理解している」との批判がある[261]。しかし、かかる批判の前提を共有しても、現実に宰相の意思に反して内閣の積極的な決定が行われることはない以上、内閣の決定について宰相が責任を負うと構成することは十分可能であろう。また、これも先に述べたように、権限と責任を硬直的に一致させることに拘らなくてよいともいえる。確かに、厳密にいえば、大臣も負うべき責任を宰相のみが「被る」のは宰相にとって過剰な負担であると言えるかもしれない。しかし、宰相は大臣に（いったん責任を引き受けた自らの代わりに）釈明を実際に行わさせることも可能であろう。何より、すべてを宰相が引き受けるとすることも、宰相の組織上、運営上の地位と権限に照らせば、不当だとはならないように解される。

(4)　小括

結局のところ、内閣の決定について宰相が責任を負うのか、内閣が責任を負うのか、という両者の立場は、結論においてそれほど大きな違いはないように思われる。なぜなら、「内閣が責任を負う」と解しても、辞職させる場合には「宰相の不信任決議」そして「すべての大臣の辞職」という道筋をとることになるわけであるし、具体的な釈明を行う責任についても、実際に内閣ではなく宰相なり大臣なりがこれを果たすことを肯定すれば、その具体的内容については内閣の責任を否定する場合と同様だということになるからである。そして、内閣の責任について否定的な立場によればもちろん、これに肯定的な立場においても、これにより宰相の権限は制限されないという点で、両者に大きく異なるところはないと解される。

宰相は、内容において深く、また範囲においても広い責任を負っている。宰相は、基本方針の決定、組閣や大臣の執務領域の決定、政府の執務指揮——考え方によっては、これが合議体としての政府の任務すべてにわたることとなる——につき、責任を負う。また宰相のみが法的な効果を有する不信任決議の対象となる。かかる責任の大きさが、議会に対する関係で宰相の権限行使に政治的な限界を導くことは間違いない[262]。しかし他方で、内閣との関係においては、宰相が議会に負う責任の大きさゆえに、その民主的正統性から、「宰相の権威と、宰相の保護のもと大臣により形成される一体性を憲法上保障する」という効果が生じるのである[263]。

(206) Peter Badura, Die parlamentarische Verantwortlichkeit der Minister, Zeitschrift für Parlamentsfragen 11（1980）, S. 580.

(207) なお、責任を、①「被選任者の任務であるという意味」の「任務的責任（job＋obligation, Amtspflicht）」、②「選任者の意思に合致して任務遂行を要求されているという意味」の「応答的責任（responsiblility, Verantwortlichkeit）」、③「応答不十分と評価される場合の弁明的責任（accountability, Rechenschaft）」、④「弁明不十分と評価される場合の受難的または被制裁的責任（liability, Haftbarakeit）」に分類するものとして、吉田栄司「国会議員の対国民責任について」『人権の現代的諸相』（有斐閣、一九九〇年）三八二頁以下の三九〇～九一頁（同『憲法的責任追及制論Ⅰ』〔関西大学出版会、二〇一〇年〕一〇〇頁以下の一〇七～一〇頁）、足立忠夫「責任論と行政学」辻清明ほか編『行政学講座　1　行政の理論』（東京大学出版会、一九七六年）二一七頁以下の二二七～四三頁。

(208) Kröger（Fn. 7）, S. 18.

(209) Kröger（Fn. 7）, S. 23.

(210) Schröder（Fn. 5）, Art. 65, Rdnr. 50; Badura（Fn. 206）, S. 581.

(211) Hermes（Fn. 2）, Art. 65, Rdnr. 39.

(212) Hermes（Fn. 2）, Art. 65, Rdnr. 39.

(213) Vgl., Böckenförde（Fn. 2）, S. 145f. ベッケンフェルデによれば、大臣の議会に対する責任は、大臣の行政上の独自性（verwaltungsmäßige Selbständigkeit）を正当化する。また、大臣の議会に対する責任を認めなければ、大臣は、「次官、命令に拘束される官吏に過ぎなくなりうる」。

(214) Kröger（Fn. 7）, S. 18.

(215) Amphoux, *op. cit.*,（n. 148）, p. 298. Vgl., Böckenförde（Fn. 2）, S. 207.

(216) Junker（Fn. 17）, S. 80 によると、連邦議会でなくて連邦宰相に対して責任が存するのが「通説」という。

(217) Meyn (Fn. 5), Art. 65, Rdnr. 3; Siehe auch, Schröder (Fn. 5), Art. 65, Rdnr. 48; Hermes (Fn. 2), Art. 65, Rdnr. 40; Badura (Fn. 206), S. 577.

(218) Vgl., Busse, (Fn. 22), S. 41; Hermes (Fn. 2), Art. 65, Rdnr. 2. 基本法制定時の議論の概説として、Hermes (Fn. 2), Art. 65, Rdnr. 3. また注(226)も参照。

(219) Vgl., Peter Badura, Staatsrecht, 3 Aufl., 2003, E Rn. 108.

(220) Meyn（Fn. 5）, Art. 65, Rdnr. 3.

(221) シュトラウス国防相の辞職が例として挙げられる。Böckenförde (Fn. 2), S. 145, Fn. 30, S. 146, Fn. 33.

(222) Hesse (Fn. 44), Rn. 637. Siehe auch, Hermes (Fn. 2), Art. 65, Rdnr. 43.

(223) Junker (Fn. 17), SS. 80–81, 93.

(224) Kröger (Fn. 7), S. 6f. Siehe auch, Hennnis (Fn. 29), S. 46, Fn. zu S. 26. ライヒ憲法下では、議会に対する責任は説明責任であるとの理解が優勢であった。Amphoux, *op. cit.*, (n. 148), pp. 301–2. もっとも、君主制の当時と民主制の今日では文脈が異なるので、このことが主張を強めることになるのか、慎重な検討が必要であろう。また、基本法制定過程でも、「自らの責任において」という文言は、全体編纂委員会において不信任決議の制度がないという理由からいったん削除された。ユンカーによれば、「全体編纂委員会は、連邦議会の信任と連邦大臣の責任とを必然的に結合した概念であると考えていた」。しかし、その後、中央委員会第一読会の時点で復活し、再度、削除の提案が出されたものの、その提案が否決されて残ったという経緯がある。Junker (Fn. 17), S. 72f.

(225) 政治的な立場の苦しい大臣を支えるのは、内閣の一体性の要請から導かれる宰相の側の責務といえる。Amphoux, *op. cit.*, (n. 148), p. 298.

(226) Hesse (Fn. 44), Rn. 642. 毛利・前掲注(1)八一～三頁は、ワイマール憲法と異なり、基本法が各大臣に対する不信任決議を認めていないことが宰相の地位の強化に大きな意味を持ったことを指摘する。

(227) Hugo Preuß, Die Organisation der Reichsregierung und die Parteien, in ders, Staat, Recht und Freiheit, 1926, S. 195.

(228) Oldiges (Fn. 136), S. 86.

(229) Knöpfle (Fn. 51), S. 925ff.

(230) Oldiges (Fn. 136), S. 98. 後述するグルムが内閣を重視した背景に連立政権の不可避性があったことにつき、毛利・前掲注(1)五七～五八頁。

(231) Oldiges (Fn. 136), SS. 90f., 102. Vgl., Hugo Preuß, Begründung des Entwurfs einer Verfassung für das Deutsche Reich, in ders (Fn. 227), S. 417f.

(232) Friedrich Glum, Die staatliche Stellung der Reichsregierung sowie des Reichskanzlers und des Reichsfinanzministers in der Reichsregierung, 1925. この所説に対しては、カール・シュミットの批判がある。Carl Schmitt, Verfassungslehre, 1928, SS. 341f, 348–350.

(233) Oldiges (Fn. 136), S. 117.

(234)　Oldiges (Fn. 136), S. 106f.

(235)　Oldiges (Fn. 136), S. 135, besonders, Fn. 30. Amphoux, *op. cit.*, (n. 148), p. 292.

(236)　Hermes (Fn. 2), Art. 65, Rdnr. 38.

(237)　Hermes (Fn. 2), Art. 65, Rdnr. 41.

(238)　Vgl. Oldiges (Fn. 136), S. 142.

(239)　Stern (Fn. 49), 31 Ⅳ 4 c).

(240)　BverfGE 45, 1 (38, 48). 事案は、一九七三年度の四つの予算超過支出および予算外支出が、基本法一一二条の「予見することができず、かつ、避けることのできない必要がある場合」という要件を充たしていないとして提起された機関争訟である。判決では、この支出が右の要件を充たしていなかったとして、財務大臣と政府が、議会の予算議定権（基本法一一一条一項一文、二項一文）を侵害したことを認めた。この中で、判決は、七六条、一一〇条二項、三項、一一一条、一一三条、一一四条を挙げながら、「連邦政府は連邦議会に対し、一連の権限と責任を負う」と述べている（S. 46）。

(241)　Oldiges (Fn. 136), S. 116. Vgl., Meinhard Schröder, in : Isensee/Kirchhof (Fn. 52), § 51 Rn. 54.

(242)　Schröder (Fn. 241), § 51 Rn. 53.

(243)　Leo Wittmayer, Weimar Verfassung, 1922, S. 341. Vgl. Oldiges (Fn. 136), S. 116.

(244)　Schröder (Fn. 241), § 51 Rn. 56.

(245)　Oldiges (Fn. 136), S. 117f.

(246)　Glum, (Fn. 232), SS. 26f, 38.

(247)　Vgl. Schmitt (Fn. 232), S. 348f ; Böckenförde (Fn. 2), S. 173.

(248)　Glum (Fn. 232), S. 35ff.

(249)　Glum (Fn. 232), S. 15f. もちろん、グルム自身は、連立政権ゆえに合議体での連帯的な政策形成が必要であり、イギリスのように政党規律を通じて一体性が確保されるわけではないと考えている（S. 21）。

(250)　Glum (Fn. 232), S. 16, 21f. なお、連帯責任に関しては、「大陸諸国における全体の責任（gemeinsame Verantwortung）は、強い連帯責任（kollektive Verantwortung）のルールを作り上げたイギリスにおけるほど、個々の政治的な過ちを簡単に乗りこえることを政府に可能にさせるという意味において、政府を強くはしていない」ということも指摘される。Ulrich Scheuner, Verantwortung und Kontrolle in der Demokratie, in ders, Staatstheorie und Staatsrecht, 1978, S. 306f. Vgl., Stern (Fn. 49), 31 Ⅳ 4 c).

ここで、ドイツの「全体責任」とイギリスの「連帯責任」とが概念上区別されているのが興味を引く。しかし、この違いは、「単独責任」か「連帯責任」かという制度上の差異に基づくというよりもむしろ、ドイツにおいては連立政権が常態化しているという、政治的事情の相違が大きく作用していると解される。ショイナーも、この箇所の直後で、連立政権について触れているからである。また、宰相を通じて内閣全体が責任を負うという構造を指摘して、「基本法は、明示していないものの、内閣の連帯責任を組織した」と述べる論者もいる。Amphoux, *op. cit.,*（n. 148）, p. 304.

(251)　Fritz Marschall von Bieberstein, Die Verantwortlichkeit der Reichsminister, in: Anschütz/Thoma, Handbuch des Deutschen Staatsrechts, Bd. Ⅰ, 1930, S. 529. Vgl. Schröder（Fn. 241）, § 51 Rn. 53.

(252)　Schröder（Fn. 5）, Art. 65, Rdnr. 50.

(253)　Kröger（Fn. 7）, S. 31.

(254)　Stern（Fn. 49）, 31 Ⅳ 5 c）ε）.

(255)　Kröger（Fn. 7）, S. 56.

(256)　Kröger（Fn. 7）, S. 21; Meyn（Fn. 5）, Art. 65, Rdnr. 3.

(257)　たとえば、大臣間の争議について、宰相は、閣議での審議に先立ち、自ら主宰して関係大臣と協議を行うことができると執務規則一七条二項が定めていることも、内閣の決定について宰相が責任を負うことと対応しているように解される。

(258)　Oldiges（Fn. 5）, Art. 65, Rdnr. 35.

(259)　Schröder（Fn. 5）, Art. 65, Rdnr. 49; ders（Fn. 241）, § 51 Rn. 53.

(260)　Stern（Fn. 49）, 31 Ⅳ5c）ε）. Siehe auch, Hermes（Fn. 2）, Art. 65, Rdnr. 41.

(261)　Hermes（Fn. 2）, Art. 65, Rdnr. 41.

(262)　たとえば、基本方針権限が「議会によって連邦宰相に委ねられたもの」という認識は、宰相と議会との関係をよく表しているように思われる。Karehnke,（Fn. 32）, S. 103, Fn. 17. 他方で、よく言われる建設的不信任の制度は、政府の安定のみならず、宰相自身の地位の強化にもつながるものであることはもちろんである。Busse（Fn. 22）, S. 40.

(263)　Amphoux, *op. cit.,*（n. 148）, p. 298. このことは基本法制定時にも一定程度、認識されていたようである。ワイマール憲法には存在していた大臣に対する不信任決議の制度がなくなったことや、六五条三文の「意見の相違」が当初は宰相と大臣との間の意見の相違も含めていたところが、後に削除されたこととの関連で、Junker（Fn. 17）, S. 75.

おわりに

第一節では、ドイツの宰相の地位と権限について、整理を試みた。

まず、内閣の組織に関して、宰相は、大臣の任命と執務領域の割当てを行う「実質的組閣権」をもつとともに、その地位の喪失がただちに他の大臣の職務の終了を導く（基本法六九条二項）という特別な地位にある。それゆえ、宰相は、【［国民］→［議会］→［宰相］→［大臣］】→［各省］という正統性の鎖の中で、「扇の要」としての地位を有するといえる。

次に、内閣の運営に関して、宰相は、第一に、基本方針決定権を有する。「政治の基本方針」は国家全体に関わり、かつ具体化を必要とするという特徴を有するが、その内容は個別的な事柄でもよく、その形式は無限定であり、その実施の担保は政治的な問題とされるなど、全体として柔軟なものである。第二に、宰相は政府の執務指揮権を有する。宰相はこれに基づき閣議を主宰し、議事日程の決定、事前の調整、議事への参加者の決定、閣議の議事進行、議事録の作成といった一連の流れの中で強い主導権を発揮することが可能である。さらに、執務指揮権や基本方針決定権から政府の政策を総合調整する権限も導かれる。この総合調整権の現れとして、「政府における職務遂行の一体性」が要請され、各種の行為規範が大臣に課されるところである。また、ドイツにも各種の委員会が存在するが、これも総合調整権の延長に位置づけられることができると解される。そして、これらの権限行使を支援するために、宰相府をはじめとする、相当に規模の大きな補佐機構が存在する。

各省に関する宰相の権限としては、次のものが認められる。組織について、宰相は、実質的組閣権の帰結として、各省の設置改編を組織令で行う権限、すなわち行政組織編制権を有する。人事については、宰相が直接に権限を有するのは政務次官の任免までであるが、内閣の関与が、政治的官吏のみならず、課長級の職員の任命まで及ぶ点が注目される。作用についても、各省の個別の活動につき、宰相は、報告を徴取し、基本方針を発布するかたちで関与する。これらの権限は、基本方針決定権や執務指揮権から派生するものとして認められているといえよう。特に作用に関しては、一定程度、大臣（所管省庁）の自律性が認められるものの、人事面における政治的官吏制度や、組織面における実質的組閣権によって、各省が活動を行っていくための基盤となる部分に対するコントロールを宰相（政府）が確保しているといえよう。

第二節では、宰相の権限と大臣、内閣との関係、ドイツの用語でいえば「宰相原理」と「所管原理」「合議体原理」との関係について考察した。これらの関係は大変に複雑で難解であるが、管見の限りでその結果を纏めれば、次のようになる。

まず、所管原理は、大臣の単独責任制と合わせて、大臣に宰相（および内閣）に対する一定の自律性を与えているように解される。しかし、実際には、各省に関わる事項であっても、宰相（及びその直属の部局）や内閣での決定が随所で見られる。第一に、対外的な広報は宰相の直属するプレス情報局で一元的に行われており、第二に、各省内部の人事、組織に関する決定が内閣で行われている。第三に、各種計画が宰相府の部局や内閣の委員会で審議、決定されている。そして第四に、各省の行政に対する個別の指示が宰相より大臣に対して出されることもある。かかるあり方に対しては、人事に関するものをはじめ散発的な批判があるものの、全体としては肯定的に捉えられている。その背後には、政府が一体として活動することを確保する役割を宰相に認める発想が存在しているのではないか。基本法の根拠としては、六五条二文の基本方針決定権や、六四条などから導かれる組織編制権を挙げることができる。

合議体原理は、宰相の権限行使に対して——日本における類似の議論と比較するとき興味深いことに——大きな制約とはなっていない。第一に、基本法六五条三文で内閣の排他的な権限とされるものの範囲は決して広くなく、その他の条項で「政府」の権限とされているものも、必ずしもその行使に内閣による決定が必要であるとは考えられていない。第二に、内閣における議事において、宰相は少なくとも手続的に優位に立つことが認められており、具体的には議題の選択に宰相の意思が強く反映される制度となっている。宰相原理は合議体原理に優先すると述べる論者が多い[264]のは、かかる事情を反映しているものと思われる。なお、現実政治では、執務規則一五条に見られるように、内閣の権限が増大しており、合議体原理のウエイトが高まってきているようにも解される。しかし、このことは決して宰相の権限を脅かすものではない。合議体の権限は、宰相の基本方針決定権を排除するものでないし、宰相の執務指揮権に服すると解されるからである。

かかる宰相原理と所管原理、合議体原理との関係は、責任についての議論とも対応している。宰相原理と所管原理との関係は、大臣に一定程度の自律性を認めつつも、宰相の関与も相当に認めるというものであったが、議会に対する宰相と大臣の責任の配分についても、大臣には“Verantwortung”のみを認め、“Vertrauen”はもっぱら宰相を通じて果たさせようとする——しかも、所管にかかる“Verantwortung”を実際に果たす役割は大臣に固定されているわけではなく、議会の選択により、宰相にも求められうる——構造が認められる。また、宰相原理と合議体原理との関係において、合議体原理は弱いものであるが、責任をめぐる議論においても、そもそも「内閣の責任」を論じるか否かの段階から見解が分かれ、これを否定する立場においては、“Vertrauen”についても、“Verantwortung" についても、宰相が中心として果たすべきであると考えられている。また、「内閣の責任」に肯定的な説も、その実際上の帰結においては否定説と変わらない。結局、権限においても責任においても、内閣という合議体がはじめにありき、との捉え方は妥当しない。むしろ、広義の内閣——ドイツの用語でいえば宰相、大臣、「合議体としての政府」を包む「全体機関としての政府」——について、宰相を軸に描くことが可能である。かかる図式は、イギリスにおける、内閣とは首相を中心とする一体のものである、との理解とも近いように思われる。

(264)　Stern (Fn. 52), 31 Ⅳ 2 b) α) ; Meyn (Fn. 7), Art. 65, Rdnr. 2. Ebenso, Junker (Fn. 17), S. 10. Vgl., Oldiges (Fn. 5), Art. 65, Rdnr. 36.

第三章　日本

はじめに

次に、イギリス及びドイツとの比較を意識しながら、日本について検討する。日本国憲法下における内閣制度は長年にわたって——何度か審議会で改革の提案はなされたものの——同様の姿を維持してきた。憲法学においても国会（立法権）や裁判所（司法権）に比較して研究の蓄積は厚くなかったといえる。しかし、一九九〇年代後半、いわゆる橋本行革[1]を通じていくつかの点で重要な制度改革がなされ、また憲法学においても議論が盛んとなった。そこで、本章では、①従来（一九九〇年代前半まで）の有りよう、②橋本行革での変化、③その後の変化と現状という点を意識しながら、はしがきで掲げた視角と構成に従って、第一に、日本における内閣総理大臣の地位と権限を整理し（第一節）、その上で、内閣総理大臣の運営上の地位の弱さとも関連していたといえる「連帯責任」の観念について歴史的な考察を加えたい（第二節）。

（1）　橋本行革に関しては、ジュリスト一一六一号（一九九九年）の特集「行政改革の理念・現状・展望——「この国のかたち」の再構築」所収の座談会、諸論考、法学教室二一七号（一九九八年）の特集「行政改革の課題と展望」所収の諸論考のほか、大石眞「内閣制度の再検討」ジュリスト一一三三号（一九九八年）八〇頁以下、野中俊彦「内閣総理大臣の権限」法学教室二一二号（一九九八年）一九頁以下、本秀紀「内閣機能の強化」法律時報七〇巻三号（一九九八年）五六頁以下、恒川隆生「中央省庁等改革基本法の問題点」法学セミナー五二六号（一九九八年）四頁以下、宮井清暢「行政機構の改革と憲法」憲法理論研究会編・現代行財政と憲法（敬文堂、一九九九年）一九頁以下、岡田信弘「内閣総理大臣の地位・権限・機能」公法研究六二号（二〇〇〇年）六九頁以下、横尾日出雄「『内閣・首相の強化』と議院内閣制」名古屋短大研究紀要三八号（二〇〇〇年）七三頁以下など。さらに参照、佐藤幸治「日本国憲法と行政権」同『日本国憲法と「法の支配」』（有斐閣、二〇〇二年）二〇九頁以下。

また、中央省庁等改革基本法及び関連法律については、参照、中央省庁等改革推進本部事務局「中央省庁等改革関連法」法律のひろば五二巻一一号（一九九九年）四頁以下、中央省庁等改革推進本部事務局「中央省庁等改革関連法」ジュリスト一一六六号（一九九九年）五一頁以下、山本庸幸「中央省庁等改革関連法の概略」法学教室二二九号（一九九九年）行政組織研究会「中央省庁等改革関連法律の理論的検討㈠～㈣」自治研究七六巻九号（二〇〇〇年）三頁以下、一〇号（二〇〇〇年）三頁以下、一一号（二〇〇〇年）三頁以下、一二号（二〇〇〇年）三頁以下、行財政研究四一号（一九九九年）の特集「中央省庁等改革関連法案の検討」所収の諸論考などを参照。さらに参照、藤田宙靖「『中央省庁等改革基本法』の帰趨」同『行政法の基礎理論（下巻）』（有斐閣、二〇〇五年）二三六頁以下。

第一節　内閣総理大臣の地位と権限

一　内閣の組織に関する地位と権限

1　大臣の任免権

国務大臣の任免権は、内閣総理大臣にある（憲法六八条、内閣法二条一項）[2]。国務大臣の人数は、長らく二〇人以内とされてきたが、橋本行革の結果（報告書Ⅱ2⑷①、中央省庁等改革基本法（以下、基本法）七条）、一四人以内（「ただし、特別に必要のある場合においては、三人を限度にその数を増加し、一七人以内とすることができる」）とされている（内閣法二条二項）[3]。これは、内閣（狭義の内閣）[4]による実質的な議論を可能にする趣旨であると解される。なお、日本国憲法上は、「その過半数は、国会議員の中から選ばれなければならない」との定めがある（憲法六八条一項但書）。逆にいえば、内閣総理大臣は、半数未満であれば大臣を国会議員以外から任命することが可能ということであり、選択の範囲が広い点、非国会議員たる大臣は国会議員の立場から内閣総理大臣に対抗することができない点で、イギリスやドイツに比べ、内閣総理大臣の権限は大きいとの評価も可能であろう。もちろん、実際上は、内閣の存立が国会（とくに衆議院）の信任に基づく制度を採った自然な帰結として、大臣のほとんどは国会議員（多くは衆議院議員）から任命されてきているところであるが、憲法があえて国会議員以外からの任命も認めているという点を強調すれば、日本国憲法は、行政部内における内閣総理大臣の地位について、議院内閣制における首相の枠を超えて、大統領制における大統領の地位にすら近づける趣旨であると解することもできよう(5)。

また、「各省大臣は、国務大臣の中から、内閣総理大臣がこれを命ずる」（国家行政組織法五条二項）。実務上の認識は薄いが、観念上は、内閣の一員としての国務大臣の任命に加えて、各省大臣としての任命がなされるわけである。もちろん、「行政事務を分担管理しない大臣の存することを妨げるものではない」（内閣法三条二項）。ここにいう「行政事務」の「分担管理」とは、現行法上、各省大臣としての任務を指すが（国家行政組織法五条一項）、いわゆる無任所大臣の存在も予定されている。一般にはこの無任所大臣を指して「国務大臣」と呼ばれることが多いが、憲法上は各省大臣もまず国務大臣である点に注意すべきであろう。

さらに、広義の内閣に入る政治家として、かつて、政務次官が置かれていた。その人数は原則として（国務大臣が長となる）各省庁に一人であり（一九九九年改正前の国家行政組織法一六条一項）、例外的に二人置くことも認められていたが（一九九九年改正前の国家行政組織法一六条二項、別表第二）(6)、一九九八年の時点で総数は二〇人余りであった(7)。

副大臣、大臣政務官の導入は、一九九八年末の自民党と自由党の連立政権発足時の交渉を契機とする、「国会審議の活性化及び政府主導の政策決定システムの確立に関する法律」（平成一一年法律第一一六号）に基づくものであるが(8)、中央省庁再編に合わせて二〇〇一年一月に実施されたものである。

その結果、副大臣が二二人、大臣政務官が二六人とされた（内閣府設置法一三条一項、一四条一項、国家行政組織法一六条一項、一七条一項、別表第三）(9)。副大臣は、「大臣の命を受け、政策及び企画をつかさどり、政務を処理し、並びに［……］大臣不在の場合その職務を代行する」ことを、大臣政務官は、「大臣を助け、特定の政策及び企画に参画し、政務を処理する」ことを、任務とする（国家行政組織法一六条三項、一七条三項。参照、内閣府設置法一三条二項、一四条二項）。副大臣と大臣政務官とは、各省大臣とともに、内閣の政策を共有しつつ、各省レベルでの政策形成、国会との関係の処理、行政各部の統制を期待されているものといえよう。[10] これらの任免は、その省の長である大臣（内閣府は内閣総理大臣）の申出により、内閣が行う（副大臣については天皇がこれを認証する）こととされている（内閣府設置法一三条五項、一四条五項、国家行政組織法一六条五項、一七条五項）。[11] 実際には内閣総理大臣が実質的な決定を行っているとみられる。[12] また、閣僚名簿には、別に内閣官房副長官三人と内閣法制局長官が掲載されているが、官房副長官のうち二人が政治家である。官房副長官の任免権者は法令上明確でないが、[13] 内閣総理大臣が実質的な決定を行っているといえよう。[14] 官房副長官は、官房長官と合わせて、内閣の中枢で内閣総理大臣を補佐する機能を果たしている（二**3**を参照）。ここまでが広義の内閣に含まれると解される。

また、内閣総理大臣は、国務大臣の中から、内閣総理大臣臨時代理を指定する（内閣法九条）。[15] 従来は、常にこの指定が行われていたわけではなく、指定がなされる場合には、一般に「副総理」と呼ばれていた。二〇〇〇年四月の第一次森内閣以降は、第一順位から第五順位まで順位を付して臨時代理を指定するのが慣行となっている。さらに、内閣総理大臣は、閣議の座席および両議院の「ひな壇」の配列を決定する。この配列が、一般に、各国務大臣の内閣内部での序列を表すと理解されている。

このように、内閣総理大臣は、国務大臣（そして各省大臣）の任免権、内閣総理大臣臨時代理指定権を有するとともに、副大臣、大臣政務官、内閣官房副長官の実質的な選任権も有するといえる。これらに、**2**で述べる内閣総理大臣欠缺の場合を合わせて、「内閣の組織者としての権能と地位」[16] として整理することができよう。

2　内閣存立の基礎としての首相

(1)　首相の組織上の地位

内閣の成立及び存続の基礎が内閣総理大臣にある点において、憲法の定めは一貫している。

まず、内閣の成立過程においては、憲法上、国会による内閣総理大臣の指名が先行し（憲法六七条）、内閣総理大臣による国務大臣の任命がこれに続く（憲法六八条一項）[17]。国務大臣の地位は内閣総理大臣の意思に完全に基づくのである（この点、日本国憲法の制定過程において、第九〇回帝国議会への付議原案では内閣総理大臣による国務大臣の任命に国会の承認が要求されていたところ、削除されたことが注目される。第二節**三2**を参照）。また、理論上、内閣総理大臣の任命の時点で、国務大臣の任命までの間、内閣総理大臣が臨時に各国務大臣の主任の職務を行うことで、構成員一名での内閣が成立しうることが指摘されている[18]。このような事態は「合議体としての内閣を予想する憲法の趣旨に反することは明白」であり、望ましくないのは確かである[19]。しかし、このことからも、内閣総理大臣の存在は内閣の成立にとり決定的であることが窺える。

また、内閣の存続においても、内閣総理大臣の存在は不可欠である。憲法は、内閣が総辞職する場合として、衆議院で不信任決議案を可決（または信任決議案を否決）し、一〇日以内に衆議院が解散されない場合（憲法六九条）、衆議院議員総選挙の後に初めて国会の召集があった場合（憲法七〇条後段）のほか、「内閣総理大臣が欠けたとき」を明記する（憲法七〇条前段）。「内閣総理大臣が欠けたとき」とは、内閣総理大臣が死亡した場合が典型であり、除名や資格争訟の裁判などで国会議員たる地位を失った場合も含むが[20]、自発的な内閣総理大臣の辞職の場合が含まれるかには争いがある。しかし、否定説も、内閣総理大臣の辞職が内閣総辞職を導くことは「自明のことであって特に規定を要しないこと」[21]を理由とするので、いかなる場合であれ、内閣総理大臣がその地位を失えば、内閣は総辞職しなければならない点についての認識は一致している。ドイツと同様、国務大臣の地位の内閣総理大臣に対する付従性を見出すことができるのである。

この点、内閣総理大臣の「首長」たる地位（憲法六六条一項）の意味について、一般に、明治憲法下で内閣官制が定めていた同輩中の首席としての「内閣の首班」たる地位と、大統領や宰相たる地位との中間に位置すると整理されている。[22]そこでは、内閣総理大臣が他の国務大臣から一段高いところに位置するという意味の要素のひとつとして、国務大臣の任免権が挙げられる。「首長」という語に、少なくとも内閣総理大臣の組織上の優位が含意されていることには異論がないといえる。

日本においても、【〔国民〕→〔国会〕→〔内閣総理大臣〕→〔他の国務大臣〕】→〔行政各部〕という、内閣総理大臣を「扇の要」の地位におく図式で描くことができるだろう。内閣総理大臣は「内閣存立の根拠たる存在」なのである。[23]この点、憲法の条項そのものは制定以来変更がないわけであるが、橋本行革により内閣法二条に語句が追加され、「内閣は、国会の指名に基づいて任命された首長たる内閣総理大臣及び内閣総理大臣により任命された国務大臣をもって、これを組織する」（傍点が追加部分）とされたことは、憲法の条項に対する上記の図式のような理解を裏付けるものといえよう。[24]

(2)　衆議院解散権

衆議院解散権については、第一に、その行使が憲法六九条の場合に限定されるか、それ以外の場合にも可能か、第二に、憲法六九条以外の場合に行使可能だとして、限界はあるのか、という点で議論がなされている。[25]

しかし、本書の関心からいえば、実務上、衆議院の解散は内閣総理大臣の専権事項であると理解されていることが重要である。たしかに、厳密には衆議院の解散にも閣議決定が必要であると解するのが一般的な理解のようであり[26]、内閣総理大臣は解散に反対する国務大臣を罷免することで解散の閣議決定を得ることが究極的に可能であるという点にこの理解は基づいていると解される（実際にも、二〇〇五年のいわゆる郵政解散の際に、小泉首相が解散に反対する島村宜伸農林水産大臣を罷免した例が知られる）。しかし、解散について「内閣総理大臣の専権事項」であるとの理解が政治家の中に浸透している点は看過できない[27]。この点を強調するならば、解散権は内閣総理大臣の権限であるという習律が成立している、ということも可能であるように思われる。

衆議院の解散は、内閣総辞職を必然に導く、内閣の組織の根幹にかかわる行為である（憲法七〇条）。この点を合わせ考えれば、衆議院の解散を内閣総理大臣の専権事項とみなす傾向は、内閣総理大臣が内閣存立の基礎であるとする憲法の構造と平仄が合っているといえよう[28]。

（2）　国務大臣の任免については、天皇が認証を行う（憲法七条五号）。
（3）　復興庁の設置に伴い、これが廃止されるまでの間は、それぞれ一五人以内、一八人以内に増員されている（復興庁設置法附則六条、内閣法附則二項）。
（4）　本書は、政官関係を意識することから、内閣総理大臣と国務大臣とで構成される合議体を「（狭義の）内閣」、これに副大臣や大臣政務官等、行政部に入る政治家を加えたものを「広義の内閣」として捉え、内閣官房等は補佐機構として位置づけている。なお参照、藤田宙靖『行政組織法』（有斐閣、二〇〇五年）一一五～六頁。
（5）　参照、松井茂記「『行政権』と内閣総理大臣の権限および地位」大阪大学法学部五十周年記念論文集『二十一世紀の法と政治』（有斐閣、二〇〇二年）一頁以下の五七頁。
（6）　昭和三二年の国家行政組織法改正以後は大蔵、農水、通産の三省が二人体制であった。一九九八年の改正以後はこれに外務省も加わった。
（7）　一九九八年の改正以前は二三人であったが、外務省が二人体制になって二四人となり、その後、「国会審議の活性化及び政府主導の政策決定システムの確立に関する法律」により、「副大臣制度の導入までの間」の「経過措置」として、さらに増員されて三〇人となった。参照、片山敦嗣「国会をもっと面白く！」時の法令一六二二号（二〇〇〇年）三七頁以下の四〇頁。
(8)　参照、武藤桂一「副大臣制の導入」早稲田政治公法研究六四号（二〇〇〇年）一四一頁以下、同「政務次官から副大臣へ」季刊行政管理研究一一三号（二〇〇六年）四九頁以下。
(9)　復興庁の設置に伴い、これが廃止されるまでの間は、復興庁の副大臣として二人が増員されている（復興庁設置法九条一項、附則七条、内閣府設置法附則三条の二）。第一七四回国会で提出された、いわゆる「国会改革関連法案」では、内閣官房副長官一人を含む副大臣三人、大臣政務官一二人の増員が掲げられていた。また、いわゆる「政治主導法案」では、国家戦略室の設置に合わせて、大臣、副大臣、大臣政務官に対し、政務に関して必要な情報の提供その他の補助を行う、政務調査官の設置が提案されていた。政務調査官は、民間人ポストとして想定されていたようである（『読売新聞』二〇一〇年二月六日朝刊二面。「政治主導法案」については、**二2(5)**を参照）。第一七七回国会で審議されたが廃案となった内閣法及び内閣府設置法の一部を改正する法律案では、内閣府の副大臣、大臣政務官の人数を「当分の間」六名ずつ増員することとされていた。
(10)　もっとも、副大臣と大臣政務官の役割の違いは見えにくい。大臣政務官は、当初、一九四八年にジャスティン・ウィリアムスの提案に基づいて作成された「政務官設置法案」中の政務官に相当し、「所管行政部門に対応する常任委員の中から選ばれ、内閣と国会との緊密な連絡を図ることを任務とすることが考えられて」、「与党からは、政務官は、省庁の国会対策担当として、政府提出法案の成立に向けた根回しの役割が期待された」。イギリスでいう議会担当秘書官に相当する役割である。「しかし、各委員会の理事会に出席することを野党に拒否されたため、政務官は、国会対策の役割を必ずしも果たすことができ」ていない。川人貞史『日本の国会制度と政党政治』（東京大学出版会、二〇〇五年）二三五～六頁。これに対し、副大臣は、「いわゆるラインとして、大臣に次ぐ立場から、関係部局を指揮監督し必要な政策判断を行う」ことが期待された。中央省庁等改革推進本部事務局・前掲注（1）（ジュリスト一一六六号）五四頁。
(11)　副大臣の任免については、天皇が認証を行う（内閣府設置法一三条五項、国家行政組織法一六条五項）。
(12)　鳩山内閣発足時には「閣僚が副大臣・政務官を指名した」が、管内閣発足時には、「党内グループ間のバランスや当選回数に配慮し、官邸が割り当てた」といわれる。『読売新聞』二〇一〇年九月二四日朝刊四面。
(13)　内閣官房副長官の任免については、天皇が認証を行う（内閣法一四条二項）。なお、任免権者が明確でないのは、内閣官房長官も同様である（同法一三条参照）。これに対し、内閣危機管理監、内閣官房副長官補、内閣広報官、内閣情報官、内閣総理大臣補佐官の任免については、「内閣総理大臣の申出により、内閣において行う」とされている（同法一五条三項並びにこれを準用する同法一六条三項、一七条三項、一八条三項、一九条四項)。内閣官房長官及び内閣官房副長官にはこの定めが置かれていないことの意味は定かでないが、実際には、内閣総理大臣補佐官と同様、内閣総理大臣の申出に基づき、内閣が行うこととされているようである。参照、公務員制度の総合的な改革に関する懇談会（第五回）（平成一九年一〇月一二日）資料四「内閣・内閣総理大臣を補佐する体制（内閣官房）」。

(14) 事務方の内閣官房副長官も「政治任用」であり、「新たな組閣や内閣改造のたびごとに辞表を提出するしくみとなっている」。古川貞二郎「総理官邸と官房の研究」日本行政学会編『官邸と官房（年報行政管理研究四〇）』（ぎょうせい、二〇〇五年）二頁以下の七頁。

(15) 参照、高見勝利「内閣総理大臣の臨時代理について」清水睦先生古希記念『現代国家の憲法的考察』（信山社、二〇〇〇年）六六五頁以下。

(16) 小嶋和司『憲法概説』（良書普及会、一九八七年）四四八〜四九頁。

(17) 厳密には、この両者の間に、内閣総理大臣の指名についての国会の議決の内閣を経由しての奏上（国会法六五条）と天皇による任命（憲法六条一項）がある。参照、大石眞『憲法講義Ⅰ〔第二版〕』（有斐閣、二〇〇九年）一七二頁。

(18) 実務上も、片山内閣および第二次吉田内閣の組閣当初に、この事態が生じた。宮澤俊義（芦部信喜補訂）『全訂日本国憲法』（日本評論社、一九七八年）五四八頁。

(19) 宮澤・前掲注（18）五四八頁。同旨、野中俊彦＝中村睦男＝高橋和之＝高見勝利『憲法Ⅱ〔第五版〕』（有斐閣、二〇一二年）一九二頁〔高橋和之〕。現在の実務では、内閣総理大臣の指名後、天皇への奏上を待たず直ちに国務大臣の任命が行われ、その後、天皇による内閣総理大臣の任命および国務大臣の認証が同時に行われるので、「一人内閣」が生じる可能性は極めて低い。参照、大石・前掲注（17）一七二頁。

(20) これに対し、自発的な議員辞職の場合に内閣総理大臣としての資格要件を失うかは争いがある。参照、野中ほか・前掲注(19)一八〇〜八一頁〔高橋和之〕。

(21) 佐藤功『憲法(下)〔新版〕』（有斐閣、一九八四年）八五三頁。

(22) 中村睦男『論点憲法教室』（有斐閣、一九九〇年）二九八〜三〇〇頁。なお、中村は宮澤説を、「首長」たる地位と明治憲法下の内閣の「首班」たる地位とを等しくみるものと位置づけ、本文で示した中間的な地位であるとする説と対比させているが、近時は、宮澤説も後者の説に等しいのではないかとの理解が有力である。高見勝利「『各部中心の行政（体制）観』の虚と実」法律時報七〇巻七号（一九九八年）七六頁以下、岡田・前掲注（1）七三頁。

(23)　小嶋・前掲注（16）四四九頁。
(24)　参照、行政組織研究会・前掲注（1）（㈠）八〜九頁。
(25)　参照、佐藤幸治『日本国憲法論』（成文堂、二〇一一年）四七七〜九頁。また参照、拙稿「衆議院解散権の根拠と限界」大石眞＝石川健治編『憲法の争点』（有斐閣、二〇〇八年）二四二頁以下。
(26)　もっとも、衆議院の解散にかかわる閣議決定の有無につき裁判所は審査できないというのが判例である。苫米地事件において、第一審、控訴審は、衆議院の解散は憲法六九条の場合に限られないとした上で、解散のために必要な憲法七条の定める内閣の助言と承認——助言と承認にかかわる閣議決定——が適法に行われたか否かにつき審査を行ったが、上告審判決（最大判昭和三五年六月八日民集一四巻七号一二〇六頁）は、「現実に行われた衆議院の解散が、［……］これを行うにつき憲法上必要とせられる内閣の助言と承認に瑕疵があったが故に無効であるかどうかのごときことは裁判所の審査権に服しないものと解すべきである」と述べる（同一二〇八頁）。この点につき、参照、佐藤・前掲注（25）四九七頁。
(27)　参照、石川健治「危機の政府／政府の危機」駒村圭吾＝中島徹編『3・11で考える日本社会と国家の現在』（日本評論社、二〇一二年）一〇五頁以下の一一一頁注一二。
(28)　注（26）で触れた苫米地事件における最高裁判所の判示は、解散に関する現在の手続が憲法との関係から要請、許容される唯一の姿ではなく、内閣（内閣総理大臣）の自律的な判断による手続の形成が実務上可能であることを示唆しているといえよう。

二　内閣の運営に関する権限

1　閣議主宰権

(1)　閣議主宰権の内容と実際

内閣総理大臣は、閣議を主宰する。もっとも、従来の学説や法制執務は、「閣議は、内閣総理大臣がこれを主宰する」と定める内閣法四条二項（平成一一年改正前）を紹介し、「主宰」の意味について、「議長として議事を整理し、その他会議の進行のため必要な一切の措置をとること」[29]と概括的な説明を行うのみで、その詳細——イギリスやドイツでみられるような、大臣行為規範の制定、議事日程や参加者の決定、議事進行、議事録の確定といった諸権限およびその積極的な機能——を詰めては論じてこなかった[30]。また、閣議主宰権が形式的意味での憲法上の権限であるかについても、憲法六六条一項の「首長」との結び付きが示唆される程度で[31]、自覚的な議論はみられなかったように思われる[32]。

また、実際には、内閣官房長官が、閣議の開会及び閉会の宣言、発言者の指名、議事の整理などを行う。これは、内閣総理大臣の委任を受けたものと解されているが[33]、ここにも、主宰権の積極的な役割に対する認識の弱さが表れている。もっとも、そもそも、閣議それ自体が、閣議書に署名を行うだけで、実質的な議論を行う場ではなかった[34]。これは、閣議事項については事前の行政部内の調整が終わった——所管の当該府省内部及び関係各府省の合意が得られ法令の場合には内閣法制局の審査も終わった——案件のみの提出が認められるとの慣行が確立し[35]、また閣議事項それ自体を限定的に解しようとする傾向がみられ[36]、内閣の大局的な方針や生成中の政策を案件として提出し議論するとの発想が希薄であったからだと考えられる。

(2)　閣議の運営に関する他律的規範

閣議の方法に関しては各種の規範が存在するが、これらは内閣にとり他律的で内閣総理大臣の閣議主宰権を拘束する性格であるとの印象が強かったように思われる。制定法上のものとしては、内閣法四条三項の「各大臣は、案件の如何を問わず、内閣総理大臣に提出して、閣議を求めることができる」という規範があるが、これは法律によるものである以上、他律的なものである[37]。また、慣行上のものとして、全構成員の参加や議事の非公開、そして議決の全員一致原則が知られるが、これらもその性質において漠然と憲法上の要請――すなわち内閣からみて他律的な規範――であると捉える傾向が強かったようにみえる。[38]

このうち、とくに憲法上の要請か否かが争われてきたのが、全員一致原則である。この点、否定説も存在したが、[39]従来は、肯定説が多数を占めていた。その根拠としては、(ア)憲法六六条三項の「連帯責任」に求めるもの、[40](イ)慣習法であるとするもの、[41](ウ)「憲法の構造」を理由とするもの[42]が挙げられる。[43]肯定説の論理を厳格に解すれば、閣議における内閣の意思決定は、内閣構成員全員の明示的な――花押の署名による――賛成がなければ成立せず、反対の国務大臣がいる場合には、内閣総理大臣は、その大臣を罷免しなければ内閣としての意思決定を行うことができないことになる。[44]

このように全員一致原則を厳格に解するならば、内閣総理大臣の内閣運営にとり、この原則は大きな障害となる。内閣総理大臣は、反対の国務大臣を罷免しない限り、自らの政策判断を内閣の決定とすることができず、この原則は、国務大臣に一種の停止的拒否権を付与することになるからである。もちろん、内閣総理大臣は、通常、任命権の行使を通じ、当初から自己と理念や政策を共有する者を国務大臣にすることで円滑に閣議を進行し意思決定を得ることができるだろう。しかし、このように全員一致原則を厳格に解することは、第一に、この原則を、閣議決定に際して積極的な賛成までは要しない――国務大臣は辞職しない限り内閣の決定に賛成したとみなす――と緩和解釈を行う場合に比して、[45]現実政治において内閣総理大臣が大きな制約を受けることに注意が必要であろう。第二に、国務大臣と各省大臣の兼任制の下で、厳格な全員一致原則が、各省に拒否権を与える機能を果たし、「各省割拠主義」と結び付いてきたとみられる点も看過できない（第二節を参照）。

また、憲法六六条一項の「首長」の解釈も、内閣の運営の場面では、内閣総理大臣の権限を導くものとはなっておらず、逆に合議体の性質――ひいては合議体を構成する各大臣の権限――を強調するものとなっていた。典型的には、宮澤俊義による次の表現である。

日本国憲法では、内閣総理大臣は、国務大臣を任免する権を有する（六八条）など、一般国務大臣に優越する強い地位をみとめられているが、内閣という合議体の一員としては、どこまでも他の国務大臣と対等の地位をもつと解釈しなければならない。そうでなければ、合議体は成立し得ないからである。(46)

この背景には、「合議体とは、平等な地位を有する多数人の合議によって意思が決まることを本質とするもの(47)」という原理をそのまま内閣にも適用する発想があったといえよう。この点、「首長」の意味として、「内閣全体を統率する地位」を挙げる論者も、「他方では、行政権は内閣全体に属し、その方針は閣議で決定され、その責任もまた内閣全体に属し、内閣総理大臣はこの内閣における首長たる地位を有するに止まる」と述べ、運営の場面においては「『指示』と『調整』の権限」に触れるにとどまる。(48)さらに、「首長」を「内閣の中にはあるが閣内では自余のメンバーに対して一段階上に位置する者」と明言する論者も、運営の場面における具体的な帰結までは論じていない。(49)

このように、従来の議論は、内閣の運営の場面においては、全員一致原則をはじめとして構成員たる国務大臣の権限のみを強調する傾向があり、内閣総理大臣の閣議主宰権の意義を積極的に捉えることはなされてこなかったように思われる。

(3)　近年の動き

この点、橋本行革においても、閣議主宰権そのものに対する言及はない。しかし、第一に、閣議のあり方に関して、報告書中で、「日本国憲法は、転変する政治状況の中で内閣が機敏かつ実効的な意思決定ができるよう、閣議の議事手続等については、基本的に内閣自身の意思にゆだねる趣旨と解される」との認識が示され、閣議内の議論を活性化させる必要性から、「合意形成のプロセスとして多数決の採用も考慮すべき」と提案されたのが注目される（Ⅱ2(1)）。これは、すぐ後でみる近時の有力説と同じ方向を示すものである。

第二に、内閣総理大臣の基本方針・政策の発議権が内閣法に明記された（四条二項後段）。これは、報告書が、「内閣総理大臣が内閣の『首長』たる立場において、閣議にあって自己の国政に関する基本方針（対外政策や安全保障政策の基本、行政・財政運営の基本やマクロ経済政策、予算編成の基本方針、組織及び人事の基本方針等はもとより、個別事項であっても国政上重要なものを含む。）を発議し、討議・決定を求め得ることは当然である」と指摘し（Ⅱ3(1)）、基本法六条が「内閣総理大臣が、内閣の首長として、国政に関する基本方針（対外政策及び安全保障政策の基本、行政及び財政運営の基本、経済全般の運営及び予算編成の基本方針並びに行政機関の組織及び人事の基本方針のほか、個別の政策課題であって国政上重要なものを含む。以下同じ。）について、閣議にかけることができることを法制上明らかにするものとする」としたのを受けたものである。

内閣法四条二項には、「内閣の重要政策に関する」との修飾語句が加わっているが、その判断は内閣総理大臣に委ねられ、閣議事項を限定する意味はなく、実質的な内容は報告書や基本法と変わらないと解すべきである[50]。これは、「行政各部の分担管理原則にとらわれずに、首相が首長たる立場において、自己の国政に関する基本方針を発議できることを明記したもの[51]」であって、発議の内容は、各省庁の所管事務に関わる事項はもちろん、具体的な政策のみならず抽象的な方針や大局的な戦略も含まれると解される。

この発議権は、「『閣議を主宰』する権限に当然含まれているが、疑問をなくすために明示した」ものと解される[52]。憲法の観点からは、内閣の運営に関して、国務大臣の権限のみに触れてきた従来の傾向からすれば、内閣総理大臣の側の権限に着目する点で重要だと思われる。また、この発議権が、基本法六条の文言にも明らかなとおり、憲法六六条一項の「首長」たる立場から導かれるとの憲法解釈を示している点でも注目される。

第三に、二〇〇一年の行政改革関連諸法律の施行に合わせて、「国務大臣・副大臣及び大臣政務官規範」（いわゆる「大臣行為規範」）が定められた（平成一三年一月六日閣議決定）。大臣行為規範は、大臣等の清廉性を確保するための服務等に関する規範と、大臣等の職務の割当て及び遂行に関する基準とからなるものである。広義の内閣の運営に関わる規範であり、イギリスの大臣行為規範と類似する点でも興味深い。もっとも、狭義の閣議運営に関わる規範が含まれず、また閣議決定の形式をとりイギリスのように首相が定めるものではない点には留意が必要である。

ともあれ、以上の三点は、閣議の運営に関して、内閣の自律性を認め、その運用における内閣総理大臣の主導性を期待するものと評価することができよう。

学説においても、すでに、九〇年代に入って、閣議における率直な討議や迅速な決定の要請、そして閣議の非公開性から、内閣の意思形成のあり方の自主性を指摘する見解が有力になってきていた[53]。これらの見解によれば、憲法上、全員一致か多数決かは決まらず（あるいは議論する意味がなく[54]）、内閣が自主的に決めればよいこととなる。そうであるならば、内閣の内部で意思形成のあり方を主導するのは、国務大臣の任免権を一手に有し、内閣の首長である内閣総理大臣だということになるであろう[55]。「元来内閣は、内閣総理大臣の基本方針・基本政策を共有するホモジュニアスな集団であるべきもの[56]」との主張も、このような文脈の中で理解することができると思われる。

このような見解は、二一世紀に入って広がりをみせている。公法学会でも、「[内閣の運営において]『内閣総理大臣を中心とする内閣の一体性』の要素を強調する方向での解釈が追求されてもよいのではないだろうか」、「内閣総理大臣の『首長』たる地位に適合した権限行使のあり方は肯定的に評価されるべき」との主張が唱えられ[57]、基本書

において も、「たとえ、閣議における意思決定が多数決により、あるいは総理大臣の専断によったとしても、閣僚は、閣僚の地位にとどまる限り、あたかも全員一致で意思決定がなされたかのように行動し、発言する義務を負う」[58]との叙述や、「閣議は、［……］首相中心主義の内閣においては、首相が国政上の決定をおこなうに際して政治的同僚と協議する場として機能する」ことになり、「内閣総理大臣は、その閣議主宰権の行使として、いろいろなかたちの閣議をおこなうことができる」[59]との見解がみられるようになっているところである。

ただし、内閣における合意形成過程に関して、多数決制の可能性は、中央省庁等改革基本法で明記されず、内閣法も改正されなかった。これは、合議体としての内閣における合意形成のあり方は内閣が自律的に決すべき「運用上の問題」であるので法律で明記する必要がないからであったが[60]、その後も実務では従来の全員一致原則が引き継がれている――閣議が形式的、儀礼的に決定をおこなう場に留まっている――ようにみえる点は看過できない。なお、細川内閣の時に、閣議の後に続けて閣僚懇談会が開かれるようになり、そこで実質的な議論が行われるようになった[61]。この方式は現在まで続いているようである[62]。しかし、閣僚懇談会が政策の創出や統合にどれだけ資しているのかは定かでない。

学説上も、内閣における意思決定のあり方について、内閣が自律的に決すべきだとしても、その先の問題についての具体的な検討まではなされていない。この点、以下の事項を問題としうるであろう。第一に、個別の意思決定のあり方についてである。そこでは、「閣議決定」、「閣議了解」といった従来の形式を前提にするとしても、その実質的な意思決定の方法（閣議での全員一致か多数決か以外にも、議長一任や委員会への委任による意思決定を認めるかという論点も挙げられる）や意思決定を公証する方式（閣僚全員の花押の署名という方式を続けるのか、意思決定の内容につき閣議後に議事録を作成し議長が署名することで真正性を示すのか）を検討することが考えられる。第二に、意思決定のあり方を定める準則の形式についてである。意思決定準則の決定を閣議で行うのか、主宰者たる内閣総理大臣による定めを認めるのかも問題となる。この点、本書は、内閣の自律性を前提に、意思決定準則の決定は内閣の首長であり閣議の主宰者でもある内閣総理大臣が単独で行う（あるいは国務大臣の任命時に合意を結ぶ）ことが可能であるという立場であるが、かような発想の薄い実務には、まず問題の存在自体を認識してもらう必要があると思われる。これらの問題につき、閣議を実質的な議論の場にするならば限られた時間で何を取り上げどのように議論するのが適切かという観点から、具体的な案件の内容や性質などを考慮した検討をしなければならないことになるだろう。この点、二〇一二年に内閣官房に設置された「閣議議事録作成・公開制度検討チーム」が閣議（及び閣僚懇談会）の議事録の作成を法律上義務づけるべきであるとの方向性を示したことが注目される。(63)

2　委員会の編制・運用権

(1)　関係閣僚会議

日本において、内閣の下部組織としての委員会は、従来、体系的に発達してこなかった。もっとも、関係閣僚会議や、各種の本部・会議は、複数の大臣からなる合議体で内閣の政策形成や総合調整に資する役割を果たしうるという点に着目すれば、委員会の一種であると整理できるだろう。(64)

関係閣僚会議は、「特定の政策課題について関係大臣が協議調整を行うもの」であるが、(65)かつての自民党政権下では党三役や参議院議員会長も出席するものがあった。(66)細川内閣発足時の一九九三年八月一三日には閣議決定でいったんすべて廃止された。(67)そののち、細川内閣で設置された閣僚会議が一二あるが、ここでは与党幹部が構成員となっているものはなく、閣僚以外に、内閣法制局長官、日本銀行総裁、公正取引委員会委員長を構成員に加えるもの（「月例経済報告等に関する関係閣僚会議」「物価問題に関する関係閣僚会議」「経済対策閣僚会議」)、県知事を構成員に加えるもの(「水俣病に関する関係閣僚会議」)があった。[68]

もっとも、その権限と機能は定かでない。「閣議の前段階で関係閣僚の意見を調整する機構として、一種のインナー・キャビネット的機能をはたしているともいえる」[69]が、事務方からの報告を受けたり事務方で形成された意思を追認したりする場に留まっているようにも見受けられる。行政改革会議報告書において、「関係閣僚会議は、その実質的意義を発揮するよう、実効性・機動性重視の運営をはかる」、「内閣総理大臣の発意による事案を関係閣僚間で実質的に議論し、その実現の方向付けを与える場としても活用する」(Ⅱ2(2))との提案がなされたのも、かかる実態を反映しているものと推測される。

しかし、橋本行革以後も、実態は変わっていないように思われる。二〇〇〇年一二月二六日の閣議口頭了解では、「物価問題に関する関係閣僚会議」「総合エネルギー対策推進閣僚会議」「水俣病に関する関係閣僚会議」「経済対策閣僚会議」「総合安全保障関係閣僚会議」「土地対策関係閣僚会議」「対外経済協力関係閣僚会議」の七つについて、「必要と認められるので、[……]今後開催する」とされた。さらに、その後の自民党政権下においても、「年金記録問題に関する関係閣僚会議」、「社会保障改革関係閣僚会議」「日朝国交正常化交渉に関する関係閣僚会議」「道路特定財源等に関する関係閣僚会議」「地域医療の機能強化に関する関係閣僚会議」「観光立国関係閣僚会議」「給与関係閣僚会議」等が知られるが、開催頻度は高くない。[70]

また、二〇〇九年の政権交代後には、五つの閣僚会議を含む一八の会議等が廃止され、二つの会議が新組織に置き換えられた(平成二一年一一月一七日「閣僚会議等の廃止について」[71])。二〇一三年一月現在、「(関係)閣僚会議」と名の付くものは、首相官邸及び内閣官房のウェブサイトによれば、**表1**の九つである。[72]しかし、これらの関係閣僚会

閣僚会議

任務	下部組織	庶務担当
人事院勧告を踏まえた国家公務員の給与の取扱いについて協議する		（＊）総務省人事・恩給局参事官室
激動する内外の経済情勢に対処し、効果的、機動的な経済運営を期する		内閣官房
月例経済報告等の聴取等を行う		内閣府
新型インフルエンザ等の発生に備え、関係省庁の緊密な連携を確保し、政府一体となって対処する		内閣官房新型インフルエンザ等対策室
年金記録問題の解決のため、政府全体で適切な対策を総合的に推進する		内閣官房副長官補室
「世界一安全な国、日本」の復活を目指し、関係推進本部及び関係行政機関の緊密な連携を確保するとともに、有効適切な対策を総合的かつ積極的に推進する	「銃器対策推進会議」、「薬物乱用対策推進会議」	内閣官房副長官補室
長期及び短期にわたる物価安定対策に関する重要問題について協議する		（＊）消費者庁消費生活情報課
法曹の要請に関する制度の在り方について、学識経験を有する者達の意見を求める	「法曹養成制度検討会議」	内閣官房
水俣病に関する問題に対応するための施策について、関係行政機関の緊密な連絡を確保し、その効率的かつ総合的な推進を図る		（＊）環境省

月7日閣議決定）により、「給与関係閣僚会議」、「物価問題に関する関係閣僚会議」、「水俣病に関する関係
立国推進閣僚会議が設置されている（平成25年3月26日閣議口頭了解）。

議もまた内閣の政策形成にどのように資しているのかは不明である。回数に着目すると、「犯罪対策閣僚会議」は、平成一五年の設置以来、毎年六月と一二月の二回の開催である。「物価問題に関する関係閣僚会議」も、平成六年は九回開催されるなど、比較的活発に活動した時期もあるが、平成二〇年には開催されず、二〇〇九年の政権交代以後も四回しか開催されていない[73]。橋本行革が期待した実質的な意思形成を行う場として活用されてはいないと思われる。

なお、関係閣僚会議は、恒常的に設置するものについては閣議決定、随時開催するものにつ

表 1　関係

組織名	設置根拠	主宰者	構成員
給与関係閣僚会議	閣議口頭了解 （平成5年9月21日）	内閣官房長官	総務大臣、財務大臣、厚生労働大臣、内閣府特命担当大臣（経済財政政策）
経済対策閣僚会議	閣議口頭了解 （平成5年8月24日）	経済財政政策担当大臣	全国務大臣
月例経済報告等に関する関係閣僚会議	閣議口頭了解 （平成5年8月13日）	内閣官房長官	内閣総理大臣、総務、外務、財務、厚生労働、農林水産、経済産業、国土交通、内閣府特命担当大臣（金融）、内閣府特命担当大臣（消費者及び食品安全）、内閣府特命担当大臣（経済財政政策）、内閣府特命担当大臣（科学技術政策）、復興大臣、国家戦略担当大臣、公務員制度改革担当大臣
新型インフルエンザ等対策閣僚会議	閣議口頭了解 （平成23年9月20日）	内閣総理大臣	全国務大臣
年金記録問題に関する関係閣僚会議	閣議口頭了解 （平成19年10月12日）	内閣総理大臣	総務大臣、財務大臣、文部科学大臣、厚生労働大臣、経済産業大臣、内閣官房長官
犯罪対策閣僚会議	閣議口頭了解 （平成15年9月2日）	内閣総理大臣	全国務大臣
物価問題に関する関係閣僚会議	閣議口頭了解 （平成5年8月24日）	内閣官房長官	総務、財務、文部科学、厚生労働、農林水産、経済産業、国土交通、内閣府特命担当大臣（金融）、内閣府特命担当大臣（消費者及び食品安全）、内閣府特命担当大臣（経済財政政策）
法曹養成制度関係閣僚会議	閣議決定 （平成24年8月21日）	内閣官房長官	法務大臣、文部科学大臣（以上、副議長）、総務大臣、財務大臣、経済産業大臣
水俣病に関する関係閣僚会議	閣議口頭了解 （平成5年8月24日）	内閣官房長官	総務大臣、財務大臣、文部科学大臣、厚生労働大臣、農林水産大臣、経済産業大臣、国土交通大臣、環境大臣

（出典）首相官邸ウェブサイト及び内閣官房ウェブサイトより筆者作成（2013年1月末現在）
（＊）「内閣官房及び内閣府の本来の機能を向上させるための事務分担の見直しについて」（平成24年12
閣僚会議」の庶務担当が、それぞれ、総務省、消費者庁、環境省に移管されている。また、その後、観光

いては閣議口頭了解による慣行[74]が続いているようである。その意味では、厳密に言うと、これらの組織の設置や構成員の任命権は内閣総理大臣単独に認められているわけではない。ここにも、内閣の運営における内閣総理大臣の権限の弱さが表れているといえよう。

(2)　本部・連絡会議など

このほか、内閣のもとに各種の本部・連絡会議が置かれている[75]。従来、本部は、関係省庁の事務次官や局長など事務方が構成員に含まれる点で関係閣僚会議と異なっていたとみられ、内閣官房長官や内閣官房副長官を本部長、議長とするものが多

かった。もっとも、公害対策本部（昭和四五年七月三一日閣議決定）を嚆矢として、内閣総理大臣を本部長とするものも登場し、九〇年代以降、内閣総理大臣を本部長、全国務大臣または全各省大臣を本部員であるとするものが増えてきた[76]。二〇一三年一月末現在では**表2**の通り、多くが全国務大臣を構成員とするものであって、関係閣僚会議との違いは曖昧となっている。

これに対し、「本部」という名称がついているものの、その構成員の点で大きな特徴を有するものに、近時の民主党政権下で社会保障と税の一体改革の政策形成に取り組んだ「政府・与党社会保障改革検討本部」がある。この組織は平成二二年一〇月二八日に設置されたが、その構成員は内閣の関係大臣等と与党の国会議員であり、設置根拠も曖昧である。内閣での政策決定を支える組織に政府外の国会議員が加わる例は以前にも見られたが、この「政府・与党社会保障改革検討本部」は顕著な例であった。安倍内閣においても、「平成二五年度予算に関する政府与党会議」、「日本経済再生に向けた緊急経済対策に関する政府与党会議」が、内閣官房が事務局を務める会議体として存在している。これは、政策の事前調整を重んじる日本の傾向のひとつの現れといえるが、内閣（行政部）と国会（立法部）との区別を曖昧にし、権力分立原理に反するおそれがある。本書では検討できないが、注目すべき制度である。

本部の設置根拠は、閣議決定であることが多いようであるが、近年は法律に基づくものも増えていることが注目される。

また、近年は、**表3**の通り、「会議」「会合」といった名前を付された組織が内閣に置かれることも多い。主宰者は内閣総理大臣や内閣官房長官であるが、構成員は、関係閣僚のみのことも、副大臣等が入ることも、また事務方や外部の有識者も加わることもあり、様々である。その時々の内閣の看板政策、重要政策を取扱う傾向がみられる。その設置根拠は閣議決定のほか、内閣総理大臣決裁、内閣官房長官決裁であることも多い（なお、表には入れていないが、副大臣の連絡調整のために内閣官房長官が主宰し内閣官房副長官が議長を務める「副大臣会議」（平成一三年一月六日閣議申合せ）や、普天間基地の移設問題を扱うために内閣官房長官が主宰し関係大臣と関係地方公共団体の長で組織される「普天間飛行場の移設に係る措置に関する協議会」（普天間飛行場の移設に係る措置に関する協議会設置要綱）も、ここに加えることができよう）。

これに対し、「連絡会議」は、事務方のみで構成されているものであり、複数省庁に関係する問題の検討、情報交換を行うものであるが、決定や計画策定を行う場合もある。例えば**表4**のものが知られる。設置根拠は「関係省庁申合せ」であることが多いが、「内閣官房長官決裁」（「放射能対策連絡会議」）の場合もある。構成員は局長や中二階級の者であることが多いが、その場合には課長級で組織される「幹事会」が設けられるのが常であるようにみえる。

本部は、内閣主導で、一省庁では収まりきらない、横断的、根幹的な施策を——省庁の設置・改廃や大規模な機構改編を伴いつつ——時として実現するものであるといえよう。すでに述べたとおり、本部は、環境庁の設置及び公害関係法案の制定、改正を実現した公害対策本部のように、以前から散発的に存在していたが、一九九〇年代末からの、行政改革（行政改革会議）や司法制度改革（司法制度改革推進本部）の成功を受けてか、近時、頻繁に用いられるようになっている[77]。「基本法」に基づき設置されることが多いのが特徴である[78]。「基本法」に期限が定められている場合には特にそうであるが、法案作成などを通じて期待された施策を実現する可能性が高い。また、事務局が内閣官房に置かれるため、後述のとおり、省庁の垣根を超えた「内閣官僚」の醸成にも繋がっている（**3**(1)を参照）。もっとも、国家公務員制度改革推進本部のように、当初の予定に沿った成果を挙げられていない場合もある（第二編第二章を参照）。施策の内容によっては、その実現のために内閣総理大臣や担当大臣の相当に強い意向が必要になる場合もあるといえよう。

かれる本部

任務	下部組織	庶務担当
宇宙基本計画の作成及びその実施の推進 その他宇宙開発利用に関する施策で重要なものの企画に関する調査審議、その施策実施の推進及び総合調整		内閣官房宇宙開発戦略本部事務局
厳しい雇用情勢を踏まえ、政府一体となって雇用対策に取り組む		内閣官房
改革を政府一体となって、総合的かつ積極的に推進する	行政改革推進会議	内閣官房行政改革推進本部事務局
ネットワーク社会の形成に関する重点計画の作成及びその実施の推進 その他高度情報通信ネットワーク社会の形成に関する施策で重要なものの企画に関する審議、その施策実施の推進	「デジタル放送移行対策完了対策推進会議」「情報セキュリティ政策会議」「IT 防災ライフライン推進協議会」「各府省情報化統括責任者（CIO）連絡会議」「情報通信技術活用のための規制・制度改革に関する専門委員会」「電子行政に関するタスクフォース」「医療情報化に関するタスクフォース」「ITS に関するタスクフォース」「政府情報システム刷新有識者会議」「IT 戦略本部・知的財産戦略本部有識者会議」「個人情報保護ワーキンググループ及び情報連携基盤ワーキンググループ」「電子政府ガイドライン作成検討会」「次世代電子行政サービス基盤等検討プロジェクトチーム」	内閣官房情報通信技術(IT)担当室
国家公務員制度改革の推進に関する企画及び立案並びに総合調整 国家公務員制度改革に関する施策の実施の推進	「顧問会議」「労使関係制度検討委員会「国家公務員の労働基本権（争議権）に関する懇談会」「国家公務員の雇用と年金の接続に関する意見交換会」「共済年金職域部分と退職給付に関する有識者会議」	国家公務員制度改革推進本部事務局(内閣官房→内閣府)
テロに対する、関係行政機関の緊密な連携の確保及び、有効適切策の総合的かつ積極的な推進		内閣官房(詳細は不明)
税の円滑かつ適正な転嫁等に資する総合的な対策の策定に向けたを行う		内閣官房副長官補室
レベルの経済連携の推進と我が国の食料自給率の向上や国内農農村の振興とを両立させ、持続可能な力強い農業を育てるためのを講じる	食と農林漁業の再生実現会議	国家戦略室
・農業・農村基本法第 15 条第 1 項に規定する食料・農業・農村基計画の着実な推進を図る		内閣官房
海洋基本計画の案の作成及び実施の推進 関係行政機関が海洋基本計画に基づいて実施する施策の総合調整 その他海洋に関する重要施策の企画、立案、総合調整	参与会議、審議チーム	内閣官房総合海洋政策本部事務局
債務者対策の円滑かつ効果的な推進を図る		内閣官房
京都議定書目標達成計画の案の作成及び実施の推進 長期的展望に立った地球温暖化対策の実施の推進に関する総合調		内閣官房副長官補室
推進計画の作成及びその実施の推進 その他知的財産の創造、保護及び活用に関する施策で重要なもの企画に関する調査審議、その施策の実施の推進並びに総合調整	コンテンツ強化専門委員会 知的財産による競争力強化・国際標準化専門調査会	内閣官房知的財産戦略推進本部
道州制特別区域基本方針の案の作成 道州制特別区域基本方針に基づく施策の実施の推進 広域行政の推進の評価 その他広域行政の推進に関する施策で重要なものの企画及び立案びに総合調整		内閣官房副長官補室
国経済の再生に向けて、経済財政諮問会議との連携の下、円高・レから脱却し強い経済を取り戻すため、政府一体となって、必要済対策を講じるとともに成長戦略を実現する	産業競争力会議	内閣官房日本経済再生総合事務局
郵政民営化の推進に関する総合調整 郵政民営化の推進のために必要な法律案及び政令案の立案 郵政民営化に関する施策で重要なものの企画に関する審議およびの施策の実施の推進		内閣官房副長官補室
問題に関する対応を協議し、生存者の即時帰国に向けた施策、安明の拉致被害者に関する真相究明及び同問題への戦略的取組等総な対策を機動的に推進する	関係府省連絡会議	内閣官房拉致問題対策本部事務局
都市再生基本方針の案の作成 都市再生基本方針の実施の推進 都市再生緊急整備地域を指定する政令の立案 都市再生緊急整備地域ごとの地域整備方針の作成及びその実施の進 都市の再生に関する施策で重要なものの企画、立案及び総合調整		内閣官房地域活性化統合本部事務局
構造改革特別区域基本方針の案の作成 構造改革特別区域基本方針の実施の推進 構造改革の推進等に関する施策で重要なものの企画、立案、総合整		内閣官房地域活性化統合本部事務局
地域再生基本方針の案の作成 認定の申請がなされた地域再生計画についての意見 認定地域再生計画の円滑かつ確実な実施のための施策の総合調整び支援措置の推進 地域再生基本方針に基づく施策の実施の推進 地域再生に関する施策で重要なものの企画、立案、総合調整		内閣官房地域活性化統合本部事務局
基本方針の案の作成に関すること。 認定の申請がされた基本計画についての意見 基本方針に基づく施策の実施の推進 中心市街地の活性化に関する施策で重要なものの企画、立案、総調整		内閣官房地域活性化統合本部事務局

事情がない限り合同で開催されることとなり、これを「地域活性化統合本部会合」と呼んでいる。

、「地方分権改革推進本部」が設置されている（平成 25 年 3 月 8 日閣議決定）。また、「事態が終息した場合には、[……] 廃止する」とされて
22 年 11 月 30 日閣議決定）がある。

表 2　内閣

組織名	設置根拠	本部長	副本部長	構成員
宇宙開発戦略本部	宇宙基本法 25 条	内閣総理大臣	内閣官房長官 宇宙開発担当大臣	全国務大臣
緊急雇用対策本部	閣議決定 （平成 21 年 10 月 16 日）	内閣総理大臣 （代行：内閣府特命担当大臣〔経済財政政策〕、国家戦略担当大臣）	内閣官房長官 総務大臣 財務大臣 文部科学大臣 厚生労働大臣 農林水産大臣 経済産業大臣 国土交通大臣 環境大臣 内閣府特命担当大臣（金融） 内閣府特命担当大臣（少子化対策）	全国務大臣
☆行政改革推進本部	閣議決定 （平成 25 年 1 月 29 日）	内閣総理大臣 （代理：副総理）	行政改革担当大臣 内閣官房長官 総務大臣 財務大臣	全国務大臣
高度情報通信ネットワーク社会推進戦略本部（IT 戦略本部）	高度情報通信ネットワーク社会形成基本法 25 条	内閣総理大臣	内閣官房長官 科学技術政策担当特命担当大臣 総務大臣 経済産業大臣	全国務大臣 有識者
国家公務員制度改革推進本部	国家公務員制度改革基本法 13 条	内閣総理大臣	内閣官房長官 公務員制度改革担当大臣 総務大臣	全国務大臣
国際組織犯罪等・国際テロ対策推進本部	閣議決定 （平成 13 年 7 月 10 日）	内閣官房長官	国家公安委員会委員長	内閣官房副長官（政務・事務） 法務・外務・財務・厚生労働・経済産 国土交通副大臣
消費税の円滑かつ適正な転嫁等のための検討本部（＊）	閣議決定 （平成 24 年 4 月 24 日）	副総理	総務大臣 財務大臣 経済産業大臣 内閣官房長官	厚生労働大臣 農林水産大臣 国土交通大臣 内閣府特命担当大臣（消費者）
★食と農林漁業の再生推進本部	閣議決定 （平成 22 年 11 月 26 日）	内閣総理大臣	国家戦略大臣 農林水産大臣	全国務大臣
食糧・農業・農村政策推進本部	閣議決定 （平成 12 年 3 月 24 日）	内閣総理大臣	内閣官房長官 農林水産大臣	地方再生担当大臣 内閣府特命担当大臣 総務大臣 法務大臣 外務大臣 財務大臣 文部科学大臣 厚生労働大臣 経済産業大臣 国土交通大臣 環境大臣 防衛大臣
総合海洋政策本部	海洋基本法 29 条	内閣総理大臣	海洋政策担当大臣（国土交通大臣） 内閣官房長官	全国務大臣
多重債務者対策本部	閣議決定 （平成 18 年 12 月 22 日）	内閣府特命担当大臣（金融）		内閣府特命担当大臣（消費者） 内閣府特命担当大臣（自殺対策） 国家公安委員会委員長 総務大臣 法務大臣 財務大臣 文部科学大臣 厚生労働大臣 経済産業大臣
地球温暖化対策推進本部	地球温暖化対策の推進に関する法律 10 条	内閣総理大臣	内閣官房長官 環境大臣 経済産業大臣	全国務大臣
知的財産戦略本部	知的財産基本法 24 条	内閣総理大臣	内閣府特命担当大臣（知的財産戦略担当） 内閣官房長官 文部科学大臣 経済産業大臣	全国務大臣 有識者
道州制特別区域推進本部	道州制特別区域における広域行政の推進に関する法律 20 条	内閣総理大臣	内閣官房長官 内閣府特命担当大臣（地域主権推進）	全国務大臣
☆日本経済再生本部	閣議決定 （平成 24 年 12 月 26 日）	内閣総理大臣 （代理：副総理）	経済再生担当大臣兼内閣府特命担当大臣（経済財政政策） 内閣官房長官	全国務大臣
郵政民営化推進本部	郵政民営化法 10 条	内閣総理大臣	内閣官房長官 郵政民営化担当大臣 内閣府特命担当大臣（金融） 総務大臣 財務大臣 国土交通大臣	全国務大臣
拉致問題対策本部	閣議決定 （平成 21 年 10 月 13 日）	内閣総理大臣	拉致問題担当大臣 内閣官房長官 外務大臣	全国務大臣
都市再生本部（※）	都市再生特別措置法 3 条	内閣総理大臣	内閣官房長官 地域活性化担当大臣 国土交通大臣	全国務大臣
構造改革特別区域推進本部（※）	構造改革特別区域法 37 条	内閣総理大臣	内閣官房長官 地域活性化担当大臣 内閣府特命担当大臣（経済財政政策） 内閣府特命担当大臣（規制改革）	全国務大臣
地域再生本部（※）	地域再生法 22 条	内閣総理大臣	内閣官房長官 地域活性化担当大臣 内閣府特命担当大臣（経済財政政策）	全国務大臣
中央市街地活性化本部（※）	中央市街地活性化に関する法律 56 条	内閣総理大臣	内閣官房長官 地域活性化担当大臣 経済産業大臣 国土交通大臣	全国務大臣

（出典）首相官邸ウェブサイトより筆者作成（2013 年 1 月末現在）
★は安倍内閣になって活動を停止又は終了したとみられるもの。
☆は安倍内閣になって設置されたもの。
（※）都市再生本部、構造改革特別区域推進本部、地域再生本部、中央市街地活性化本部の 4 本部は、閣議決定（平成 19 年 10 月 9 日）によ
（＊）その後、「消費税の円滑かつ適正な転嫁等のための検討本部」は「消費税の円滑かつ適正な転嫁等に関する対策推進本部」に改組されてい
いるものの、潜在的には存在していると見られる本部として、「口蹄疫対策本部」（平成 22 年 5 月 17 日閣議決定）、「鳥インフルエンザ対策本

るその他の会議の例

任務	下部組織	庶務担当
アイヌの人々の意見等を踏まえつつ総合的かつ効果的なアイヌ政策を推進する		内閣官房アイヌ総合政策室
アフガニスタン支援について、政府一体となって検討し、総合的かつ戦略的に取り組む		内閣官房副長官補付
実用化に向けた医療研究開発の推進を始め、医療分野における新成長戦略に関連する事項の実現に向け、官民挙げて強力に取り組む		内閣官房医療イノベーション推進室（＊）
カウンターインテリジェンスについて、関係行政機関相互の緊密な連携を確保し、その強化に向けた施策の総合的かつ効果的な推進を図る	幹事会	内閣官房内閣情報調査室
日本で生活する外国人との共生社会の実現に向けた環境整備に関する諸問題について、関係省庁の密接な連携の下に総合的な検討を進めるとともに、関連施策について政府全体としての取組を推進する		内閣官房副長官補室
21 世紀の日本にふさわしい教育体制を構築し、教育の再生を実行に移していくため、内閣の最重要課題の一つとして教育改革を推進する		内閣官房教育再生会議担当室
雇用戦略に関する重要事項について、内閣総理大臣の主導の下で、労働界・産業界を始め各界のリーダーや有識者が参加し、意見交換と合意形成を図る		内閣官房副長官補付 内閣府経済財政運営担当内閣府政策統括官
日本経済再生本部の下、我が国産業の競争力強化や国際展開に向けた成長戦略の具現化と推進について調査審議する		内閣官房日本経済再生総合事務局
高いレベルの経済連携の推進と我が国の食料自給率の向上や国内農業・農村の振興とを両立させ、持続可能な力強い農業を育てるための対策を講じる		内閣官房国家戦略室
官民における統一的・横断的な情報セキュリティ対策の推進を図る		内閣官房情報セキュリティセンター
新成長戦略（平成 22 年 6 月 18 日閣議決定）の実現を推進・加速する	「パッケージ型インフラ海外展開大臣会合」、「国内投資促進円卓会議」、「新成長分野人づくり会議」、「総合特区制度、『環境未来都市』構想に関する会議」、「医療イノベーション会議」、「グローバル人材育成推進会議」	内閣官房国家戦略室
政府における情報保全に関し、秘密保全に関する法制の在り方及び特に機密性の高い情報を取り扱う政府機関の情報保全システムにおいて必要と考えられる措置について検討する	「秘密保全のための法制のあり方に関する有識者会議」「情報保全システムに関する有識者会議」	内閣官房 （詳細は不明）
電力供給不足について、政府としての対応を総合的かつ強力に推進する		内閣官房副長官補室
アジアを中心とする旺盛なインフラ需要に対応して、インフラ分野の民間企業の取組を支援し、国家横断的かつ政治主導で機動な判断を行う		内閣官房副長官補付
税財政の骨格や経済運営の基本方針等の国家の内外にわたる重要な政策を統括する司令塔並びに政策推進の原動力として、総理のリーダーシップの下、産官学の英知を結集し、重要基本方針の取りまとめ等をおこなうとともに、国の未来への新たな展望を示すため、新時代の中長期的な国家ビジョンの構想を行う		内閣官房国家戦略室

れている（平成 25 年 2 月 22 日内閣総理大臣決定）。また、「国家安全保障会議の創設に関する有識者会議」（平成 25 年
戦略会議」（平成 25 年 3 月 12 日内閣総理大臣決裁）が設置されている。

表 3　内閣に置かれ

組織名	設置根拠	議長・座長	議長・座長代行	構成員
アイヌ政策推進会議	内閣総理大臣決裁（平成 23 年 2 月 4 日）	内閣官房長官	内閣参与	有識者
アフガニスタン検討支援会議	内閣総理大臣決裁（平成 22 年 8 月 30 日）	内閣総理大臣	内閣官房長官	外務大臣 財務大臣
医療イノベーション会議（＊）	新成長戦略会議決定（平成 22 年 11 月 8 日）	内閣官房長官		内閣官房副長官（政務、事務）、内閣府、厚生労働、文部科学、経済産業副大臣又は政務官 有識者
カウンターインテリジェンス推進会議	内閣総理大臣決定（平成 18 年 12 月 25 日）	内閣官房長官	内閣官房副長官（事務）	内閣危機管理監、内閣官房副長官補（安全保障・危機管理）、内閣情報官、内閣法制局総務主幹、内閣府大臣官房長、18 省庁局長～課長級 18 名
「外国人との共生社会」実現検討会議	内閣総理大臣決裁（平成 24 年 5 月 24 日）	外国人労働者問題を担当する国務大臣		内閣府副大臣、総務副大臣、法務副大臣、外務副大臣、財務副大臣、文部科学副大臣、厚生労働副大臣、農林水産副大臣、経済産業副大臣、国土交通副大臣、警察庁次長
☆教育再生実行会議	閣議決定（平成 25 年 1 月 15 日）	有識者		内閣総理大臣 内閣官房長官 文部科学大臣兼教育再生担当大臣 有識者
★雇用戦略対話	内閣総理大臣決裁（平成 23 年 11 月 24 日）	内閣総理大臣（主宰）		経済財政政策担当大臣 国家戦略担当大臣 内閣官房長官 厚生労働大臣 労働界・産業界のリーダー 有識者
☆産業競争力会議	日本経済再生本部決定（平成 25 年 1 月 8 日）	内閣総理大臣（代理：副総理）	経済再生担当大臣兼内閣府特命担当大臣（経済財政政策） 内閣官房長官 経済産業大臣	内閣府特命担当大臣（科学技術政策） 内閣府特命担当大臣（規制改革） 有識者
★食と農林漁業の再生実現会議	閣議決定（平成 22 年 11 月 26 日）	内閣総理大臣	国家戦略担当大臣 農林水産大臣	全国務大臣
情報セキュリティ政策会議	高度情報通信ネットワーク社会推進戦略本部長決定（平成 17 年 5 月 30 日）	内閣官房長官	科学技術政策担当大臣	国家公安委員長 総務大臣 経済産業大臣 防衛大臣 有識者
★新成長戦略実現会議	閣議決定（平成 22 年 9 月 7 日）	内閣総理大臣	内閣官房長官 経済財政政策担当大臣兼国家戦略大臣 経済産業大臣	財務大臣 内閣総理大臣が指名する者 関係機関の長 有識者
政府における情報保全に関する検討委員会	内閣総理大臣決裁（平成 22 年 12 月 7 日）	内閣官房長官	内閣官房副長官	内閣危機管理監 内閣官房副長官補 内閣情報官 警察庁警備局長 公安調査庁次長 外務省国際情報統括官 海上保安庁警備救難監 防衛省防衛政策局長
電力需給に関する検討会合	内閣総理大臣決裁（平成 23 年 3 月 13 日）	内閣官房長官	経済産業大臣	内閣総理大臣を除く全国務大臣
★パッケージ型インフラ海外展開大臣会合	内閣官房長官決裁（平成 23 年 10 月 21 日）	内閣官房長官 国家戦略担当大臣		総務大臣 外務大臣 財務大臣 経済産業大臣 国土交通大臣 環境大臣
★国家戦略会議	閣議決定（平成 23 年 10 月 21 日）	内閣総理大臣	内閣官房長官 国家戦略担当大臣 内閣府特命担当大臣（経済財政政策）	総務大臣 外務大臣 財務大臣 経済産業大臣 内閣総理大臣が指名する者、関係機関の長、有識者

（出典）首相官邸ウェブサイトより筆者作成（2013 年 1 月末現在）
★は安倍内閣になって活動を停止又は終了したとみられるもの。
☆は安倍内閣によって設置されたもの。
（＊）その後、「医療イノベーション会議」「医療イノベーション推進室」は廃止され、「健康・医療戦略室」に改編さ
2 月 14 日内閣総理大臣決裁）、「クールジャパン推進会議」（平成 25 年 2 月 26 日内閣総理大臣決裁）、「経協インフラ

連絡会議の例

任務	下部組織	庶務担当
DR（裁判外の紛争解決手段）について、司法制度改革審議会意見（平 13年6月12日）を踏まえ、関係省庁等の緊密な連携の下、ADRに する関係機関等の連携強化に係る諸方策の推進等を図る	連絡会議幹事会	内閣官房副長官補室
が国の国際化の進展等の観点から外国人労働者の受入れの範囲拡大 円滑化が要請される一方、外国人の不法就労等が社会問題化してい 現状に鑑み、外国人労働者の受入れ範囲拡大の是非、拡大する場合 の範囲及び受入れ体制の整備等外国人労働者を中心とする外国人受 れに関する諸問題を検討する	外国人労働者問題関係省庁連絡会議課長会議	内閣官房副長官補室
水に際し、関係行政機関等相互の密接な連携と協力の下に各般の施 の連絡調整及び推進を図る	幹事会	内閣官房（＊）
成17年12月上旬以降、寒波や大雪の影響により各地で被害が発生 、国民生活に大きな影響が及んでいることを踏まえ、寒波・雪害対 に関し、関係省庁間の緊密な連携を確保し、施策の円滑な実施を図	寒波・雪害対策に関する関係省庁連絡会議幹事会	内閣官房副長官補室
政の無駄を省き、「簡素で効率的な政府」を実現するため、関係省庁 情報交換、意見交換を行い、連携を図る	行政効率化関係省庁連絡会議幹事会	内閣官房副長官補室
行の文書管理の運用を徹底するとともに、文書の作成から国立公文 館への移管、廃棄までを視野に入れた文書管理について政府全体と て適切に対処し、行政文書や歴史資料として重要な公文書等の管理 一層の充実のための新たな法制度の在り方も含め、今後の文書管理 の在り方について検討する	行政文書・公文書等の管理・保存に関する関係省庁連絡会議幹事会	内閣官房副長官補室
造計算書偽装問題の再発防止のための改正建築基準法の施行に伴い じた建築確認手続の遅延、建築着工の大幅減少及びその影響への対 について、関係省庁が情報交換、意見交換を行い、連携を図る	建築確認問題に関する関係省庁連絡会議幹事会	内閣官房副長官補室
下の原油価格の高騰に鑑み、関係府省が情報交換、意見交換を行い、 層の連携を図っていく	幹事会	内閣官房
共工事の品質確保の促進について、関係省庁間の緊密な連携を確保 、施策の円滑な実施を図る	公共工事の品質確保の促進に関する関係省庁連絡会議幹事会	内閣官房副長官補室（＊）
共工事の入札契約の改善その他の公共調達の適正化について、関係 庁間の緊密な連携を確保し、施策の円滑な実施を図る	公益調達の適正化に関する関係省庁連絡会議幹事会	内閣官房副長官補室
国連持続可能な開発のための教育の10年」に係る施策の実施につい 、関係行政機関相互間の緊密な連携を図り、総合的かつ効果的な推 を図る	「国連持続可能な開発のための教育の10年」関係省庁連絡会議幹事会	内閣官房副長官補室
判員制度の実施に向け、広報啓発、国民の参加環境の整備、法教育 の同制度を円滑に実施するために必要な施策に関し、関係機関の連 を確保しつつ、その効果的な実施を図る	裁判員制度関係省庁等連絡会議幹事会	内閣官房副長官補室
トの新型インフルエンザ及び高病原性鳥インフルエンザの発生に関 て、関係省庁の緊密な連携を確保し、政府一体となって対応する		内閣官房新型インフルエンザ等対策室 内閣官房副長官補室
身取引は、基本的人権の侵害に当たり、人道的観点からも深刻な問 であることから、その撲滅と被害者の保護に向けた必要な措置につ て、関係省庁間の緊密な連携を図り、国際社会と協調し、これを早 かつ着実に推進する	人身取引対策に関する関係省庁連絡会議幹事会	内閣官房副長官補室
合法律支援法（平成16年法律第74号）に基づく日本司法支援セン ーの業務に関する関係機関の連携を確保・強化する		内閣官房副長官補室
上テレビジョン放送のデジタル化に伴い、平成23年7月までにア ログ放送が終了することを踏まえ、関係省庁の緊密な連携を図り、 ジタル放送への円滑な移行を推進する	デジタル放送への移行完了のための関係省庁連絡会議ワーキンググループ	内閣官房副長官補室

表

組織名	設置根拠	議長	副議長	構成員
×ADRの拡充・活性化関係省庁等連絡会議	関係省庁等申合せ（平成14年6月13日）	内閣官房内閣参事官		内閣府、公正取引委員会、公害等調整員会、11省庁、最高裁判所の課長級名
外国人労働者問題関係省庁連絡会議	関係省庁等申合せ（昭和63年5月13日）	内閣官房副長官補（内政）		内閣官房副長官補（外政）、内閣官房閣審議官、内閣府政策統括官2名、省庁の局長～中二階級10名
渇水対策関係省庁会議	関係省庁申合せ（平成17年7月11日）	内閣官房副長官補	内閣官房内閣審議官 国土交通省土地・水資源局水資源部長	内閣官房危機管理審議官、10省庁長～中二階級10名
×寒波・雪害対策に関する関係省庁連絡会議	関係省庁申合せ（平成17年12月28日）	内閣官房副長官補	内閣府政策統括官（防災担当） 国土交通省都市・地域整備局長	内閣官房内閣審議官、内閣府政策統官（経済財政運営担当）、12省庁の局級13名
×行政効率化関係省庁連絡会議	関係省庁申合せ（平成16年2月5日）	内閣官房副長官補	総務省行政管理局長 財務省主計局長	内閣総務官、内閣法制局総務主幹、人院事務総局総括審議官、内閣府大臣房長、公正取引委員会事務総局官房括審議官、宮内庁長官官房審議官、省庁の官房長級13名
×行政文書・公文書等の管理・保存に関する関係省庁連絡会議	関係省庁申合せ（平成19年12月14日）	内閣官房副長官	内閣官房副長官補 内閣総務官 内閣府大臣官房長 総務省行政管理局長	内閣法制局総務主幹、人事院事務総総括審議官、宮内庁長官官房審議官、正取引委員会事務総局官房総括審議13省庁の官房長級13名
×建築確認問題に関する関係省庁連絡会議	関係省庁申合せ（平成19年12月14日）	内閣官房副長官補		内閣府政策統括官（経済財政運営担当7省庁の長官～中二階級11名
原油問題関係省庁会議	関係省庁申合せ（平成17年9月27日）	内閣官房副長官補	経済産業省資源エネルギー庁長官	内閣官房内閣審議官、内閣府政策統官（経済財政運営担当）、公正取引委会事務総局経済取引局取引部長、12庁局長～中二階級14名
公共工事の品質確保の促進に関する関係省庁連絡会議	関係省庁申合せ（平成17年8月23日）	内閣官房副長官補	国土交通省大臣官房長	内閣府大臣官房長、宮内庁管理部長、省庁の官房長・局長級15名
×公共調達の適正化に関する関係省庁連絡会議	関係省庁申合せ（平成17年12月26日）	内閣官房副長官	内閣官房副長官補	内閣法制局総務主幹、人事院事務総総括審議官、内閣府大臣官房長、宮内皇室経済主管、公正取引委員会事務局官房総括審議官、13省庁の官房長局長級17名
「国連持続可能な開発のための教育の10年」関係府省庁連絡会議	関係省庁申合せ（平成17年12月26日）	内閣官房副長官（代行：内閣官房副長官補（外政））	内閣官房内閣審議官、外務省国際協力局長、文部科学省国際統括官、環境省総合環境政策局長	内閣府大臣官房総括審議官、4省の官長・局長
×裁判員制度関係省庁等連絡会議	関係省庁等申合せ（平成17年3月17日）	内閣官房副長官補		内閣官房内閣審議官、内閣府大臣官政府広報室長、7省庁官房長・局長～二階級7名、最高裁判所事務総局審官
新型インフルエンザ及び鳥インフルエンザ等に関する関係省庁対策会議	関係省庁申合せ（平成16年3月2日）	内閣危機管理監	内閣官房副長官補（内政）	内閣官房内閣審議官4名、内閣府政統括官、内閣府食品安全委員会事務長、19省庁長官～中二階級28名
人身取引対策に関する関係省庁連絡会議	関係省庁申合せ（平成16年4月5日）	内閣官房副長官補（内政） 内閣官房副長官補（外政）		内閣府男女共同参画局長、6省庁局長10名
総合法律支援関係省庁等連絡会議（＊）	関係省庁等申合せ（平成17年2月17日）	内閣官房内閣参事官		内閣府大臣官房企画調整課長、内閣参事官・課長4名、公正取引委員会事総局官房総務課長、15省庁課長級名、最高裁判所事務総局総務局第一長
デジタル放送への移行完了のための関係省庁連絡会議	関係省庁申合せ（平成19年9月26日）	内閣官房内閣参事官		内閣府大臣官房企画調整課長、公正引委員会事務総局官房総務課長、14庁課長級19名

絡会議の例（続き）

任務	下部組織	庶務担当
民をめぐる諸問題について、関係行政機関の緊密な連携を確保し、府として必要な対応を検討する	難民対策連絡調整会議幹事会	内閣官房副長官補室
文化、地域ブランド、ファッション、アニメ、音楽、放送番組、伝文化など、我が国の魅力や強みを「日本ブランド」として効果的に信していく	日本ブランドの確立と発信に関する関係省庁連絡会議幹事会	内閣官房知的財産戦略推進事務局
境問題への対応、エネルギーセキュリティの確保、我が国産業の競力の強化との観点から、燃料電池の実用化を図るに当たり、燃料電自動車の政府による率先導入、安全性の確保を前提とした燃料電池係る包括的な規制の再点検等について、関係省庁の緊密な連携を図	燃料電池実用化に関する関係省庁連絡会議幹事会	内閣官房副長官補室
口英世博士記念アフリカの医学研究・医療活動分野における卓越た業績に対する賞の創設について」（平成18年7月28日閣議決定）基づき、野口英世博士記念アフリカの医学研究・医療活動分野にある卓越した業績に対する賞（略称：野口英世アフリカ賞）について、本的事項に係る連絡調整を行う	「野口英世アフリカ賞」に関する関係省庁連絡会議幹事会	内閣官房副長官補室 内閣府野口英世アフリカ賞担当室
近における児童を被害者とする事件の発生にかんがみ、登下校時の童の安全確保のための取組その他犯罪から子供を守るための対策が滑に行われるよう、関係省庁間の連絡調整を図る		内閣官房官房副長官補室
泳用プールにおいて、施設の設置・管理における安全確保の不備等よる事故が発生していることにかんがみ、このようなプールにおけ事故対策について、関係省庁が情報交換、意見交換を行い、連携をる	プール事故における事故対策に関する関係省庁連絡会議幹事会	内閣官房副長官補室
が国は、2006年12月の日フィリピン首脳会談において、東アジア域協力のための具体的取組の一つとして、平和構築分野の人材育成想を表明したところ、関係行政機関相互間の緊密な連携を図り、総的かつ効果的な推進を図る		内閣官房副長官補室
外で発生する原子力関係事象に際し、放射能測定分析の充実、人体対する影響に関する研究の強化、放射能に対応する報道、勧告、指その他放射能対策に係る諸問題について、関係機関の相互の連絡、整を緊密に行う	放射能対策連絡会議幹事会	内閣官房副長官補室
後の司法制度改革の推進について」（平成16年11月26日司法制改革推進本部決定）に基づき、我が国の法令の外国語訳を推進するめに必要な基盤整備について、関係省庁間の連携を確保しつつ、施の円滑な実施を図る	法令外国語訳推進のための基盤整備に関する関係省庁連絡会議幹事	内閣官房副長官補室
が国の水資源の確保、世界の水危機解決への貢献等、国内外の水にする問題に関し、関係省庁が情報交換、意見交換を行い、連携を図	水問題に関する関係省庁連絡会議幹事会	内閣官房副長官補室（＊）
造品・海賊版の外国市場対策や水際及び国内での取締りに関し、関省庁が一体となって対策に取り組む	模造品、海賊版対策関係省庁連絡会議幹事会	内閣官房知的財産戦略推進事務局

係省庁等連絡会議」は総務省へ移管され、また「渇水対策関係省庁会議」、「公共工事の品質確保の促進に関する関係省庁連絡会議」、「水問題に
月15日内閣総理大臣決裁)、「日本産酒類の輸出促進連絡会議」（平成25年3月12日内閣官房長官決裁）などが設置されている。

(3)　安全保障会議

安全保障会議は、安全保障会議設置法に基づき内閣に設置されるもので、一般には内閣の補佐機構として位置づけられるが、組織や機能に着目すれば、実質的には内閣の委員会ということができよう[79]。議長は内閣総理大臣であり、内閣総理大臣臨時代理、総務、外務、財務、経済産業、国土交通、防衛、内閣官房長官、国家公安委員会委員長が議員である（なお、臨時議員として、その他の国務大臣を参加させることもできる。同法四条、五条）。国防の基本方針、防衛計画の大綱、防衛計画に関連する産業等の調整計画の大綱、武力攻撃事態等への対処に関する基本方針をはじめ、内閣総理大臣が必要と認める国防に関する重要事項や重大緊急事態への

表

組織名	設置根拠	議長	副議長	構成員
難民対策連絡調整会議	閣議了解（平成 14 年 8 月 7 日）	内閣官房副長官	内閣官房副長官補	内閣官房内閣審議官、12 省庁局長～二階級 13 名
×日本ブランドの確立と発信に関する関係省庁連絡会議	関係省庁申合せ（平成 20 年 6 月 5 日）	内閣官房副長官補	内閣官房内閣審議官（内閣官房知的財産戦略推進事務局長）	内閣官房内閣審議官、6 省庁局長～中階級 8 名
燃料電池実用化に関する関係省庁連絡会議	関係省庁申合せ（平成 14 年 5 月 15 日）	内閣官房内閣審議官		内閣府政策統括官（科学技術政策担当 6 省庁局長級 14 名
「野口英世アフリカ賞」に関する関係省庁連絡会議	関係省庁申合せ（平成 18 年 8 月 2 日）	内閣官房副長官補（内政）内閣官房副長官補（外政）	内閣官房内閣審議官	内閣府大臣官房長、外務省アフリカ議官、文部科学省研究振興局長、厚生働省大臣官房技術総括審議官
犯罪から子どもを守るための対策に関する関係省庁連絡会議	（不明）	内閣官房副長官補		内閣官房内閣審議官、内閣府政策統官（共生社会政策担当）、8 省庁局長級名
×プールにおける事故対策に関する関係省庁連絡会議	関係省庁申合せ（平成 18 年 8 月 9 日）	内閣官房副長官補		内閣官房内閣審議官、5 省庁局長級 5
×平和構築分野の人材育成に関する関係省庁連絡会議	関係省庁申合せ（平成 18 年 12 月 27 日）	内閣官房副長官補（外政）		内閣府国際平和協力本部事務局長、9 庁局長～中二階級 9 名
放射能対策連絡会議	内閣官房長官決裁（平成 15 年 11 月 21 日）	内閣官房副長官	内閣官房副長官補（内政） 内閣官房副長官補（外政） 内閣官房副長官補（安全保障・危機管理） 原子力規制庁長官	内閣審議官、内閣府食品安全委員会務局長、内閣府政策統括官（防災担当 17 省庁局長～中二階級 17 名
法令外国語訳推進のための基盤整備に関する関係省庁連絡会議	関係省庁申合せ（平成 17 年 1 月 27 日）	内閣官房副長官補		内閣府大臣官房長、公正取引委員会務総局官房総括審議官、15 省庁官房級 15 名
水問題に関する関係省庁連絡会	関係省庁申合せ（平成 21 年 1 月 28 日）	内閣官房内閣審議官（内閣官房副長官補付）国土交通省土地・水資源局水資源部長		内閣府大臣官房審議官（防災担当）、省庁局長～課長級 14 名
×模造品、海賊版対策関係省庁連絡会議	関係省庁申合せ（平成 16 年 7 月 27 日）	内閣官房副長官補	内閣官房内閣審議官（内閣官房知的財産戦略推進事務局長）	内閣官房内閣審議官、8 省庁局長級 8

（出典）内閣官房ウェブサイトより筆者作成（2013 年 1 月末現在）
×は活動を停止又は終了したとみられるもの
（＊）「内閣官房及び内閣府の本来の機能を向上させるための事務分担の見直しについて」（平成 24 年 12 月 7 日閣議決定）により、「総合法律
関する関係省庁連絡会議」の庶務担当が国土交通省に移管されている。また、その後、「国土強靭化の推進に関する関係府省庁連絡会議」（平成

対処に関する重要事項について諮問される（同法二条）。諮問が法律上義務づけられる事項については、内閣総理大臣の権限行使の抑制を図る趣旨とも解されるが、国防の基本方針も、防衛計画大綱も、最終的には閣議決定に付されることからすれば[80]、事前に関係大臣間で議論を進めることで閣議の負担を減らす機能を果たすものとも考えられ、安全保障分野で内閣の政策形成や総合調整に資する存在であるといえよう[81]。もっとも、安全保障会議についてもまた、会議そのものが実際にこれらの機能をどこまで果たしているのかは不明である[82][83]。

(4)　内閣府の「重要政策会議」

さらに、橋本行革の結果、法律に基づき、内閣府にいくつかの「重要政策

に関する会議」が設置された。これは、「内閣の重要政策に関して行政各部の施策の統一を図るために必要となる企画及び立案並びに総合調整に資するため、内閣総理大臣又は内閣官房長官をその長とし、関係大臣及び学識経験を有する者等の合議により処理することが適当な事務をつかさどらせるための機関」である（内閣法一八条一項）。内閣府設置法に直接の根拠を有するものとして、経済財政諮問会議、総合科学技術会議、別に法律の定めるところにより（同法一八条二項）設置されたものとして、中央防災会議、男女共同参画会議がある。

このうち、二〇〇〇年代前半において重要な役割を果たしたのが経済財政諮問会議である。経済財政諮問会議は、内閣総理大臣が議長を務め（内閣府設置法二二条一項）、内閣官房長官、経済財政政策担当大臣、内閣総理大臣が指定する大臣、有識者、合計一〇人以内の議員から組織される（同法二二条一項、二〇条）。有識者は議員の一〇分の四以上であることが求められ（同法二二条二項）、実際に四人の民間議員が任命された。経済財政諮問会議は、法文上は、経済財政政策に関する重要事項について「調査審議」する権限を有するにとどまり（同法一九条一項）、「企画立案」の権限すら認められていなかった(84)。しかし、実際には、二〇〇一年四月からの小泉内閣で、その構造改革政策の実現に当たり極めて大きな働きをした。予算編成過程に変化を加えるとともに、重点分野に財源を集中しそれ以外の分野の歳出を大幅に削減する結果を齎したのである。すなわち、従来の概算要求基準の閣議了解（七月下旬）に先立ち、「改革と展望」（一月下旬）で中期的な構造改革の方針およびマクロ経済の見通しを示し、「骨太の方針」（六月下旬）で翌年度の重要政策や予算の基本方針を明らかにして、それを元に「予算の全体像」（七月下旬）が打ち出されるようになった。平成一四年度予算編成では、国債発行三〇兆円を維持するために前年比で三兆円の歳出削減を説いた財務省に対し、縮減すべき分野で五兆円削減する代わりに重点分野で二兆円付けるべきとの民間議員の主張が採用され、公共事業費の大幅削減を齎した。平成一六年度予算編成では、いわゆる「三位一体改革」で財務省の反対を押し切り三兆円の税源の地方への移譲が決定された。

　経済財政諮問会議が実効的に機能した理由として、議題設定の主導権を実質的にも諮問会議（民間議員）が掌握したこと、政策策定に従来は排除されていたアクターが加えられたこと、議題の統合がなされ政府レベルで政策の優先順位が付けられたこと、政策決定過程が透明化されたこと、政策のアイデアが政府の外部から注入されたことなどが挙げられるが(85)、担当大臣（及びそのスタッフ）の専門的知識を伴う強い意思と、内閣総理大臣の最終的な支持と決断が大きいだろう。経済財政諮問会議は、政府の外部から有識者が入るという点を強調すれば、知恵を提供する審議会の位置づけを与えることもできるが、内閣総理大臣と関係大臣により政策策定がなされる点を捉えれば、「時の内閣の政策の遂行の便宜のために設立される内閣補助機関(86)」、すなわち内閣の委員会の一種として整理することも可能だろう。経済財政諮問会議は、二〇〇九年の政権交代以降は休止されたが、二〇一二年の政権交代によって再開された。今後どのような役割を果たしていくのかが注目される。

　同時に設置された、総合科学技術会議(87)（内閣府設置法二六条）、男女共同参画会議(88)（男女共同参画社会基本法二一条）、中央防災会議(89)（災害対策基本法一一条）も、内閣総理大臣（中央防災会議は内閣官房長官）が議長となり、大臣と有識者とから組織される点、各分野の重要事項に関する調査審議や計画の策定を行う点で、経済財政諮問会議と同様に、内閣の委員会としての機能を果たしうる機関であると考えることができる(90)。

　これらの四つの会議が、内閣直属ではなく内閣府に設けられた理由は定かでない。内閣府設置法三条三項が「内閣府は第一項の任務［＝内閣の重要政策に関する内閣の事務を助けること］を遂行するに当たり、内閣官房を助けるものとする」と定めた点を捉えて、「内閣府が企画立案・総合調整を行った事項であっても、内閣官房は必要に応じて調整をすることができる［……］つまり分離型とすることで内閣官房の優位性を明確にした」趣旨が指摘される。[91] そのような内閣府に会議を置くことで、とくに経済財政諮問会議の役割の封じ込めを狙ったものと解する論者もいた。[92] しかし、小泉内閣下における経済財政諮問会議の活躍もあり、現在では、内閣に置かれる会議体とこれらの会議体との違いは見えにくい。

また、これら以外に、内閣府に設置された会議体で、内閣総理大臣を構成員とするものとして、**表5**のものが挙げられる。[93] このうち、子ども・若者育成支援推進本部は、平成一五年に閣議決定に基づき内閣に設置された「青少年育成推進本部」に代えて設置されたという経緯に鑑みても、実質的な機能は、**(2)**で見た本部と変わらないように思われる。ここにも、内閣府と内閣官房との役割の違いを見出すことの難しさが表れている。

(5)　行政刷新会議と国家戦略室

最後に、二〇〇九年の政権交代後、経済財政諮問会議に代えて設置された行政刷新会議と国家戦略室について（後者は**3**でみる補佐機構のひとつであるが）触れたい。民主党は、二〇〇九年の衆議院議員総選挙の選挙公約（マニフェスト）に「官僚丸投げの政治から、政権党が責任を持つ政治家主導の政治」への転換を掲げ、その一環として、行政刷新会議と国家戦略局の設置を決定した。行政刷新会議は事業仕分けなどを行うこととされ、国家戦略局は予算編成や税制改革などの経済財政政策の「司令塔」としての役割を期待された。そして、鳩山内閣は、いわゆる「政治主導法案」（正式には「政府の政策決定過程における政治主導の確立のための内閣法等の一部を改正する法律案」）を作成し第一七四回国会（二〇一〇年一月一八日～六月一六日）に提出して、これらの組織に法律上の根拠を与えようとした。

この法案によれば、行政刷新会議は、内閣府設置法上、経済財政諮問会議と入れ替えるかたちで内閣府に設置され、「国民の視点に立って行う国の行政に関する予算及び制度その他国の行政全般の在り方の刷新並びにこれに伴い必要となる、国、地方公共団体及び民間の役割の在り方の見直し（以下「行政の刷新」という。）に関する事項」を担当する。内閣総理大臣を議長とし、議長と一〇人以内の議員とで組織される。議員は、内閣官房長官、行政刷新大臣、内閣総理大臣が任命する国務大臣、有識者が充てられる。会議に事務局を置き、事務局長は、有識者議員、内閣府副大臣、大臣政務官その他関連する内閣府の職員のうちから充てることとしていた。

国家戦略局は、内閣官房に置かれ、「経済全般の運営の基本方針、財政運営の基本、租税に関する政策の基本及び予算編成の基本方針の企画及び立案並びに総合調整に関する事務」を担当する。内閣官房副長官を一人増員し、これを国家戦略局長に充てるとともに、大臣政務官級の国家戦略官を一人設置するというものであった。

もっとも、「政治主導法案」は成立しないまま継続審議とされ、最終的に撤回された[94]。二〇一〇年の参議院議員通常選挙で与党が敗北しいわゆる「ねじれ現象」が生じたこともあって、これらの組織は、法律上の根拠を有しないまま、閣議決定および内閣総理大臣決定に基づき置かれていた[95]。そのため、国家戦略室は、「予算も定員も正規の割り当てがな［く、］仕方なく内閣官房と内閣府の割り当て分を一部拝借する」かたちで運用され、スタッフの数も発足後一カ月余り経った時点でわずか一二人という有様であった[96]。菅内閣においては、経済財政政策の司令塔の役割から、内閣総理大臣直属の「助言機関」に衣替えされたといわれた[97]。

しかし、国家戦略室は野田内閣の最後まで存続し続けた。財政政策に対する影響力は大きくなかったと思われるが[98]、経済政策との関連では、新成長戦略実現会議の事務を担当し、その下でパッケージ型インフラの海外展開や医療イノベーション等に関連する会議を開催して、いくつかの省庁横断的な政策の形成と実施に寄与していた。また、包括的経済連携（ＴＰＰ）を担当し、福島原発事故以後はエネルギー戦略について「エネルギー・環境会議」を運営して検討を行った。また、野田内閣で「国家戦略会議」が設置され、「日本再生の基本戦略」をはじめ、エネルギー・環境戦略や中期財政フレームが議論されるようになったが（**表3**参照）、国家戦略室がその事務を担当していた。なお、当初は国家戦略室が年金制度改革も所管していたが、二〇一〇年一〇月二九日から、内閣官房の担当とされている。[99]

平成二四年度『職員録』によれば、室員として、内閣審議官が専任一人、併任三人、内閣参事官が専任一人、併任五人であったが、平成二五年度『職員録』によれば、審議官の併任が一一人、参事官の併任が一二人に増えているほか、企画官も三人併任されている。小さな組織であるが、「総理直属」を標榜する機関——組織上も内閣官房の他の事務局等が内閣官房副長官補の下に入っているのと異なり、内閣官房副長官から直接にぶら下がっている点に特徴があり、運営上も国家戦略担当大臣を通じて直接に総理大臣と繋がることを目指していたのだと推測される——が曲がりなりに存続していた点で注目される。

他方、行政刷新会議は、内閣総理大臣を議長、行政刷新大臣を副議長とし、内閣総理大臣が指名する者及び有識者[100]を構成員として内閣府に設置されていた。もっとも、法令に基づく正式の機関でないためであろう、内閣府の組織図には事務局も含めて登場しなかった。[101]組織上の扱いは国家戦略室以下であるが、行政刷新会議も、いわゆる「事業仕分け」が——その後の実施段階での実効性に問題が指摘されるものの——好評を博し、内閣府のウェブサイトにも、その政策の一つとして「行政刷新」が掲げられるに至った。

これら両機関（そして国家戦略会議）は、二〇一二年一二月の政権交代によって廃止された（「『行政刷新会議の設置について』等の廃止について」（平成二四年一二月二六日閣議決定））。しかし、これらは、内閣の政策形成において重要な役割を果たす下部組織や補佐機構が、法令の規定によらず、内閣総理大臣の主導で設置された例として——国家戦略室の設置根拠である「内閣総理大臣決定」は、「内閣官房組織令（一二条）に定める委任規定」に基づくもので、以前より本部等の事務体制を整えるために用いられていた形式であるが[102]——注目される。もっとも、人員や予算の手当てに柔軟性を欠く点は、特にイギリスの場合と対照的である。

3 補佐機構

(1) 内閣官房

① 内閣官房の権限 内閣官房は、一九四七年の内閣法制定当初は、その事務として、「閣議事項の整理その他内閣の庶務を掌る」(一二条二項)ことのみが掲げられていた。その後、一九五七年の内閣法改正(昭和三二年法律第一五八号)で、「閣議に係る重要事項に関する総合調整その他行政各部の施策に関するその統一保持上必要な総合調整」、「内閣の重要政策に関する情報の収集調査に関する事務」が追加された。前者は「行政各部の統一保持についての補佐」、後者は「閣議において決定するにつき内閣が必要とする情報の供給」を意味するといわれる[103]。この時点で、内閣参事官室、内閣審議室、内閣調査室の三室体制となり[104]、その後、一九八六年に、内閣審議室が内政、外政、安全保障の三室に分離されて拡充された。もっとも、この時点では、上記の注釈が示唆するように、内閣官房の事務は各省が主導する政策立案や遂行のいわば受け身の調整(「まとめ役とケンカを仲裁する権限[105]」)に限られていた[106]。法文の解釈でいっても、「総合調整」は受動的調整、「内閣の重要政策」は閣議事項——これも狭く捉えられる傾向にあった[107]——であると、限定的に理解する傾向が濃厚であったといえる。そしてまた、内閣官房は、内閣(閣議)の補佐機構という位置づけを与えられており、内閣の首長であり閣議の主宰者である内閣総理大臣との関係は明確でなかったのである。

これに対し、行政改革会議報告書は、「内閣官房は、内閣の補助機関であるとともに、内閣の『首長』たる内閣総理大臣の活動を直接に補佐・支援する強力な企画・調整機関とし、総合戦略機能を担う」べきことを提案した(Ⅱ4

(1)①)。第一に、内閣官房に総合戦略機能を担わせること、第二に、内閣官房に内閣総理大臣を直接に補佐する役割を認めたことが注目される。報告書は、内閣官房が具体的に果たすべき機能として、内閣の補助機関としての機能のほか、①企画立案機能（総合戦略機能）、②最高・最終の調整機能、③情報機能、④危機管理機能、⑤広報機能を挙げた（Ⅱ4(2)）。これらの点は基本法八条でも明記され、内閣法改正では一二条二項が六つの号に整理・拡充された。すなわち、従来の、「閣議に係る重要事項に関する総合調整」と「行政各部の施策に関するその統一保持上必要な総合調整」にかかる事務に、「企画及び立案」が追加されるともに（三号、五号）、新たに、「内閣の重要政策に関する基本的な方針」に関する企画立案・総合調整（二号）、「行政各部の施策の統一を図るために必要となる」企画立案・総合調整の事務（四号）が追加されたところである。

この点、「総合戦略機能」という語が法文に見られない点などを、「内閣官房に強力な調整力を与えたくない省庁官僚による抵抗によるものであった」とし、報告書から後退したとの評価も存在する。[108] しかし、改正後の文言に報告書の内容を読み込み、二号の「内閣の重要政策」という文言を、かつての閣議事項のように限定的に解するのではなく、内閣総理大臣が重要であると判断した施策まで含む――直ちに内閣の意思決定を求めることが予定される、完成された個別具体的な政策に限られず、討議を経て動態的に生成される抽象的な方針や大局的な戦略をも含む――と解釈することは十分に可能であろう（二1(3)参照）。

また、四号の「行政各部の施策の統一を図るために必要となる」という文言は、「各省から持ち込まれる案件の処理という受身の調整にとどまらず、能動的な、いわば攻めの調整を行う権能と責任を有することを明らかにするものである」との解釈が説かれる。[109] この二号と四号は、内閣ではなく、「内閣の首長としての内閣総理大臣の職務を直接に補佐する」（基本法八条一項）事務と見ることができる。[110]

さらに、「企画及び立案」という文言が加わったことの意義も大きい。内閣官房はみずから政策を創出する権限を有することが法文上明らかとなったからである。このことは、「総合調整」の意味内容にも影響を及ぼしたといえよう。「総合調整」は積極的なものをも含むとの理解が強くなってきたのである[111]。橋本行革後の実際においても、かつては機能していなかった内閣官房による総合調整が機能し始めているとの分析がなされているところである[112]。

② 内閣官房の組織　これに合わせて、内閣官房の機構も拡充された。内閣官房長官のもと、内閣官房副長官が三人に増員されるとともに（一九九八年七月一日以降。内閣法一四条一項）、従来の内政、外政、安全保障という固定された三室に代えて、格上げされるかたちで新設された三人の内閣官房副長官補（内閣法一六条）の下、三つの審議室に分属していた内閣審議官は内閣参事官と改称されて（内閣官房組織令八条）、全員が一括して内閣官房副長官補付とされた。組織図上は、内閣官房副長官補の下に、各種の本部事務局[113]や連絡会議等の担当部局[114]が内閣総理大臣決定[115]により置かれており、政策に柔軟に対応できる「アメーバ型[116]」の調整組織の枠組みが整えられたと評価しうる。また、報告書を踏まえて内閣危機管理監が新設され、さらに内閣総理大臣の直接のスタッフ体制の充実を実現するべく内閣補佐官が三人から五人に増員されるなど、審議室以外の組織も拡充された。

現在の内閣官房の組織は次のようになる。内閣官房長官は、内閣総理大臣に次いで実質的に内閣官房をリードする存在であるといえ[117]、「内閣官房の事務を統轄し、所部の職員の服務につき、これを統督する」（内閣法一三条三項）。内閣官房長官は、一九六六年以降、「国務大臣をもつて充てる」（同条二項）こととされている。内閣官房長官が実際に果たす役割は、事務の統括以外に、内閣の政策の立案や取纏め、国会・与党との連絡調整、マスコミへの応対等、非常に広範である[118]。この下に、内閣官房副長官が三人（政務担当として両議院から一人ずつ、事務担当として一人）置かれる。政務担当の副長官の役割が定かでない[119]のに対し、事務担当の副長官は、官僚のトップともいえ、その役割は極めて重要である。主な役割として、閣議において法律案以外の案件の説明を行うことと、二〇〇九年の鳩山内閣発足時にいったん廃止されるまでの事務次官会議の運営に象徴されるように、各省庁の幹部（事務次官や局長）を相手とする各省横断的な総合調整を行うことが挙げられる。[120] 時として内閣総理大臣から政策に関して意見を求めることがあり、[121] さらに野党に対する説明、調整まで行うこともあったという。[122]

この下に、内閣総務官が統轄し閣議事項の整理や内閣官房自体の人事・予算、総理大臣官邸の管理を担当する内閣総務官室、[123] 三人の内閣官房副長官補の下で主に各省横断的な総合調整を行う「内閣副長官補室」[124]（ここに各種の事務局や室が設置される）、内閣広報官の下に広報に関する企画立案及び総合調整を担当する内閣広報官室、内閣情報官の下に国内外の情報の収集分析及び調査を担当する内閣情報調査室[125]が設置されている。内閣官房の職員数は、一九八五年まで一〇〇人前後だったのが、一九八六年の組織拡充後に一七六名となり、一九九九年まで二〇〇人未満だったところが、橋本行革を契機として人数が急増し、[126] 平成二二年度末の定員が七七八人（特別職除く）、そのうち専任の内閣審議官（「中二階」と言われる部長級）の定数が四六人、内閣参事官（課長級）の定数が六六人となっている（内閣官房組織令六条三項、八条三項）。

また、これらの組織とは別に、内閣危機管理監が、内閣官房副長官に次ぐ官職として一九九八年の内閣法改正で設置されている（内閣法一五条）。内閣危機管理監は、命を受けて国の防衛に関するものを除く危機管理を担当する（同条二項）。阪神・淡路大震災を契機として、危機発生時には「司令塔」役を果たし、事務担当の内閣官房副長官の負担を軽減することを狙って設置されたものである。[127] 組織図上は、直属のスタッフを持たない「盲腸」に位置しているが、内閣総理大臣の指定する内閣官房副長官補が「内閣危機管理監の事務の整理を掌理する」とされており（内閣官房組織令一〇条）、内閣官房副長官補（安全保障・危機管理担当）及び危機管理審議官に対して指示する体制をとっているようである。[128]

上述したように内閣官房は量的にも規模を拡大させているが、それとともに、「内閣レヴェルで政策決定を行う経験を積んだ官僚集団」である――すなわち、各省庁の官僚とは質的にも異なる――「内閣官僚」の形成が指摘される。[129] もっとも、現在もなお、法制上、内閣官房の職員の任免権は内閣総理大臣ではなく内閣にある点（国家公務員法五五条一項）、実務上、内閣官房は独自の人事権を有さず、事務方は各省庁からの出向者で占められ、とくに内閣参事官以下は「完全に省庁の定例人事の一環として実施されている」点には留意が必要であろう。[130]

③「首相官邸」　日本では組織上、内閣官房と別に首相官邸が存在しているわけではない。「大まかな把握では、『総理官邸』と『内閣官房』は一体」と理解されているのである。[131] この点では、宰相府を有するドイツとも、内閣官房と別に首相府が認識されているイギリスとも異なる。しかし、物理的に総理大臣が執務する「首相官邸」と呼ばれる建物があり、そこで――総理大臣の直近で――机を与えられて常勤するスタッフがいることは確かである。

上記で触れた者の中では、内閣官房長官、内閣官房副長官（政務・事務）、内閣総務官がこれに当たるが、[132] さらに、内閣総理大臣秘書官と内閣総理大臣補佐官の存在が挙げられる。

内閣総理大臣秘書官は、五人の定員であるが、当分の間七人に増員されている（内閣官房組織令一一条、附則九項）。一人が政務担当秘書官で、残りは事務担当秘書官である。政務担当秘書官は首相の政治任用であり、その日程管理を行うのが基本であるが、政策調整、政務やマスコミ対策を行うこともあるようである。事務担当秘書官は、各省庁から派遣される。[133]「各省庁との連絡調整が主な仕事」であり、「首相が秘書官を通じて各省庁に指示を出したり、逆に各省庁から政策の選択肢や情報が伝えられる」といわれる。[134] 興味深いのは、秘書官を通じた各省庁との連絡は事務担当の内閣官房副長官とは別に行われているようであることである。[135] 内閣官房の組織図上も内閣総理大臣秘書官は掲げられていない。各省庁との一元的な連絡、総合調整の観点から、事務方の内閣官房副長官を頂点とするラインと、総理大臣秘書官を経由するラインとの関係を整理する必要があるだろう。

内閣総理大臣補佐官は、一九九六年の内閣法改正で設置された。[136] 当初は三人以内とされていたが、一九九九年の内閣法改正で五人以内に増員された（内閣法一九条一項）。補佐官の役割は、法律上は、「内閣の重要政策に関し、内閣総理大臣に進言し、及び内閣総理大臣の命を受けて、内閣総理大臣に意見を具申する」こととされている（同条二項）[137] ものの、実際上の運用については――任命するかも含めて――一定のあり方が確立しているわけではない。かつての自民党政権下では、行政改革、特殊法人改革、沖縄問題といった特命事項担当の他、広報を行う例[138]もあったが、民主党政権下では、特定政策担当や国会対策のために与党国会議員を任命する例が続いた。第二次安倍内閣では、与党国会議員三人、幹部職員出身者二人が任命されている。

また、内閣総理大臣のスタッフとしては内閣官房参与、内閣特別顧問、内閣府参与も挙げることができる。これらは非常勤の国家公務員であるが（内閣官房参与、内閣特別顧問について、参照、人事院規則九―一第一条、内閣府参与について、内閣府本府組織規則五五条）、民間の有識者が内閣総理大臣に対する相談者として任命される。菅内閣で多くの者が任命されて注目された。[139] もっとも、非常勤であり、実際には、時折の面会や電話等を通じた助言に留まるため、「必ずしも政府の意思決定に直結する政策提言にはならない」とも評価される。[140] 第二次安倍内閣では七名が内閣官房参与に任命されているが、経済学者や元検察官の他、政務担当秘書官経験者や元事務次官が任命され、メディア対策や政策形成および実施に対する寄与が注目されている。

首相官邸に着目すれば、内閣総理大臣が独自に政策を発案し、また国会との交渉、国民や外国に対する広報を行うだけの補佐機構の体制の確立はなお不充分で、発展途上であるといえよう。

(2)　内閣法制局

内閣法制局は、「内閣に［……］置く」とされている機関である（内閣法制局設置法一条）[141]。長である内閣法制局長官は内閣が任命する（同法二条一項）。特別職であるが、法制局内部から昇格して任命されるのが慣例である。参事官をはじめとする法制局の構成員は基本的に各省庁から抜擢される職業公務員であり、必ずしも法曹資格を有する者ではない。設置法には五つの所掌事務が記されているが、主として、「閣議に付される法律案、政令案及び条約案を審査し、これに意見を附し、及び所要の修正を加えて、内閣に上申すること」（審査事務。同法三条一号）と「法律問題に関し内閣並びに内閣総理大臣及び各省大臣に意見を述べること」（意見事務。同条三号）が主たる任務である。

審査事務において、内閣法制局は、形式の適否だけでなく、内容に関しても憲法適合性や既存法令との整合性を緻密に検討する。意見事務を通じても、法令解釈に関する政府統一見解を提供する。内閣法制局長官は、政府特別補佐人として両議院の本会議および委員会に出席して政府見解の説明を行う（国会法六九条二項）[142]。政策形成において法制が重視される日本の官僚文化の中で非常に高い権威を有しており、各省庁との関係において、比較法的にみて極めて強力な中央統制機関ということができよう。興味深いのは、内閣との関係においても、その意見は権威あるものとして取り扱われてきている点である。それゆえ、内閣を組織する政治家の暴走に対する抑制装置として機能しうる一方[143]、政府提出法案の事前審査制度と結びつくことで、法律の内容や解釈をめぐり事務方のみならず政治家――大臣そして国会議員――が行う議論を過度に制限しているようにも解される[144]。

(3)　人事院

人事院は、「内閣の所轄の下に」置かれる機関である（国家公務員法三条一項[145]）。両議院の同意を経て内閣が任命する三人の人事官からなる合議制の機関である（同法四条一項、五条）。人事官は特別職であり、うち一人は総裁に任命される（同法二条三項三号、四条二項）。いわゆる人事院勧告を行うほか（同法二八条、六七条、一般職の職員の給与に関する法律二条三号参照）、採用試験の実施（国家公務員法四八条、人事院規則八―一八第九条参照。ただし採用は各省庁が行う）、公務災害補償制度・退職年金制度・勤務時間・休日・休暇に関する制度等の調査研究・意見の申出・勧告（同法九五条、一〇八条、一般職の職員の勤務時間、休暇等に関する法律二条参照）などを行う（第二編第二章第一節**2**(1)を参照）。

もっとも、人事院は、人事官の身分保障（国家公務員法八条、九条）、二重予算制度（同法一三条四項。ただし修正した場合の必要な財源の明記までは求められていない（財政法一九条））、「人事院の決定及び処分は、人事院によつてのみ審査される」との条項（国家公務員法三条三項）等にみられるように極めて独立性の高い機関である（公正取引委員会のような明文の定めはないが、一般に、「内閣の所轄の下に」という文言から「内閣の直接の指揮命令を受けず、独立してその職権を行使する」と解されている）[146]。この点で、人事院は「他国にも類例をみない日本独特の機関」である[147]。それゆえ、内閣の補佐機構に位置づけられるものの、その性格は他の機関と異なる点に注意が必要である[148]。

(4)　内閣府

内閣府は、橋本行革の結果、二〇〇一年に創設された機関である。内閣の補佐機関としての側面（内閣府設置法三条一項）と「分担管理事務」を行う機関としての側面（同法三条二項）を併有する機関であるが、ここでは前者との関係を取り上げる[149]。

この点、行政改革会議報告書では、「内閣府は、内閣総理大臣を長とする機関として、内閣官房の総合戦略機能を助け、横断的な企画・調整機能を担うとともに、内閣総理大臣が担当するにふさわしい実施事務を処理し、及び内閣総理大臣を主任の大臣とする外局に係る事務を行う機関とする」（Ⅱ4(1)②）とされ、基本法でも同様の定めが置かれた（一〇条一項）。

内閣府設置法でも、内閣府は次の点で内閣の補佐機関だと位置づけうる。まず、任務及び所掌事務の定めについてである。三条一項は、「内閣府は、内閣の重要政策に関する内閣の事務を助けることを任務とする」と定め、この任務を達成するための所掌事務を四条一項、二項が定めるところ、これらの事務にはいわゆる分担管理原則が妥当しないとされている（四条三項の事務との比較で、同法六条二項を参照）。

もっとも、これらの所掌事務の理解に関してはいくつかの留意が必要である。所掌事務ごとに見てみよう。第一に、四条一項は、「行政各部の施策の統一を図るために必要となる」事項として、経済運営、財政運営・予算の基本、地方分権改革、科学技術振興、防災・災害復興、男女共同参画社会、沖縄問題、北方問題、青少年健全育成、金融円滑化、食品安全性確保、消費者政策、食育推進政策に関する事項を限定列挙し、内閣府はこれらの事項の「企画及び立案並びに総合調整に関する事務をつかさどる」と定める。しかし、これらの事項に対応する事務は、分担管理事務として内閣府が所掌する事務にも含まれている（四条三項一号〜二七号の三）。それゆえ、これらの分担管理事務の範囲を越えて他省庁の所管に関わる政策形成を認める趣旨であるのか定かでない。しかし、四条三項各号とは別に一項が内閣の補佐機関としての所掌事務を定めていることには意味があると考えるべきであり、これを積極に解すべきである。そして、「行政各部の施策の統一を図るために必要となる［……］企画及び立案並びに総合調整に関する事務」という法文は内閣法一二条二項四号と同じである以上、「『統一を図る』ためのいわば『攻めの』調整権までもが認められる」[150]のはここでも同様であろう（(1)①参照）。また、このうち重要政策会議に関わる事項においては、その事務局を内閣府の関係部局[151]が担当するので、これらの会議が――「調査」や「審議」という文言に関わらず――他省庁の所管に関わる政策形成を行うのに相応して、その事務部局として能動的に他省庁の分担管理事務に含まれる事項の政策形成に関わることが可能になっていると思われる（**2**(4)参照）。

第二に、四条二項は、少子化・高齢化問題、障害者政策、交通安全、犯罪被害者、自殺対策に関する政策に関して、閣議において決定された基本方針に基づき行政各部の施策の統一を図るために必要となる企画立案、総合調整を列挙する。これらも、対応する分担管理事務が別に掲げられており（四条三項四二号〜四六号の二）、四条一項の場合と同じ問題を孕む。もっとも、四条二項で内閣府が「行政各部の施策の統一を図るために必要となる企画及び立案並びに総合調整に関する事務をつかさどる」のは、「内閣の重要政策」に関してである。内閣法一二条二項二号と合わせ読めば、「内閣の重要政策」とは、各省の既存の分担管理事務の範疇に収まらない、新規の、萌芽的な政策であろう。そうであるならば、すぐ後で述べるように閣議で決定された基本的な方針の存在を前提としているものの、内閣レベルの、複数省庁の所管に跨る政策形成に関わるという役割は明確であるといえよう。[152]

第三に、四条二項では「その他内閣の重要政策［……］に関し行政各部の施策の統一を図るために必要となる企画及び立案並びに総合調整に関する事務」が加えられている。これは非常に広範な権限を委ねたようにも見えるが、「閣議において決定された基本的な方針」の存在を前提としている。この点、四条一項では、内閣府の事務から「内閣法第一二条第二項第二号に掲げる事務は除く」とされており、同号の事務、すなわち内閣の重要政策に関する基本的な方針に関する企画立案、総合調整は内閣官房の事務とされる。それゆえ、これらの領域で内閣府が政策形成に関わる程度は、「基本的な方針」として想定する内容の細密性の程度に依存しているといえよう。しかし、内閣が「基本的な方針」を定めることで特定の――各省庁の所管に入る可能性も十分にある――事項につき、企画立案、総合調整の事務を内閣府に行わせることができるという開かれた枠組みは、内閣官房の「アメーバ型」の組織構造と同様に、内閣府による新規の重要政策への柔軟な取り組みを可能にするであろう。この事務に該当すると思われる例として、民主党政権下における「地域主権改革」「行政刷新」「新しい公共」等が挙げられると思われる。

次に、内閣府はその組織についても、内閣の補佐機関としての特徴を備えている。特命担当大臣の存在がそれである。特命担当大臣は、上で見た内閣法設置法四条一項、二項に規定する事務並びにこれに関連する同条第三項に規定する事務（「大臣委員会等[153]」の所掌に属するものを除く）を掌理する（同法九条一項）。沖縄・北方対策、金融、食品安全・消費者問題に関しては特命担当大臣を設置することが義務づけられているが（同法一〇条〜一一条の二）、それ以外の事務に関しては特命担当大臣の設置の有無、またその所掌事務の如何について内閣総理大臣の決定に委ねられている。[154] 特命担当大臣は国務大臣をもって充てるとされているが（同法九条二項）、補職は内閣総理大臣の権限と考えられる。[155]

特命担当大臣は、基本法では「強力な調整のための権限を付与する」とされていたが（一一条一項）、実際には、関係行政機関の長に対して資料提出・説明要求権、勧告権を有するにすぎない（内閣府設置法一二条一項、二項。勧告に関しては報告を求めることができる。同条三項）。ここには、特命担当大臣は各省大臣と同格の存在にすぎず、各省大臣の所管事項に関して上下の関係を前提とした指揮監督を行う立場にはないという発想が潜んでいるとみられる。憲法的にみると、内閣府設置法四条一項、二項の事務を行う特命担当大臣の役割は、行政長官としてではなく、内閣の一員である国務大臣としてのものであるだろう。そうであるならば、特命担当大臣による調整は——内閣は行政各部に対して上下の関係に立つので——「統合的調整」であるということになる（この概念については、第二編第二章第二節**1**(4)を参照）。そして、見方を変えれば、内閣総理大臣は単独でも一定の範囲で指揮監督権、総合調整権を有するところ（**三3**を参照）、特命担当大臣はその代役として特定事項につきこれらの権限を行使していると解することもできる（特命担当大臣の内閣総理大臣に対する意見具申権〔同法一二条四項〕は、かかる理解に整合的であろう）。そうであるならば、内閣府設置法の規定は、内閣（そして内閣総理大臣）による行政各部の指揮監督、総合調整の方法のひとつを法的に制度化しているものとみることもできよう。しかし、特命担当大臣は勧告を行った事項に関し特に必要があると認めるときは、内閣総理大臣に対して内閣法六条に基づく指揮監督権限の行使を行うよう意見を具申することができる（同条四項）。これは、内閣総理大臣の支えがある場合には――究極には**三3**でみるとおり内閣総理大臣自身に政治的な権力があることが必要であるが――各省大臣に対しその所管事項について影響を与えることが可能であることを認めているといえよう。これを内閣総理大臣の側から見れば、特命担当大臣を自身の代役として特定事項の指揮監督を行わせることが可能であることを意味する。この意味で、特命担当大臣は内閣総理大臣の補佐の役割を果たすのである[156]。

これらに対応して、内閣府の事務組織も、他省庁と異なるユニークな形態を取っていることが知られる。政策統括官の存在がそれである[157]。七人の政策統括官は官房、局と並ぶ位置づけを与えられているところ（内閣府設置法一七条一項、内閣府本府組織令一条）、その職務は内閣法設置法四条一項、二項のうち男女共同参画に関するものを除外したものに対応しているが、七人の総体のものとして掲げられ、その配分は命により柔軟に行える仕組みとなっている（内閣府本府組織令三条一号、二号）[158]。ここでも、政策統括官の職務の割当ては内閣府の長である内閣総理大臣が決定できると解される。

結局、内閣府は、四条一項及び二項による事務――内閣の補佐事務――に関し、特命担当大臣の設置及び担当の分配並びに政策統括官の事務の分掌を組み合わせることで、柔軟な組織形態をとることが可能となっているのである。内閣総理大臣は、特に四条二項を利用することで、内閣府の組織編制を主導し、自ら関心のある重要政策に関する政策形成や実施に内閣府本府を活用することができるだろう。この点で、内閣府は内閣総理大臣の重要な補佐機構として位置づけうるし、実際もそのようなかたちでこの機関が発展してきているように見受けられる。内閣府本府の職員の定員は平成二四年度で二二九五人（特別職を除く）である。

（5）　復興庁

二〇一一年の東日本大震災――原子力発電所事故を含む――からの復興のため、復興庁が設置された[159]。復興庁の任務も、内閣府と同様、内閣の補佐機関としての側面（復興庁設置法三条一号）と「分担管理事務」を行う機関としての側面（同法三条二号）を併有する（同法六条二項参照）。前者との関係では、復興に関する基本的な方針の企画立案・総合調整、地方公共団体が行う復興事業の国の支援や関係行政機関が講ずる復興施策の実施の推進・総合調整、その他の復興施策の企画立案・総合調整の三点がその所掌事務として列挙される（同法四条一項）。上述の通り、災害復興は一般に内閣府の任務であるが、東日本大震災に関する任務は復興庁に移管されているのである（内閣府設置法附則二条の二）。この点、内閣府との関係では内閣官房の事務だと捉えられている「基本的な方針」に関する企画立案・総合調整権までもが復興庁には与えられ、また、内閣府が「内閣官房を助けるもの」であるのに対し、復興庁は「内閣の事務を内閣官房とともに助けること」とされているところから、復興庁は、東日本大震災の復興事務に関して、内閣官房と並ぶ中核的な内閣補佐機構と位置づけられていると解される[160]。

復興庁の長は内閣総理大臣であるが（復興庁設置法六条一項）、国務大臣をもって充てる復興大臣が別に設けられる（同法八条一項、二項）。復興大臣は、復興庁設置法四条一項が定める内閣補佐機関としての任務に関して、関係行政機関の長に対する資料提出・説明要求権、勧告権、内閣総理大臣に対し内閣法六条に基づく指揮監督権限を行使する旨の意見具申権を有する（同法八条四項〜七項）。これは内閣府における特命担当大臣と同様である。また、復興庁には二名の副大臣のほか（同法九条一項）、他の省の副大臣・大臣政務官の兼務が認められており（同法九条二項、一〇条二項）、実際には副大臣三名と政務官四名が任命されている。副大臣、政務官の中には、復興大臣の命を受けて、地方機関として岩手、宮城、福島に設置される復興局を担当する者が存在する（同法九条五項、一〇条五項）。また、復興庁には復興推進会議が置かれる（同法一三条）。議長は内閣総理大臣、副議長は復興大臣で、すべての国務大臣を構成員に含む（このほか、副大臣等から内閣総理大臣が任命する者が構成員となる）ので、実質的に内閣の委員会と目されよう。

事務組織についても、復興庁本庁は他省庁のように官房・局・部・課といった体制をとっておらず、事務次官の下に、二人の統括官が命を受けて事務を分掌し、四人の審議官が同様に命を受けて統括官のつかさどる職務を助けることとされている（同法二二条、復興庁組織令一条、二条）。内閣府と同様、あるいはそれ以上に柔軟な組織形態をとることが予定されているのである。

もっとも、復興庁が、条文から読みとることも可能な、復興業務に関する強い調整機能を現実に果たすことができているのかは疑問の余地がある。機能していないのだとしたら、法制上の不備によるものなのか、実際の運用に問題があるのか、検証する必要があるだろう。今後の活動が注視される。

(6)　小括

日本の内閣の補佐機構には、イギリスやドイツと比較した場合に、いくつかの点において特徴がある。第一は、委員会に該当する組織も含めて、法律により設置されるものが多いことである。法律の定めによることは、民主的な統制や組織の安定化といった観点から評価されるのだろうが、他方で、国家戦略室や行政刷新会議に見られたように――硬直的な予算、人事配分制度と合わせ――政権交代等を契機として内閣総理大臣がその政策に対応して迅速かつ柔軟に組織を見直すことを困難にし、委員会組織も含め補佐機構を機能的、機動的に配置し運用するという政治の展開を阻害しているように思われる。

第二に、内閣総理大臣を直接に支えるスタッフの少なさである。内閣官房全体の規模は拡大しており、その権限の一部は内閣ではなく内閣総理大臣を補佐する機能を果たすことが明らかとなってきているものの、「首相官邸」に着目すると、純粋な秘書機能を除けば、首相独自の政策形成、政務、広報に携わるチームは小さく、また内閣官房長官が政策形成、総合調整、政務、広報と何でもやることに象徴されているように、直接のスタッフは分業化や組織化がなされるに至らないほどの規模に留まっているといえよう。

第三は、内閣官房や内閣府の事務方が公務員組織全体の中で占める地位の低さである。内閣官房はそのスタッフに対する独自の人事権を有していない点で他省庁に対して優越性を論じる前提を欠いているようにも思われ、内閣府は独自の人事権を有するものの、他省庁と同格なものにとどまっているように見受けられる。内閣官房副長官の地位の上昇や「内閣官僚」の醸成に描出されるように、近年、この点は変わりつつあるが、なお各省割拠主義が強く妥当し、公務員組織全体――という観念が妥当するのかも怪しいが――において内閣官房や内閣府の事務方が中心的、優越的地位を占めるとはいえないのである。

(29)　林修三「内閣の組織と運営」田中二郎＝原龍之助＝柳瀬良幹編『行政法講座第四巻　行政組織』（有斐閣、一九六五年）三一頁以下の四一～二頁。

(30)　「主宰するとは、召集し、議題を決め、議案を提出し、議事の進行をはかり、閉会を宣することなどをいう」と述べていたものとして、野中俊彦＝中村睦男＝高橋和之＝高見勝利『憲法Ⅱ』（有斐閣、一九九二年）一四二頁〔高橋和之〕。また参照、佐藤幸治＝高橋和之「〔対談〕統治構造の改革」ジュリスト一一三三号（一九九八年）八頁以下の一七頁〔高橋和之発言〕。「主宰」の意味について、発議権の有無を重視する見解として、大石眞「内閣制度の展開」公法研究六二号（二〇〇〇年）五三頁以下の六一～六二頁（同『憲法秩序への展望』〔有斐閣、二〇〇八年〕所収一八七頁以下の一九九～二〇〇頁）。さらに、「〔内閣法第四条〕第三項で『主宰』とあるのは単なる議事進行を越えた役割を内閣総理大臣に与えるという含意があ〔る〕」と述べるものとして、

行政組織研究会・前掲注（1）（「(一)」）一八頁。

(31)　参照、林・前掲注（29）四一頁は、「閣議は、内閣総理大臣が、内閣の首長としての地位で主宰する」と述べる（傍点上田）。また、宮澤・前掲注（18）五〇五頁は、「首長」を「合議体の主宰者をいう」とした上で、「〔首長は〕内にあっては、その合議体の議長となり、その事務を指揮監督〔する〕」と説明する。

(32)　参照、佐藤・前掲注（25）四九二頁。稲田正次「内閣の構成」清宮四郎＝佐藤功編『憲法講座　第三巻』（有斐閣、一九六四年）二〇六頁以下の二一五頁は、「閣議は、内閣の首長たる内閣総理大臣が主宰する」と述べつつ、内閣法四条二項を引用する。

(33)　林・前掲注（29）四〇頁。

(34)　菅直人『大臣〔増補版〕』（岩波新書、二〇〇九年）四七〜五〇頁。佐藤内閣頃までは、自由討議が行われていたようである。参照、松下圭一『政治・行政の考え方』（岩波新書、一九九八年）七一頁。なお、閣議の決定事項（閣議決定、閣議了解）や閣議報告事項は記録として残されるが、閣議における発言を記した閣議録に相当するものは、存在しない。石原信雄『首相官邸の決断』（講談社、一九九七年）一九四〜五頁。

(35)　参照、中島誠『立法学〔新版〕』（法律文化社、二〇〇七年）六七頁以下、大森政輔＝鎌田薫編『立法学講義』（商事法務、二〇〇六年）五六頁以下〔伊藤直〕、田丸大『法案作成と省庁官僚制』（信山社、二〇〇〇年）一二頁以下、浅野一郎編『立法の過程』（ぎょうせい、一九八八年）一四五頁以下など。国会に提出する法律案については、さらに与党の事前審査に付され、承認を得る必要があった（事前審査制）。参照、大石眞「立法府の機能をめぐる課題と方策」佐藤幸治先生古希記念『国民主権と法の支配（上巻）』（成文堂、二〇〇八年）三〇五頁以下の三一一〜三頁。

(36)　佐藤功は、閣議事項には憲法や法律により内閣の固有の権限とされるものを「必要的閣議事項」、それ以外の案件を「任意的閣議事項」とするが、後者について、「内閣は各省庁のいかなる所掌事務についてもそれを閣議にかけることによって、指揮監督しうるかという問題」に還元し、「内閣は統轄すなわち調整の必要ある場合、すなわち特に内閣の基本的施策・根本方針に関連し行政各部の統一を確保する必要がある場合に限って閣議に附しうるのが原則である」と述べる（傍点筆者）。同『行政組織法〔新版増補〕』（有斐閣、一九八五年）三〇一〜二頁。また参照、同・前掲注（21）八七四〜五頁。

(37)　参照、松井・前掲注（5）五七頁。

(38)　今関源成「閣議の方法」高橋和之＝大石眞編『憲法の争点〔第三版〕』（有斐閣、一九九九年）二二二頁以下の二二三頁。もっとも、閣議の議事定足数、議決定足数はなく、「欠席した国務大臣は、閣議に上程された案件に少なくとも黙示的に賛成したものと解されている」。林・前掲注（29）三九頁。またもちろん、以前からも、「内閣の職権行使は、その主宰者たる総理を中心とする自主的運営にゆだねられて、他律的規範の拘束に服せしめられていない」と明言する学説もあった。小嶋・前掲注（16）四六一頁。また、後掲注（43）も参照。

（39）多数決でよい、との説である。有倉遼吉「内閣の運営——多数決と全会一致」早稲田法学二九巻四号（一九五五年）二五頁以下の四四頁、中野昌治「内閣の意思決定方法について」愛知学院大学法学研究二一巻一＝二号（一九七七年）二四一頁以下の二五七頁、横尾日出雄「内閣総理大臣の首長性と内閣の連帯性」植野妙実子編『憲法構造の歴史と位相』（南雲堂、一九九一年）二七頁以下の三九頁。

（40）清宮四郎『憲法Ⅰ〔第三版〕』（一九七九年、有斐閣）三三八頁。実務もこの説に立つようである。内閣制度百年史編纂委員会『内閣制度百年史　上巻』（大蔵省印刷局、一九八五年）一四九頁、林・前掲注（29）四〇頁。

（41）宮澤俊義『憲法〔改訂五版〕』（有斐閣、一九七三年）三〇九頁、清宮・前掲注（40）三三七頁、佐藤・前掲注（21）八二四頁。また参照、長谷部恭男『憲法〔第五版〕』〔新世社、二〇一一年〕三七〇〜一頁。

（42）辻村みよ子『憲法〔第四版〕』（日本評論社、二〇一二年）四三五頁。

（43）もっとも、そもそも、全員一致原則を拘束力のある規範だと性質づけるか否かの点で、論者の説くところは曖昧なところがある。たとえば、佐藤功は、慣行であるとしながら、連帯責任を根拠に「全員一致によらなければならないとされている」と述べる（佐藤功『日本国憲法概説〔全訂第五版〕』〔学陽書房、一九九六年〕四四六〜四七頁）。また、宮澤俊義は、慣習法であるとしながら、それは「実際政治的」な配慮から生じたものであると述べる（宮澤・前掲注（41）三〇九頁）。慣習法だと説かれるものについて、「内閣の自律的運営の結果である」との理解を示すものとして、大石・前掲注（30）六二頁（同書所収二〇一頁）。

（44）もっとも、肯定説の中には、全員一致原則をやや緩やかに解する見解もあった。たとえば佐藤功は、次のように述べる。「もしも国務大臣の一人が閣議においてあくまで意見を異にし全会一致をえられないときは、その大臣は辞職するか、もしくは内閣総理大臣により罷免さるべきものである。このことから逆にいって、もしもある閣議決定事項の審議にあたって国務大臣のうちに辞職した者がなく、また内閣総理大臣により罷免された者が存しないならば、その閣議は全員一致であったということが推定されると解される」。佐藤・前掲注（21）八二四頁（傍点上田）。後半部分を強調すれば、閣議決定に際して積極的な賛成までは要しないこととなる。

（45）注（44）を参照。

（46）宮澤・前掲注（18）五〇五頁。

（47）岡田・前掲注（1）七三頁。

(48) 中村・前掲注(22)二九九〜三〇〇頁。また参照、長谷部・前掲注(41)三六八頁。
(49) 手島孝＝中川剛『憲法と行政権』(法律文化社、一九九二年)八六頁〔手島孝〕。
(50) 参照、行政組織研究会・前掲注(1)(〔一〕)一九頁。
(51) 川人・前掲注(10)二二六頁。また参照、荒井達夫「内閣総理大臣のリーダーシップと内閣法改正」立法と調査二二一号(二〇〇一年)三七頁以下。
(52) 野中ほか・前掲注(19)一八九頁〔高橋和之〕。
(53) 佐藤幸治『憲法〔第三版〕』(青林書院、一九九五年)二二七頁、野中ほか・前掲注(30)一七二頁〔高橋和之〕。
(54) 参照、長谷部・前掲注(41)三七〇〜一頁。
(55) 参照、小嶋・前掲注(16)四六一頁、横尾・前掲注(39)四一頁、松井・前掲注(5)五七頁。
(56) 佐藤・前掲注(1)二三四頁。
(57) 岡田・前掲注(1)七三、七五頁。
(58) 長谷部・前掲注(41)三七一頁。また参照、佐藤・前掲注(25)四九五頁。
(59) 大石・前掲注(17)一八八、一九一頁。
(60) 佐藤＝高橋・前掲注(30)一六頁〔佐藤幸治発言〕。
(61) 細川護熙『内訟録』(日本経済新聞社、二〇一〇年)五四頁〔石原信雄〕。
(62) 福田内閣の時点での閣僚懇談会につき、参照、林芳正＝津村啓介『国会議員の仕事』(中公新書、二〇一一年)一四七頁〔林芳正〕。
(63) 三〇年後の国立公文書館への移管及びその間の非公開についても提言を行っている。閣議議事録作成・公開制度検討チーム「閣議等議事録の作成・公開制度の方向性について」(平成二四年一〇月二四日)。議論も含めて、内閣官房のウエブサイト<http://www.cas.go.jp/jp/seisaku/gijiroku/index.html>で入手可能である。
(64) ちなみに、首相官邸のサイトでは、以下で挙げる閣僚会議や本部のみならず、安全保障会議や内閣府に置かれる重要会議も一括して「主な本部・会議体」というリンクに括られている。
(65) 日比野勤「内閣補佐機構の一考察」樋口陽一先生古希記念『憲法論集』(創文社、二〇〇四年)四二一頁以下の四三二頁。
(66) 内閣制度百年史編纂委員会『内閣制度百年史　下巻』(大蔵省印刷局、一九八五年)六五二頁〜六九頁。
(67) これ以前、一九七七年一月二一日にも、閣議決定によりいったんすべてが廃止されている。内閣制度百年史編纂委員会・前

掲注（40）五八三頁、日比野・前掲注（65）四三二頁。

（68）内閣制度百年史編纂委員会『内閣制度百年史　追録』（大蔵省印刷局、一九九二年）二六五～六六頁。

（69）林・前掲注（29）四二頁。

（70）「年金記録問題に関する関係閣僚会議」は約一年半で八回開催され、この問題に対する対応や今後の取組みについて取り纏めを行ったが、「日朝国交正常化交渉に関する関係閣僚会議」「地域医療の機能強化に関する関係閣僚会議」「道路特定財源等に関する関係閣僚会議」は二回のみ、「総合エネルギー対策推進会議」は二〇〇二年以降三回のみ、「観光立国関係閣僚会議」は五回のみの開催となっている。

（71）この文書は、首相官邸のサイト〈http://www.kantei.go.jp/jp/tyoukanpress/rireki/2009/11/17am_siryou.pdf〉でみることができる。なお、廃止された閣僚会議は、「総合エネルギー対策推進閣僚会議」、「日朝国交正常化交渉に関する閣僚会議」、「観光立国関係閣僚会議」、「道路特定財源等に関する閣僚会議」、「地域医療の機能強化に関する閣僚会議」である。

（72）このほか、民主党政権下で「予算編成に関する閣僚委員会」が二〇〇九年九月二九日から開催されていた。内閣総理大臣、副総理、財務大臣、内閣官房長官、内閣府特命担当大臣（行政刷新）、国家戦略担当大臣等が出席者のようである。参照、「閣僚会議の例」閣議議事録等作成・公開制度検討チーム第一回資料五。さらに、「閣僚会合」と名の付く会議体として、「アスベスト問題に関する関係閣僚による会合」、「電力改革及び東京電力に関する閣僚会合」、「米軍基地再編関係閣僚会合」が知られる。

（73）このほか、かつての関係閣僚会議を引き継いだとみられる会議として、「海外経済協力会議」があったが、政権交代以後の開催は一回だけであり、二〇一一年一〇月二一日に廃止された（「海外経済協力会議等の廃止等について」（平成二三年一〇月二一日閣議決定））。

（74）内閣制度百年史編纂委員会・前掲注（40）五八三頁。「法曹養成制度関係閣僚会議」は一年間の期限が付されている。

（75）内閣制度百年史編纂委員会・前掲注（66）六七〇～五頁、同・前掲注（68）二六七～七一頁。

（76）地方分権特例制度推進本部（平成四年一二月八日閣議決定）は、内閣総理大臣を本部長とし、全閣僚、全国知事会会長、全国市長会会長、全国町村会会長を本部員としていた。行政改革本部（平成六年一月二一日閣議決定）は、内閣総理大臣を本部長、内閣官房長官及び総務庁長官を副本部長とし、他のすべての閣僚を本部員としていた。男女共同参画推進本部（平成六年七月一二日閣議決定）、高度情報通信社会推進本部（平成六年八月二日閣議決定）、産業構造転換・雇用対策本部（平成六年一二月一六日閣議決定）も、すべての閣僚が構成員であった。行政改革実行本部（平成二四年一月三一日閣議決定）も、内閣総理大臣を本部長（副総理を代行）とし、すべての閣僚を構成員としていた。

(77) 参照、宇賀克也『行政法概説Ⅲ〔第三版〕』(有斐閣、二〇一二年)一一七〜一二〇頁。本部等の行政機関で内閣府に属するものが多い点に関して、参照、塩野宏「基本法について」日本学士院紀要六三巻一号(二〇〇八年)一頁以下の六〜七頁。

(78) 基本法に基づく本部の増加は、「審議会の新設を抑制するという政府方針」によるものであり、「実態は審議会とさほど変わるものではない」との評価もある。毛利透「基本法による行政統制」公法研究七二号(二〇一〇年)八七頁以下の八八頁。また参照、川崎政司「基本法再考(二)」自治研究八一巻一〇号四七頁以下の六〇頁。

(79) 閣議議事録等作成・公開制度検討チームの資料も、安全保障会議を閣僚会議の例として挙げる。参照、注(72)。

(80) 国防の基本方針については、昭和三二年五月二〇日に閣議決定されたものが知られる(内閣制度百年史編纂委員会・前掲注(40)三四八頁)。防衛計画大綱については、最新の「平成二三年度以降における防衛計画の大綱について」が平成二二年一二月一七日に閣議決定されている。

(81) 「一種のインナーキャビネット」と性質づけるものとして、林・前掲注(29)四八頁(ただし、安全保障会議の前身の国防会議に関するものである)、穴見明「内閣制度」西尾勝=村松岐夫編『講座行政学　第二巻　制度と構造』(有斐閣、一九九四年)一頁以下の二九頁。

(82) 安全保障会議の下に、「必要な事項に関する調査及び分析を行い、その結果に基づき、会議に進言する」組織として、事態対処専門委員会が設置されている(安全保障会議設置法八条)。委員長は内閣官房長官、委員は、官房副長官(政務・事務)をはじめ、関係する内閣官房、各省の局長や審議官、そして統合幕僚長である。

(83) 「閣議と同様に形骸化しているとの指摘も少なくない」とされる。金子七絵「安全保障会議の機能と役割」時の法令一八五四号(二〇一〇年)六七頁以下。また参照、大森敬治インタビュー「今こそ日本版NSCを」論座二〇〇五年五月号一四六頁以下の一五〇〜五一頁。第一次安部内閣で提出された「安全保障会議設置法等の一部を改正する法律案」の分析も含めて、参照、新井洋臣=宮辺秀峯「我が国における『国家安全保障会議』設置の意義と課題」RESEARCH BUREAU 論究四号(二〇〇七年)七四頁以下。

(84) 田中一昭=岡田彰『中央省庁改革』(日本評論社、二〇〇〇年)一二五頁、宍戸常寿「予算編成と経済財政諮問会議」法教二七七号(二〇〇三年)七一頁以下の七四頁。

(85) 内山融『小泉政権』(中公新書、二〇〇七年)三六〜四六頁。

(86) 塩野宏『行政法Ⅲ〔第四版〕』(有斐閣、二〇一二年)六九頁。

(87) 総合科学技術会議は、科学技術の総合的かつ計画的な振興を図るための基本的な政策に関する調査審議、科学技術に関する予算、人材その他の科学技術の振興に必要な資源の配分の方針その他科学技術の振興に関する重要事項に関する調査審議、科学技術に関する大規模な研究開発その他の国家的に重要な研究開発に関する評価等を行う。資源配分に関して、予算編成過程で科学技術予算に関して概算要求に対する優先順位付けを行うほか、平成二三年度予算より、概算要求前に「アクションプラン」という重点項目を策定し、それに基づき資源配分方針を決定して、それに基づき関係省庁が具体的な概算要求内容を検討するという仕組みを導入しているのが注目される。参照、伊藤正次「『特定総合調整機構』としての総合科学技術会議」公共政策研究六号（二〇〇六年）四三頁以下、林＝津村・前掲注（62）二四六～五〇頁。

(88)　男女共同参画会議は、内閣総理大臣が男女共同参画基本計画を作成する際の意見具申、男女共同参画社会の形成促進に関する基本的な方針、基本的な政策及び重要事項に関する審議や意見具申等を行う。平成二二年度は五回、平成二三年度は二回の開催であるが、会議の下にいくつかの専門調査会が設置され（男女共同参画会議令二条）、女性に対する暴力問題等について調査検討が行われている。事務局である男女共同参画局の成長について、参照、牧原出「日本の男女共同参画の制度と機構」辻村みよ子＝稲葉馨編『日本の男女共同参画政策』（東北大学出版会、二〇〇五年）五一頁以下。

(89)　中央防災会議は、防災基本計画の作成及び実施の推進、非常災害に際しての緊急措置に関する計画の作成及び実施の推進、重要事項の審議や意見具申等を行う。平成二一年度は二回、平成二二年度は一回の開催であるが、会議の下にいくつかの専門調査会が設置され（災害対策基本法施行令四条）、災害時の避難等について調査検討が行われている。

(90)　参照、飯尾潤「経済財政諮問会議による内閣制の変容」公共政策研究六号（二〇〇六年）三二頁以下。

(91)　田中＝岡田・前掲注（84）一一八頁。

(92)　田中＝岡田・前掲注（84）一一九、一二五頁。

(93)　このほか、「新しい公共」推進会議（平成二二年一〇月二二日内閣総理大臣決定）は、有識者が構成員だが、会議には、内閣総理大臣、内閣官房長官、内閣府担当大臣（「新しい公共」）が出席するほか、必要に応じ、関係大臣等が出席していた。

なお、第二次安部内閣において、規制改革会議が設置されたことが知られる。この会議は、「経済に関する基本的かつ重要な政策に関する施策を推進する観点から、内閣総理大臣の諮問に応じ、経済社会の構造改革を進める上で必要な規制の在り方の改革に関する基本的事項を総合的に調査審議」し、「内閣総理大臣に意見を述べる」事務をつかさどるもので（内閣府本府設置令三一条二項）、内閣総理大臣が任命する一五人以内の有識者で組織される（規制改革会議令（平成二五年政令第七号）一条、二条）が、そもそもは内閣府設置法三七条二項にいう「審議会等」のひとつという位置づけである。同条の審議会等が行う事務は、同法四条三項の所掌事務、すなわち分担管理事務であって、厳密には、内閣補佐事務ではない（**3**(4)参照）。なぜこのような形態をとっ

おかれる本部の例

任務	下部組織	庶務担当
子ども・若者育成支援推進大綱の作成及びその実施の推進 その他子ども・若者育成支援に関する重要な事項に関する審議 他の法令の規定により本部に属させられた事務		内閣府共生施策担当政策統括官
死因究明等推進計画の案を作成する 前号に掲げるもののほか、死因究明等の推進に関する施策に関す重要事項について審議するとともに、死因究明等の推進に関する施の実施を推進し、並びにその実施の状況を検証し、評価し、及び監する	死因究明等推進計画協議会	内閣府死因究明等推進会議事務局
害者の権利に関する条約（仮称）の締結に必要な国内法の整備をはめとする我が国の障害者に係る制度の集中的な改革を行い、関係行幾関相互間の緊密な連携を確保しつつ、障害者施策の総合的かつ効的な推進を図る	障がい者制度改革推進会議	内閣府共生施策担当政策統括官
域のことは地域に住む住民が決める「地域主権」を早期に確立する点から、「地域主権」に資する改革に関する施策を検討し、実施するともに、地方分権改革推進委員会の勧告を踏まえた施策を実施する		内閣府地域主権戦略室
フレ脱却と経済活性化に向け、日本銀行との連携の下、政府として、果的かつ体系的に経済政策を構築するとともに、物価等経済状況の検を行う		内閣府経済財政運営担当政策統括官

れるその他の会議の例

任務	下部組織	庶務担当
軍の施設・区域が沖縄県に集中し、住民の生活環境や地域振興に大な影響を及ぼしている現状を踏まえ、沖縄県に所在する米軍の施・区域に係る諸問題に関し協議し、また、地域経済としての自立、用の確保により、県民生活の向上に資するとともに、沖縄県が我が経済社会の発展に寄与する地域として整備されるよう、沖縄に関連る基本施策に関し協議する	幹事会	内閣府沖縄政策担当政策統括官

たのかは定かでない。その活動を限定的なものにしようとする意図が働いたという憶測も可能であるが、内閣補佐事務をつかさどる重要政策会議の設置は法律事項であるため（内閣府設置法一八条二項参照）、法令に根拠を有する安定した組織を迅速に設置しようとした結果であるとも推測される。いずれにせよ、この会議が「重要政策」の「基本的事項」を「調査審議」する機関であることに違いはなく、内閣府の分担管理事務をつかさどる機関が実質的に内閣の主宰者たる内閣総理大臣の補佐機構として機能しうる例となりうるものであり、その活動が注目される。

(94)　第一七五回国会でも閉会中審査とされ、第一七六回国会中、いわゆる「国会改革関連法案」のうち副大臣と政務官を増員する規定を加えるかたちで修正された（『読売新聞』二〇一〇年一〇月二〇日朝刊四面）。最終的には、第一七七回国会中、二〇一一年五月一二日に撤回されている。

(95)　「行政刷新会議の設置について」（平成二一年九月一八日閣議決定）、「国家戦略室の設置に関する規則」（平成二一年九月一八日内閣総理大臣決定）。

(96)　林＝津村・前掲注（62）二二六、二三五頁。

(97)　参照、『読売新聞』二〇一〇年七月二〇日朝刊四面。

(98)　「税財政の骨格づくり」に関しては、平成二三年度、平成二四年度ともに、「財政運営戦略の進捗状況

表 5　内閣

組織名	設置根拠	本部長	副本部長	構成員
子ども・若者育成支援推進本部	子ども・若者支援推進法 26 条	内閣総理大臣		内閣官房長官、青少年育成担当大臣、家公安委員会委員長、総務、法務、文科学、厚生労働、経済産業の各大臣、の他内閣総理大臣の指定する国務大臣
死因究明等推進会議	死因究明等の推進に関する法律８条	内閣官房長官		内閣官房長官以外の国務大臣で内閣理大臣が任命する者 有識者
障がい者制度改革推進本部	閣議決定 （平成 21 年 12 月８日）	内閣総理大臣	内閣官房長官 障害者施策担当大臣	全国務大臣
地域主権戦略会議（＊）	閣議決定 （平成 21 年 11 月 17 日）	内閣総理大臣	特命担当大臣（地域主権推進）	総務、財務、内閣官房長官、国家戦略当大臣、特命担当大臣（行政刷新）そ他内閣総理大臣が指名する国務大臣 有識者
★デフレ脱却等経済状況検討会議	内閣総理大臣決定 （平成 24 年４月 13 日）	内閣官房長官 内閣府特命担当大臣（経済財政政策）兼国家戦略担当大臣		内閣府特命担当大臣（金融）、財務大臣 経済産業大臣 （オブザーバー）日本銀行総裁

（出典）首相官邸ウェブサイト及び内閣官房ウェブサイトより筆者作成（2013 年１月末現在）
★は安部内閣になって活動を停止または終了したとみられるもの。
（＊）その後、「地方分権改革推進本部」の設置に伴い、「地域主権戦略会議」は廃止されている（平成 25 年３月８日閣議決定）。

表 6　内閣府に

組織名	設置根拠	本部長	副本部長	構成員
沖縄政策協議会	閣議決定 （平成８年９月 17 日）	内閣官房長官	内閣府特命担当大臣（沖縄及び北方対策）	国家公安委員会委員長、総務、法務、務、財務、文部科学、厚生労働、農林産、経済産業、国土交通、環境、防衛臣、沖縄県知事

（出典）首相官邸ウェブサイト及び内閣官房ウェブサイトより筆者作成（2013 年１月末現在）

の検証」「予算編成の基本方針」を発表しているが、前者はその内容が次の政策形成にフィードバックされる過程が不明であり、後者は時期が遅い（一二月）こともあり、以前の経済財政諮問会議のような予算編成に対する影響力は有していなかったと見られる。

(99)　社会保障改革に関する集中検討会議が設置され、検討が進められた。この会議は、内閣総理大臣が議長、関係閣僚、与党幹部、民間有識者が構成員であり、平成二三年二月五日以来、会合を一一回、民間幹事委員との意見交換を三回開催した。また、(2)で見たとおり、政府・与党社会保障改革検討本部も設置されていた。これらの事務は、内閣官房社会保障改革担当室が担当していた。

(100)　平成二四年五月一日現在で、内閣から内閣官房長官、国家戦略担当大臣、財務大臣、総務大臣の四名、民間から大学教授や企業経営者等九名が任命されていた。

(101)　**表5**にある、障がい者制度改革推進本部や地域主権戦略会議も、閣議決定に基づく機関であるためか、内閣府の組織図には登場しない。ただ、これらの事務局はそれぞれ経済財政運営担当政策統括官、共生社会政策担当政策統括官の下に置かれていることが、組織図の各政策統括官の担当領域から窺われる（実際に『職員録』によってもその通りとなっている）のに対し、行政刷新会議事務局は、どこの政策統括官の担当領域にも含まれていない。『職員録』では、政策統括官と同列の括りで「行政刷新会議」が置かれており、事務局も掲載されていた（『平成二三年度　人事録〔上〕』八〇頁）。

(102) 塩野・前掲注（86）一三頁。例えば、「都市再生のための事務体制に関する規則」（平成一三年五月八日内閣総理大臣決定）、「構造改革特区推進室の設置に関する規則」（平成一四年七月三日内閣総理大臣決定）など。

(103) 内閣制度百年史編纂委員会・前掲注（40）一五四頁。なお、行政長官としての内閣総理大臣を補佐する職務も、内閣官房長官及び内閣官房副長官が行ってきた。一九五七年に総理府総務長官及び総理府総務副長官が設置されたことにより、いったん、この職務は内閣官房から内閣総理大臣官房に分離されたが、一九八四年に総務庁が設置され、総理府総務長官及び総理府総務副長官が廃止されたことにより、再び内閣官房長官及び内閣官房副長官の職務とされた。

(104) 内閣審議室は、一九四五年一一月二四日に内閣官房に設置され（内閣部内臨時職員等設置制一条の二第一項）、一九四七年の総理庁設置により総理庁官房に移され（総理庁官制六条）、一九四九年の総理府設置に伴い総理大臣官房に引き継がれていた（総理府設置法六条一項一三号）。また、内閣調査室は、一九五二年四月九日に総理大臣官房に設置されたが、それまで、情報の収集・調査事務は、一九四六年一月に内務省地方局から移管されて以来、内閣審議室の所管とされてきた。日比野・前掲注（65）四四一～四三頁。

(105) 後藤田正晴『内閣官房長官』（講談社、一九八九年）三頁。

(106) 橋本行革以前の内閣審議室そして内政、外政、安全保障の三室は、「閣議に係る重要事項に関する総合調整その他行政各部の施策に関するその統一保持上必要な総合調整」の事務を担当していた。もっとも、一九八六年に内政、外政、安全保障の三室体制となるまでは、内閣審議室長の下に専従の審議官が一〇名、出身省庁もほぼ固定で約二年のローテーションで異動するというものであった。また室長の地位もそれほど高くなかったこともあり、「大きい難しい問題については、内閣審議室の調整能力がおそらく期待されていな〔かった〕」と分析される（日比野・前掲注（65）四七〇頁）。一九八六年以降、三室の長の下、専従の審議官の数は合計二〇名強となり、事務官の数も、一九八五年の一八名（全員が併任）から二〇〇〇年には合計六二名（うち五五名が専任）と飛躍的に増加したが、出身省庁が固定されているなどの事情に変化はない（日比野・前掲注（65）四七一～七三頁、四九五頁の表③）。当時の審議室本体が、内閣が行う各種の企画立案及び総合調整にどれだけ資していたのかは、定かでない。

これに対して注目されるのは、「新しい行政需要が発生し、総合調整を要する問題が生ずる場合」に置かれる、内閣審議室の分室である。日比野・前掲注（65）の表④が掲げるものでは、一九七四年に公共企業体等関係閣僚会議の庶務を行うために設置された「公共企業体等関係閣僚協議会事務局」が最も古いが、内閣審議室に設置されるものだけでなく、内閣官房や内閣に設置されるものもある（日比野・前掲注（65）四六六～七〇頁）。関係閣僚会議や審議会、本部といった内閣の委員会と目される合議体の事務局、特命担当の国務大臣の事務担当、組織新設のための準備室などの役割を果たす。構成員の多くは関係省庁からの出向で内閣審議官を併任するかたちをとる。興味深いのは、分室が、省庁の垣根を越えた企画立案機能を果たすと評価しうる場合がある点である。たとえば、一九七〇年に設置された公害対策本部の事務局に勤めた古川貞一郎は、次のように振り返っている。

公害対策本部は、役所としては面白い組織だった。例えば、ヘドロの問題を扱うときは建設省や運輸省の人を中心にチームをつくり、光化学スモッグならその関係者が集まる――という具合で、問題ごとにいわばアメーバのように自由に人が動いた。つまり縦割り行政の打破だ。〔……〕僕自身、良い経験だった。ここで省庁意識を超えた仕事ができたことは、後で内閣官房に入ったりした時にとても役立った。中央省庁再編の際、この対策本部の組織が頭の中にあったのも事実。〔……〕縦割りでない行政の在り方をどうするかということ。その意識の萌芽はこの時にあった（古川貞一郎『霞が関半生記』（佐賀新聞社、二〇〇五年）九八～九九頁）。

行政改革会議報告書でも内閣官房の内部組織の弾力化が説かれ（Ⅱ4(2)⑦ウ）、二〇〇一年に内閣審議室は大きく改編されたが、上にいう「アメーバ」型の組織を狙ったものといえよう。

(107)　注（36）を参照。
(108)　真渕勝『行政学』（有斐閣、二〇〇九年）八〇頁。基本法の時点で「戦略」という語は見られない。
(109)　行政組織研究会・前掲注（1）（「(一)」）一三頁。また参照、藤田・前掲注（4）一一九頁。
(110)　ロッキード事件最高裁判決は内閣総理大臣単独での「指導、助言等の指示を与える権限」を認めたが（**三3**(2)、(3)参照）、この権限と四号を結びつける解釈を示すものとして、行政組織研究会・前掲注（1）（「(一)」）二四頁。
(111)　参照、佐藤＝高橋・前掲注（30）一五頁〔佐藤幸治発言、高橋和之発言〕。
(112)　参照、高橋洋「内閣官房の研究――副長官補室による政策の総合調整の実態」年報行政管理研究四五号（二〇一〇年）一一九頁以下。
(113)　本部については、**2**(2)を参照。たとえば、宇宙開発戦略本部の事務局は、宇宙開発戦略本部事務局、高度情報通信ネットワーク社会推進戦略本部の事務局は、情報通信技術（ＩＴ）担当室、といった次第である。
(114)　連絡会議についても、**2**(2)を参照。担当部局の名称は、政策室（アイヌ総合政策室）、推進室（郵政改革推進室、国土強靱化推進室）、検討室（公文書管理検討室）、準備室（消費税価格転嫁等対策準備室）、対策室（遺棄化学兵器処理対策室、新型インフルエンザ等対策室）、チーム（空港・港湾水際危機管理チーム）、本部（ＴＰＰ政府対策本部）など、さまざまである。

(115) 参照、塩野・前掲注 (86) 一三頁。また注 (102) も参照。これらの「室」や「事務局」は、「従来の組織規範論の射程外で、これら階層外的行政機関が多用されていることは、組織規範論自体の再検討を迫る要素をもっているといえよう」と指摘される(塩野・前掲注 (86) 一三頁)。

(116) この語については注 (106) を参照。

(117) 内閣官房に関する事項の「主任の大臣」は内閣総理大臣である(内閣法二三条)。

(118) 内閣官房長官にも秘書官が一人付く。

(119) 国会や与党との連絡調整を行うこと、内閣総理大臣の外国訪問に同行し、マスコミへの応対を行うことがその役割であるといわれるが、内閣総理大臣とともに関係閣僚会議など各種の会議に出席するなどして、政策の企画立案において内閣総理大臣を補佐する役割も果たしているようである。各省との関係は定かでない。参照、江田憲司＝龍崎孝『首相官邸』(文春新書、二〇〇一年)九三〜九四頁、古川貞二郎・前掲注 (14) 六頁。

(120) 日比野・前掲注 (65) 四五三頁、古川・前掲注 (14) 六頁。例えば、石原信雄によれば、竹下内閣の各省庁一機関地方移転、海部内閣のPKO法制定、細川内閣のウルグアイ・ラウンド妥結などにおいて官房副長官が調整役を果たしたという。御厨貴「平成の首相官邸――インタビューを終えて――」石原・前掲注 (34) 二二七頁以下の二三二頁、二五五頁。古川貞二郎によれば、森内閣の有事法制の整備も、官房副長官のところで議論を重ね、小泉内閣におけるイラク問題への対処も、官房副長官が内閣危機管理監や各省幹部と状況分析を行っていたという。古川・前掲注 (106) 二二一頁、二二三頁。

(121) 御厨・前掲注 (120) 二四七頁。

(122) 石原・前掲注 (34) 九二頁

(123) 憲法的には、内閣の事務部局として、内閣から国会への予算や法律案の提出における窓口としての役割を果たす点も重要である。さらに、内閣総務官の役割として、内閣総理大臣の施政方針演説の取り纏め、解散時や組閣時の事務手続、内閣と宮中との連絡役――大臣の認証式への立ち会いなど――がある。古川・前掲注 (106) 一四九頁、江田＝龍崎・前掲注 (119) 一〇一〜二頁。

(124) この名称は法制上のものではなく、現場で用いられている用語である。高橋・前掲注 (112) 一三六頁注一。なお、高橋によれば、総合調整は内閣官房副長官補と内閣参事官の「二階層」で行われており、内閣審議官は、「課長級に任せるには荷が重い案件や国会対応を担当する」という(一二二頁、一二八頁)。また、ここにいう総合調整の対象は各省に限定されず、族議員も含まれるという(一二九頁)。ここにも、事前審査制に特徴的な日本の政治過程が反映されている。

(125) 内閣情報調査室の下に内閣衛星情報センターが設置されている。内閣衛星情報センターは、「実施機関として『内閣官房は事業を持たない』という不文律を超えて」設置されたものである（内閣官房組織令四条の二）。古川・前掲注（106）一一〇八頁。

(126) 高橋・前掲注（112）一二〇頁、同「内閣官房の組織拡充」御厨貴編『変貌する日本政治』（勁草書房、二〇〇九年）一二七頁以下の一二九、一三八～四一頁。

(127) 古川・前掲注（106）一九二～三頁。

(128) 古川・前掲注（14）九頁。なお、東日本大震災に際して、内閣危機管理監は直ちに地震対応の官邸対策室を設置するとともに、関係各省の担当局長等からなる緊急参集チームを官邸地下の官邸危機管理センターに招集し、情報収集及び関係機関への指示・要請を行っていたが、回線の混雑のため十分な情報収集ができていなかったようであり、何より、「地震・津波が発生して以来、事故対応についての意思決定が行われていたのは、主として官邸五階においてであった」ところ、「ここでの議論の経緯等を地下に詰めていた緊急参集チームは十分把握し得」ず、「官邸五階と地下の緊急参集チームとの間のコミュニケーションのあり様は不十分なものであった」といわれる（東京電力福島原子力発電所における事故調査・検証委員会『中間報告』四七〇頁。五二、五七～八頁も参照）。

(129) 牧原出「憲政の中の『内閣官僚』」坂野潤治＝新藤宗幸＝小林正弥『憲政の政治学』（東京大学出版会、二〇〇六年）二七一頁以下。

(130) 高橋・前掲注（112）一三二頁。

(131) 古川・前掲注（14）二頁。

(132) これら以外にも、官邸四階に、「各府省から出向した参事官など」の部屋があるようである（『日本経済新聞』二〇一三年一月二〇日朝刊四面）が、詳細は不明である。

(133) 事務担当秘書官は長年四人体制であり、外務省、財務省、経済産業省、警察庁から派遣されるのが慣行であったが、麻生内閣で定員が六人に増員され、総務省からの出向者が加わった。鳩山内閣では再び四人体制となったが、管内閣で厚生労働省からの出向者を入れて五人、後に防衛省からの出向者を加えて六人体制となった（当時、定員は政務担当秘書官を入れて六人だったため、内閣審議官のまま「秘書官事務取扱」を命ぜられた）。野田内閣でもこの六人体制が引き継がれたが、第二次安倍内閣では、厚生労働省からの出向者はなく、五人体制となっている。

(134) 江田＝龍崎・前掲注（119）一〇八～九頁。

(135) 牧原出「政策決定過程の変容と官僚ネットワークの攻防」都市問題二〇一〇年四月号六三頁以下の六五頁。

(136) 参照、中見利男『首相補佐官』（日本放送出版協会、二〇〇三年）。

(137)　これは、実質的に補佐官の嚆矢といえる、細川内閣時の「首相特別補佐」が「政策判断の……相談相手」との趣旨で置かれた経緯に対応している。石原・前掲注（34）一一八頁。なお、「首相特別補佐」は法的根拠がなく、その取扱いについて、「『事実上そこ［＝官邸の中の第三応接室］におられるということであれば法律問題にはならないからいいと思います。だから、事実上はそこにいてください。ただし、看板を掛けることはできません。それから秘書もつけられません』と。看板は、内閣官制にないのに、補佐官だとか何とかって書かれると紛らわしいし、それこそ会計検査院から指摘を受けますからね。法治国家なのに、制度にないものを勝手に作ったということになったら、これは法律違反になりますから。まあ、そういう条件で、あそこに入ってもらったんです」と述べられている（同書一一八頁）。内閣総理大臣の補佐機構の在り方に関する法制の発想が窺われ、興味深い。その後、村山内閣時の三人の首相補佐は、「議員会館から官邸に用があるときだけ通うという誠に中途半端なものであった」という。中見・前掲注（136）三二頁。

(138)　熊代昭彦氏がダボス会議に出席した例である。中見・前掲注（136）一九〇頁以下。

(139)　二〇一一年二月一日現在で内閣官房参与が八人、内閣特別顧問が二人、内閣府参与が一二人となっていたが、東日本大震災後、さらに、内閣官房参与を六人、内閣府参与を一人任命した。参照、『朝日新聞』二〇一一年三月二九日朝刊六面。

(140)　参照、『朝日新聞』二〇一一年二月二日朝刊四面など。なお、いわゆる「政治主導法案」（**2**(5)参照）では、民間人ポストとして、内閣官房に、内閣政務参事と内閣政務調査官を設置することが提案されていた。

(141)　内閣法制局については、内閣法制局史編纂委員会『内閣法制局史』（大蔵省印刷局、一九七四年）、内閣法制局百年史編集委員会『内閣法制局百年史』（大蔵省印刷局、一九八五年）、内閣法制局百年史編集委員会『内閣法制局の回想』（ぎょうせい、一九八五年）を参照。近時の公法学における研究として、大石眞「内閣法制局の国政秩序形成機能」公共政策研究六号（二〇〇六年）七頁以下、仲野武志「内閣法制局の印象と公法学の課題」北大法学論集六一巻六号（二〇一一年）一八三頁以下など。

(142)　二〇一〇年に提出された「国会審議の活性化のための国会法等の一部を改正する法律案」は、政府特別補佐人から内閣法制局長官を外す内容を含んでいた。これに関し、参照、長谷部恭男「比較の中の内閣法制局」ジュリスト一四〇三号（二〇一〇年）二頁以下。なお、この法律案は、閉会中審査に付されていたが、二〇一一年五月に撤回された。

(143)　参照、中村明『戦後政治にゆれた憲法九条〔第三版〕』（西海出版、二〇〇九年）。

(144)　政府提出法案の事前審査手続に関して、大石・前掲注（35）のほか、参照、拙稿「議院の議事運営に対する内閣の関与について」大石眞先生還暦記念『憲法改革の理念と展開　上巻』（信山社、二〇一二年）五五二頁以下の五七二～三頁。村山内閣における内閣総理大臣補佐官の導入時に、首相補佐であった錦織淳——弁護士である——と内閣法制局との間で内閣総理大臣の指揮監督権の理解をめぐる争いがあったことが知られる。中見・前掲注（136）四二～四五頁。また、注（182）で引用する大森政輔内閣法制局長官の答弁は、その直前に、梶山静六内閣官房長官が、私見として憲法七二条の指揮監督権は内閣総理大臣が単独で行使しうるとの解釈を以前に示したことがある旨を述べたことを受けてなされたものである。

(145) 人事院については、やや古いが、鵜飼信成『公務員法〔新版〕』（有斐閣、一九八〇年）三一五～三八頁、近時の概要としては、宇賀・前掲注（77）一二〇～四頁を参照。

(146) 参照、人事院ウェブサイト「公務員制度と人事院」<http://www.jinji.go.jp/booklet/booklet_Part 2.pdf>

(147) 西尾勝『行政学〔新版〕』（有斐閣、二〇〇一年）一五三頁。

(148) 同旨、塩野・前掲注（86）六三頁。

(149) 後者の役割に関し、内閣は「統轄」しかなしえず、みずから分担管理事務を行うことはできないという憲法解釈を前提として、内閣府を憲法違反だと論ずる学説が存在する（森田寛二『行政改革の違憲性』〔信山社、二〇〇二年〕一四頁以下、二五頁以下。また参照、田中＝岡田・前掲注（84）一〇八～九頁）。この論点は内閣の行政各部に対する指揮監督、総合調整の内容との関係でも重要であると考えられるが、ここでは立ち入らない。参照、藤田・前掲注（4）一二三～六頁。内閣の補佐機関としての側面を概説したものとして、宇賀・前掲注（77）一二五～四〇頁も参照。

(150) 藤田・前掲注（4）一一九頁。

(151) 経済財政諮問会議は政策統括官（経済財政運営担当）、総合科学技術会議は政策統括官（科学技術政策・イノベーション担当）、中央防災会議は政策統括官（防災担当）、男女共同参画会議は男女共同参画局が、それぞれ事務局を務めている。

(152) さらに、この場合、「分担管理事務」と目される事務自体が複数省庁の所管に跨る政策の実施、推進であると性質づけることができる。例えば、四条三項四二号は「少子化に対処するための施策の大綱［……］の作成及び推進に関すること」という法文であるが、「推進」の解釈によっては、内閣府が他省庁の所管の境界を越えて当該政策の実現を積極的に主導することが可能であると解されよう。

(153) 「大臣委員会等」とは、「法律で国務大臣をもってその長に充てることと定められている委員会その他の機関」と定義され（内閣府設置法八条一項）、現在は国家公安委員会がこれに当たる（警察法六条一項参照）。

(154) 経済財政政策、科学技術政策防災、食育の担当大臣も設置された場合の規定がみられるが（内閣府設置法一九条二項、二六条二項、災害対策基本法一一条二項五号、食育基本法二九条一項一号）、設置の決定は九条一項に基づき内閣総理大臣がなしうると解釈できる（内閣府設置法一九条三項、二六条三項参照）。

(155) 参照、行政組織研究会・前掲注（1）（「(二)」）二六頁。この場合、国務大臣に「内閣府特命担当大臣を命じる」とした上で、「○○を担当させる」という発令になる。宇賀・前掲注（77）一五二頁。

(156) 特命担当大臣とは別に、「○○担当」とだけ表記される大臣の存在も知られる。管見による限り、第二次森改造内閣（平成一三年中央省庁再編後）の橋本龍太郎沖縄・北方問題担当大臣に「行政改革担当」が付されているのが最初であるが、その後に多くみられる。宇賀・前掲注（77）一五一〜二頁によると、この「重要事項担当部署の担当大臣」は、「特定事項に関して行政各部の所管する事務の総合調整を事実上行［う］」ものである。この説明は、この種の担当大臣に対する発令が、「○○をするため行政各部の所管する事務の調整を担当させる」という内容であることに対応していると思われる。しかし、内閣総理大臣は、担当大臣に対しても、総合調整のみならず、企画立案――内閣レベルの政策形成――をも担当させられると解される。

(157) 参照、宇賀・前掲注（77）一四五頁。他省庁でも政策統括官（国際統括官）は一部で採り入れられており、その点を強調すれば程度の違いであるともいえる（国家行政組織法二〇条一項。例として、総務省組織令一四条、文部科学省組織令一一条、厚生労働省組織令一五条、国土交通省組織令一七条）。しかし、内閣府の政策統括官は必置であり、またその分掌する事務が占める割合の大きさや、内閣府設置法四条一項が定める内閣補佐事務の分掌に鑑みると、他省庁とまったく同列に扱うことはできないだろう。

(158) 同項三号は、四条三項のうち官房や他の局の事務を除いたものにおおむね対応している。

(159) 参照、森田和孝「復興庁設置法の解説」法律のひろば六五巻四号（二〇一二年）四頁以下、櫻井敏雄＝政木広行＝柳瀬翔央「復興推進体制の整備」立法と調査三二九号（二〇一二年）一四頁以下など。

(160) 復興庁においても、分担管理事務とされる事項について、各省庁の分担管理事務への優越的な関与を可能とするものが含まれている点が注目される。まず、復興庁設置法四条二項一号は、「復興に関する行政各部の事業を統括し及び監理すること」を挙げる。しかし、「統括」とは「行政機関の長等が、その所掌の下にある行政事務を総合的にすべつつ、締めくくること」（吉国一郎ほか編『法令用語辞典〔第九次改訂版〕』〔学陽書房、二〇〇九年〕五六七頁）である。復興事業は復興庁が省庁の垣根を超えて所管するものといえ、総合調整をも超える強力な権限を付与したものとも解される。また、三号は、復興事業のうち政令で定める事業の予算の一括要求、関係行政機関への配分、復興庁が定める方針や計画に基づく事業の執行をさせることを掲げる。これは、復興事業の予算や計画に関して、関係地方公共団体からの要望を反映させるための方法だと解されるが、各省庁に対して復興庁が広義の指揮監督を行うための道具を与えるものということもできよう。この三号に関しては「他の府省の所掌事務としないものとする」との定めが加えられており（同条三項）、所掌事務を移転させたものとも解される。

三　中央省庁に対する権限

1　行政組織編制権

内閣総理大臣は、行政組織編制権を持たないと解されている。日本では現行憲法下において伝統的に行政組織法定主義が妥当し、国の行政機関の設置及び廃止は法律の定めによるとされているからである（国家行政組織法三条二項）。もっとも、法律案の作成、提出を、内閣そして内閣総理大臣が主導的に行うことは可能であり、二〇〇一年の中央省庁再編はその例といえる。また、一九八三年の国家行政組織法改正により、内部部局、すなわち官房、局及び部の設置及び所掌事務の範囲は政令で定めることができるようになり（現在の七条四項（以下同じ））、課及び室についても、政令により「法律の制限内」で定めるという制限がなくなった（七条五項）[161]。附属機関のうち審議会等および施設等機関についても政令で定めることが可能だとされている（八条、八条の二）[162]。二〇〇一年の中央省庁再編も含め、内閣と行政組織編制権の関係については、第二編第一章で詳しく検討する。

2　人事権

人事権のうち、各省庁内部の個別の任免権に関しては、各大臣が有するのが原則であって[163]、内閣総理大臣はこれを持たないというのが現行法である（国家公務員法五五条一項）。すなわち、各省庁内部の官職のうち、内閣総理大臣が任免を行うのは、法制上、国務大臣＝各省大臣だけである。[164]副大臣と大臣政務官は大臣の申出により内閣が任免を行うこととされている（国家行政組織法一六条五項、一七条五項）[165]。また、法制上は明確でないが、大臣秘書官も大臣の申出により内閣総理大臣が任免を行うこととされているようである。[166]これらはいずれも特別職国家公務員（国家公務員法二条三項二号、七号、七号の二、八号）であって、それ以外の一般職公務員については各大臣が任命権者である。[167]

これに対し、採用試験や研修の実施、給与や勤務条件の調査や勧告、級別定数の設定及び改定などは人事院、人事管理に関する方針、計画等の総合調整、人事評価、厚生、服務、退職管理等で人事院の所掌でない事務は内閣総理大臣（実際には総務省人事・恩給局）が所管する。[168]これらは全省庁の共通枠組みに関する事項といえ、個別の人事権は各大臣が有するという上記の原則を覆すものではない。

個別の人事権に関しては、従来、「事務次官、外局の長、内局の長等の命免の了解」は閣議事項とされてきたところ、行政改革会議報告書は、「各省庁の次官、局長等幹部人事については、行政各部に対する内閣の優位性を明確にするため、各大臣に任免権を残しつつ、任免につき内閣の承認を要することとする」（Ⅱ2⑷②）を提案し、これを踏まえて、平成一二年一二月一九日の閣議決定により、「事務次官、局長その他の幹部職員の任免を行うに際しては、あらかじめ閣議決定により内閣の承認を得た後にこれを行うこととする」とされ、いわゆる内閣の事前承認制度が設けられている。

このような有りように対して、従来、内閣及び内閣総理大臣の具体的な人事権を拡大すべきだとの主張がなされてきた。これらの提案は、具体的には二つの方向性に分かれる。第一は、各省庁の幹部職員につき、職業公務員に限らず、時の政権による自由な任用――いわゆる政治任用――の制度を導入すべきだとの提案である。これは、法制でいえば特別職の拡大を意味する[169]。

第二は、各省庁の幹部職員につき、職業公務員を充てるとの原則を維持しつつも、個別的な人事権を各大臣から内閣に移転すべきとの提案である。これは、法制でいえば国家公務員法五五条の改正と内閣人事局の設置を意味する[170]。

この点、二〇〇一年の公務員制度改革大綱を契機として議論が進展し、二〇〇八年の国家公務員制度改革基本法の制定に繋がったが、この法律は、基本的に第二の方向性に向けて一歩を進めたものといえる[171]。もっとも、その後、今に至るまでこれを実現する法律は成立していない。これらの展開も含めて、内閣と人事権の関係については、第二編第二章で詳しく検討したい[172]。

3　指揮監督権

(1)　問題の所在

内閣総理大臣は各省に対して指揮監督権を有するか。この問題は、憲法学における古典的論点である。この点、憲法七二条は、「内閣総理大臣は、内閣を代表して［……］行政各部を指揮監督する」と定めるところ、「内閣を代表して」は「行政各部を指揮監督する」を修飾せず、内閣総理大臣は単独で指揮監督権を行使しうるとする説も存在する（単独行使可能・閣議決定不要説[173]）。しかし、従来、「内閣を代表して」が「行政各部を指揮監督する」をも修飾するとの前提に立ち、「内閣を代表して」とは「内閣の意思に基づいて」の意味であると解釈して、行政各部の指揮監督は、内閣の意思を離れて内閣総理大臣が単独に行えるものではなく、内閣（閣議）の意思決定が必要であると理解するのが通説であったといえる（単独行使不可能・閣議決定必要説[174]）。この立場によれば、「閣議にかけて決定した方針に基いて、行政各部を指揮監督する」と定める内閣法六条は、憲法七二条の内容を確認したもの、ということになる。[175]

とはいえ、単独行使不可能・閣議決定必要説を厳格に捉え、個別具体的な指揮監督権の行使につき逐一、内閣（閣議）の意思決定が必要であると解する——当初の法制実務は、この解釈をとったようである[176]——ならば、閣議決定に全員一致を要するとの要請と合わせて、次のような不条理な事態が発生することになる。内閣総理大臣による指揮監督権の行使が必要になるのは、各省大臣が内閣総理大臣の意向に従わない場合であるが、指揮監督権の行使に閣議決定が必要であり、かつ閣議決定には全員一致が要求されるので、当該各省大臣＝国務大臣が反対する以上、内閣総理大臣は閣議決定を得ることができず、指揮監督権を行使することができないという事態である。

もちろん、内閣総理大臣は当該各省大臣を罷免して自らの意向に従う者を新たに大臣に任命することは可能である。しかし、大臣の罷免は、内閣総理大臣にとって高度な政治的リスクを伴う行為であり、簡単になしうるものではない。「厳格な単独行使不可能・閣議決定必要説」と「閣議決定の全員一致の要請」との組合せは、各省大臣に拒否権を与える機能を果たすのである。対立する大臣を罷免して新大臣を任命する場合には、内閣総理大臣による指揮監督権の行使が必要となる状況が消滅するわけであり、そもそも、指揮監督権の行使に関して憲法七二条が適用される場面が存在しない結果となる。これは背理であろう。それゆえ、基本的に内閣総理大臣は指揮監督権を単独で行使することが可能だと解するべきである。憲法七二条について、「内閣を代表して」が修飾するのは「国会に報告し」までだと解することは、その後の「並びに」の捉え方次第で十分に可能である。また、前段は国会との関係であって対外的な内閣の「代表」を語る意味があるのに対して、後段は行政部内部の関係であることから、「代表」は問題とならないと解することも合理的である。[177]

(2) 緩和説の展開

もっとも、学説・判例を仔細にみれば、単独行使不可能・閣議決定必要説を維持しながらも、この要請を緩やかに解する傾向がみられる。[178] すなわち、「何らかの政策ないし行政施策についての方針が予め一般的に閣議によって決定されているならば、内閣総理大臣は、その方針に基づいて（その方針の具体的適用として）各省大臣に対し、個別的な場合に指示その他指揮監督をなしうる」との解釈である。[179] いわゆるロッキード事件最高裁判決（最大判平成七年二月二二日刑集四九巻二号一頁）も、この流れに棹差すものと理解できる。いわく、

> 内閣総理大臣は、憲法上、行政権を行使する内閣の首長として（六六条）、国務大臣の任免権（六八条）、内閣を代表して行政各部を指揮監督する権限（七二条）を有するなど、内閣を統率し、行政各部を統轄調整する地位にあるものである。そして、内閣法は、閣議は内閣総理大臣が主宰するものと定め（四条）、内閣総理大臣は、閣議にかけて決定した方針に基づいて行政各部を指揮監督し（六条）、行政各部の処分又は命令を中止させることができるものとしている（八条）。このように、[①] 内閣総理大臣が行政各部に対し指揮監督権を行使するためには、閣議にかけて決定した方針が存在することを要するが、[②] 閣議にかけて決定した方針が存在しない場合においても、内閣総理大臣の右のような地位及び権限に照らすと、流動的で多様な行政需要に遅滞なく対応するため、内閣総理大臣は、少なくとも、内閣の明示の意思に反しない限り、行政各部に対し、随時、その所掌事務について一定の方向で処理するよう指導、助言等の指示を与える権限を有するものと解するのが相当である[180]（[　] 内の番号は便宜上筆者が付したものである）。

このうち、①の箇所は、「閣議にかけて決定した方針」（傍点筆者）との表現から明らかなように、一般的抽象的な決定がなされていれば、内閣総理大臣は個別具体的な指揮監督権を単独で行使しうることを明らかにしたものといえる。これは上記の緩和解釈と符合するものである。

もっとも、この緩和解釈のニュアンスにも幅があった。たとえば、内閣官房副長官及び内閣官房長官の経験者による次のような表現である。

一般的な指揮監督権は、閣議にかけて決定した方針に基づいて行使し、権限疑義の裁定は閣議にかけて行うべきものであり、いずれも、実質的には内閣がその権限を留保しているものと解される……要するに、内閣総理大臣は、合議体としての内閣を代表する立場から各大臣を指揮するもので、自ら、単独に指揮監督することはできないのである（傍点筆者）[181]。

ここには、緩和解釈を前提としても、「実質的には内閣がその権限を留保している」との表現が示唆するように、方針は相当程度に具体的でなければならず、「自ら、単独に指揮監督することはできない」との言葉と合わせ、なお内閣総理大臣単独の権限行使が強く制限されているとの理解も根強かったことが窺われる。

とはいえ、行政改革会議報告書が、「内閣総理大臣の行政各部に対する指揮監督に関する内閣法の規定は、弾力的に運用する」（Ⅱ3(2)）と述べた通り、緩和解釈を前提としながら、内閣総理大臣単独の権限行使を広く認める方向でこれを運用しようとするのが現在の基本的な実務の傾向といえよう[182]。

(3)　内閣総理大臣の指揮監督権を認める別の論理

なお、内閣総理大臣の単独の指揮監督権の行使を広く認める方向性は共有しつつ、これを(2)でみた緩和解釈とは違う道筋で進める議論もありえる。

そのうちの二つは、ロッキード事件最高裁判決の補足意見から導かれる。(2)の引用をもう一度、第一に、指揮監督権の性質は法的拘束力＝強制力を有する命令かそこまで強くない指示か、第二に、指揮監督権の行使に閣議決定を要するか否か、という点に着目しながら読んでみたい。

この点、一般的な読み方は、第一の論点につき、指揮監督権の性質を法的拘束力＝強制力を有する命令と解した上で、第二の論点につき、指揮監督権の行使には閣議にかけて決定した方針を要するというものである。判例引用中①の部分――まさに「指揮監督」という語を用いている――がこれを表現したものであるということになる。これは⑵でみた緩和解釈にほかならない。

しかし、この読み方だと判例引用中②の部分は憲法七二条の指揮監督権とは無関係ということになる。この点、草場長官以下四裁判官の意見によれば、この部分は、憲法七二条の指揮監督権そのものではなく、憲法六六条や憲法六八条を含めた「行政権を行使する内閣の首長として、内閣を統率し、行政各部を統轄調整する地位」から引き出される権能であると理解することになる。(183)

これに対し、二つの補足意見を読むと、判例引用中②の部分を取り込むかたちで、憲法七二条の指揮監督権の内容を膨らませる読み方が可能となる。

ひとつは、園部裁判官以下四裁判官の補足意見である。この補足意見は、一見すれば、上の読み方に等しくも思える。しかし、次の箇所を読めば、その理解は異なることが明らかとなる。いわく、

内閣総理大臣の指揮監督権限は、本来憲法七二条に基づくものであって、閣議決定によって発生するものではない。右指揮監督権限の行使に強制的な法的効果を伴わせるためには、内閣法六条により、閣議にかけて決定した方針の存在を必要とするが、右方針決定を欠く場合であっても、それは、内閣法六条による指揮監督権限の行使ができないというにとどまり、そのことによって内閣総理大臣の憲法上の指揮監督権限のすべてが失われるものではなく、多数意見のいわゆる「指示を与える権限」は、何らの影響を受けずに存続するものといえる。(184)

また、憲法七二条の指揮監督権については、これより前の箇所で次のように述べている。

内閣総理大臣の右指揮監督権限は、行政権の主体たる内閣を代表して、内閣の統一を保持するため、行使されるものであり、その権限の範囲は行政の全般に及ぶのである。そして、行政の対象が、極めて多様、複雑、大量であり、かつ常に流動するものであることからすると、右指揮監督権限は、内閣総理大臣の自由な裁量により臨機に行使することができるものとされなければならない[185]。

これらを合わせ読めば、憲法七二条の指揮監督権とは、第一に、その性質は法的拘束力＝強制力を有しない指示を発する権限であり、第二に、その行使は内閣総理大臣の単独で可能であるとの理解に立っていることが看取できる。判例引用中②の部分を含めて指揮監督権の内容を捉えた上で、判例引用中①の部分は、これに法的拘束力＝強制力を上乗せする場合だと解しているのである。指示単独行使可能説とでもいえよう。

これに対し、尾崎裁判官の補足意見は、より強い権限を認めたものと読むことが可能である。この意見は、「指揮監督権限は憲法七二条によって付与されたものであって、内閣総理大臣からこの権限自体を奪うことは憲法に違反して許されない。しかし、その権限行使の方法について合理的条件を付することは許される」という前提のもとに、「内閣法六条は、指揮監督権限の行使方法を定めた」もので、「内閣総理大臣の指揮監督権限は、内閣法六条の定めに従ってこれを行使する場合には、強制力を伴うのであるが、これが唯一の行使方法ではない」として、「当初から内閣法六条に定める手続に従ってこれを行使し、権力的に強制するのではなく、それに先立つ代替的先行措置あるいは前置手続として、指導、要望、勧告等、これを『指示権（能）』というかどうかはともかく、これらによって内閣総理大臣の所期する方針を主任大臣に伝達し、任意の履行を求めるのが通例と認められる[186]」とする。この点、園部裁判官以下四裁判官の補足意見と同様、指示単独行使可能説に立っているようにも解されるが、内閣法六条が合理的条件を付したものであるという部分の理解によっては、憲法七二条の指揮監督権には法的拘束力＝強制力まで含まれており、内閣法六条はその行使に対して閣議決定という条件を課したものであるということになる。

また、尾崎裁判官の補足意見には、指揮監督権につき、「内閣総理大臣は内閣の首長として行政各部を指揮監督する（憲法七二条）のであるから、その指揮監督権限は、各主任大臣の分担管理する（国家行政組織法五条一項）各々の行政事務全般に及ぶ[187]」と述べる部分がある。この点、「内閣の首長として行政各部を指揮監督する」との表現からは、憲法七二条の「内閣を代表して」は「行政各部を指揮監督する」を修飾しない、すなわち、指揮監督権の行使は単独で行使できると解していることが窺われる。

纏めれば、尾崎裁判官補足意見による憲法七二条の閣議決定権の理解は、第一に、その性質は法的拘束力＝強制力を有する命令まで含みうるものであり、第二に、その行使は内閣総理大臣の単独で可能だとの見解であるといえる。これは(1)でみた単独行使可能・閣議決定不要説にほかならない。

これらの補足意見の観点から判決を捉える場合、法的拘束力＝強制力を認めるか否かの違いはあるものの、内閣総理大臣は、内閣の意思決定を前提とせず、憲法七二条の定める指揮監督権を単独で行使することが可能だということとなる[188]。

さらにもうひとつ、ロッキード事件最高裁判決とは別の論理を示すこともできる。従来、「厳格な単独行使不可能・閣議決定必要説」と「閣議決定の全員一致の要請」との組合せが内閣総理大臣の指揮監督権を束縛してきたところ、後者を緩和させる可能性である。内閣総理大臣の指揮監督権に関する議論の中では、これまで検討したとおり前者に焦点が当てられてきたのであるが、閣議決定を必要とする従来の立場を堅持するならば、実際に内閣総理大臣が指揮監督権を行使する必要が生じた場合に、その行使を正当化できる「方針」が必ず存在するとは限らず、また「方針」の存否をめぐり見解の対立が生じることも考えられる。そのような場合に、指揮監督権であれ指示権であれ、内閣総理大臣の単独による行使を認めないのであれば、内閣の意思決定を直ちに得られることが緊要であろう。この点からも、**二1**(3)でみたとおり、全員一致原則を再考して、意思決定の柔軟な仕組みを構築する必要があるといえる。この文脈で、行政改革会議報告書が「事後の閣議承認を条件に事前の閣議によらずに指揮監督できるようにすることについては［……］幅広い検討が必要である」（Ⅱ3(2)）と述べていたのが注目される。(189)

なお、関連して、内閣総理大臣が各省大臣を飛び越して事務方に対し直接に指揮監督を行うことができるか否かという点も重要である。この点、「特定・個別的な行政事務に対する内閣総理大臣の指揮監督権は当該各大臣の権限を媒介として行使されるのであり、内閣総理大臣が直接に（当該各大臣を媒介することなく）特定・個別的な行政事務についてなす指示その他の指揮監督は行政組織法上の正規の指揮監督ではない(190)」とされており、実務でも、「閣議にかけて決定した方針に基づくものでも、各大臣の頭越しに、事務当局に、直接、指揮監督することはできない(191)」という発想に立っていたようである。もっとも、イギリスの一部において述べられたような、内閣総理大臣と各省の事務次官との接触を禁止すべきとの主張もみられない。実際にも、各省大臣を抜いて各省の幹部職員が内閣総理大臣と直接に接触することは普通にみられるところである。

ともあれ、各省庁に対する指揮監督という作用の領域では——組織や人事の領域と異なり——緩和解釈の運用等によって、内閣総理大臣が実質的に単独で権限を行使しうる状況になってきているといえる。

(161)　官房及び局並びに課及び室の数については、「できる限り九〇に近い数」「できる限り九〇〇に近い数」にすべしという総量規制が課せられている（中央省庁等改革基本法四七条一号、三号）。

(162) 内部部局の職についても、省の事務次官の設置及び定数は国家行政組織法で定められており（一八条一項）、省の総括整理職の設置、職務及び定数も法律で定めるとされているが（一八条二項）、庁の次長、総括整理職については政令事項とされており、さらに省庁の官房長、局・部・委員会の次長、官房・局・部・委員会の総括整理職の設置及び定数は政令に委ねられた（一八条三項、二一条二項～四項）。これらも一九八三年の国家行政組織法改正による。以上の点も含めて、参照、佐藤・前掲注（36）五七～六二頁。

(163) 厳密にいえば、内閣、各大臣、会計検査院長及び人事院総裁並びに宮内庁長官及び外局の長である。

(164) 内閣総理大臣は、内閣府の長として、内閣府の職員に対する人事権を有する（内閣府設置法六条一項、国家公務員法五五条）。

(165) もっとも、実質的には内閣総理大臣が任免を行っていると見られる。**一1**参照。

(166) 参照、公務員制度の総合的な改革に関する懇談会第五回（平成一九年一〇月一二日）資料3「大臣を補佐する体制」。

(167) 実際には、国家公務員採用I種試験により採用された、いわゆるキャリア組の人事は、各省の大臣官房人事課が、それ以外の試験により採用されたいわゆるノンキャリア組の人事は、各局の総務課が行う。真渕・前掲注（108）三九頁。個別の任命権者に関しては、第二編第二章第一節**一**を参照。

(168) 第二編第二章第一節**二**を参照。

(169) 明治憲法下において、第一次山本内閣や原内閣において、文官任用令の改正による自由任用職の次官、主要局長への拡大という動きがあった。参照、奈良岡聰智「政務次官設置の政治過程(二)」、「(四)」議会政治研究六六号（二〇〇三年）一頁以下、六九号（二〇〇四年）一頁以下、清水唯一朗『政党と官僚の近代』（藤原書店、二〇〇七年）一四一～六三頁、二〇二～一六頁。日本国憲法下の議論として、参照、松下圭一『政治・行政の考え方』（岩波新書、一九九八年）八三～四頁。

(170) 参照、石原・前掲注（34）二二〇～二二一頁。

(171) 幹部職員等の任用に関して、公募制度の導入を予定しており（同法五条四項一〇号、六条四項二号）、この制度の運用次第では実質的な政治任用に近づくこともありえる。

(172) 行政組織編制権と人事権との双方に関わる事項として、定員管理がある。この点、当初は各省ごとの定員が国家行政組織法で定められていたが、一九六一年の改正で臨時の定員が政令で増員できるようになり、さらに一九六九年に「行政機関の定員に関する法律」が制定されたことで、総数を法律で明記し、各省庁への配分は政令事項とされた。ここにも、「行政部自身による弾力的・機動的な運用という考え方」が表れているとされる。佐藤・前掲注（36）一一九～一二二頁。

(173) 手島＝中川・前掲注(49)五〇頁〔中川剛〕、大石・前掲注(17)一七四頁など。
(174) 佐藤・前掲注(21)八七六～八頁、同・前掲注(36)四四八、四五二～三頁、宮澤・前掲注(18)五五六頁、清宮・前掲注(40)三二五頁、小嶋・前掲注(16)四五一頁など。
(175) この点、橋本行革が内閣法六条に触れなかったこととの関連で、「憲法第六六条第一項は、内閣総理大臣と他の国務大臣との関係をも『法律の定めるところ』、すなわち立法者に委ねていると見ることができ、立法者としては、（内閣法第六条は別としても）内閣総理大臣が優位に立つ組織構成から、全く対等である組織構成まで、選択の余地があるはずである」とする考えが示されている。行政組織研究会・前掲注(1)(「一」)七頁。
(176) 大石・前掲注(1)八四頁。参照、林修三「内閣総理大臣の職務権限について」成田頼明編『行政法の争点』(有斐閣、一九八〇年)一一八頁以下の一一九頁。
(177) 参照、大石・前掲注(17)一七四頁。また参照、松井・前掲注(5)五七頁。
(178) この点を指摘するものとして、大石・前掲注(1)八四～五頁。
(179) 佐藤・前掲注(40)三〇六頁。
(180) 刑集四九巻二号四六九～七〇頁。
(181) 後藤田正晴『政と官』(講談社、一九九四年)二三二頁。
(182) 大森政輔内閣法制局長官（当時）の次の答弁も知られる（平成八年六月一一日衆議院内閣委員会議録第八号一三頁）。

内閣法六条をごらんいただきますと、「内閣総理大臣は、閣議にかけて決定した方針に基いて、行政各部を指揮監督する。」これは憲法七十二条の趣旨を受けた規定でございます。ただ、この場合に「閣議にかけて決定した方針」と申しますのは、個々具体的な事態に即応した、本当の具体的な方針をその都度決定しなければならないというわけではないというふうに解されておりまして、あらかじめ予想、想定される事態に備えまして、内閣としての基本的な方針をあらかじめ定めておきますと、事態に応じた適切な対応をするために、その都度閣議を開いて方針を決めなければならないというものではないわけでございます。

したがいまして、ある緊急事態が生じた場合に、万が一閣議そのものが開催絶対不能であるというときにおきましても、あらかじめそのような事前の一般的方針を定めておりますと、内閣総理大臣としては行政各部を指揮監督することに何ら支障がないということになるわけでございます。

また参照、大森正輔『二〇世紀末期の霞が関・永田町』（日本加除出版、二〇〇五年）二〇九〜一一頁。

(183) 参照、『最高裁判所判例解説　刑事篇　平成七年度』一〇五〜六頁〔龍岡資晃、小川正持、青柳勤〕。高田篤「内閣総理大臣の職務権限（ロッキード事件丸紅ルート）」佐藤幸治＝土井真一編『判例講義憲法Ⅱ』（悠々社、二〇一〇年）二五二頁以下の二五三頁など。このような理解は従来から存在していた。内閣総理大臣の調整権限を「内閣の首長としての地位」から導くものとして、菊井康郎「わが国の内閣制の展開」公法研究四九号（一九八七年）三六頁以下の四〇〜三頁（同『わが国の内閣制の展開』〔信山社、一九九六年〕所収三頁以下の一一〜二頁）。

(184) 刑集四九巻二号四七七頁。

(185) 刑集四九巻二号四七五〜六頁。

(186) 刑集四九巻二号四八三〜四頁。

(187) 刑集四九巻二号四八三頁。

(188) この点、法的拘束力＝強制力の有無は重大な違いであるようにも思われるが、実際には、尾崎裁判官補足意見が「留意すべき」と述べるとおり、強制力を伴うといっても、「閣議決定にもかかわらず不服従が続くとき、直接的には強制の方法が法定されていない」（刑集四九巻二号四八三〜四頁）。強制力の効果としての「行政上の責任」（同四七六頁）を負わせるといっても、その内容は定かでないのである。そうであれば、強制力があるといっても、ないといっても、実際の効果に変わりはないことになろう。

(189) また、指揮監督権行使との関連で閣議運営における内閣総理大臣の権限に着目するという点では、行政改革会議報告書が、内閣総理大臣が内閣の「首長」としての立場から閣議での討議・決定を求めて発議する「自己の国政に関する基本方針」には、「個別事項であっても国政上重要なものを含む」（Ⅱ3(1)。傍点筆者）としている点も重要である。緩和解釈は、内閣総理大臣の指揮監督の根拠となる「方針」は一般的なものでもよいとするものであり、閣議決定に付される内容は個別的なものでもよいとの含意があるが、これを無視して「方針＝一般的なもの」との連想から「個別事項は分担管理する各大臣しか発案できない」という主張が導かれるおそれもあるからである。内閣総理大臣の指示権を認めない立場から同様の指摘をするものとして、参照、塩野・前掲注（86）五九〜六〇頁。

(190) 佐藤・前掲注（21）八七七頁。

(191) 後藤田・前掲注（181）二三二頁。

第二節　連帯責任と首相

一　問題の所在――単独輔弼制・連帯責任・国務大臣＝各省大臣＝「絶対的責任者」観

第一節で明らかにしたとおり、日本においては、内閣の組織上における内閣総理大臣の重要性は際立っている一方、内閣の運営や各省との関係の場面ではその権限が制限的に理解され運用されてきている。

この点、興味深いのは、閣議における全員一致原則と、閣議主宰権に対する言及の少なさという内閣の運営における総理大臣の「弱さ」を規定している諸要素の有りようが、明治憲法下と何ら変わらないことである。[192] 明治憲法においても、意思決定に関しては全員一致でなければならないとされていた。また、内閣総理大臣は「閣議を招集し、主宰し、閣議に附すべき事項を選定する」権限を有するとされていたが、[193] ここにいう「主宰」は単なる「議長」の意味にすぎない。

これはなぜなのだろうか。明治憲法下において内閣総理大臣の地位が弱かったのは、一般に、内閣総理大臣が「同輩中の第一人者」にすぎず、他の国務大臣と対等であったからだと説かれる。それは、明治憲法が内閣総理大臣や内閣についてまったく触れず、五五条で「国務大臣ハ天皇ヲ輔弼シ其ノ責ニ任ス」とのみ定めていたこと、すなわち単独輔弼制を前提としているのだろう。それならば、なぜ単独輔弼制から連帯責任制に変わったのに内閣総理大臣の運営面での地位に変わりがないのか、という疑問が生じるのである。

そこで本節では、明治憲法下の学説に遡って、総理大臣が有する内閣運営上の地位が弱い理由を掘り下げて考察してみたい。そこでは、論者によって憲法五五条の解釈が微妙に異なり、何より内閣総理大臣の弱さを憲法五五条から直接には説明することができない説の存在が明らかとなる（二）。すると、単独輔弼制とは異なる発想が明治憲法下から存在し、それが現行憲法下でも生き延びているのではないかとの仮説を立てることが可能となる。そのような視点から現行憲法及び憲法附属法の制定過程を振り返り、第一に、上記の発想が相当程度、「連帯責任」の解釈や附属法の規定ぶりに影響を与えていたこと、第二に、他方で上記の発想に囚われない「連帯責任」解釈や、内閣の在り方について総理大臣の組織上の権限――とくに任命権――と結び付けた理解の可能性を示唆する議論も登場していたことを明らかにして、「連帯責任」の解釈や内閣制度の理解を再構成する視座を得たい（三）。

(192) 参照、初宿正典「政治的統合としての憲法」佐藤幸治＝初宿正典＝大石眞編『憲法五十年の展望Ⅰ』（有斐閣、一九九八年）二二五～二二六頁。
(193) 山崎丹照『内閣制度の研究』（高山書院、一九四二年）一六二頁。

二　明治憲法下における内閣総理大臣の「弱さ」の理由

1　憲法五五条説

(1)　穂積・上杉説

正統学派として括られることの多い穂積八束、上杉慎吉は、内閣総理大臣の「弱さ」についても、おおむね同じ筋道で説明を与えていると思われる。(194)

彼らは、単独輔弼を理由として、内閣制度——内閣という合議体や連帯責任——を否定する。たとえば、穂積は次のように述べる。「我カ憲法ハ国務各大臣ヲ視テ以テ輔弼ノ責任アル者トス、内閣ト謂ヘル憲法上ノ職責ノ主体アルコトヲ認メス、輔弼ノ大臣ハ君主ノ内閣ニ参入シテ謀議ニ与カルノミ。輔弼ト其ノ責任トハ各大臣各個ノ資格ニ於テス、連帯シテ輔弼シ及責ニ任スルノ制ニ非ス」(穂積五五四頁)。

また、「内閣ノ制度ノ最モ完全ナルハ、各大臣ノ上ニ一人ノ首相アリテ、各大臣ヲ指揮監督シ、各大臣ハ一人ノ首相ノ意見ニ服従スルモノトセラルルモノニシテ〔……〕此ノ如クナレバ、政治ノ実権ハ自ラ首相ニ帰スルニ至ル」との認識が示されるが(上杉六四九頁)、このような総理大臣の特別な地位も、彼らは単独輔弼を理由として拒否する。「国務大臣トシテノ憲法上ノ輔弼、副署及責任ノ事ニ付テハ各大臣皆天皇ニ直隷シテ同列同権ナリ」と述べ(穂積五五六～七頁)、あるいは「国務各大臣ハ、〔……〕国務ノ全範囲ニ亘リテ、輔弼ノ職務ヲ有ス、輔弼ノ職務ニ就テハ、各大臣ノ間、事務ノ分掌アルコトナシ、各省大臣トシテノ主任ノ事務ト相関スルコトナク、各大臣ハ対等ニ、国務ノ全範囲ニ就テ、天皇ニ進言スルコトヲ得、内閣総理大臣モ、亦国務大臣トシテハ、他ノ各大臣ト異ルコトナシ」と論じている（上杉六六三頁）。

それでは、内閣官制が内閣そして内閣総理大臣の存在を認め、これらに各種の職務を与えているのはどのように理解するのか。彼らは、内閣や内閣総理大臣を、憲法五五条の定める輔弼のための「憲法上ノ機関」としてではなく、「行政施行ノ為ニ大権ヲ以テ特ニ設クル」「行政最高ノ監督官府」として捉える（穂積五三〇、五五五頁）。すなわち、「内閣及ビ内閣総理大臣ナル者ハ、国務大臣カ行政各部ノ長官タルノ地位職務ニ就テ存スル者ニシテ、国務大臣トシテノ地位職務ニ関スルモノニ非ス」（上杉六五〇頁）。

もちろん、「便宜」「輔弼ノ職務トスル所ニ関シ、閣議ニ於イテ評議スルコト」があることを彼らも承認する（穂積五五七頁、上杉六五〇頁）。しかし、その場合であっても「大権輔弼ノ憲法上ノ任務ハ〔……〕尚大臣各個ノ憲法上ノ資格ト権能トニ於テスルモノタルヲ忘ルヘカラス」（穂積五五七頁）。そこで、この国務各大臣の権能を損わないためには、輔弼に関して行う閣議での議論は「唯タ打チ合セ相談タルニ止マリ、多数ヲ以テ全体ノ唯一ノ意志ヲ決定シ、各大臣ヲ拘束スルノ効力アル議決ヲ為スコト」は許されない（上杉六五〇頁）。

したがって、輔弼に関して内閣総理大臣が自らの意見を他の国務大臣の意見に優先させることができないのは言うまでもない。それは、内閣総理大臣が内閣官制二条によって行政各部の統一を保持する特別な権限を与えられ、各省長官を国務大臣が兼ねるゆえに「行政一部ノ分担者トシテハ各大臣ハ行政ノ全部ノ統一ヲ保持スルノ総理大臣ノ職権ノ下ニ立ツノ事アリ」という状況にあっても変わらない。「若之ヲ以テ憲法上ノ国務大臣ノ地位ト混シ、諸大臣ハ一首領ノ下ニ立チ之ヲ経由スルニ非サレハ大権輔弼ノ任ヲ行フコト能ハストセハ、是レ明カニ憲法ニ反スルモノナリ」と穂積は断言するのである（穂積五五八頁）。

以上が彼らの論理であるが、最後に確認しなければならないのは、この背景には、「大権政治」という「政体」そしてこの政体の基礎となる天皇主権の「国体」の観念が存在していたことである（穂積五五三頁、上杉六四二～四五頁）。単独輔弼制は、「大臣交々信ずる所を執て廷争せしめ、以て輔弼の一層有効ならんことを期し、またこれに依て、大権が有名無実に帰せず、真に憲政の中心として活動するの、我が憲法の基本方針を徹底せんとしたものである[195]」。

したがって、内閣という合議体が輔弼を行うこと、その結果、内閣総理大臣の力が突出することを彼らが認めないのは、むしろ天皇の力を弱めるからであると理解できよう。「内閣制度ハ君主ノ勢力ヲシテ軽カラシメ、内閣ヲシテ実権ヲ掌握セシムルニ至ルノ傾向アリ、各大臣各様ノ意見ヲ上ルハ、天皇自由ニ之ヲ選択決定スルコトヲ得ヘキモ、内閣ニ於テ唯一ノ意見ヲ決定シテ採択ヲ請フトキハ、仮令法律上決定ノ権ハ天皇ニ在ルモ、事実上内閣ノ意見ヲ拒絶スルコト困難ナルヘシ、又各大臣ハ実際上内閣ニ於ケル多数ノ意見ニ直接服従シ、天皇ノ命令ニ直接服従スルニ非サル者トナルヘシ」と上杉が述べるのは、かかる思想をよく表しているように思われる（上杉六四八頁。穂積五四〇、四二～四三頁も参照）。

(2)　清水説

清水澄も、憲法五五条一項の単独輔弼の原則から出発して、内閣総理大臣の弱さを説明するように思われる[196]。まず、清水は、「憲法第五十五条ハ国務各大臣ハ天皇ヲ輔弼シ云々トアルカ故ニ国務各大臣ハ［……］単独ニ天皇ヲ輔弼スルモノ」であって、「合議体ヲ以テ天皇ヲ輔弼スルニアラス」（圏点は原文）と述べ、内閣の合議体性を否定する（清水『国法学』六四六～四七頁）。

それでは、内閣官制が内閣の存在を認め、五条や六条で閣議を経るべき事項を定めているのは、どのように考えるのだろうか。清水によると、内閣には「異ナル二ツノ性格」がある。「大権作用ニ関スルモノ」を議論する「国務大臣ノ集合トシテノ内閣」と「行政作用ニ属スルモノ」について決定を行う「行政長官ノ集合トシテノ内閣」である（清水『国法学』七三五〜三六頁）。内閣官制に列挙されている権限は、その性質に応じて二種類の内閣いずれかに振り分けられるわけである（もっとも『逐條』と『国法学』とでは、その内容が異なる）。

「行政長官ノ集合トシテノ内閣」は憲法五五条と無関係なので、「内閣カ確定ノ決議ヲ為スモ憲法ノ精神ニ背カサルノミナラス之ニツキ内閣カ単ニ評議スルニ止マルモノトナストキハ却テ各省ノ主管明カナラス且行政ノ統一ヲ保ツヲ得サルノ不当ノ結果ヲ生スルモノナリ」として、合議制の官庁であることが明確に肯定される（清水『国法学』七三七頁。ただし、清水は「行政長官ノ集合トシテノ内閣」においても、内閣総理大臣の優越性には消極的な立場をとる。このことは、憲法五五条からは説明できないものであることに留意しなければならない。この点は**2**⑵②で触れる）。

「国務大臣ノ集合トシテノ内閣」の存在も、清水は、「素ヨリ各大臣相会シテ輔弼ニツキ意見ヲ交換スルハ妨ケナク又実際ニ行ハルル所ナリ」として肯定する。しかし、「輔弼ハ常ニ各大臣輔弼シテ之ヲ為スヘキモノニシテ内閣ヲ以テ団結ノ一体トナシ多数決ヲ以テ輔弼シ衆ヲ以テ寡ヲ圧シ各独立ノ意見ヲ奉ルコトヲ得サラシムルカ如キハ我カ憲法ノ許ス所ニアラサルナリ」（清水『国法学』六四七頁）。「国務大臣ノ集合トシテノ内閣」はあくまで合議を行う場にすぎない。その結果すべての国務大臣の意見が一致して、「便宜上其一致ノ意見ヲ以テ輔弼スル」ことはありうる（清水『国法学』六四八頁）。しかし、「国務大臣ノ集合トシテノ内閣」は、反対者を押さえて意思決定することのできる合議体ではない。

このように、「国務大臣ノ集合トシテノ内閣」が輔弼に関して意思決定を行うことによりその内容を反対の大臣に押し付けることは否定されるが、これは内閣総理大臣の意思であっても同様である。なぜなら、「国務大臣トシテハ各大臣単独ニ天皇ニ対シテ輔弼ノ任ヲ盡スモノナルカ故ニ総理大臣モ各省ノ大臣モ国務大臣トシテハ其間ニ差異ナキモノ」だからである（清水『国法学』六四五頁）[197]。結局、輔弼に関する合議の場面においては、憲法五五条に由来する国務大臣の単独輔弼制によって、内閣の合議体性、ひいては総理大臣の優越性が否定されることとなる。

もっとも、清水のこの議論の背景には微妙なものがある。一方で、国務大臣が内閣という合議体を通して天皇を輔弼することができない理由を、憲法五五条が「国務各大臣ト規定シ特ニ『各』字ヲ備フ故」であるとする（清水『逐條』四〇七頁）ところからは、次に述べる佐々木と同様、憲法典の文言を重視する姿勢がうかがわれる。他方で、内閣が大権の輔弼に関して決議を行う場合には、「啻ニ国務大臣単独輔弼ノ制ニ反スルノミナラス輔弼官タル国務大臣カ其ノ意見ヲ以テ天皇ノ意思ヲ拘束スルノ結果ヲ生スルニ至ルヘキナリ」と述べ（清水『国法学』七三七頁。六四六頁も参照）、穂積や上杉と同様に天皇との関係も視野に入れている。ここには、「中間派」と位置づけられる清水の学説の性格が表れているように思われる。

(3)　佐々木説

① **佐々木説の特徴**　佐々木惣一も、憲法五五条一項は「各国務大臣ハ各別ニ天皇ヲ輔弼ス」る趣旨を明らかにしたものであるとし[198]、ここから内閣総理大臣の弱さを説明するもののように思われる。もっとも、佐々木は既に述べた穂積、上杉、清水と異なり、輔弼に関し、国務大臣としての資格で、内閣総理大臣に一定の特別な地位と権限を明確に認める（佐々木三九四〜九五頁）。すなわち、佐々木によれば、内閣総理大臣は、各大臣の首班として、内閣の運営との関係で、第一に、閣議を準備し指揮する権限を、第二に、機務を奏宣する権限をもつ。このような二種類の権限が内閣総理大臣にあると明言する点で、佐々木は、次に述べる美濃部と共通しており（もっとも、後述するように、機務奏宣の内容は美濃部と佐々木とで微妙に異なるし、また美濃部が「主宰」の語を用いるのに対して、佐々木はこ

の語を用いない)、前の三人に比較すれば「強い内閣総理大臣」を認めていたともいえよう。しかし、これらの権限もすぐに限界に突き当たる。やはり「内閣総理大臣は弱い」のである。興味深いのは、その説明の仕方が佐々木と美濃部とでは異なることである。この点に注目することによって、美濃部が内閣総理大臣の弱さについて憲法五五条では説明できない理解をとっていることが際立つであろう。そこで、以下では、美濃部の議論との比較を念頭におきながら、機務奏宣権と閣議指揮権についての理解をやや詳細に追うことで、「内閣総理大臣の弱さ」に関する佐々木の考えをたどりたい。

一言でいえば、佐々木説の特徴は、機務奏宣権や閣議指揮権により内閣総理大臣の権限を最大限認めようとしつつも、憲法五五条の趣旨と衝突するところでその地位と権限に限界が引かれるという論理をとるところにある。

② 機務奏宣権と憲法五五条　機務奏宣権との関係では、憲法五五条の趣旨から、「総テ国務大臣ハ同等ノ地位ニ於テ天皇ヲ輔弼ス」ることが導かれ、それゆえ「天皇ヲ輔弼スルコト其ノコトニ関シテハ内閣総理大臣ト他ノ国務大臣トノ間ニ何等差異アルナシ」ということとなる(佐々木三八九頁)。そこで、「内閣総理大臣ハ各大臣ノ首班トシテ機務ヲ奏宣シ[……]」と定める内閣官制二条の理解が問題となるが、佐々木は、輔弼を行う権限とその手続とを区別し、内閣官制は後者に関わるものであるとして解決を図ろうとする。すなわち、「総テノ国務大臣併立シテ輔弼ノ権限行フトセバ、其ノ相互ノ関係ノ問題ヲ生ズ。之ニ関シテ帝国憲法ハ何等規定スル所ナシ。天皇ハ国務大臣ガ輔弼ノ権限ヲ行フノ手続ヲ設ケ以テ国務大臣相互ノ関係ヲ定メタマフコトヲ得」とし、内閣官制を、天皇が「国務大臣ノ輔弼ノ権限ヲ行フ手続ヲ定メタマヒタルモノ」と理解するのである(佐々木三九〇頁)。

ゆえに、二条も「輔弼ヲ為スノ手続ニ付」いて内閣総理大臣に特別の権限を認めたものということになる。具体的には、「天皇ノ行為トシテ行ハルベキコトニ付自己及ビ総テノ他ノ国務大臣間ニ存スル意見ヲ上奏シ、其ノ他一般ニ国務上ノ事項ニ付上奏スルコト」が認められる。他の国務大臣は「亦其ノ意見ヲ上奏スルコトヲ得ルモ、唯自己ノ意見ノミヲ上奏スルコトヲ得ルニ止マリ、他ノ国務大臣ノ意見ヲ上奏スルコトヲ得」ないので、この点で内閣総理大臣の権限は特別のものということになる。さらに、佐々木によれば、内閣総理大臣には、「他ノ各国務大臣ガ上奏セントスル意見ヲ報告セシメ、場合依テ其ノ上奏ニ立チ会フコト」も認められる（佐々木三九五頁）。この点でも内閣総理大臣には特別の権限が認められていることとなる。

しかし、これらの内閣総理大臣の権限は、各国務大臣の有する輔弼の権限を害さないことが前提となる。佐々木も、右の諸権限に触れた上で、「但是レ他ノ各国務大臣ガ之ヲ上奏スルニ当テ必ズ内閣総理大臣ヲ経由シ又ハ其ノ承認ヲ得ルヲ要スト云フニハ非ズ。他ノ国務大臣ハ或ハ直接ニ上奏シ或ハ内閣総理大臣ヲ経由シテ上奏スルコトヲ得」と留保を付すのである。確かに「実際ニ於テハ内閣総理大臣ヲ経由スルノ慣例」となっているが、法上は国務大臣が直接上奏することもできる（佐々木三九五頁）。佐々木はこの国務大臣の法的権限を留保しているのである。

このような機務奏宣権の理解は、憲法五五条一項を根拠に法的には各国務大臣と天皇との繋がりを認めなければならないとするので、たとえ内閣総理大臣を経由する慣例があるといってもその力を弱める効果を持つであろう。

③　閣議指揮権と憲法五五条　これと同じ論理が内閣総理大臣の閣議指揮権との関係にもみられる。佐々木もまた、内閣を「国務大臣ガ天皇ヲ輔弼スルノ方法ニ就テ協議スル機関」としての内閣と「行政事務ヲ行フ機関」としての内閣に分けるが、ここで問題になるのは前者、すなわち「輔弼上ノ内閣又ハ国務上ノ内閣」である。[199] この意味での内閣は、国務一般に関し各国務大臣が個別に天皇を輔弼することができるところ、それでは各々の輔弼相互の関係が問題となり、「国務大臣相互間ニ天皇ヲ輔弼スルノ方法ニ就テ連絡ヲ保チ統一ヲ為ス」必要があるので、「国務大臣ヲシテ天皇ヲ輔弼スル方法ニ就テ協議ヲ為サシメ」るために天皇が設けた機関である（佐々木三九〇〜九一

頁)。しかし、この内閣による輔弼手続も「帝国憲法ニ抵触セザル限リ」認められるにすぎない。ゆえに、佐々木によれば輔弼上の内閣の有りようは次のようになる。少し長いが引用する(佐々木三九一頁)。

輔弼上ノ内閣ニ於テハ国務大臣ハ協議ヲ為スモ議決ヲ為スコトヲ得ズ。従テ総テノ国務大臣ヲ一体トスル内閣ノ意志ナルモノヲ生ズルコトナシ。蓋シ既述ノ如ク帝国憲法上各国務大臣ハ各別ニ天皇ヲ輔弼スルモノナレバナリ。故ニ内閣ニ於テハ総テノ国務大臣ノ意見ノ一致ヲ見ルマデ議ヲ尽スカ又ハ其ノ議一致セザル儘ニ放任スベキモノトス。而シテ何レノ場合ニ於テモ内閣ニ於ケル各国務大臣ノ意見ヲ其ノ儘天皇ニ上ルコトヲ要ス。天皇ハ内閣ニ於ケル国務大臣ノ協議ヲ参考トシテ御自身ノ意見ニ依テ国務上ノ行為ヲ決定シタマフモノトス。故ニ内閣ニ於テ国務大臣ノ意見一致セザルモ理論上何等妨ゲナシ。而モ実際ノ運用ニ於テソノ適当ナラザルコト論ヲ待タズ。然レバ実際ニ於テハ内閣ニ於テ国務大臣ノ意見ノ一致ヲ見ル迄議ヲ熟セシメ其ノ一致スル所ヲ以テ天皇ヲ輔弼スルヲ適当トス。

憲法の文言上は各国務大臣が輔弼をし、天皇自らが決定を行うことを前提としているが、他方で立憲主義の観点から天皇に実質的な決定を行わせることはできないという要請が働くため、これらを両立させるため全員一致が運用上説かれるのである。そしてこのような実際の閣議のありようを前提とすれば、各国務大臣の意見を「一致セシムルコトニ特ニ努力スル者」が必要となる。「是レ即チ内閣総理大臣ナリ」(佐々木三九五頁)。内閣総理大臣は、「閣議ヲ準備シ、指揮シ、成ルベク総テノ国務大臣ノ意見ノ一致ヲ見ルコトニ努力スル」職責を負うのである(佐々木三九四頁)。

しかし、この総理大臣の特別な役割も、憲法五五条一項から各大臣が個別に天皇に対し輔弼を行う権限を有するという法理に抵触することは許されない。それゆえ、内閣総理大臣の権限は「総テノ国務大臣ノ意見ノ一致ヲ見ルコトニ努力スル」ことに限られる。国務大臣の意に反してまで決定を行う権限は認められないのである。ここでも、憲法五五条一項の趣旨ゆえに内閣総理大臣の権限は弱められるのである。

佐々木は、確かに立憲主義的な慣例や運用も唱え、その中で内閣総理大臣の機務奏宣権や閣議指揮権も認めようとする。この点では、穂積や上杉、清水と異なり、美濃部と並ぶ位置づけを与えるべきである。しかし、それらの権限の限界を憲法五五条一項から導く論理それ自体においては、穂積や上杉、清水と共通していたといえるだろう。

2　美濃部説

(1)　美濃部説の概要

これに対し、立憲学派のもう一人の巨頭、美濃部達吉は、内閣総理大臣を「内閣中最モ重要ナル地位ニ在ル者」と述べ、閣議主宰権や機務奏宣権を含めて内閣総理大臣に特別の権限を認めて列挙する。[200]この点で、美濃部は佐々木と共通する。しかし、美濃部は、佐々木と異なり、機務奏宣権を論じる際には憲法五五条一項をより柔軟に解釈する一方、閣議主宰権を論じる際には憲法典に含まれない要素を持ち出して、内閣総理大臣の権限を限界づける。

まず、機務奏宣権については、佐々木よりも憲法五五条一項を緩やかに解釈するためであろう、内閣官制二条から内閣総理大臣の権限を強く認める。すなわち、内閣官制二条は機務奏宣が内閣総理大臣の職務に属することを定めたものであって、「閣議ヲ経タルモノハ常ニ総理大臣ヨリ閣議ノ結果ヲ上奏シテ裁可ヲ仰グハ勿論、閣議ヲ経ザルモノニ付テモ各省大臣ヨリ直接ニ裁可ヲ奏請スルコトヲ得ズ、常ニ総理大臣ヲ経テ総理大臣ヨリ之ヲ上奏」しなければならないとするのである（美濃部『撮要』二九六頁。ここで「国務大臣」ではなく「各省大臣」という語が用いられている点にも注意されたい。(2)①参照）。

憲法五五条一項との関係については明示されていないが、右の引用の直後に「英国ニ於テ普通ニ総理大臣ハ国王ノ溝渠ナリト称セラルルハ、外部ノ意思ヲ国王ニ上奏シ及ビ国王ノ意思ヲ外部ニ伝フルニハ何レモ総理大臣ヲ通ズルヲ要スルコトヲ示スモノニシテ、等シク我ガ国法ニモ適用セラレ得ベク、憲法義解ニ『国務大臣ハ内外ヲ還流スル王命ノ溝渠タリ』ト曰ヘルモ同一ノ意ヲ示スモノナリ」と述べているところから、起草者の意思に照らして、かかる機務奏宣権の理解が正当化されると考えていたのかもしれない。いずれにせよ、機務奏宣権との関係では、憲法五五条一項にもかかわらず、美濃部は総理大臣を他の国務大臣より一段上に見ていたことに間違いない。

ところが、閣議主宰権との関係では議論が一変する。まず美濃部は、佐々木とは異なり内閣（閣議）を「重要の国務に付いて［……］合議の結果［……］全体の意見を纏め、之に依って天皇を輔弼するものたらしむ」ために存する合議体であることを承認する（美濃部『精義』五二二～二三頁。美濃部『撮要』二九一頁も参照）。合議体として一つの意思が生成されることを想定している点は、その意思が唯一の「溝渠」である総理大臣を通して天皇に上げられる点と同様、憲法五五条一項の柔軟な解釈を反映しているように思われる。そして、美濃部はこの前提に立って、「総理大臣は内閣の議長であって、その総ての議事を主宰することは、その当然の任務に属する」と、閣議主宰権を総理大臣の職務の一つとして明示する（美濃部『精義』五三一頁）。さらに、これに続けて、「何を閣議に附するかも、総理大臣が其の選定権を有する」と閣議事項の決定権をも明言して、閣議運営における内閣総理大臣の優位性すら示唆する。

しかし他方で、美濃部は内閣が「統一体」でなければならないことを強調する。すなわち、「内閣ハ普通ノ合議機関ノ如ク、各員ガ独立ノ意見ヲ以テ合議ニ加ハリ、多数ヲ以テ議決スルモノニ非ズシテ、少クトモ政治ノ大体ノ主義ニ於テハ其ノ全員ノ間ニ意見ノ一致アルコトヲ要［する］」（美濃部『撮要』二九二頁）。ここから閣議における多数決が排除され、意思決定における全員一致原則が導かれるのである。この帰結は閣議運営における総理大臣の力を著しく削ぐ効果を持つことだろう。しかし、なぜ内閣が「統一体」でなければならないことから全員一致原則が導かれるのか。またそもそも、内閣が「統一体」であるとはどういう意味なのか。美濃部が次のように述べているのが手がかりになるだろう（美濃部『精義』五二三〜二四頁）。

内閣は普通の合議体のやうに、機械的の多数決主義を取るものではない。多数に依つて事を決し、反対の意見を有する者も、之に従わねばならぬとすることは、内閣員たる各大臣が凡て絶対の責任者であることと相両立し得ないものである。自分が反対であるにも拘らず、自らそれに付いての責任を負担することは、責任の原理に反する。それであるから、内閣の合議に依つて事を決する場合には、大権を輔弼する職務に於いても、又は行政官庁としての職務に於いても、常に全会一致たることを要することを主義とする。

ここには、「各大臣は絶対の責任者である」という発想と、「責任の原理」が理由として挙げられている。ただ、後者はそれだけでは全員一致原則とは結びつかないと思われる。大臣の態度として、「あくまで決定には反対するが、その決定には従う」というあり方は十分に考えられるところであるし、また「決定には反対であるし、かかる決定には従えない」場合には、自ら辞職することで責任の負担を免れることができるからである。しかし、美濃部はこのような大臣の行為を想定しこれを準則化する道は採らなかった。彼は右の引用に続けて、「仮令多少の意見の相違が有つても、譲歩し得る限りは譲歩して以て全員の一致を得なければならぬので、若し絶対に譲歩することが出来ないとすれば、それは内閣の分裂を来すの時である」と述べる。大臣の辞職によってではなく、内閣の崩壊をもって、「責任の原理」の貫徹を図るのである。

それゆえ、結局は「各大臣は絶対の責任者である」という命題こそが全員一致原則の真の根拠であると解される。ここでは「絶対の責任者である各大臣」が「統一体」としての内閣に優位するのである。それならば、「内閣の統一を保持することに付いて主たる責任を負ふ」（美濃部『精義』五二三頁）内閣総理大臣の閣議主宰権の行使も「各大臣」の前に空回りするだけであろう。

それでは、この命題は何に由来するのか。この命題に基づく全員一致原則は憲法上の原則なのだろうか。第一に考えられるのは、佐々木と同様、この命題は憲法五五条一項に基づくもので、それゆえに全員一致原則は憲法上の原則であるとする理解である。しかし、すでに述べたように、美濃部は、内閣の合議体性を承認し総理大臣に独占的な機務奏宣権を認める点で憲法五五条一項を極めて緩やかに解釈する。それゆえ、ここで「各大臣は絶対の責任者である」という発想を導くような厳格解釈をとることは矛盾した態度であろう。したがって、美濃部の論を整合的に理解しようと思えば、この理解は採りえない。

したがって、全員一致制が憲法上の原則であることを認めるならば、その根拠である「各大臣は絶対の責任者である」という命題を憲法五五条一項から切り離して理解し、全員一致原則を一種の慣習法として扱うしかない。それでは、この「各大臣は絶対の責任者である」という命題の背景には何があったのだろうか。以下、この点を意識しながら美濃部説の特徴をさらに掘り下げたい。

（2）　美濃部説の背景と特徴

①　**各省大臣＝国務大臣**　美濃部と他の論者との議論を比べた場合、まず目につくのは、美濃部が国務大臣の語と各省大臣の語とを互換的に使用していることである。たとえば、(1)で見た、輔弼が問題となる場面の叙述で、「各省大臣」の語が用いられている。また、「国務大臣ハ［……］天皇ヲ輔弼シ、議会ト交渉シ及行政官庁タルコトノ三

重ノ職務ヲ有ス」と述べた直後に、「各省大臣ハ決シテ単ニ行政官庁トシテノミ省務ヲ担任スルニ非ズシテ、天皇ヲ輔弼シ議会ト交渉スルノ職務ニ於テモ［……］主トシテ省務ニ付キ輔弼交渉ノ任ニ当ルモノナリ」との叙述が登場する（美濃部『撮要』二九〇頁）。かかる言葉遣いは、国務大臣と各省大臣とを区別しない意識の表れであるように思われる。

このことは、他の論者と比較した場合により顕著となる。上記**1**で掲げた諸論者は、程度の差はあれ、すべて国務大臣の地位・資格と各省大臣の地位・資格との峻別を自覚し、また強調するところであった。たとえば、上杉は、「国務大臣タル地位ト各省大臣タル地位トハ、概念上明ニ之ヲ区別セサルヘカラス」と述べ（上杉六五一頁。六五六～五七頁も参照[201]）、清水も、「国務大臣ハ憲法上ノ輔弼機関ナリ行政施行ノ任ニ当ル行政大臣ト其ノ観念ヲ異ニス我カ国ニ於テハ各省大臣ヲ以テ当然国務大臣ト為セルカ故ニ動モスレハ此ノ両者ヲ混淆スルノ虞アルモ両者ハ性質ヲ異ニスルカ故ニ深ク留意スルヲ要ス」と述べる（清水『逐條』四〇四頁。同『国法学』六三九、六四三頁も参照[202]）。

また、穂積や佐々木は、さらに進んで国務大臣と各省大臣との分離の可能性すら示す。すなわち、穂積は、「大権輔弼ノ憲法機関ト、行政施行ノ為ニ大権ヲ以テ特ニ設クル諸般ノ官府トハ、其ノ地位自ラ異ナルモノアルナリ」と述べるにとどまらず、「現行ノ制、行政各部ノ長官ヲ以テ同時ニ憲法上ノ輔弼、副署ノ大臣ト為ス、事便ニシテ何等違憲ナルコトナシ、［……］然レトモ之ヲ誤解シテ是レ我カ憲法必然ノ法理ニ出ルモノト為スヘカラス、若更ニ官制ヲ改メ国務大臣ト行政長官トヲ分離シ、憲法上ノ輔弼、副署ノ事ハ行政各部ノ長官ノ外ニ、別ニ参政ノ大臣ヲ特設スルコトアルモ、其ノ便ト否トハ問ハス亦何等違憲ナルコトナキナリ」と論じる（穂積五三〇、五五七～五八頁）。佐々木も、現行官制によれば「各省大臣タル人ハ当然国務大臣タリトセラル、ガ故ニ、各省大臣ト国務大臣ト同一ノ機関タルノ観アル」が、これはあくまで「全ク官制ノ規定ノ結果」なのであって「官制ノ改正ニ依テ之ヲ変更スルコト」、すなわち、「国務大臣ト行政機関タル各省大臣トノ重畳ノ関係ヲ絶チ、国務大臣タル者ガ単ニ天皇ヲ輔弼スル国務大臣ノミニ任ジ行政機関タル各省大臣ニ任ゼザルノ制度ヲ設クルコト」ができるとするのである（佐々木三七一～七四頁）[203]。このように国務大臣の地位と各省大臣の地位とを峻別する論者から見れば、美濃部はこれらを「混同」していることになろう（佐々木三七一頁）。

美濃部が、国務大臣の地位と各省大臣の地位とを当然に重畳するものと見ていた背景には、佐々木の議論が示唆するように、当時の官制が国務大臣各省大臣兼任制を採用していたことが影響していると推測される。これに関して興味深いのは、美濃部が、明治一八年の内閣制度創設の要点の一つを「各省ノ長官ヲシテ直接ニ大政ヲ輔弼スル国務大臣タラシメ」る所に見ていた点である（美濃部『撮要』二九三頁。明治憲法の制定後においても、「憲法ニハ内閣ノ制ニ付キ更ニ明言スルコトナシト雖モ、尚其ノ制ヲ維持シテ変ズル所ナシ」とする。美濃部『撮要』二九四頁）。この一節からは、美濃部が、日本の内閣制度は、国務大臣各省大臣兼任制をとること、そしてそれも各省大臣が国務大臣を兼職するかたちでの、すなわち〝各省大臣はじめにありき〟の兼任制であるとの見方をとっていたことが窺われる。[204]

② 各省大臣＝「絶対の責任者」　このように、美濃部が国務大臣と行政長官の地位を〝各省大臣はじめにありき〟の兼任制であると考えていたとするならば、「各大臣は絶対の責任者である」という発想の源について、次のような仮説を立てることが可能となる。すなわち、ここでいう「各大臣」が(1)で示したように「国務大臣」ではありえない以上、それは「各省大臣」ではないか、という説である。

美濃部によれば、各省大臣は、「最高ノ行政官庁」[205]である。その意味について明記するところはないが、「天皇ニ直隷スル」と述べる以上、その担任する行政事務に関してどの機関からも指揮を受けないということであろう。なぜなら、理論的には天皇の指揮を受けることがありえるが、立憲主義に立つならば天皇がこの指揮を行うことは許されないだろうからである。当然、「内閣総理大臣ハ各省大臣ニ対シ上級官庁ノ地位ニ在ル者」ではない。内閣も同じである。それゆえ、内閣は各省大臣が担当する行政事務に関する事項について協議するが、「其ノ協議ハ普通ノ合議体ノ如ク多数決ニ依ルニ非ズ、全員一致ナルコトヲ要ス」るのも当然である。「何トナレバ、各省大臣ハ其ノ職務ニ関スル絶対ノ責任者ニシテ、自己ノ意思ニ反シテ多数ノ議ニ従フハ其ノ責任者タル地位ト相容レ」ないからである（以上の引用はすべて美濃部『行政法』一八九〜九〇頁）。ここには、天皇に代わって、輔弼者たる国務大臣またその集合体たる内閣が各省大臣を指揮するという発想はない。

このような「各省大臣は絶対の責任者である」との発想は、清水澄にも見られる。清水は、国務大臣の集合である内閣における内閣総理大臣の権限の限界については憲法五五条から説明するのであったが、「行政長官ノ集合トシテノ内閣」においても総理大臣に弱い権限しか認めていない。すなわち、清水は、「内閣カ合議ノ官庁トシテ行動スル場合ノ決議ノ方法」について、「何等ノ規定ナキニヨリ或ハ内閣総理大臣ノ意見ヲ以テ決定スヘキカ或ハ閣員ノ多数決ニ依リ之ヲ決定スヘキカノ疑問ヲ生ス」と問題を提起するところ、「我カ国ニ於テハ合議制ノ官庁ノ決議ノ方法ニツキ一般ニ通スル規定ナク而カモ内閣々議ニ関シ特別ノ明文ヲ欠クニ由リ当然多数決ナリト断定スルヲ得サルナリ」と述べる（清水『国法学』七三八〜四〇頁）。興味深いのはその理由である。「一部ノ多数意見ヲ以テ全体ノ意見ト為スハ変則」であるというのである。明文の定めなき合議体の意思決定方法が当然に全員一致であるとは解されない以上、ここにも「各省大臣は絶対の責任者である」との発想が影響していると読むことはできないだろうか。

そして、この各省大臣の地位の強さは、行政各部の統一保持など内閣総理大臣の職務を定める内閣官制二条も打ち破ることができない。清水は、本条について、「総理大臣ハ内閣各大臣ノ意見ヲ取纏メ以テ内閣ノ意思ヲ決定スヘキモノ」であって、これに失敗した場合には「政務統一ノ職責ヲ盡ス能ハサルモノトシテ其ノ職ヲ辞セサルヘカラサルナリ」として（清水『国法学』七四〇頁）、各大臣の意見の一致を優先する解釈を行うのである。「各省大臣は絶対の責任者である」との発想は決して美濃部特有のものではなかった点に留意する必要があろう。

ともあれ、かかる「各省大臣は絶対の責任者である」との発想こそが、美濃部説において、各省大臣＝国務大臣によって組織される内閣という合議体の性質に影響を及ぼし、この合議体を運営する内閣総理大臣の権限を弱める要因であったと理解することができるのである。

③ **「連帯責任」の承認**　最後に、美濃部説の特徴として、特に現行憲法解釈との関係で重要であると思われるのは、美濃部が、②で述べたように「各省大臣は絶対の責任者である」との発想に影響されていたにもかかわらず、同時に、内閣の「連帯責任」をも承認していた点である。(206)

すなわち、美濃部は、「国務大臣が其の進退を決するに当り、全内閣員が進退を共同にすること」を「連帯責任」であるとした上で、「国務大臣の責任が、連帯責任であるや個人的責任であるやに付いては、本条［憲法五五条］には何等の明文もな」く、「条理より云へば、内閣の一般政策に関し、閣議に依つて定まつた事項に付いては、全内閣が連帯責任を負［う］」と述べて、「連帯責任」の概念を正面から認めている（美濃部『精義』五五二頁、同『撮要』三一一頁）。美濃部説においては、「連帯責任」と全員一致原則とが両立しているのである。

しかし、もし美濃部が「連帯責任」と全員一致原則を結び付けて理解していたならば、それは「連帯責任」の観念としては特殊なものであったと思われる。この点、佐々木の指摘が参考となる。佐々木は、憲法五五条を根拠に、輔弼に関しては国務各大臣が単独で行うという立場をとるものであったが、それゆえに、「各国務大臣タル人ハ、各別ニ責任ヲ負フ」とする。「各別ニ責任ヲ負フトハ各国務大臣ノ責任ノ間ニ何等ノ関係ナキノ義ノミ。即チ総テノ国務大臣タル人カ一体トシテ責任ヲ負フニ非ザルノ義ナリ」。しかし、実際には、天皇の行為に対してある国務大臣だけが単独で責任を負うわけではない。天皇の行為は「総テノ国務大臣ノ輔弼ニ依ルモノナレバ、之ニ関シ国務大臣タル人ノ責任ヲ生ズル場合ニハ、当然総テノ国務大臣タル人ノ責任ヲ生ズベキナリ」。結果としては、各大臣の単独責任が束ねられるかたちで、同時に全国務大臣が責任を負うのである。注目すべきは、佐々木は、このような責任の態様を「一同責任」と名づけ、連帯責任とは明確に区別している点である。これを「連帯責任」と呼ぶことは「用語の問題であるから」不可能ではないが、「是レ恐クハ連帯責任ト云フノ普通ノ用法ニ非ス」と断言するのである（佐々木四一二～一三頁）。

それでは、「連帯責任」の「普通ノ用法」とはどのようなものだろうか。この点、上記に引用した通り、「各別ニ責任ヲ負フトハ、［……］総テノ国務大臣タル人ガ一体トシテ責任ヲ負フニ非ザルノ義ナリ」と述べていることが示唆的である。すなわち、連帯責任とは、内閣の機関性を承認した上で、この「内閣とゆう一体のもの」が責任をとることであると解されるのである。[207] そして、この機関の意思決定のあり方については、佐々木が機関性を承認する「行政上の内閣」の議論を参考にすれば、「各個ノ大臣タル者ノ責任ヲ有スルコトハ毫モ国法又ハ内閣自身ノ定ニ依リテ多数決ノ方法ヲ設クコトヲ妨ゲズ。其ノ責ニ任スルヲ欲セサル者ハ辞任スベキモノナレバナリ」ということになるだろう。[208] 結局、佐々木のいう連帯責任の「普通ノ用法」とは、主体は一体＝機関としての内閣であり、その意思決定に全員一致の要請を合意するものではないという理解になると思われる。

この点、清水も、「国務大臣ハ合議体トシテ君主ヲ輔弼スルモノナリトナササル国ニ於テハ何故ニ大臣ハ当然連帯責任ヲ負ハサルヘカラサルカヲ解スルコトヲ得サルナリ」と述べ、一体としての内閣と連帯責任との結び付きを示唆する。注目されるのは、「連帯責任ハ其行為ニ与ラサル者若ハ其ノ行為ニ反対スル者マテモ同一ノ責任ヲ負ハシムルコトニシテ責任ノ原則ニ例外ヲ成スモノ」であると述べていることである（清水『国法学』七〇二頁）。ここでは、るのである。

連帯責任は、内閣運営において各大臣が自らの責任を根拠にその意思の貫徹を図ることを排除する意義を有してい

これらの議論からすれば、美濃部が全員一致原則を連帯責任のコロラリーとして導いていたとは考えにくいと思われる。結局、「国務大臣の進退を決するに当り、全内閣員が進退を共同にする」という外観だけを見て、この責任の態様を「連帯責任」と名づけていたのではないか。もちろん、美濃部説において「連帯責任」と全員一致原則とが並んでいることから、両者を結びつける理解が――美濃部自身がそうであったかはともかく――生じても不思議ではない。しかし、かかる責任の態様は、佐々木が指摘するとおり、「一同責任」とでも呼ぶべきものであって、連帯責任の観念としては特殊なものであろう。結局、全員一致制は、国務大臣＝各省大臣＝「絶対の責任者」との発想から導かれたものだとの理解が妥当すると考えられる。

美濃部が、憲法五五条一項を柔軟に解釈し、内閣の合議体性とともに内閣総理大臣の独占的な機務奏宣権を認め、そして内閣の「連帯責任」にまで言及していた点は、当時において最も立憲主義的であったと評価できよう。しかし、その中には、国務大臣＝行政長官＝「絶対の責任者」という、立憲主義とは異質な発想が混入していたのではないだろうか。この要素こそが、閣議の意思決定における全員一致原則と内閣の運営における内閣総理大臣の弱い地位を規定していたのだと解される。

(194)　穂積八束『憲法撮要　下巻』（有斐閣、一九一〇年）（以下、穂積〇〇頁で引用）、上杉慎吉『憲法述義〔増補改訂九版〕』（有斐閣、一九二八年）（以下、上杉〇〇頁で引用）。以下、旧字は適宜改めている。

(195)　上杉慎吉『帝国憲法逐條講義』（日本評論社、一九三五年）一四二頁。

(196)　清水澄『国法学第一篇憲法篇〔一二版〕』（清水書店、一九二八年）（以下、清水『国法学』〇〇頁で引用）、同『逐條帝国憲

法講義〔二四版〕』（松華堂書店、一九四二年）（以下、清水『逐條』〇〇頁で引用）。
(197) 清水も、内閣官制二条に定める内閣総理大臣の権限を憲法五五条の輔弼とは区別された行政作用に関わるものとして理解するようである。清水・前掲注(196)（『国法学』）七四〇頁参照。
(198) 佐々木惣一『日本憲法要論〔訂正五版〕』（金刺芳流堂、一九三三年）（以下、佐々木〇〇頁で引用）三八八頁。
(199) 参照、佐々木惣一「国務大臣と内閣」同『憲法行政法演習第一巻』（日本評論社、一九四一年）七八～八〇頁。
(200) 美濃部達吉『憲法撮要〔改訂五版〕』（有斐閣、一九三二年）（以下、美濃部『撮要』〇〇頁で引用）二九五～九九頁、同『逐條憲法精義』（有斐閣、一九二七年）（以下、美濃部『逐條』〇〇頁で引用）五三〇～三五頁。
(201) もっとも、上杉は、穂積と異なり、国務大臣と各省大臣との兼任制は「官制ニ基ヅク偶然ノ結果ニ非ス、現行ノ官制ニ於テハ、各省大臣カ国務大臣ト相兼ヌルモノトスルノ明文ナシト雖モ、憲法ハ其ノ相兼ヌルコトヲ前提トシテ、諸種ノ規定ヲ設ケタリ」と述べる。さらに「国務大臣ハ各省大臣ヲ以テ之レニ充ツルモノトスルハ、我カ憲法ノ原則トスル所ナリ」とまで述べる（上杉六五一～五二頁）。最後の行論は美濃部に近いと思われる。
(202) もっとも、清水は、「輔弼」と「行政施行」とを、具体的に論じる際には明確に区別していないふしもある。たとえば、内閣官制に列挙されている職権の理解について、同・前掲注(196)（『逐条』）四〇八～四〇九頁を参照。
(203) 佐々木は、後に国務大臣行政長官分離制を提案するに至っている。佐々木惣一「内閣制度改革の一考察」改造二〇巻一号（一九三八年）八〇頁以下。参照、吉富重夫『行政機構改革論』（日本評論社、一九四一年）第二篇。また、分離制に批判的な議論として、柳瀬良幹「行政機構改革の諸問題」改造二三巻二三号（一九四一年）七七頁以下の八一～八三頁。
(204) 美濃部が、内閣官制一〇条に定める、いわゆる「無任所大臣」を、「例外として」認めていたことも、このような美濃部説の理解から説明できるだろう。
(205) 美濃部達吉『行政法撮要〔改訂増補再版〕』（有斐閣、一九二七年）（以下、美濃部『行政法』〇〇頁で引用）一七一、一八一、一八三頁。
(206) 参照、朧谷峻嶺「国務大臣の輔弼の態様」法学論叢三二巻三号（一九三五年）五八三頁。
(207) 佐々木惣一「内閣の進退」同・前掲注(199)一九〇頁以下の二〇一頁。
(208) 佐々木惣一『日本行政法論〔改訂版〕』（有斐閣、一九二四年）三三四頁。

三　憲法制定過程にみる内閣総理大臣の「弱さ」の理由

1　国務大臣＝各省大臣＝「絶対の責任者」観の継続

(1)　「連帯責任」＝各国務大臣の合同責任

①　憲法制定議会における議論の概要　それでは、現行憲法起草者は内閣の運営における内閣総理大臣の権限についてどのように考えていたのだろうか。まず、内閣の運営における内閣総理大臣の地位に関する憲法制定議会の議論を整理しておく(209)。

まず、興味深いのは、抽象的には内閣総理大臣の地位の向上が認められていた点である。たとえば、金森徳次郎は、「今回ノ内閣制度ハ［……］其ノ中ノ内閣総理大臣ト云フモノニ稍々強キ重点ヲ認メテ居リマス、現在ノ制度ヨリモ一層強ク総理大臣ガ首長ト致シマシテ其ノ内閣ヲ統轄シテ行クト云フコトヲ認メテオリマス」と述べる（衆委一八―三四八）。同種の答弁は繰り返されており（衆委九―一五三、貴委一九―三九、二二―二五）、総理大臣のいわば統轄権者としての地位は明確に認められていたといえよう。

しかし、その内実を見ると、統轄を確保する担保として罷免権が挙げられるだけで、閣議を運営し主導する権限、すなわち主宰権の充実と結び付ける発想は薄かった。

この点は閣議主宰権に関する議論をみれば明らかである。そもそも主宰権についての議論自体が少なく、またその結果、主宰権が憲法上のものであるのか、またその具体的内容や強さがどのようなものであるのかは明らかなものとならないのである。

第一に、閣議主宰権が憲法上のものであるかについては、これを肯定に解するとして、その根拠を「首長」である点に見出すのか否かが問題となる。この点、一方で金森は、「首長ト云フ言葉ハ、謂ハバ譬喩的ノ意味ノ首デアリ長デア」り、「法律的ノ正確ナル意味ハ、此ノ憲法ニアル他ノ規定ヲ綜合シテ之ヲ摑ミ出ス」と述べ（貴委一九―一〇）、「首長」という文言のみから法的な命題は引き出されないと考えていた様子が窺われる。しかし、他方で入江俊郎は、閣議主宰権を明記した内閣法四条二項に関連して、「是がなければ、結局首長たる総理大臣と云ふ風なこともありますから、解釈で出るかもしれませんけれども、〔……〕其の内容を具体化して、此処に書いたのでありま〔す〕」とも述べているところである（貴内委二―八）。

第二に、閣議主宰権の内容や強さの点についても、明治憲法下における主宰権との異同が問題となるが、明快ではない。ただ、この点、入江は右の引用の直後に、「閣議を招集したり、議長になったり、閣議に議案を出したりすると云ふことは総理大臣がやると云ふ趣旨を明かにした」と述べる。さらに、「閣議を主宰するということは、閣議を開くということ、そのほか閣議進行の上に必要なる措置をするという点を、当面の規定の内容としておりまするけれども、その含蓄の中には、閣議を或る方向に導くべき政治的なる効力を予想しておる次第でございます」との発言もある（衆内本七―七九）。議案の発議権に言及している点、内閣総理大臣が閣議の議論を積極的に導くことを想定している点は注目に値する。(210)

それにもかかわらず、この「閣議を或る方向に導く」力と関係する内閣の意思決定のあり方については、「全員一致」を明確に要求していた。これは明治憲法下のあり方とまったく変わりない。ただ、その論拠を明治憲法下と異なり、内閣の連帯責任に求めていたようである点は注目される。たとえば、金森は、憲法案の審議において、「是ハ内閣ハ国会ニ対シテ総テ連帯シテ責任ヲ負フト云フコトガハツキリシテ居リマスルヤウニ、各々ノ責任デハアリマスケレドモ、ソレガ共同ノ全員一致ノ責任トナツテ来ルト云フ考ヘ方ニ憲法ノ規定ガナツテ居リマス、此ノ趣旨カラ還元シテ説明ヲ致シマスレバ、内閣デ決メマスルコトハ、此ノ構成員全員ノ一致デナケレバナラナイト云フコトハ恐ラク当然ノ帰結ト考ヘテ居ル訳デアリマス」と述べ（衆委一八—三四八）、入江も、内閣法の審議において、「連帯責任と云ふ規定の趣旨に鑑みまして、全会一致たるべきものと考へて居ります」と述べているところである（貴内委二—九。また植原悦二郎国務大臣の発言として、貴内本七—九八、衆内委二—四）。

以上より、抽象的には、統轄権者としての内閣総理大臣の優越性を認めつつも、具体的には、主宰権についても、全員一致原則についても、考え方は明治憲法下と変わっていないことが確認できる。注目すべきは、全員一致原則の理由として連帯責任が挙げられていた点である。内閣総理大臣の「弱さ」は連帯責任から導かれていたのである。

② 内閣総理大臣の「弱さ」の真の理由　しかし、なぜ連帯責任ゆえに内閣総理大臣の「弱さ」が導かれるのか。連帯責任に関する政府の答弁を注意深く読み直すと、一つの傾向が明らかとなる。すなわち、先に見た「是ハ内閣ハ国会ニ対シテ総テ連帯シテ責任ヲ負フト云フコトガハツキリシテ居リマスルヤウニ、各々ノ責任デハアリマスケレドモ、ソレガ共同ノ全員一致ノ責任トナツテ来ルト云フ考ヘ方ニ憲法ノ規定ガナツテ居リマス」との答弁、あるいは、「国会ニ対シテ各大臣合同致シマシテ責任ヲ負フノガ当然デアリマシテ［……］」との答弁（衆委二—五）は、いずれも、責任の主体につき、内閣を各国務大臣に分解した上で、その各大臣の共同責任、合同責任という構成を取っていることが窺えるのである。

かかる内閣の連帯責任＝各国務大臣の合同責任という構成が、**二2**⑵③でみた美濃部の「連帯責任」理解と共通していることは明らかであろう。それでは、これが連帯責任の通常の理解であって、この意味での「連帯責任」観念が抵抗なしに受け入れたのであろうか。

興味深いことに、政府内部の憲法起草過程を遡っていくと、「内閣」あるいは「連帯責任」に対しては消極的で、むしろ「各国務大臣」に対する強い拘りがあったことが明らかとなる。すなわち、憲法問題調査委員会では、内閣を憲法上の機関として認めるかどうかすら意見の対立があった。[211]この点は美濃部の案が参照とされたためであろう[212]、結論としては肯定されたが（要綱二〇）、それでも今度は、「内閣の責任は連帯責任か、各大臣の責任かという点につき、明らかにする必要があろう」とされた。[213]この点、内閣を憲法上の機関とするのは連帯責任を採用する趣旨であるとする見解もあったようであり[214]、また美濃部私案には「第一院ハ内閣又ハ国務大臣ノ不信任ヲ議決スルコトヲ得」とも定められていた。[215]しかし、委員の多数は連帯責任の採用に消極的だったようであり[216]、結局、総司令部に提出された「憲法改正要綱」では、議会に対し責任を負うのも、衆議院の不信任議決の対象も「国務各大臣」とされたのであった（要綱二〇・二一[217]）。

かかる、連帯責任に消極的な、そして「国務各大臣」に執着する姿勢は、collective responsibility を明記したマッカーサー草案が提示された後も変わらなかった。たとえば、三月六日要綱の公表後、法制局と関係省庁との協議によって洗い出された問題点を列挙した「要綱ニ関スル問題」（三月二四日の日付がある）の中に、「第六十二第二項、第六十五乃至六十七ノ『内閣』ハ『国務大臣』トスベキナラズヤ」という項目があった事実がこれを示している。[218]

そして、連帯責任について先に触れた構成をとる理解が登場する。佐藤達夫によると、彼が持っていた口語化第一次案（四月一七日草案の原型で四月五日に完成していた）のプリントの中に、「第六二条第二項の『内閣は……連帯して』について『内閣』を『各国務大臣』とするか、『連帯して』を削るかしないと、対応関係がおかしい［……］という趣旨の書き込みがある」[219]。この主張の背後に「内閣の責任」＝「各国務大臣の連帯責任」との理解が潜んでいるのは明らかであろう。その結果、連帯責任の主体は、内閣ではなく各国務大臣であるとの理解が登場した。議会での答弁資料として法制局で用意された『憲法改正草案に関する想定問答』（入江文書三六）では、「連帯してとは如何」という問に対して「内閣を組織する各国務大臣が連帯しての意味である」という「答」が用意されるのである。[220]

以上の経過から明らかなのは、日本政府における「各国務大臣」への拘わりである。このことと、マッカーサー草案提示後まで連帯責任の採用に消極的であったこととを考え合わせれば、「連帯責任」を「各国務大臣の合同責任」と同義とする観念は当然のものであったとはいえないだろう。逆に、「各国務大臣」への拘わりが、「内閣の連帯責任＝各国務大臣の合同責任」という「連帯責任」観念を生み出したのではないだろうか。

(2)　各省大臣＝国務大臣

①　**憲法七四条の「主任の国務大臣」**　それではなぜ、単独輔弼から連帯責任への憲法の文言上の変化にかかわらず、かかる各国務大臣から出発する構成に対する拘わりがあったのだろうか。この点、明治憲法下の美濃部説を引き摺って、「各省大臣は絶対の責任者である」との発想に囚われていたからであるとの仮説を立ててみたい。

この仮説の一つの状況証拠は、兼任制、それも各省大臣は必ず国務大臣でなければならないというかたちでの兼任制への強いこだわりである。この点が最もよく現れているのは、憲法七四条の「主任の国務大臣」という文言であろう。[221]

そもそも、この文言は起草過程の当初からあったわけではない。三月六日に発表された「憲法改正草案要綱」中、本条の前身にあたる第七〇では、法律命令への署名主体は「主務大臣」となっていたところ、四月一七日に公表された「憲法改正草案」の七〇条で「主任の国務大臣」と変わったのである。この変更は、総司令部との交渉にもかかわらず、日本側限りで修正した「めぼしい点[222]」にも掲げられていない。英訳が competent Minister of State で一貫していることに鑑みても、おそらくは単なる字句の整理にすぎず、意味の変化はないと考えられたのであろう。しかし、そうであるとしても、この文言の変更は、国務大臣と各省大臣との関係について憲法上も兼任制を志向する日本政府の意識が表れたものだとも解される。『憲法改正草案に関する想定問答』にも、「主任の国務大臣の意義如何」という「問」に対する「答」として、「各国務大臣は、それぞれ主務をもつことを予定した制度である。従って各省大臣の制か、これに近き制度が新憲法でも考えられていると見ねばならない」とある（傍点筆者）。また後に入江俊郎は、憲法七四条に「主任の国務大臣」という表現があるのは「行政大臣という意味で、その［＝国務大臣と行政大臣との］人的結合を前提とした規定なのである」と断言している[223]。

当然のことながら、憲法制定議会における政府の答弁にも、兼任制の想定が窺える。金森は、各国務大臣が「例ヘバ今ノ各省大臣ノ如ク」「狭イ意味ノ行政事務ヲ担任スル」ことを憲法は前提にしているのか、との佐々木惣一議員の質問に対して、「此ノ憲法ヲ起草スル者カ念頭ニ描イテ居リマシタノハ、［……］矢張リ国務大臣ノ少ナクトモ一部分ハ、現実ノ国ノ最高行政事務ヲ担任スルト云フ風ニ構想シテ居リマス」と答えている（貴委一九―一九）。また、「各省大臣ハ矢張リ内閣ノ国務大臣ヲ以テ当テル、斯ウ云フ風ノ考ヲ持ツテ居リマス」との答弁もなされていた（貴委一九―四一。また参照、貴委一九―二三）。

もっとも右で触れた『想定問答』の「答」も示唆するように、憲法上、一義的に、各省大臣と国務大臣との兼任制が要請されていたというわけではない（この点は**2**で触れる）。結局、「国務大臣ト各省大臣ハ、出来ルダケ早イ機会ニ内閣法ヲ起案シテ議会ノ協賛ヲ求ムルコトニ依ツテ、正確ナル御答ヲ致シタイ」との答弁のとおり（貴本二六―三一八）、具体的な制度設計は内閣法以下の附属法に委ねられることとなった。

②　内閣法第三次案までの議論　しかし、附属法の制定過程[224]を見ても、政府側の構想の主流は兼任制で一貫して

いたことが窺える。臨時法制調査会が出した内閣法要綱案の二項には、「内閣総理大臣は国務大臣の中から、各省大臣を命ずること」とあり、これを法案化した第一次案にも、「各省大臣は、国務大臣のうちから、内閣総理大臣がこれを命ずる」（二条）とあって、兼任制が明示されていたのである。もっとも、第二次案では、「国務大臣の主任については、内閣総理大臣がこれを定める」（二条）と、大幅な文言の変更がなされた。これは、第一次案を対象とした法制局内部の合同検討会で、憲法七四条にいう「主任の国務大臣」との関係が問題とされたことを受けてのことだと思われる。しかし、第二次案の文言によれば、国務大臣が「主任」として行う任務とは「各省大臣」としてのそれであるといえない限り、各省大臣と国務大臣との兼任制は明確とはならない。第二次案に対して、「第二条」の上に「？」印、さらに「議会答弁　行政面　助言面」との書き込みがなされ（佐藤文書一七七九）、また「国務大臣」部分に「不明　国務大臣ノ事務ノ主任トイウイミデハコマル」との書き込みがなされている（井出文書一四四四）のは、かかる消息を表しているように思われる。

結局、これに続く第三次案では、「内閣総理大臣及び国務大臣は、別に定めるところにより主任の大臣として、行政各部の事務を分担する。但し主任の事務を有しない大臣を置くことを妨げない」とされ、ここに内閣法三条の原型が登場することとなった。その後、第四次案で「分担」が「分担管理」と、第五次案で「行政各部の事務」が「行政事務」と改められて最終的な内閣法三条の法文の姿となるわけである。

もっとも、この最終的な「行政事務を分担管理する」との文言の意味もすっきりしない。第四次案を収めた史料には、おそらく井出自身のペン書きで、「分担管理」の部分に「意味」と記されているところである（井出文書一四四四）。法制局の『内閣法想定問答』[225]（井出文書一四四四）にも、「分担管理するとは」との項目が立てられているが、その「答」も、次のようなものであった（［　］内の番号は、便宜上筆者が付したものである）。

〔一〕〔①〕現行の各省大臣の如く直接行政官庁として行政事務を掌ることとなるものと、〔②〕例へば、現行の外局管理大臣の如く、直接の行政事務から稍離れたものと、〔③〕更に又一般行政事務についてはその部局の長に掌理せしめ、大綱を掌る他は憲法上の主任大臣として法律政令に署名する等の極めて限られたもののみを、分担管理するにすぎないものとが考へられると思ひます。〔④〕そのような具体的な内容は、第二条の別に定める法律によつて一層明らかとなるものであります。

〔二〕行政官庁法で各省大臣は国務大臣の中から総理大臣がこれを命ずることとする予定。

〔三〕所謂憲法大臣というような担任は実際の運用に待つこととし、ここでは予定していない。分担管理は「分担し且つ管理する」意で管理の語は各省の長という様な立場での仕事を予想したものであり、「憲法大臣」的の立場は予想していない。

一④で第三条ではなく第二条とあるのは、一一月の総司令部との交渉[226]の結果、法案に修正が加えられ、第一条が挿入されたために本条も一条繰り下がったところが、この交渉結果が出る前に想定問答の下書きが用意されており（佐藤文書一七七九）、そこにも右に引用した問答と同じ内容のものが存在することから、これを写す際に条数の変更を見落としたものと推測される。二で、各省大臣と国務大臣との兼任制を行政官庁法で明記するとされているのが注目されるが、他方で一③では、三では否定している「憲法大臣」的なものも含めて考えている。起草者の中にも意見の幅が存していたことがうかがわれる。

③　内閣法第四次案以降の展開　しかし、その後の文言の修正等は、当事者がどこまで自覚していたかはともかく、「主任」の文言を残すことで憲法七四条との整合性を維持しつつ、各省大臣と国務大臣との兼任制の含意を強める方向へ進むこととなる。

第一に、一〇月二九日の閣議決定案において、「別に」と「定めるところにより」の間に、「法律の」が挿入された。この「法律」は、「問　第二条の別に法律の定めるとは」「答　大体行政官庁法を考へている」と想定問答下書きにある通り、行政官庁法を指していることは明らかである。行政官庁法が定めるのは各省大臣としての権限であるから、「主任」とは各省大臣として行政事務を掌ることであるとの印象が強くなる。

第二に、閣議決定案では、「内閣総理大臣及び国務大臣」が「各大臣」に改められた。これは文言の整理にすぎないのだろう(『内閣法想定問答』によれば、「各大臣」とは「内閣総理大臣及び他の国務大臣の凡て」とされる)が、その結果、「国務大臣」という文言が消えたため、この「各大臣」が各省大臣の意味を帯びる可能性が生じた(227)。

第三に、第四次案において、第二次案、第三次案で消えていた権限争議の裁定に関する規定が復活した。「内閣は、行政各部の主管権限についての疑義を裁定する」(四条)というものであったが、これが第五次案で「内閣は、主任の大臣の間に於ける権限についての疑義を裁定する」となった。この裁定の対象となる「権限」が国務大臣としての権限なのか各省大臣としての権限なのかは、「主任の国務大臣の職権につき、明確でない場合及び争議がある場合には、閣議を経て、これを定める」とされていた第一次案第七条をめぐっても争われたようであるが(228)、第五次案の段階では、明らかに各省大臣としての権限を意味するものとされたようである。それは、第五次案に対して、「1　当然ノコトヲ書イタモノトスル　2　官制法ニ書イタモノト同様トス　法律的意味」(佐藤文書一七七九)、「議会ニモ対抗スル迄ハアルマイ(金森)拘束力アリ(入江)強イ効力アルトキハ国会ハ不要トナル(金森)」(井出文書一四四四)との書き込みがあり、想定問答下書きでも、「主任の大臣の間における権限についての疑義とは」との「問」に対し、後述する「答」に続く括弧書きで、「新憲法の内閣は各省の上級庁であると考へるから、之は明文を要せず当然の規定とも云へる。又、法律が官制法たる立場において各庁の権限分配についての具体的決定権を内閣に委任したものとも考へ得る」と書かれていたことから、本条を各省大臣間の権限争議に関わるものとして位置づけていたことがわかるからである。第一次案の「主任の国務大臣」とは異なり「国務」が抜けている点もこの理解に整合的であろう。

ところで、本条では「主任の大臣」という文言が用いられている。それゆえ、ここで「主任」とは、各省大臣として各省の行政を担うことを意味していることになる。この「主任の大臣」のニュアンスが二条にも跳ね返るのである。右の「主任の大臣の間における権限についての疑義とは」との「問」に対する「答」として、「第二条に明らかな如く、主任の大臣としての権限は法令の定めるところにより定まるのであるが、その間に必ずしも疑義なしを保し難い。その疑義を決定することを云ふ」とある通り、二条にいう「主任の大臣としての権限」もまた、各省大臣としての権限にほかならないことになる。

第四に、文言の修正ではないが、総司令部との交渉を経て文言が確定した後に、『内閣法想定問答』への興味深い書き込みが見られる。上でみた「分担管理するとは」との項目の「答」（二六八頁参照）について、一の②③が鉛筆で上から消され、一①の後に「等」の一字が加えられて、「現行の各省大臣の如く〔……〕行政事務を掌ること等が考へられると思ひます。そのような具体的な内容は、第二条の別に定める法律によつて〔……〕」と修正されているのである（なお、下書きでは、一がすべて消され、「憲法大臣」を明確に拒否した三を頭に出す矢印が引かれていた）。

以上の諸点に鑑みれば、この結果成案となった、「各大臣は、別に法律の定めるところにより、主任の大臣として、行政事務を分担管理する」という内閣法三条一項は、各省大臣と国務大臣との兼任制の発想が強く込められた規定であるといえるだろう。

そして、兼任制は行政官庁法で一義的に明確なものとなる。内閣法の起草段階で「行政官庁法案概貌」が作られており[229]、その三条二項ですでに、「各省大臣は内閣総理大臣が、国務大臣の中から、これを命ずる」とあったところ、この規定は、あくる昭和二二年に本格化したが総司令部からの容喙で紆余曲折する起草過程[230]を通じて生き残り、結局、二条で「各省大臣は、国務大臣の中から、内閣総理大臣がこれを命ずる。〔……〕」となったのである。

以上より、内閣法から行政官庁法に至る附属法の制定過程で、「各省大臣＝国務大臣」という兼任制が具体化されていったといえるのであるが、他方でこのことは「各省大臣＝国務大臣」という意識が当初より強かったことの表れとしても説明できよう。上記の意識を一言で表すと、当時の内閣法制局長官で内閣法制定にも関わった入江俊郎の次の言葉となろう。「国務大臣たる間は必らずしも行政大臣たることを要しないけれども、行政大臣たる間は必ず国務大臣でなければならぬのである[231]」。

(3)　各省大臣＝「最高行政官庁」

それでは、なぜ「行政大臣たる間は必ず国務大臣でなければならぬ」のだろうか。その理由は、憲法制定議会における金森の発言によると、「本当ノ責任ヲ負フ主体ト、現実ニ事務ヲ担任スル主体トガ人間トシテ分レテシマヒマスル為ニ、何カナシニ旨ク行カナイ」、「議会ニ対シテ行政遂行ノ責任ヲ負フト云フノガ国務大臣デアルト致シマスルト、国務大臣ガ陣頭ニ立ツテ行政ノ或ル部面ヲ担任スル、又政令、法律等ニ署名ヲ致シマシテ、ソレニ依ツテ自己ノ責任ヲ明カニスル立場ニ於キマシテモ、ドウシテモ人的ニソレガ連繫シテ居ナケレバ思フヤウニ行カナイ」という点に求められる（衆委九―一五二。憲法七四条に定める法律政令への署名は「執行責任」（政令の場合には「制定」の責任も）であるとする答弁もある。貴委一九―四一）。入江も、「人的に結合することにより、責任の明確な行政運営が期待せられる」と述べる[232]。

これは、国務大臣が適切な行政の遂行に対して責任を負わなければならない以上、国務大臣が自ら行政を担当することが望ましいという論理であると解される。しかし、ここで注意する必要があるのは、責任の主体が内閣ではなく各国務大臣であるとされている点である。実のところは、右の論理とは逆に、「現実ニ事務ヲ担任スル主体」である各省大臣こそが「本当ノ責任ヲ負フ主体」でなければならないという意識が潜んでいたのではないだろうか。美濃部と同様に〝各省大臣はじめにありき〟という意識があったのではないか。

この推論の第一の根拠は、(2)①で触れた、憲法制定議会での佐々木惣一議員の質問に対する金森徳次郎国務大臣の答弁に含まれていた「国ノ最高行政事務」との表現である。この言葉は明治憲法下の「最高ノ行政官庁」という表現を引きずっている。

また、行政官庁法の起草過程をみると「最高行政官庁」という文言そのものが存していた。「行政官庁法案概貌」の二条には「内閣の指揮監督（統轄）の下に一般行政事務を分担管理する最高行政官庁として、内閣庁、外務省、……省、……省及び……省を置く」とあり、この言葉は、少なくとも「（二二・一・三　佐）とある「行政官庁法（概貌）」（佐藤文書一七三〇）までは存していたのである。

その後も、「最高行政官庁」の文言は、法文からは消えたものの、資料への書き込みや第九二回帝国議会での行政官庁法案の審議の中にも散見される。たとえば、「昭和二二、二、九　井手」とあり、「井手氏ヨリピークへ」との書き込みがある「行政官庁法を必要とする所以」という名の史料（佐藤文書一七三〇）には、「(二)内閣法二条の規定によつて、各大臣の行政事務の分担は、これを法律によつて定めなければならない。この点から少なくとも大臣を首長とする各省その他の中央の最高行政官庁組織に関する規定は法律でこれを定めなければならない。〔……〕」とある。また、貴族院行政官庁法案特別委員会で澤田牛麿議員の「第三条[233]の各大臣と云ふのは、各省大臣と内閣総理大臣と、それから所管を持たない国務大臣と云ふもの迄含むのですか」との質問に対し、井手成三政府委員は、「是は所管を持って居る最高行政官庁たる内閣総理大臣と、各省大臣の積りでございます」と答弁している（貴行委一―三）。

これらは、憲法や附属法の起草者たちが、各省大臣が「最高ノ行政官庁」であり「絶対の責任者」であった明治憲法下の発想に引きずられていたことの表れといえないだろうか。

また、この推論の第二の論拠として、(2)で詳述した内閣法三条の定め方を挙げることができる。(2)③で触れた通り、一〇月二九日の閣議決定案で、「別に」と「定めるところにより」の間に「法律の」が挿入されて、同条は「内閣総理大臣及び国務大臣は、別に法律の定めるところにより主任の大臣として、行政事務を分担管理する」という形となった。この修正によって、「主任」の割当てが「別の法律」すなわち行政官庁法によりはじめに定まることとなったばかりでなく、「主任」の内容についても、各省大臣として行政事務を掌ることが前面に出てくることになったといえるだろう。

この点、第四次案に対して、「別に定めるところにより」から「内閣総理大臣の定めるところにより」への修正を検討した形跡がある（井手文書一四四四）。もしこれが採用されたならば、行政官庁法による各省大臣の行政事務の割当てから独立して、内閣総理大臣が国務大臣に「主任」の割当てを行うのだとの解釈も可能となり、結果、「主任」の内容も各省大臣として行政事務を掌ることとは別のものが浮かび上がっただろう。この場合と比較すれば、内閣法三条の定め方には、たんなる国務大臣各省大臣兼任制のみならず、国務大臣の役割に各省大臣の役割が先行、優先する兼任制の発想が結びついていたといえるように思われる。

第三の論拠として、現実の行政機構においても、各省大臣が、明治憲法下から引き続き存続し、日本国憲法により生まれた国務大臣に先行して存在し、組織法上もそれが追認されるかたちとなっていたことが挙げられる。行政官庁法一条は、「内閣総理大臣及び各省大臣の分担管理する行政事務の範囲は、法律又は政令に別段の規定あるものを除くの外、従来の例による」と定め、入江俊郎によると、「現にある内務大臣、大蔵大臣と云ふ様な、さう云ふ大臣が、其の俱将来も存続し、又其の分担事務の範囲は、従前の例に依る」とされたのである（貴行委一―三）。もちろん、その後、一年間の時限立法であった行政官庁法の後を受けて国家行政組織法及び各省設置法が定められるという流れの中、内務省が解体され労働、建設の各省が設置されるなどした。この点を捉えて、日本国憲法の下で国の行政機構も一新されたとの評価もできようが、外務省以下の各省の多くが存続したこともまた事実である。(234) もちろん、混乱の中で行政機構を一新することは、現実には不可能であろう。しかし、各省大臣の地位に関する法的思考を一新することもまた、容易なことではなかったと思われる。

以上のことから、憲法及び憲法附属法の制定者に、一定程度、各省大臣は「最高行政官庁」として各省行政に関する「絶対の責任者」であるとの意識が残っており、それゆえ、「行政大臣たる間は必ず国務大臣でなければならぬ」ことを前提に、内閣の責任を考える際にも、これを各省大臣が必ず兼ねる各国務大臣の責任の束すなわち合同責任として考える傾向が存在していた、との説明が可能であると思われる。しかし、すでに示唆してきたように、このような発想のみで彼らの思考が占められていたわけではなかったことも、また確かである。

2　国務大臣＝各省大臣＝「絶対の責任者」観からの離脱

(1)　各省大臣≠国務大臣

まず、「行政大臣たる間は必ず国務大臣でなければならぬ」との命題は、憲法上一義的に要請されるものなのだろうか。(235)

この点、憲法及び憲法附属法の起草者の中には、入江俊郎のように、この命題を憲法七四条から導かれるものとして理解していた者がいたことは確かである。(236) しかし、憲法及び内閣法の制定過程を振り返ったとき、すでに示唆したように、憲法上より幅の広い制度が許容されるとの理解もまた存在していたことが窺われる。

まず、憲法七四条の解釈も含めて、憲法制定議会で興味深い議論がなされている。兼任制について佐々木と金森との間で質疑があったことは1でも触れたが、そこで引用した金森の答弁の後にも次のように質疑が続いた（貴委一九―二二、衆委九―一五二～五三も参照）。金森の見解については、貴委一九―一九。

○佐々木惣一君［……］　憲法ノ法理論トシテハ、皆行政事務ノ長官デナクテモ宜イ訳デスナ、サウシマスト、此ノ憲法デハアリマセヌケレドモ、将来、例ヘバ国務ニ関スル法制ヲ作ツテ、詰リ此ノ憲法ノ内閣ノヤウナ内閣ト、行政大臣、行政長官ト云フモノヲ、全然弁別シテ設ケルト云フヤウナコトモ憲法上ハ許サレル訳デスネ［……］
○国務大臣（金森徳次郎君）　此ノ憲法ハ、サウ云フ場合ニドウナルカ、果シテソレガ適法ニ許サレ得ルカドウカト云フコトハ色々ナ具体的ノ構想ヲ前提ト致シマセヌケレバ言ヒ切レマセヌ、少クトモ此ノ憲法ハ各省大臣ト云フモノト国務大臣ハ絶対ニ変ヘナケレバナラヌト云フ原理ハ認メテ居リマセヌ、唯国務大臣ハ、主任大臣ト云フ言葉ヲ一ツ此ノ中ニ含ンデ居リマシテ、国ノ或事項ニ付テ主任者デアルト云フコトヲ含ンデ居リマシテ、主任ト云フコトノ意味ハ相当ニ含蓄ガアラウト思ヒマス、現実ニ事務ヲ担任スルト云フコトカ、或ハ其ノ事務ヲ注意シテ視テ居ルト云フコトニ取レマスガ、広イ意味ニ於キマシテハ其ノ関係ヲ離レルコトハ出来マセヌ、デスカラ、国務大臣ト絶対ニ無関係ナ行政内閣ヲ作ルコトハ、此ノ憲法ノ此ノ部面ニ於テ抵触ヲ生ジテ来ルト思ヒマス
○佐々木惣一君　併シ憲法論トシテハ、サウ云フ従来ノ意味ノ国務大臣ト各省大臣ト云フモノヲ両方分ツト云フコトハ、違憲デハナイ訳デスネ、サウシテ其ノ国務大臣ニ主任ト云ツテモ、行政長官トシテノ主任デハナイノデアツテ、一般国務ニ於ケルモノトシテ、殊ニ例ヘバ教育ノ方面ヲ国家全般トノ関係ニ於テ研究サス、サウ云フコトモ構想トシテ許サレル訳デスナ
○国務大臣（金森徳次郎君）　左様デゴザイマス

緊張感の伝わる質疑であるが、金森は、現実の制度としては各省大臣国務大臣への志向を示しつつも、それだけ

が憲法上許容されるとの厳格な憲法解釈を取っていたわけではないことが窺われる。

また、内閣法の制定過程においても、具体的な制度としては幅を持った構想が出されていた。すでに見たように、想定問答集でも、国務大臣の役割として、各省大臣との兼任制以外に、「大綱を掌る他は憲法上の主任大臣として法律政令に署名する等の極めて限られたもののみを、分担管理するに過ぎないもの」も、起草段階の途中までは挙げられており、「憲法大臣」という語も想定問答はじめ資料への書き込みとして何度も登場した。このような構想が出ること自体、起草者の中にも兼任制に関する緩やかな見解が存在していた証左といえよう。

(2)　各省大臣≠絶対の責任者

なにより、日本国憲法の下において、各省大臣は決して「最高行政官庁」でも「絶対の責任者」でもない。このことは、内閣の地位と役割の変化との関係から、憲法及び憲法附属法の制定者にも認識されていたといえよう。

憲法制定議会において、憲法六五条との関係につき、佐々木と金森との間で次のような質疑応答がなされている（貴委一九—一五～一六）。すなわち、内閣の職務には、ある事柄について「日本ノ国務ノ全体ニ或地位ヲ占メルモノトシテ〔……〕行政ヲ考ヘル」国務的、政務的な職務と、「方針ガ決マツテ〔……〕ソレヲ如何ニ実行スルカト云フ」事務的、行政的な職務と「此ノ二ツヲ含ムノカ」との質疑に対し、金森は「二ツトモ内閣ニ含マレテ居ルト考ヘテオリマス」と答弁している。また、金森は、澤田牛麿議員の質問に対する答弁の中でも、憲法六五条を引き合いに出しつつ、「行政権ニ関スル締括リハ此ノ統轄官庁タル内閣ガ持ツテ居ルノデアリマス」と述べている（貴委一九—七）。

したがって、内閣は、佐々木の表現を借りれば、明治憲法下における「行政上ノ内閣」のように、「特ニ与ヘラレタルモノ」についてのみ事務的、行政的な職務を行うのではなく、すべてについてこれを行う——もちろん、金森が「唯ダ［内閣における国務的な職責、行政的な職責の］含ミ方ハ場合々々ニ依ツテ違ヒマス」と留保を付しているように、自ら直接、行政官庁としてすべてを担うわけではないのだが――という点で、従来の内閣制度とは「非常ニ性格ガ違ツテ来タ」わけである。

これを各省大臣の側から見れば、「各省ガ行政ノ最高官庁トハナラヌ。各省ガワリ当テラレタコトヲスル、内閣ノ管理ノ下ニヤル」（内閣法の枢密院第一回審査委員会におけるメモ。佐藤達夫文書一七七九）ということになろう。〝各省大臣はじめにありき〟なのではなく、〝内閣はじめにありき〟なのである。

そうであるならば、国務大臣と各省大臣との関係においてもまた、〝国務大臣はじめにありき〟でなければならない。この意識もまた、憲法及び附属法の制定当初から存していたといえる。なぜなら、具体的な制度としては兼任制が採用されたのであったが、国務大臣と各省大臣の任命手続が次のように区別されていたからである。[237]すなわち、行政官庁法二条は、「各省大臣は、国務大臣の中から、内閣総理大臣がこれを任命する」と定めており、また日本国憲法の下で初めて組閣された片山内閣では、「国務大臣に任命する」という国務大臣の辞令と、「〇〇大臣を命ずる」という各省大臣の辞令とが別々に出された。[238]これは、「国務大臣と各省大臣とは分離され、先ず国務大臣として任命されることが必要」であるということであって、「内閣が［各省大臣によってではなく］国務大臣によって組織されるものである、と謂う色彩を強めて居ることを意味する[239]」ものであろう。

以上のことから、〝各省大臣はじめにありき〟ではなく、〝国務大臣はじめにありき〟の発想もまた、憲法及び附属法制定者に抱かれていたといえよう。

(3)　国務大臣の役割と連帯責任の意味

① **連帯責任の意味**　それでは、各省大臣から分離された国務大臣の集合として考える場合においても、内閣が

連帯責任を負うことの含意として、内閣とは個々の国務大臣を中心に捉えるべきである――内閣の連帯責任とは各国務大臣の責任の束である――と考えるべきことになるのだろうか。

この点、憲法及び附属法の制定過程を振り返ってみても、連帯責任について論じるとき、各省大臣が必ず兼任する国務大臣の合同責任、との発想の影響を受けていると解される点には留意しなければならない。内閣は国務大臣の集合であるとの明確な前提に基づき連帯責任の意義について論じたものは見当たらないのである。しかしながら、次の遣り取りは、内閣の責任とは各国務大臣の責任の束であるということが憲法の定める連帯責任から直ちに導き出されるものではないことを示唆するもののように思われる。

すなわち、一一月七日の内閣法の枢密院第一回審査委員会で、内閣法三条に関連して、「閣議の意思決定方法を明記するのが至当ではないか」との河原委員の質問に対し、金森国務大臣は、「内閣は合同責任を有し、強固な一体たることを必要とするから、全体の歩調が揃わなければならない。従って以上の本質に鑑み意思の決定は全会一致たることが、理論的にも当然であると考え、明文を敢えて設けなかった。〔……〕」と答えている。[240] 意思決定が全員一致であることは国務大臣の強い立場の現れであるが、それは内閣の「本質」によるのだという。しかし、金森によれば、この「本質」は、内閣が「合同責任」を有することを前提としている。ここにいう「合同責任」とは、1(1)②で検討した、各省大臣が必ず兼ねる国務大臣の責任の束のことであろう。注目すべきは、当該箇所に相当するメモ（佐藤文書一七七九）には、「合同責任故全員一致」「内閣ノ合同責任（連帯デハナイ―正確ニ云ヘバ）」とあることである。連帯責任と合同責任とは明確に区別されているのである。このことは、内閣の責任を各国務大臣の責任の束とする理解は憲法が定める連帯責任から直ちに導かれるものではないことを示していないだろうか。

しかしながら、合同責任とは別の概念として捉える場合の連帯責任の意味に関する憲法制定時の理解については、これ以上明らかとはならない。

② 国務大臣の役割　そこで、視点を変えて、国務大臣とは——各省大臣と区別して考えるとき——どのような役割を果たすべきなのかという点についての考えを探ってみたい。この点についても憲法制定時の理解を探る手掛かりは断片的なものしかないのであるが、当時の学説も合わせながら次のように構成することも可能であると考える。

まず、国務大臣とは、各省大臣と兼任する場合であっても、自己の所掌する各省の事情を離れて、諸々の問題について、国政全般の立場から議論を行うものである。この点は、⑴や⑵でみた佐々木と金森との質疑からも明らかであろう。佐々木によれば、内閣は、「日本ノ国務ノ全体ニ或地位ヲ占メルモノトシテ教育問題デモ、或ハ『インフレ』問題、或ハ補償問題でも、サウ云フ意味ノ建前カラ行政ヲ考ヘル」という、「政務」や「国務的」な職務を行い(貴委一九—一五)、また主任の国務大臣は、「主任ト云ツテモ、行政長官トシテノ主任デハナイノデアツテ、一般国務ニ於ケルモノトシテ、殊ニ例ヘバ教育ノ方面ヲ国家全般トノ関係ニ於テ研究サス、サウ云フコトモ構想トシテ許サレル」とされ(貴一九—一九)、いずれも国政全体の観点が強調されているのであるが、これに金森も同意を与えているところである。内閣法四条が、「各大臣は、案件の如何を問わず、内閣総理大臣に提出して、閣議を求めることができる」と定め、これに関して想定問答集が、「問　案件の如何を問はずとは、主任の大臣として関係なきことでもよいか　答　よいと考えている。[……]」としているのも、当然の帰結ということになろう。

それでは、国政全般について議論を行うとき、各国務大臣どうし、また何より内閣総理大臣とその他の国務大臣との間の関係はどのようなものだと考えるのであろうか。この点、議論は自由闊達なものであることが期待される以上、[241]少なくとも、内閣総理大臣が一方的に命令する関係は否定されることになる。憲法制定議会で、金森は、「内閣総理大臣ト云フモノヲ主眼点ト致シテ［……］ソノ外ノ其ノ周リニ喰ツテ着イテ居ル諸般ノ人間ト居フモノハ［……］巾着［である］」とする見方を拒否し、「内閣ヲ構成スル人間ハ、各々ノ自己ノ意思ニ依ツテ内閣ノ意思ヲ決定シテ行クノデアリマス、内閣ノ決メルコトハ各大臣ガ総テ自分ノ本当ノ意思ニ依ツテ之ヲ決メテ居ルノデアリマス、指図サレテヤルノデナイト云フ原理ヲ堅持シテ居リマス」と述べるところである（貴委一九―九）。他の議員も、国務大臣を総理大臣の「従属者」「秘書」とする見方や、「部下」とする見方に、否定的な態度を取っているところである（貴委一九―一二（澤田牛麿議員）、貴委二六―三〇八（佐々木惣一議員））。この立場を徹底すれば、国務大臣＝各省大臣＝「絶対の責任者」観を前提としないでも、内閣構成員は対等であり、内閣総理大臣の地位も強いものではないとする帰結が導かれるかもしれない。

しかし、自由に議論を行い、さらに結論を出して国政を進めていくためには、内閣総理大臣と国務大臣との間は立場が近くなければならないだろう。たとえば、浅井清は、「明治憲法におけるように、国務大臣が飽くまでも「国務各大臣」として独立性を有し、一体性をもっていないと、閣議の席上において自由活発な討議を期待することができない」と論じる（圏点原文）[242]。ここには、「人異ナレバ必ズ意見ヲ異ニス」（貴委一九―八（金森徳次郎国務大臣））といっても、内閣の構成員中には、共通した意見の土台が、全体として一体性を有するといえる程度に、あらかじめ存在していることが前提とされていることが窺えるのである。

③ **内閣総理大臣による国務大臣の任命の意味**　これに対しては、各大臣の独立性や立場の相違を強調する見方もありうる。たとえば、金森国務大臣の次のような内閣観である（衆委一八―三五三）。

現在ハ、謂ハバ幾ツカノ頭ヲ持ツテ居ル内閣デアリマス、八岐ノ大蛇以上ニ沢山ノ頭ヲ持ツテ居ル内閣ガ存在シテ、

〔……〕何トハナシニ之ニハ離レ難イ意味ガアルト云フコトガ、各人ノ頭ノ中ニ滲ミ込ンデ居ルノデハナイカト思フノデアリマス。ソレヲ一言ニシテ言ヘバ、結局一国ノ政治ト云フモノハ、相当ニ複雑ナルモノガアリマシテ、一人ノ識見ニ信頼シテ、其ノ政治ノ大体ヲ包括的ニ信任シ得ルモノデハアリマセヌ、幾多ノ人人ガ其ノ代表スル方面ヲ異ニシツツモ、而モ統一ヲ保ツト云フ其ノ集団体ヲ内閣トシテ見マスル時ニ、本当ニ議会ハ此ノ内閣ヲ信任シテ居ルカドウカト云フ判断ガ起ルノデハナイカト、私ハ思ツテ居リマス。

このような見方は、国務大臣＝各省大臣＝「絶対の責任者」観とも親和的であり、根強いと思われる。

しかし、この答弁は、内閣総理大臣による国務大臣の任命に国会の承認を要求していた憲法制定議会への付議原案六四条一項を前提としたものであることに注意しなければならない。[243] 結局、国会の承認要件が削除された以上、このような見方が現行憲法の理解としてそのまま妥当することにはならないと思われる。

むしろ、国務大臣の任命権がもっぱら内閣総理大臣にあることに照らせば、「内閣総理大臣を中心にした立場の一体性」に憲法は好意的であるとはいえないか。この点、右の金森の答弁は、次のような林平馬議員の質問に対するものであったことが注目される。いわく、

殊ニ総理大臣ハ〔……〕国会ノ決議ニ依ツテ任命サレルノデアリマスカラ、謂ハバ国会ガ総理大臣ヲ信任シタ訳デアリマス、其ノ信任ヲ受ケタ又議会ノ方カラ見レバ信任シタ総理大臣ニ、思ヒ切リ十分政治手腕ヲ伸バサシテヤルト云フコトハ当然ダト思フ然ラバ其ノ総理ニ思フ存分自由ニ閣僚ヲ選択サセル自由ヲ与ヘルノハ少シモ筋ノ通ラヌ話デハナイト斯様ニ私ハ考ヘル、而モ其ノ又前条ノ六十二条ヲ見マスト、内閣ハ連帯ヲ以テ国会ニ責任ヲ責〔ママ〕フト云フコトニナツテ居ルノデアリマスカラ、任命ヲスル時ニハ国会ノ承認ガナクトモ国政ノ運用上ニ何等好マシカラザルヤウナ出来事ヲ予想スル必要ガナイノヂヤナイカ〔……〕。

林の理解によれば、内閣とは国会の信任を受けた内閣総理大臣が自らの政治手腕を十分に発揮させるべく自由に閣僚を選任して組織されるものである――内閣の連帯責任とは内閣が事後的に責任を負うことのみを含意し、むしろ内閣総理大臣の主導性と結び付けて理解することが可能となる――ということになろう。また、佐々木惣一議員も、「兎ニ角内閣総理大臣ト云フモノハ殊ニ将来ハ皆自分ト進退ヲ共ニシテ国事ニ当ルト云フ人ヲ採ラレルノデアラウト思ヒマスカラ、ソコニ人的ノ繋リガアルベキモノナンデス」と述べ（貴本二六―三〇八）、同様の理解に立つことを示唆している。

任命権には、過半数が国会議員でなければならないという点を除けば、憲法上の制約はない。総理大臣からすれば、自分と国政全般の基本的立場を共有する者で国務大臣を固めることも可能なのである。国務大臣からいえば、その立場がはじめから総理大臣によって規定されることを意味する。〝国務大臣はじめにありき〟という発想からその役割を論ずることはできないのである。付議原案六四条一項にあった国務大臣の任命に対する国会承認要件の削除と、内閣総理大臣による国務大臣の任命権の独占は、内閣とは内閣総理大臣を中心に意見の相違の小さな――国政全般のあり方に関する基本的立場を内閣総理大臣と共有する――国務大臣で組織され運営される一体である、との内閣観に親和的であると解される(244)。

そして、このような内閣観は、「連帯責任」を――行政大臣が必ず兼任する各国務大臣の責任の束であるという「合同責任」とは区別して――内閣総理大臣の主導のもとに一体として活動する内閣があくまで事後的に負うものであるとする理解とも結びつく。このような捉え方をよく表わしているようにみえる表現は、『憲法改正草案に関する想定問答』中にも見出すことができる。国務大臣訴追に対する総理大臣の同意に関する付議原案七一条（現行憲法七五条）の項目にある説明がそれである。すなわち、「内閣は、内閣総理大臣の下に各国務大臣が一体となって其の職務を遂行し、国会に対し連帯の責任を負ふものであ［る］」。ここで国務大臣には、「国務大臣＝各省大臣＝『絶対の責任者』」としてではなく、総理大臣と基本的立場を共有しつつ国政全般につき自由闊達な議論を行う者として新たな位置づけが与えられているように思われるのである。

(209) ここでは、憲法及び附属法に関する議事録を以下のように略記し、本文中に示す方法をとる。
『第九十回帝国議会衆議院帝国憲法改正案委員会議録』第〇回▽頁→衆委〇—▽。

『第九十回帝国議会貴族院議事速記録』第〇号▽頁→貴本〇—▽。

『第九十回帝国議会貴族院帝国憲法改正案特別委員会議事速記録』第〇号▽頁→貴委〇—▽。

『第九十一回帝国議会衆議院議事速記録』第〇回▽頁→衆内本〇—▽。

『第九十一回帝国議会衆議院内閣法案委員会議録（速記）』第〇回▽頁→衆内委〇—▽。

『第九十一回帝国議会貴族院議事速記録』第〇号▽頁→貴内本〇—▽。

『第九十一回帝国議会貴族院内閣法案特別委員会議事速記録』第〇号▽頁→貴内委〇—▽。

『第九十二回帝国議会貴族院行政官庁法案特別委員会議事速記録』第〇号▽頁→貴行委〇—▽。

また、国立国会図書館蔵の入江俊郎文書、佐藤達夫文書、国立公文書館蔵の井手成三文書も利用している。それぞれ、入江文書〇〇、佐藤文書〇〇、井手文書〇〇、というかたちで文書番号を本文中に示すこととする。

(210) 参照、大石・前掲注（30）六一頁（同書所収二〇〇頁）。

(211) 佐藤達夫『日本国憲法成立史第一巻』（有斐閣、一九六二年）二八一、二八三、三二五、三四七～四八頁。

(212) 佐藤・前掲注（211）三六四～六五頁。

(213) 佐藤・前掲注（211）三〇二頁。

(214) 佐藤・前掲注（211）三四八頁。

(215) 佐藤・前掲注（211）三二〇頁。

(216) 佐藤・前掲注（211）三四七頁。

(217) 佐藤達夫『日本国憲法成立史第二巻』（有斐閣、一九六四年）五五三、六八九～九〇頁。

(218) 佐藤達夫（佐藤功補訂）『日本国憲法成立史第三巻』（有斐閣、一九九四年）二五二頁。

(219) 佐藤（佐藤補訂）・前掲注（218）三三〇頁。

(220) このような理解は、『想定問答』や、同じく答弁資料として作られた『憲法改正草案逐条説明』の中で随所に見受けられる。たとえば、『想定問答』の中には、

問　首長の意義如何

答　［……内閣の首長たる地位を持つこと］は、内閣の責任が各国務大臣の連帯責任であることとは矛盾しない［傍点筆者、以下同じ］

とあり、また『逐条説明』の「第六十二条」においても、

第二項に於きましては、内閣の責任は国会に対して負ふものになること及び其の責任は内閣を構成する全国務大臣連帯の下に一体となって負ふものであることを規定致したものでありまして、此の点、現行の憲法が［……］各国務大臣の責任に付ても個別的か連帯かを明かにして居りませぬこととは非常に趣きを異にし［……］。

とある（いずれも入江文書三六）。

(221) 参照、森田寛二「憲法『第五章　内閣』中の規定などに違反する行政改革（一）」自治研究七六巻一二号（二〇〇〇年）八二頁以下の一〇二〜一〇九頁、「同上(二)」自治研究七七巻二号（二〇〇一年）二六頁以下の二六〜二九頁（同『行政改革の違憲性』〔信山社、二〇〇二年〕所収二九〜四三頁）。

(222) 佐藤（佐藤補訂）・前掲注（218）三二六、三二九〜三〇頁。

(223) 入江俊郎『日本国憲法読本』（海口書店、一九四八年）一三五頁。

(224) 内閣法の制定過程については、大石眞「内閣法立案過程の再検討」法学論叢一四八巻五＝六号（二〇〇一年）一四三〜九二頁（同『憲法秩序への展望』〔有斐閣、二〇〇八年〕所収二一一頁〜六四頁）を参照。以下で触れる内閣法案の名称はこれに従う。また参照、岡田彰『現代日本官僚制の成立』（法政大学出版局、一九九四年）第三章。内閣法九条につき参照、高見・前掲注（15）六七〜八〇頁。

(225) 大石・前掲注（224）一八七〜九二頁（同書所収二五八〜六四頁）に翻刻されている。

(226) 大石・前掲注（224）一七二〜八四頁（同書所収二四一〜五六頁）。ただし、この交渉段階では本条はほとんど議論の対象とされていない。

(227) ちなみに（二一・一〇・二〇）「佐」とある「行政官庁法案概貌」（佐藤文書一七三〇）において、「各大臣」という文言は、次のように用いられていた。

第二条　内閣の指揮監督（統轄）の下に一般行政事務を分担管理する最高行政官庁として、内閣庁、外務省、……省、……省及び……省を置く。
第三条　内閣庁の首長は内閣総理大臣とし、各省の首長は各省大臣とする。
各省大臣は内閣総理大臣が、国務大臣の中から、これを命ずる。
第四条　各大臣は主任の事務につき、内閣に対して、その責に任ずる。
第五条　各大臣は主任の事務について、法律又は政令の制定、改正又は廃止を必要と認めるときは、案を具へて内閣に申達しなければならない。

四条、五条における「各大臣」は明らかに「各省大臣」の意味である。

(228)　参照、大石・前掲注（224）一六一頁（同書所収二二九頁）。
(229)　注（227）を参照。また、「内閣法覚書」（佐藤文書一七七四）には、「三、内閣と各省との関係」の「(二)」として「各省大臣は必らず国務大臣を以てこれに充てるものとする。（内閣法二条及び行政官庁法）」との記述があり注目される。
(230)　行政官庁法案の定過程については、岡田・前掲注（224）一三九～六九頁を参照。
(231)　入江・前掲注（223）一三五頁。
(232)　入江・前掲注（223）一三五頁。
(233)　行政官庁法案三条は、「各大臣の管理する事務は、法律又は政令に別段の規定あるものを除くの外、総理庁、従来の各省及び従来の各大臣の管理する外局で、これを掌る」というものであった。
(234)　参照、内閣制度百年史編纂委員会・前掲注（66）第五部。
(235)　参照、大石・前掲注（1）八五頁、稲葉馨「内閣と行政組織」ジュリスト一一九二号（二〇〇一年）一八〇～八一頁。
(236)　入江・前掲注（223）一三五頁。また参照、大石・前掲注（224）一五〇頁（同書所収二一八頁）。
(237)　この点、後の附属法による制度形成とは直接の関係を持たないが、憲法制定議会への付議原案六四条一項「内閣総理大臣は、国会の承認により、国務大臣を任命する。」（衆議院の段階で「国会の承認により」が削除されて、現行憲法六八条一項）に関し、金森が「議会ノ承認ヲ得マスノハ国務大臣トシテ承認ヲ得ルノデアリマシテ、其ノ国務大臣ヲ何ニ充テルカ、農林大臣ニ充テルカ、文部大臣ニ充テルカト云フコトハ議会ノ承認ノ内容デハナイ」と答え（衆委一八―三五一）、国務大臣と各省大臣とを区別していた点が注目される。
(238)　昭和二十二年六月一日の官報号外。浅井清『新憲法と内閣』（国立書院、一九四七年）一二八頁による。

(239) 浅井・前掲注(238)一二八、九四頁。
(240) 国立国会図書館蔵「委員会録」二A　一五―七　枢B三三。
(241) 浅井・前掲注(238)一三四頁。
(242) 浅井・前掲注(238)一三四頁。
(243) 参照、時本義昭「日本国憲法の規定する国会と内閣の関係(二)」法学論叢一四一巻一号(一九九七年)九四～一〇一頁。
(244) 参照、手島孝『憲法解釈二十講』(有斐閣、一九八〇年)一八三、八八頁。

おわりに

第一節では、日本の内閣総理大臣の地位と権限について、整理を試みた。

まず、内閣の組織に関して、内閣総理大臣は、国務大臣そして各省大臣の任命権を有する(憲法六八条、内閣法二条一項、国家行政組織法五条二項)。また、内閣総理大臣が欠けた場合には内閣の総辞職が導かれる(憲法七〇条)。それゆえ、内閣総理大臣は、【[国民]→[国会]→[内閣総理大臣]→[他の国務大臣]】→[行政各部]という正統性の図式の中で、「扇の要」の地位を占めるといえる。

次に、内閣の運営に関して、内閣総理大臣は閣議を主宰するが(内閣法四条二項)、閣議主宰権の内容や射程に関する議論の蓄積は乏しい。逆に、従来、他律的な規範が挙げられるのが通例であって、とりわけ閣議の意思決定における全員一致原則が強調されてきた(もっとも、行政改革会議は多数決制の導入に言及し、また学説上も全員一致原則を見直す立場が有力になりつつある)。実際上も、閣議は、現在なお閣議書に署名を行うだけの儀式的な場として運用され、実質的に議論を行う場とはなっていない。また、委員会と位置づけうる組織も内閣総理大臣によって体系的、戦略的に運用されているとはいえない。また、その中には法律で設置されている組織も多く、そのため内閣総理大臣の一存で改編を行うことができないことも注目される。内閣の運営において内閣総理大臣を支える補佐機構としては内閣官房が存在するが、一般に「首相官邸」と呼ばれる内閣総理大臣を直接に支える部門の規模は小さく、内閣官房長官や副長官の役割が象徴するように、各省との連絡調整、国会・政党・国会議員との連絡調整、国内外への情報発信、政策立案といった機能ごとの分業は進んでいない。

第三に、各省に対する内閣総理大臣の権限であるが、組織、人事については有していない。わずかに、組織に関して各省の内部部局の設置及び所掌事務が政令事項である点と、人事に関して幹部職員の任免に対する内閣の事前承認制度が目立つ程度である（しかも、厳密にいえば両方とも内閣の権限であって内閣総理大臣の権限ではない）。行政組織編制権は国会にあり（行政組織法定主義）、人事権は各省大臣にあるからである。これに対し、作用については、憲法七二条の解釈によるが、現在のところ、少なくとも、事前に方針が閣議で定められていれば、それに基づき内閣総理大臣が指揮監督権を行使しうるとする理解が一般的になっている。

このように、日本においては、内閣総理大臣の組織上の地位の強さと、運営上及び各省に対する権限の弱さとの対照が、際立っている。

そこで、第二節では、内閣総理大臣の運営上の権限の弱さに関係していると思われる連帯責任の観念について、歴史的な観点から考察を行い、次のような点を明らかにした。明治憲法下では、国務大臣単独輔弼制（明治憲法五五条）ゆえに、すべての国務大臣が――内閣総理大臣を含めて――対等な立場で天皇に対する輔弼を行うことができる以上、この制度を堅持しながら立憲的に運用する――天皇ではなく国務大臣が政治的決定を下す――ためには、各々の輔弼の内容が一致している必要があり、ここから全員一致原則が論理的に導かれた。

この点、美濃部説でも全員一致原則が採られていたが、他方で内閣の合議体性や内閣総理大臣の独占的な輔弼権限が認められるように単独輔弼制が緩やかに解されるので、全員一致原則を単独輔弼制から説明することは難しく、ここにはむしろ「国務大臣＝各省大臣＝絶対の責任者」という発想が潜んでいたことが窺われる。他方、美濃部説は、内閣の全構成員が進退を共にすることを「連帯責任」と呼びこの概念を承認していたが、他の論者の説くところと合わせ考えれば、全員一致制を連帯責任のコロラリーとしていたとは考えにくく、むしろ美濃部説にいう「連帯責任」とは、「国務大臣＝各省大臣＝絶対の責任者」という発想を背景に、内閣の責任を各大臣の個別の責任の束として捉える、佐々木説のいう「一同責任」に相当する特殊な観念だと理解することができる。

日本国憲法の制定過程においても、この各大臣の個別の責任の束（「合同責任」）を連帯責任と同義に捉える観念の影響を受けた「連帯責任」の解釈が存在していた。この理解の背景には、やはり、「国務大臣＝各省大臣＝絶対の責任者」という発想が潜んでおり、このような発想が内閣法の定める今日の分担管理原則の根底にもあると見られる。しかし他方で、日本国憲法の制定過程においては、上記のような明治憲法下の理解から峻別された「連帯責任」の解釈や、内閣のあり方について内閣総理大臣の組織上の権限――とくに任命権――と結び付ける理解の可能性を示唆する議論も登場していたことが注目される。

結章

日本の内閣制度を英独と比較した場合、内閣総理大臣の組織上の地位や権限の強さと対照的に、その内閣運営上の権限の弱さ（あるいはその権限に対する認識の弱さ）が特徴として浮かび上がる。イギリスでは、首相の閣議主宰権の射程は広く、議題の決定、議事の進行、議事録の整理等を通じて閣議での意思決定を主導することが認められているほか、効率的な意思決定のために委員会を組織化し補佐機構を整備する権限も導かれる。この点はドイツでも同様であり、基本方針決定権や執務指揮権の内容としてこれらの権限が認められている。両国では、これらの権限が、首相や宰相の組織上の権限や地位と結び付けるかたちで認識されているといえよう。これに対し、日本では、内閣総理大臣の組織上の権限や地位の強さは憲法上明確であるにもかかわらず、従来、運営上の権限をこれと結び付けて論じられてきたとはいえない。そのこともあってか、閣議主宰権の意義は十分に認識されてこなかったように思われる。また委員会制度も自覚的、体系的な発達を見ておらず、補佐機構も、橋本行革で一定程度強化されたものの、そのあり方に関する議論は未だ不十分である。

また、イギリスにおける「連帯責任」の観念は――「信任原則」を基礎として――内閣内部において首相に「全員一体活動義務」・「秘密原則」・政府の意思決定方法の決定権といった各種の権限を授権する働きをするものである。これに対し、日本では「連帯責任」が総理大臣の運営上の権限の行使を――端的には厳格な全員一致原則と結び付くことで――妨げる働きをしてきたとみられる。ここにも両者の顕著な違いを看取することができる。

各省との関係においても、内閣総理大臣（あるいはその補佐機構）の権限の弱さ（あるいは権限に対する認識の弱さ）を指摘することができる。ドイツには所管原理、イギリスにも作用法上の権限は国務大臣に授権するとの原則があるにもかかわらず、ドイツでは基本方針決定権に基づき個別事項を宰相が決定しうるとの理解が強く、イギリスでも首相が自ら関心のある分野において各省所管の政策に関わる決定を主導することが現に行われてきている。しかし、日本では各省割拠主義が強く妥当し、憲法七二条を巡る議論が示すように、内閣総理大臣の権限を抑制的に解する傾向が伝統的に強かったといえる。また、英独では首相や宰相に広範な組織編制権が認められているのに対し、日本では極めて限定的にしか認められていない。さらに、各省の幹部職員の人事権に関しても、ドイツでは課長級まで直接に内閣が任命に関与し（局長級以上の「政治的官吏」は政治的な任免が可能である）、イギリスでもメリットシステムを維持しながら局長級以上は内国公務員長官が主導し首相も関与するかたちで任命を行う制度が採られているのに対し、日本では——局長級以上に内閣の事前承認が制度化されたものの——法律上は各省大臣に任免権が分散し実務上も各省ごとに人事がなされているところである。

そこで、続く第二編では、比較法的にみて日本の特徴であると思われる、行政組織編制権——内閣はこれを持たず法定主義が妥当している——及び人事権——内閣（あるいはその補佐機構）はこれを持たず法律の定めにより各省大臣が有している——のあり方について、改めて詳しく考察してみたい。

第二編

第一章　行政組織編制権

はじめに

二〇〇一年の中央省庁再編は、「質・量ともに戦後最大級の国家行政組織大改革[1]」であった。それは、内閣機能の強化や独立行政法人制度の創設といった、広く行政のあり方全般に見直しが及んだ点でもそうであったが、狭く国の中央省庁の再編に限っても、一府二三省庁体制から一府一二省庁体制への変更は、「昭和三五（一九六〇）年の自治省の創設以来通算四〇年の長期にわたって不動であった府省の編制を揺るが」すものであった[2]。

興味深いのは、かかる中央省庁の編制の「不動」ぶりが、中央省庁の編制が頻繁に（政権が変わるたびにといってよい）変更される諸外国（とりわけヨーロッパ諸国）と比較した場合に、極めて特異である点である。また、二〇〇一年の中央省庁再編は、一九九六年一一月からの行政改革会議での議論、一九九七年一二月三日の最終報告を踏まえ、中央省庁等改革基本法（一九九八年六月）、一七本の中央省庁等改革関連法（一九九九年七月）、六一本の中央省庁等改革施行関連法（一九九九年一二月）の制定という段階を経て、実施までに五年もの歳月がかかっている（また、その後も、防衛庁が防衛省に昇格し、消費者庁の設置など内閣府の外局レベルの組織再編はなされているものの、二〇〇九年、二〇一二年の政権交代の際にも省庁再編が行われなかった。また、東日本大震災の復興を目的とする復興庁の設置にあたっては、法律制定まで九カ月、実際の設置まで一一カ月を要している）。

これほどまでに中央省庁の再編が困難であり多大なエネルギーと時間を要するのはなぜなのか。法的なひとつの理由として、いわゆる行政組織法定主義が挙げられるだろう。二〇〇一年の中央省庁再編では、組織法関連で約三〇〇本、作用法関係で約一三〇〇本の法律改正を伴ったといわれる。(3) もっとも、確かに、このうち圧倒的多数は、形式的には個々の一部改正法からなる一本の法律の制定というかたちをとるにすぎない。しかし、組織再編に伴う組織法および作用法の改正（主に省庁名の変更）について厳格に法律改正を要求することは、文言の整理そのものの大変さを除いても（この「大変さ」は、本章末尾で提案するように、仮に組織編制を政令事項としても、すべての組織法および作用法の条文中の省庁名の修正を逐一明記して行わなければならないとすれば同じである）、内閣の担当者にとって中央省庁再編を行おうとする意欲を削ぐ効果をもたないか。政治学における粘着性論(4)が説くように、行政組織法定主義は、「官僚のセクショナリズムや省利・省益、業界などの特定の利害関係を排除すること」の「困難」(5)を助長する機能を果たしているように思われるのである。かかる行政組織法定主義は憲法上自明のものなのか、行政組織編制権の在り方について、改めて考察してみたい。(6)

（1）　磯部力＝大石眞＝三辺夏雄＝高橋滋＝森田朗「〔座談会〕行政改革の理念とこれから」ジュリスト一一六一号（一九九九年）一〇頁以下の一四頁〔大石眞発言〕。

（2）　西尾勝『行政学〔新版〕』（有斐閣、二〇〇一年）一二三頁。

（3）　松田隆利＝山本庸幸監修『中央省庁改革法規集』（商事法務研究会、一九九九年）巻頭「この法規集の見方」、「中央省庁等改革施行関連六一法律」法令解説資料総覧二一九号（二〇〇〇年）四頁以下の六頁。中央省庁に関する組織法は、内閣法、内閣府

設置法、国家行政組織法、各省設置法の制定（改正）に加えて「中央省庁等改革のための国の行政組織関係法律の整備等に関する法律」（平成一一年法律第一〇二号）で、関係する作用法（大臣名や府省名の変更など）は「中央省庁等改革関係法施行法」（平成一一年法律第一六〇号）で、関係法律を一括して改正している。なお、行政改革会議最終報告書は、この原則そのものには、「組織編制を固定的なものと考えることなく、状況の変化に応じ、臨機応変に対応できるような仕組みを今後検討する必要がある」と述べるだけでそれ以上立ち入っていない（Ⅲ2⑵）。

（4）岩井奉信『立法過程』（東京大学出版会、一九八八年）二四〜五頁、久米郁男＝川出良枝＝古城佳子＝田中愛治＝真渕勝『政治学』（有斐閣、二〇〇三年）二〇二〜三頁。

（5）橋本龍太郎「序」行政改革会議事務局ＯＢ編『二一世紀の日本の行政』（行政管理研究センター、一九九八年）

（6）この問題に関する、旧稿公表以後の文献として、吉本紀「国の行政組織編成権の分配」レファレンス六一巻一一号（二〇一一年）一頁以下。

第一節　日本における行政組織編制権

1　行政組織法定主義

はじめに、行政組織法定主義の内容を確認しておく。行政組織法定主義とは、行政組織のあり方に関する定め――狭くは「組織の基準」（国家行政組織法一条）のみを含むが、日本では広義に解して個別の組織の設置・改廃・所管事項の配分までを含む――は法律によるべきであるとする原則である。[7] ここに行政組織とは、通常、内閣の統括の下にある省などの行政機関であると理解される。[8] 国家行政組織法三条が、一項で、「国の行政機関の組織は、この法律でこれを定めるものとする」とし、二項で「行政組織のため置かれる国の行政機関は、省、委員会及び庁」であると種別を限定、具体的な組織名を四項及び別表第一で特定した上で、「その設置及び廃止は、別に法律の定めるところによる」と定めるのは、この理を確認しつつ実践しているものといえる。

行政組織法定主義に関して従来争われてきたのは、省などの行政機関における内部組織のあり方をめぐってであった。官房、局、部、課、室といった内部組織の設置及び所掌事務の範囲は法律によって定めなければならないのか。一九八三年の国家行政組織法改正で、これらの事項が政令で定めることとされた（同法七条四項、五項）のは周知のとおりである。(9) 憲法の観点から見た場合、これらの事項は必要的法律事項であって政令に委任されたと理解することもできるし、法律と政令の共管事項であって従来は法律で定めていたものを政令事項に移管したと理解することも可能である。しかし、この論点をめぐる自覚的な議論は存在しない。ただ、漠然と前者の理解を取る者が多いように思われ、後者の理解を取る場合でも、内部組織のあり方を論じる前提となる組織そのもの、すなわち省などの行政機関の設置・改廃・所管事項の配分は法律によるべきであることを前提として、政令をかかる法律の執行命令として理解するのだと思われる。いずれにしろ、省などの行政組織の設置・改廃・所管事項の配分は法律によるべきであると理解されている点では共通している。そして、少なくともこれは憲法上の要請であると理解されているようなのである。

2　行政組織法定主義の憲法上の根拠

(1)　憲法四一条

1で見たように、日本では、行政組織法定主義が憲法上の要請であると理解されているわけであるが、その条文上の根拠は、さまざまである。第一に、憲法四一条が挙げられる。同条は、実質的意味の立法すなわち法規は「国の立法」として法律で定めるべき旨を命じていると理解されている。ここにいう法規の範囲を、「国民の権利・義務を定める規範」に限らず、「国家と機関との関係に関する法規範をも包摂する」として拡大し、それゆえ、「行政各部の組織も、四一条の立法の内実をなす法規概念に含まれるものとして法律によって定めなければならない」と説くわけである。⑽

(2)　憲法六六条一項および憲法七四条

次に、憲法六六条一項が挙げられる。同条項は、「内閣は、法律の定めるところにより、その首長たる内閣総理大臣及びその他の国務大臣でこれを組織する」と定めるところ、「国務大臣の定数は当然に法律で定められなければならないが、その定数をいかに定めるかはその各国務大臣にいかなる所掌事務を分担せしめるかと不可分に結びつく」。そして、「その所掌事務をいかに分担せしめるかは、いわゆる国務大臣・行政長官同一人制をとる限り、いかなる省を設けるかの問題にほかならない」ので、省の設置・廃止・所掌事務は直接に法律で定めなければならない、と説かれるわけである。⑾

この議論の前提には、国務大臣・行政長官同一人制が憲法上の要請であるという点が充たされていなければならない。この点を定めるのが憲法七四条である。⑿同条は、その前段で、「法律及び政令には、すべて主任の国務大臣が署名［する］」ことを定めるが、ここに「主任の国務大臣」とは、内閣法三条一項や国家行政組織法五条一項を挙げつつ、「法律の定めるところによりその行政事務を分担管理する国務大臣をいう⒀」とするのが支配的理解である。この理解によれば、日本国憲法は、「行政事務を分担管理しない大臣の存することを妨げるものではない」（内閣法三条二項）ものの、内閣の一員である国務大臣と行政機関の長である各省大臣とが兼任であることが原則であることを予定している。それゆえ、憲法上、国務大臣・行政長官同一人制を採用しているとされるのである。

(3)　憲法七三条四号

さらに、憲法七三条四号が挙げられる。同号は、内閣が「官吏に関する事務を掌理する」ときには「法律の定める基準に従［う］」ことを定めるが、官吏すなわち公務員のあり方は行政組織のあり方と密接に関連する。それゆえ、「『官吏』に関する事項が法律事項とされている［……］ことは、行政組織が法律事項たることを類推させる」と説かれる。⑭

(4)　憲法七三条六号

第四に、憲法七三条六号が挙げられる。もっとも、同号が挙げられるのは、積極的な根拠としてというよりは、消極的な根拠としてである。すなわち、明治憲法一〇条は「天皇ハ行政各部ノ官制［……］ヲ定メ［る］」とし、官制大権を認めていた。天皇は、本条を直接の根拠として、すなわち法律の媒介を経ずに、法形式としては勅令（独立命令）によって、行政組織編制権を行使することとされていた。しかし、現行憲法では明治憲法一〇条に相当する条項はない。⑮また、憲法七三条六号の通説的な解釈として、政令の制定は「法律の規定を実施するために」のみ認められ、法律を媒介しないで直接に憲法を実施するために政令を制定することは認められていない。⑯それゆえ、明治憲法下のように行政権が独立命令を発して行政組織を編制することは日本国憲法下では考えられないこととなる。⑰

これだけの理由づけがある以上、日本において、行政組織法定主義は磐石のものであるといえるかもしれない。しかし、比較法的にみれば、かかる行政組織法定主義は必然のものではない。⑱諸外国における行政組織編制権のあり方を見てみたい。

（7）佐藤功『行政組織法〔新版増補〕』（有斐閣、一九八五年）八一～二頁。
（8）参照、国家行政組織法一条、佐藤・前掲注（7）八二頁、藤田宙靖『行政組織法』（有斐閣、二〇〇五年）六三頁。内閣の補助部局が「行政組織」に含まれるかは問題である。
（9）佐藤・前掲注（7）三五八頁、藤田・前掲注（8）六三、五頁、増島俊之「国家行政組織法改正の意義(上)(下)」自治研究六〇巻二号（一九八四年）四四頁以下、同巻三号（一九八四年）二〇頁以下。
（10）佐藤幸治『憲法〔第三版〕』（青林書院、一九九五年）一四四頁。佐藤は、その後の基本書でも、「行政各部の組織は、国民の権利を制限し、義務を課す存在であることに鑑み、四一条の『立法』概念に含まれると解することも十分可能であると思われる」と述べる。佐藤幸治『日本国憲法論』（成文堂、二〇一一年）四三一～三頁注四。
（11）佐藤・前掲注（7）一四一頁。参照、稲葉馨『行政組織の法理論』（弘文堂、一九九四年）二五六頁。
（12）佐藤・前掲注（7）八九頁。
（13）樋口陽一＝佐藤幸治＝中村睦男＝浦部法穂『憲法Ⅲ』（青林書院、一九九八年）二六五頁〔中村睦男〕。また参照、小嶋和司『憲法概説』（良書普及会、一九八七年）四五四頁。
（14）佐藤・前掲注（10）（『憲法』）一四四頁。
（15）参照、塩野宏『行政法Ⅲ〔第五版〕』（有斐閣、二〇一二年）一〇～一一頁。
（16）清宮四郎『憲法Ⅰ〔第三版〕』（有斐閣、一九七九年）四二九頁、宮沢俊義＝芦部信喜『全訂日本国憲法』（日本評論社、一九七八年）五七一～三頁、小嶋・前掲注（13）九四、三七二頁、樋口陽一『憲法〔第三版〕』（創文社、二〇〇七年）三四七頁、佐藤・前掲注（10）（『憲法』）一四四～五頁など。
（17）小嶋和司「権力分立」同『憲法と政治機構』（木鐸社、一九八八年）一四七頁以下の二四七頁。
（18）この点をすでに指摘するものとして、毛利透＝大橋洋一「行政立法」宇賀克也＝大橋洋一＝高橋滋『対話で学ぶ行政法』（有斐閣、二〇〇三年）三七頁以下の四二頁〔毛利透発言〕。

第二節　外国における行政組織編制権

1　ドイツ

ドイツ（連邦）[19]では、省庁の設置、改廃を連邦宰相の発する組織令（Organisationserlass）によって行う。組織令は、省庁を設置する場合は、「○○省を設置する」とした上で、「○○省に△△省の執務領域（Geschäftsbereich）から□□に関する権限を移転する」と定め、改編の場合には、単に「○○省に△△省の執務領域から□□に関する権限を移転する」と定めるものである[20]。組織令は、現在、二〇〇二年八月一六日の権限委譲法（Zuständigkeitsanpassungs-Gesetz）[21]一条三項によって連邦官報に公示することとされているが、省庁間の組織改編そのものは組織令によって行われる点に注意が必要である。また、権限の主体となる官庁名を明記して権限を付与している法律または法規命令の法文中の官庁名の変更は、同法二条により、法務大臣が、関係大臣との合意により、連邦参議院の同意なしの法規命令によって行うことができるとされている。

かかる行政組織編制権は、その憲法上の根拠について、基本法六四条から導かれる実質的組閣権に含まれると解する説が多いようであり、また基本法六二条や六七条も含めた連邦宰相の地位に求める説もあるが、いずれにせよ、連邦宰相の権限に属すると理解されている[22]。連邦政府執務規則九条も、「個々の連邦大臣の執務領域は、基本的に、連邦宰相が定める」としている。「ドイツでは伝統的に行政組織権は行政権に属するものとされていた[23]」のであり、基本法においても、この点が維持されているのは興味深い[24]。

なお、かかる行政組織編制権のあり方は、執務領域（Geschäftsbereich: Geschäftsverteilung）に関する憲法の定めに着目するとき、ラントにおいても同様である。基本法六五条と同様、首相の基本方針決定権とともに、「この基本方針の範囲内において、各大臣は、独立して、かつ自らの責任において自己の執務領域を指揮する」旨の規定を置くラントは多く[25]、政府や首相が執務領域を決定する旨を明示するラントもある[26]。執務領域の決定に議会の同意を要求するラントがいくつかあるが[27]、これも議会の協働権（Mitwirkungsrecht）を定めたにすぎず、政府や首相の組織編制権を否定するものではない[28]。

また、多くのラント憲法では、「政府（Regierung）」に関する章とは別に「行政（Verwaltung）」という章があり、行政組織の基本構造について議会の制度的留保とも解することのできる規定が置かれている[29]。しかし、これも政府の組織編制権を否定するものではなく、むしろ政府の「包括的な組織編制権を出発点として、これを議会の介入権の下に置く」ものと位置づけられる[30]。また、かかる留保に服するのは、「一般的また基本的に重要な定め」に限定されると解され、実際に例として挙げられているのは中央から地方支分部局に至る官庁の階層、種別、地方支分部局の地理的管轄、所在地といった事項である[31]。個別の省庁の設置や内部組織の定めがこれに含まれていない点には注意を要する。

2　フランス

フランスでは[32]、一九五九年一月二二日デクレ[33]によって「大臣の権限配分（attributions des ministres）は、コンセイユデタの意見を聴いた後に、大臣会議で議決されたデクレによって定める」（一条）とされている。

興味深いのは、かかる行政組織編制のあり方の背後に、フランスにおいても、「政府の組織自律権（Pouvoir d'auto-organisation et structure du Gouvernement）」が観念されている点である。ある憲法書はこの権限を次のように説明する。

この権限は、大臣会議内部の命令（règlement）の存在において既に表現されていたが、一九五八年以降は、大臣の権限分配はコンセイユデタの意見を聴いた後に大臣会議で議決されるデクレによって定めることを定めたデクレ——憲法三七条に基づいて、すなわち自己規律権の行使によって定められた一九五九年一月二二日デクレ——が存在するという事実によって裏付けられている。それゆえ、政府組織の基礎づけのみならず、様々なあり方〔の決定〕についてもまた、もっぱら政府の権能に属する。[34]

フランスでは、第三共和制以来、一八八二年一二月三〇日財政法律[35]一六条および一九〇〇年四月一三日財政法律[36]三五条によって、「各省の組織は執行権が定める」のが「伝統」とされている。[37] 一八八二年法第一六条は、「一八八四年一月一日以降、各省の中央組織は、法律特別施行令（règlements d'administration publique）の形式で定められ官報に掲載されるデクレにより規律するものとする。〔以下略〕」と定めていた。また、一九〇〇年法第三五条は、一八八二年法第一六条を執行するにあたり、原則として「組織に関する［……］定めは、デクレの対象とし、官報に記載するものとする」こと（二項）、ただし「職員の俸給、各カテゴリーの職員数、ならびに採用、昇進および規律に関する規則のみ」はコンセイユデタの議を経たデクレで定めること（一項）、例外として局長級の職の増員は法律によること（三項）を定める。このような法律の存在ゆえに、組織編制権は法律によって授権されたものとみることもできる。しかし、これらの法律は、むしろ組織編制権が政府にあることを確認しつつ、その行使形式を指示したり、その一部を法律事項に移したりすることで規律を加えようとしたものと理解することもできる。なお、法律上は、その後、一九二〇年六月二〇日の「一九二〇年度の貸付けの開始および取消しならびに政府の組織に加えられる変更を含む法律[38]」八条によって、一九〇〇年法が改正され、省の創設や省の権限の移転は法律によってしか決定しえないとされたが、この規定は実際には遵守されなかったようである。[39] 結局、一九四五年一一月二四日の「共和国暫定政府の大臣の権限および諸省の組織に関する法律[40]」一条で、各省の組織編制は再び一九〇〇年法によって規律することとされた。

それゆえ、第二次大戦後におけるフランスの行政組織編制は、デクレで定めてこれを官報に記載する方法により行われていた。これが冒頭の憲法書の引用で「大臣会議内部の規律の存在」として意味していたことであったといえる。その後、一九五九年デクレにより、大臣の権限配分はコンセイユデタの意見を聴いた後に大臣会議で議決されたデクレによって定めることとされ、これが現在まで続いているわけである。なお、その後、一九八七年六月一五日デクレ[41]により、一九〇〇年法第三五条二項は廃止され（一条）、総局（direction générale）、局（générale）、課（service）レベルの組織はコンセイユデタの議を経たデクレにより定めること（二条）、これらより下のレベルの組織については首相と関係大臣との共同の決定（arrêté conjoint）により定めること（三条）とされている。ともあれ、フランスにおいても、ドイツと同様、行政組織編制は政府の権限とされているのである。

3　イギリス

イギリスでは、行政組織の設置、改廃は実質的に首相が決定できるとされている。[42] これは、次のような権限の組み合わせによると考えられる。まず、行政組織そのもの（たとえば「省」）は、これを指揮する大臣とその下で公務に従事する公務員から成るが、これらの官職は今なお国王大権によって創設可能である。(43) それゆえ、いわば組織法上——もっとも、イギリスではそういう観念は用いられないが——行政組織を設置、改廃する権限は、国王大権であって、実質的に、首相がこれを行使できると考えられる。

もっとも、イギリスにおいても、行政組織が行使する権限は、ほとんどの分野において法律に基づいており、そしてこれらの行政権限は議会が大臣の名称を特定して付与するというのが長年の慣行である（もっとも、国務大臣〔Secretary of State〕に授権する場合には、法律にはただSecretary of Stateとのみ書き、具体的な担当まで含めて〔たとえば、Secretary of State for Health, Secretary of State for Foreign and Commonwealth Affairsなどと〕は書かない点に注意を要する）。(44) この、いわば作用法的な観点を強調すれば、上記の「器」としての行政組織の設置、改廃の権限には意味がなく、行政組織編制は実質的に法律によって定められていると考えることもできそうである。

しかし、一九七五年大臣法（Minister of the Crown Act 1975）によると、大臣（Minister of the Crown）に既に付与されている権限（functions）の他の大臣への移転は、省の廃止を伴うものも含めて、枢密院令により可能とされる（一条一項）。関係法律の改正、命令・契約・訴訟における大臣の名称の変更なども、同様である（一条二項。なお、国務大臣については、右に述べた授権の方法を採るゆえ、国務大臣間の権限移転には法律上の文言の変更が必要ないことから、一条一項に相当する規定はなく、一条二項に相当する規定のみが二条として置かれている）。また、大臣の名称変更も枢密院令事項である（四条）。これらの枢密院令は、省の廃止を伴うものを除いて、議会に提出され、いずれか一院の決議によって無効とされない限り、効力を生ずる（五条一項。省の廃止を伴うものは、当該枢密院令を定めるべき旨の勅語奉答文を両院が出すときに初めて効力を生ずる〔五条二項〕）。枢密院令事項の中には、実質的に首相が決定権を有するものがあると考えられており、大臣法に基づく枢密院令事項もこれに当たると解される。それゆえ、かかる作用法的な観点からも、行政組織の設置、改廃は実質的に首相が行使できる法制度になっているといえよう。

また、一九七五年大臣法は、「本法は、大臣の諸権限に関し国王大権により行使できる権限を妨げるものではない」（五条五項）と定める。ここにいう「国王大権により行使できる権限」に、先に述べた官職を創設する権限も含まれると解される。それゆえ、一九七五年大臣法は、かかる国王大権の存在を前提として、先に触れた権限移転や、国務大臣への法人格の付与（二条一項(a)）などの定めを枢密院令に委任するものと理解できる。なお、大臣を長とする省の創設だけは新たな法律によらなければならないが（既設の省の再編は一九七五年大臣法が適用され枢密院令で可能である）、「これは無意味に複雑とする原因であり、一九七五年法は、いかなる名称であれ新しい省の創設および、どのようなかたちであれ新しい大臣の創設を枢密院令で可能となるよう、改正するべきである[45]」と批判されている。

4　アメリカ

アメリカ[46]における行政組織編制のあり方は、組織再編制法（Reorganization Act）が定める。この法律は、一九三九年に行政組織再編制法（Administrative Reorganization Act）として定められて以来、一一回の改正を経ている。現行法は、一九八四年改正を経たものである。

大統領は、再編制計画（Reorganization Plan）を作成し、計画に含まれる個別の再編制の各々に関して、それが必要となる理由の説明（declaration）を付して、議会に提出することができる（5. U.S. Code. §903（a））。計画は、両院が提出を受けて九〇日以内に賛成の決議を行い、大統領がこの決議に同意したときに、効力を生じる（§906（a）[47]）。

とはいえ、再編制計画によっては、新しい省（executive department）の創設及び既存の省の名称変更、省及び独立規制機関（independent regulatory agencies）の廃止及びそのすべての権限の移転、二以上の省及び独立規制機関の統合及びそのすべての権限の統合を行うことが禁止されている（§905（a）(1)）。

アメリカでは、合衆国が設立された当初より、省の設置は法律によって行われてきた[48]。最初に設置された省は外務省であるが、外務省設置法は次のごとく全四条の簡潔なものであった[49]。まず、第一条は、「外務省と呼ぶ執行府の省（Executive department）を設置する。外務省には外務長官（Secretary of the Department of Foreign Affairs）と呼ばれる首席公務員（principal officer）を設置する。首席公務員は、合衆国の大臣又は領事との通信又はこれらの者への委任若しくは指示、外国の大臣との交渉、外国の大臣又はその他の外国人からの請願又は申請及びその他合衆国大統領が外務省に割り当てる外交の諸事項に関して、合衆国憲法に従い、合衆国大統領によってその時々に命令又は指示を受けた任務を遂行及び執行するものとする。首席公務員は、合衆国大統領がその時々に命令又は指示する方法で、外務省の事務を行うものとする」と定める。以下、第二条で長官補佐、第三条で宣誓、第四条で記録の保管についての定めが続く。このような定め方は、同年に続いて設置された戦争省[50]、財務省[51]についても同様であった。そして、このように省の設置が法律によるのは、憲法第一条八節によって、「この憲法によって合衆国政府又はその機関若しくは公務員に与えられた他のすべての権限を行使するために必要かつ適切な一切の法律を制定する」権限が議会に与えられているからであると理解されている[52]。かかる憲法解釈、また建国当初から省の設置が法律によって行われてきたという事実の積み重ねが、行政組織編制に関して、組織再編制法により大統領が一定程度の権限を認められつつも、他国に比べて行政部の権限が小さいという帰結を導いているものと思われる。

5　小括

独仏英米四カ国における行政組織のあり方に共通しているのは、少なくとも既存の省庁の改編の場面では、逐一法律による定めは必要とされず、行政府が自らのイニシアチブで（英米及び独の一部のラントにおいては事後的に立法府の同意を要するが）これを行うことができる点である。この点、日本の現行制度は省庁改編に要する手続が厳格に過ぎるのではないかと思われる。

また、行政組織編制の憲法上の根拠についても、従来、ドイツにおいて行政が固有の組織権限を有しているのは、ドイツ独自の伝統に根ざすものであると見られていた節があるが(53)、フランスやイギリスも同様であるといえる。それゆえ、従来の理解と異なり、組織の設置そのものも法律によらなければならないとするアメリカのあり方が比較法的には特殊なのではないかと思われる。この点は、第二次世界大戦前の状況をホワイトが次のように述べている点からも窺われる。

アメリカにおいては、行政機構の形成を定める実質的な権限に関して、ヨーロッパ諸国においてとは大きく異なる慣行が存在する。すなわち、ヨーロッパ諸国では、この事項は、内閣のイニシアチブに委ねられ、これに続いて、議会が新しい省や部門のための資金を議決することで暗黙の承認を与える。アメリカでは、この問題は主として立法府によって決定される(54)。

(19)　参照、佐藤・前掲注（7）一三七〜九頁。第一編第二章第一節**三1**も参照。
(20)　具体的な例として、環境省を設置した一九八六年六月五日連邦宰相組織令公示について、第一編第二章第一節**三1**(2)を参照。また、二〇〇五年にメルケル首相が就任した際に組織再編を行った二〇〇五年一一月二二日連邦宰相組織令公示について、吉本、前掲注（6）二六頁以下。
(21)　従来、一九七五年権限委譲法五六条一項が定めていたが、二〇〇二年法で置き換えられた。参照文献も含め、第一編第二章第一節**三1**(2)、とくに注(116)を参照。
(22)　参照、第一編第二章第一節**一1**。

(23) 松戸浩「行政組織と法律との関係(上)」自治研究七八巻一号八九頁以下の八九頁。

(24) なお、ノルトライン＝ヴェストファーレン憲法裁判所が、一九九九年に、行政組織編制権は、本質的なものに関して、法律の留保に服する旨の判決を出して注目されたが、学説は総じてこの判決に批判的なようである。村西良太『執政機関としての議会』（有斐閣、二〇一一年）一八〇～七頁。Vgl. auch, Martin Oldiges, in : Sachs (Hrsg.), Grundgesetz Kommentar, 6 Aufl. 2011, Art. 64, Rdnr. 24b.

(25) ベルリン憲法五八条五項、ブランデンブルク憲法八九条、メークレンブルク＝フォーアポメルン憲法四六条二項、ニーダーザクセン憲法三七条一項、ノルトライン＝ヴェストファーレン憲法五五条二項、ザールラント憲法九一条二項、ザクセン憲法六三条二項、ザクセン＝アンハルト憲法六八条二項、シュレースヴィヒ＝ホルシュタイン憲法二九条二項、テューリンゲン憲法七六条一項。条文のかたちは異なるが同様のものとして、ブレーメン憲法一二〇条、ハンブルク憲法四二条二項、ヘッセン憲法一〇二条、ラインラント＝プファルツ憲法一〇四条。なお、ブランデングルクにおける「ラント最高行政官庁の所管領域告示（Bekanntmachung der Geschäftsbereiche der obersten Landesbehörden）」（二〇〇五年五月二四日, GVBl. II/05- Nr. 14, S. 265）の前文によれば、ラント総理大臣が執務領域を定めるのは憲法八四条に基づいてである。憲法八四条は「総理大臣は、大臣を任免する」という条項であるので、ここでは総理大臣の任命権に執務領域の決定権が含まれるとの憲法解釈が採られていることがわかる。

(26) 首相であるとするのは、バイエルン憲法四九条、ザールラント憲法九一条一項。政府であるとするのは、バーデン＝ヴュルテンベルク憲法四五条三項、ブレーメン憲法一二〇条、ハンブルク憲法四二条二項、ヘッセン憲法一〇四条二項、ニーダーザクセン憲法三七条二項三号、ラインラント＝プファルツ憲法一〇五条二項、ザクセン＝アンハルト憲法六八条三項三号、テューリンゲン憲法七六条二項。

(27) バーデン＝ヴュルテンベルク憲法四五条三項、バイエルン憲法四九条、ヘッセン憲法一〇四条二項、ラインラント＝プファルツ憲法一〇五条二項。後二者は、同意を必要とするのではなく、「ラント議会に直ちに提出して要求があった場合にはこれを修正し無効とすることとする」という定め方である。

(28) バーデン＝ヴュルテンベルク憲法について、Klaus Braun, Kommentar zur Verfassung des Landes Baden-Württemberg, 1984, SS. 397-9. 議会は政府の決定に対して同意か否決かしかできないとされる。なお、かかる規定の仕方から、行政部の組織編制権に対する法律の優位が導かれている点は興味深い。

(29) 大橋洋一「制度的留保理論の構造分析」金子宏先生古希祝賀『公法学の法と政策　下巻』（二〇〇〇年、有斐閣）二三九頁以下の二五三～四頁。

(30) Hartmut Maurer = Reinhard Hendler (hrsg.), Baden- Württembergisches Staats- und Verwaltungsrecht, 1990, S. 100.

(31) Braun (Fn. 28), Art. 70, Rdnr. 11, 12. バーデン＝ヴュルテンベルク州のラント行政法（Landesvervaltungsgesetz）も、ほとんどが地方支分部局（六条～一六条）や特別行政機関（一七条～一九条）、これらに対する中央からの指揮監督（二〇～二三条）に関する規定であり、中央省庁については、最高行政官庁に政府、首相、省、会計検査院があること（三条）、最高行政官庁および省に共通の任務（四～五条）が挙げられるくらいで、省の設置改廃については執務領域の変更に伴い権限も移転するが、政府はその旨および移転の日付を官報で知らせるべきこと等を定めている（五a条）。この点は連邦と同じである。なお、「行政」の章に、かかる条項に加えて、「個別の官庁の設置はラント政府の責任に属する（obliegt）」という旨の条項を合わせて設けているラントも多い（ブランデンブルク憲法九六条二項、メークレンブルク＝フォーアポメルン憲法七〇条三項、ノルトライン＝ヴェストファーレン憲法七七条二文、ザクセン憲法八三条二項、バーデン＝ヴュルテンベルク憲法七〇条二項、シュレースヴィヒ＝ホルシュタイン憲法四五条三項。若干かたちは異なるがハンブルク憲法五七条二文）。政府の留保領域を定める条項である。Braun (Fn. 28), Art. 70, Rdnrn. 21-30.

(32) 参照、山口俊夫『概説フランス法　上』（東京大学出版会、一九七八年）二一〇頁、滝沢正『フランス法〔第三版〕』（三省堂、二〇〇八年）一五一～三頁。

(33) Décret n° 59-178 du 22 janvier 1959 relatif aux attributions des ministres.

(34) Marcel Prélot = Jean Boulouis, Institutions politiques et droit constitutionnel, 11e éd., 1990, n° 463.

(35) Loi portant fixation du budget des dépenses et des recettes ordinaires de l'exercice 1883.

(36) Loi portant fixation du budget général des dépenses et recettes de l'exercice 1900.

(37) Exposé des motifs de la Loi n° 45-01 du 24 novembre 1945.

(38) Loi portant annulation et ouverture de crédits, sur l'exercice 1920, par suite de modifications apportées à la composition du Gouvernement.

(39) Exposé des motifs de la Loi n° 45-01 du 24 novembre 1945. もっとも、第三共和制以前には、共和三年実月五日（一七九五年八月二二日）憲法第一五〇条や、一八四八年一一月四日憲法第六六条といった、アメリカと同様に、議会が大臣の数や所管を定めるとする憲法上の定めも存在していた。Olivier Gohin, Institutions administratives, 5e éd., 2006, p. 129. ちなみに、それぞれの条項は次の通り。共和三年実月五日（一七九五年八月二二日）憲法第一五〇条「立法府は大臣の権限及び数を定める。②　大臣の数は六名乃至八名である」。一八四一年一一月四日憲法第六六条「大臣の数及び権限については、立法府がこれを定める」。参照、野村敬造・フランス憲法・行政法概論（有斐閣、一九六二年）五二〇、六〇四頁。

（40）Loi relative aux attributions des ministres du Governement provisoire de la République et à l'organisation des ministéres.

（41）Dècret relatif à l'organisation des services d'administration centrale.

（42）A.W. Bradley = K.D. Ewing, Constitutional and Administrative Law, 14th. ed., 2007, p. 272. 第一編第一章第一節三**1**も参照。

（43）See, A.W. Bradley = K.D. Ewing, above n. 42, pp. 280-1. ただし、俸給を受けることができる大臣の数や下院に議席をもつことができる大臣の数は法律で制限されている。See, Ministerial and Other Salaries Act 1975 and House of Commons Disqualification Act 1975. また、当然のことながら実際の俸給の支払いには議会による同意が必要になる。O. Hood Philips = Jackson, Constitutional and Administrative Law, 8th., ed., 2001, p. 369.

（44）William Wade = Christopher Forsyth, Administrative Law, 7th. ed., 1994, p. 53.

（45）Rodney Brazier, Constitutional Practice, 3rd ed., 1999, p. 141.

（46）参照、佐藤・前掲注（7）一三三頁。なお、法律名は、そこでは「行政機構改革法」と訳されている。また参照、間田穆「アメリカにおける行政編制権限・序説」室井力先生還暦記念『現代行政法の理論』（法律文化社、一九九一年）二六八頁以下。

（47）以前は、六〇日以内にいずれかの議院が実質的に承認しない旨の決議を行わない限り、六〇日の期間の終了時点で効力を生じるとされていたところ（佐藤・前掲注（7）一三四頁参照）、一九八四年法で本文のように改正されている。なお、決議案は、計画が提出された次の開会日に、下院の場合には政府活動委員会（Government Operations Committee）の委員長または委員長が指名する一又は二以上の議員によって、上院の場合には政府問題委員会（Governmental Affairs Committee）の委員長または委員長が指名する一又は二以上の議員によって提案され（§910（a））、各委員会に付託される（§910（b））。委員会は七五日以内に recommendations を行う（§910(b)）。委員会は、七五日以内にこれを行わなかったときは、審議の責任を解除される（§911）。委員会からの報告または委員会の責任解除があった後には、各議院の議員は誰でも、決議の審議を進める動議を行うことができ、これにより本会議での審議が開始する（§912（a））。決議に関する討論は一〇時間を超えてはならず（§912（b））、討論終結後、投票が行われる（§912（c））。

（48）以下の点も含めて、参照、木南敦「合衆国憲法の執行権の理解とニューディール」［一九九七］アメリカ法四一頁以下。

（49）An Act for establishing an Executive Department, to be denominated the Department of Foreign Affairs, 1 Stat. 28（1789）. なお、外務省は、同年九月一五日の法律ですぐに国務省と改称されている。An Act to provide for the safe-keeping of the Acts,

Records and Seal of the United States, and for other purposes, Section 1, 1 Stat. 68, 68（1789).
(50) An Act to establish an Executive Department, to be denominated the Department of War, 1 Stat. 49（1789).
(51) An Act to establish the Treasury Department, 1 Stat. 65（1789). 同法では、一条で財務省および財務長官、会計検査官長（Comptroller）、検査官（Auditor）、出納局長（Treasure）、記録官（Register）及び長官補佐の設置を定め、二条で財務長官、三条で会計検査官長、四条で出納局長、五条で検査官、六条で記録官の任務を定める。
(52) 参照、駒村圭吾『権力分立の諸相』（南窓社、一九九九年）終章。
(53) 参照、佐藤・前掲注（7）一四〇頁。
(54) Leonard D. White, Introduction to the Study of Public Administration, 1926, pp. 50–1.

第三節　若干の考察

1　憲法四一条を根拠とする議論について

はじめに、行政組織に関する定めは「実質的立法」に含まれるので、憲法四一条から法律によらなければならないとする議論に対しては、次のような反論が可能である。[55]

第一に、かかる議論の一つの筋道として、行政組織に関する定めは、国民の権利義務に関する規範が含まれるので、「実質的立法」であるとする考え方があるが、[56] この考え方に対しては、行政権限とそれを行使する組織とは分離して論じることができることを指摘できる。確かに、「租税滞納処分は税務署長がおこなうと法定する」とき、「税務署および税務署長職の設置は不可欠となる」[57] ごとく、対人民的な行政権限の付与は法律によらなければならず、この権限を行使する組織も法律によって指示される以上、かかる組織の創設や変更も法律によらなければならないといえそうである。しかし、諸外国の例に鑑みるに、権限の付与とその権限を行使する具体的な組織の指示、そして組織の創設や変更とは区別できる。[58] このことは、権限の主体となる具体的な組織名を必ずしも法律で明示する必要はなく、主体の変更が容易である国や、組織の創設や変更、それに伴う所管の変更に関する定めを行政権限の付与に関する定めとは別に行政部が行う国があることから知ることができる。

たとえば、アメリカにおいてすら、権限の移転――権限付与規定の主語の変更――は容易である。再編制計画においては、「行政機関の全部もしくは一部またはその権限の全部もしくは一部の他の行政機関の管轄および統制下への移転」（5. U.S. Code. 903（a)(1)）のみならず、「行政機関の権限の全部また一部の廃止」（5. U.S. Code. 903（a)(2)）を行うことが認められるが、後者には但書きとして「執行的な権限（enforcement function）または制定法上のプログラムは再編制計画によっては廃止できない」とある。「執行的な権限または制定法上のプログラム」以外の権限の存在が示唆され、興味深いところであるが、これらの規定は、権限の行政部への授権（及びその廃止）と行政部内における具体的な権限主体の指示とを区別して取り扱っていることを示すものと理解することができる。また、アメリカにおいては、法律が指示する権限主体が大統領である場合、実際に執行する機関は大統領の決定によるのだとの理解も存在する。[59] これは、実際の権限主体の定めを法律で特定せずに大統領に白紙委任しているものと解されるが、かかるあり方に対する批判は存在しない。このような例からすれば、既に見たように、確かにアメリカでは行政組織そのものの設置は法定であるが、その根拠を権限の授権と組織の指示との一体性に求めることは難しいと思われる。

イギリスにおいても、権限の移転は枢密院令により可能であり、また大臣（Minister）を長とする省の創設を除いて、官職や省庁の設置は国王大権に基づき法律によらずとも可能である。ドイツやフランスにおいても、権限の移転や省庁の設置は組織令やデクレといった政府の決定によって行われる。

日本の行政法学における「法律の留保」をめぐる議論――憲法学にいう「実質的立法」の議論は行政法学にいう「法律の留保」の議論と対応関係にある[60]――においても、有力な論者の中に、「『法律の留保の原則』そのものは、専ら行政作用法上の原則として」妥当範囲を限定し、組織のあり方については独立の見地から論じるべきであると捉えるものがある[61]。

憲法四一条に基づき行政組織の定めは法律によらなければならないとする主張の第二として、憲法四一条は国政上の重要事項を法律により定めるべき旨を定めているところ、行政組織の基本構造も国政上重要であるので、法律によらなければならないとする考えがある[62]。かかる主張にも、仔細にみればさまざまなバリエーションがあるが[63]、ドイツにおける本質性理論を継受しつつ「制度的留保」として法律による規律を憲法上の要請とする近年の有力な行政法学説によれば、行政組織の基本構造を法律事項とする理由として、国民の透視可能性、組織の基本構造の決定が行政活動の計画決定を含むこと、行政責任の明確化が挙げられる[64]。

しかし、行政組織の定めに対する本質性理論の適用には次のような異論を唱えることも可能である。国民の透視可能性や行政責任の明確化は、法律によらずとも行政部の定めを公布・公示することで果たすことができる。法律上の権限付与規定における権限主体は、諸外国のように行政部の定めにより変更可能であるとしても、それにより権限主体を指示する法律上の文言も変更される以上、権限行使の対象となる国民の目からも明らかとなるからである。また、かつての日本のように、行政事件訴訟を提起する際に被告を行政庁とする場合には、国民の側から見て権限行使の主体たる行政庁がどこであるかは決定的に重要であったが、先の改正で被告が国とされたため、訴訟による責任追及の観点からも、権限の主体たる機関を指示することの重要性は減っている。また、組織の基本構造の決定が行政活動の計画決定を含む点についても、組織再編は組閣時に行われるところ、内閣総理大臣の指名にその内閣総理大臣（及びこれを中心とする内閣）が掲げる基本政策の承認が含まれるならば、その政策実施の基礎となる組織再編は直ちに行わせるべきである。(65) この点、行政組織法定主義は、野党が参議院の過半数を占めるいわゆる「ねじれ現象」が生じている場合には内閣による組織再編それ自体が──参議院が自制してこれを認めない限り──できないことを意味し、政治に深刻な影響を与えることも看過しえないだろう。(66) さらに、法律による定めが要請されるのは民主的統制の必要性ゆえであると解されるが、民主的統制は、行政部の不必要な膨張、肥大化を防ぐことが趣旨であるならば、法律事項とせずとも、イギリスにおけるような命令の消極的決議（negative resolution）(67) によって適切かつ充分に果たせるのではないかと考えられる。(68) そもそも、本質性理論から法律事項であると導くことができるのは、ドイツの例に倣えば、個別の行政組織の設置や具体的な権限主体の指示についてではなく、行政組織やその構造（これも省庁の内部部局の構造まで及ぶのかは自明ではないが）の一般的な規準についてまでではないかと思われる。

2　憲法六六条一項および憲法七四条を根拠とする議論について

この議論に対しては、第一に、憲法七四条の「主任の国務大臣」という文言が、国務大臣と各省大臣（行政長官）との兼任制を必然のものとして予定しているとまでいえるかという疑問がある。「主任」の具体的態様としては、憲法制定過程においても、各省大臣に限らず、幅の広い解釈の可能性が示されていた。(69) また、今日の行政法学説にも同様の理解を示す有力な見解がある。(70)

第二に、憲法六六条一項にいう「法律の定めるところ」が、内閣の組織に限られず、広く行政組織に関する事項にまで及ぶのかも自明ではない。文言からすれば、本条項は、憲法制定過程における『憲法改正草案に関する想定問答』（国立国会図書館蔵、入江俊郎関係文書三六）におけるように、「内閣の組織及び国務大臣の数等は、従来のやうに官制でなく、法律でこれを定めなければならないことを明かにしてゐる」のだと思われる。これに対し、「本項の規定は、内閣の組織のみが法律の定めるところであるとの趣旨のようにとれるが、内閣の組織特に国務大臣の員数に限らず、憲法が直接に定めている事項以外の内閣の権限、内閣総理大臣および国務大臣の権限などのほか内閣の運営一般についても法律で定める趣旨である。現に内閣法はこれらの事項を定めている[71]」と述べ、法律事項をやや広く解する説がある。しかし、この説も、引用から明らかな通り、内閣の権限や運営をも法律事項とすべきだというに留まり、省庁レベルの行政組織に法律事項を拡大すべきとまで説いているわけではない。第一節**2**(2)で見たように、国務大臣の数が決まれば省庁の分担のあり方も決まってくるという指摘は当たっているものの、それはあくまで抽象的な影響に過ぎず（しかも国務大臣各省大臣兼任制を外せばこの流れは弱まる）、だからといって直ちに省庁レベルの行政組織が法律事項であるという帰結までを導くわけではない。憲法は、「内閣」の語と「行政各部」の語とを使い分けており、本条項が「行政各部」すなわち省庁レベルの行政組織までを法律事項とする趣旨だと理解する必然性はない[72]。また、現行の内閣法は、国務大臣の数について、その上限を定めるにとどまっている。その範囲内で具体的な人数をどうするかは内閣総理大臣が決定することを前提にしているようにも解されるのである。

3　憲法七三条四号を根拠とする議論について

この議論に対しては、次のような疑問を提示することができる。第一に、公務員に関する事項と行政組織に関する事項とが密接に関係しているとしても、法律事項とする必要性の点で直ちに前者に関する憲法上の定めを後者に類推してよいかはなお検討を要する。両者は、確かに、行政活動の相手方である国民との関係という観点から視れば、行政が現実の行動として現れるための手段として位置づけることもできる（行政手段論[73]）。しかし、それゆえにこれらが必要的法律事項となることは、**1**で検討したところからも、自明ではない。また、公務員に関する事項が必要的法律事項であるとされる根拠を、国民との関係ではなく、公務員の権利との関係から理解することも可能である。その場合、これを行政組織に関する事項に類推することはできないだろう。

第二に、仮に類推が可能であるとしても、憲法七三条四号が法律で定めることを要求しているのは、「一般基準[74]」、「一般的規程[75]」である。このことを行政組織に関する定めに類推した場合、省庁や内部部局の種別といった一般的な枠組みということになろう（ここに述べる「一般的な枠組み」は、ドイツの一部のラントにおいて法律事項とされているのが行政の基本構造であるということと平仄が合う）。個別の省庁の設置や所掌事務の範囲の決定についてまで必要的法律事項であることにはならないと解される。むしろ、かかる「法律の定める基準」に従いながら、個別具体的な（「人事行政」という語に倣えば）「組織行政」に関する事務を行うのは内閣ということになる[76]。

4　憲法七三条六号を根拠とする議論について

この議論に対しては、日本国憲法の下における法律と命令の関係という大きな論点に関わり、かつ、憲法七三条六号の「憲法及び法律」は一体的に把握すべきとする解釈が圧倒的通説であってそれだけの説得力を有することもあり、本稿で充分な検討を行うことができない。

しかし、学説には、「国民の権利・義務に関する規律でないかぎり、必ずしも憲法を直接的に執行する他の法形式の存在が憲法上完全に排除されるわけではなく、それ故、『この憲法……の規定を実施するため』の『政令』（憲七三条六号）もありうる」とし、憲法を直接的に執行する例として、「行政府の内部的自律事項」を挙げるものも存する。[77] かかる理解にも相当の説得力があると感じられる。これに対して、通説的見解から、憲法を直接命令で実施することはできないとの結論は、国会の唯一の立法機関性からではなく、議論をさらに遡って「憲法の法治国家的施行という観点から」導かれるとの主張がなされている。[78] この見解は、根拠として、①日本国憲法は、徹底した「法の支配」・法治国家的思想に立脚していること、②日本国憲法には、「法律の定めるところ」によって執行することを予定する多くの規定が存すること、③日本国憲法には、憲法を直接実施する政令の存在を認める明文の規定が存しないことを挙げる。[79] しかし、これに対しては、①「法の支配」が個人の自由と密接に結びついた思想であるとしても、[80] 1で法規について考察したのと同じく、行政部が執行する権限そのものの創設・変更と、具体的な権限主体の指示、さらに権限主体となりうる組織の創設・変更とを区別して考えられる以上、「法の支配」の思想から組織の創設・変更まで法律事項であることまでを直ちに導くことはできないのではないか、また日本国憲法が英米をはじめとする立憲主義の諸外国と比較しても「徹底した」といえる法の支配を採用したのは自明なのか、②行政組織編制については「法律の定めるところ」によることを予定する明文規定（例えば下級裁判所の設置を「法律の定めるところ」と明記する憲法七六条一項のような条項）は存しないのではないか、③憲法を直接実施する政令の存在を認める明文規定が存在しないことは、議院規則や裁判所規則の場合と異なり、法律による規律を排除する（少なくとも法律による規律に優先する）専管的（少なくとも優先的）な政令事項を認めないということを意味するにとどまるのではないか、といった疑問を呈することができる。

(55) また参照、村西・前掲注（24）二四八〜五七頁。

(56) 行政法学で稲葉馨がいう「作用法的アプローチ」に相当する。稲葉・前掲注（11）二五九〜六一頁。また参照、藤田・前掲注（8）六〇〜一頁。

(57) 小嶋・前掲注（13）四三九頁

(58) 参照、松戸・前掲注（23）一〇一頁。

(59) See, Kevin M. Stack, The President's Statutory Powers to Administer the Laws, Columbia Law Review 263, 275-6 (2006).

(60) 赤坂正浩「立法の概念」公法研究六七号（二〇〇五年）一四八頁以下。

(61) 藤田・前掲注（8）五八〜九頁。

(62) 行政法学で稲葉馨がいう「組織法的アプローチ」に相当する。稲葉・前掲注（11）二五九〜六一頁。また参照、藤田・前掲注（8）六二頁。

(63) 参照、松戸・前掲注（23）九八頁注一九、小早川光郎「組織規定と立法形式」芦部信喜先生古希祝賀『現代立憲主義の展開下巻』（有斐閣、一九九三年）四六九頁以下。

(64) 大橋洋一『行政法〔第二版〕』（有斐閣、二〇〇四年）三〇〜三頁、一九二〜三頁、同『行政法Ⅰ　現代行政過程論』（有斐閣、二〇〇九年）一九九頁、また大石眞＝大橋洋一「行政組織」宇賀ほか・前掲注（18）二一九頁以下の二二三〜四頁。

(65) ドイツにおいて、宰相の組織編制権の行使に事前の議会の同意を必要とするとするならば、「政府の活動能力とこれを超えた国家の行為能力に重大な侵害をもたらすであろう」と述べるものとして、Volker Busse/Hans Hofmann, Bundeskanzleramt und Bundesregierung, 5 Aufl., 2010, S. 54.

(66) 二〇〇九年の政権交代の際に、鳩山内閣は——内閣の補佐機構のレベルであるが——経済財政諮問会議の廃止と行政刷新会議、国家戦略局の設置を行おうとしたが、法律の改正、制定ができないまま、二〇一〇年の参議院議員通常選挙で「ねじれ現象」が生じ、その後も後二者はいわば非公式かたちで設置されていることが知られる。第一編第三章第一節**二2**を参照。

(67) 消極的決議（negative resolution）については、See, Michael Zander, The Law-Making Process, 5th. ed., 1999, p. 91.

(68) なお、小嶋・前掲注（13）四三八頁は、次のように述べる。「民主主義は、行政権者を行政機能の賦与者ではなく、行政の管理者にすぎないと考えさせ、行政組織はその管理者が定めるよりも議会制定法が定めるべきであると考えた。かくて、行政組織決定権は行政権者から立法部に移行せしめられた」。しかし、上で検討したような諸外国の行政組織編制権のあり方に鑑みて、ここまでのことが言えるのかには疑問がある。

(69) 第一編第三章第二節三2を参照。
(70) 藤田・前掲注(8)六五頁。また参照、行政組織研究会「中央省庁等改革関連法律の理論的検討(一)」自治研究七六巻九号(二〇〇〇年)三頁以下の一二～三頁。なお、法学協会編『註解日本国憲法下巻』(有斐閣、一九五四年)一一〇三頁は、「誰が主任であるかは、法律の定めるところに委ねられている」と述べ、制度のあり方に幅を持たせる解釈を提示するが、この解釈に対しても、なお、誰が主任であるかは法律で定めなければならないのか、という疑問を提出することができる。
(71) 佐藤功『憲法(下)〔新版〕』(有斐閣、一九八四年)八一五頁。
(72) 参照、行政組織研究会・前掲注(70)一四頁。
(73) 参照、塩野・前掲注(15)一頁。
(74) 法学協会編・前掲注(70)一〇八七～八頁。
(75) 宮澤＝芦部・前掲注(16)五六七頁。
(76) 参照、野中俊彦＝中村睦男＝高橋和之＝高見勝利『憲法Ⅱ〔第五版〕』(有斐閣、二〇一二年)二〇九～一〇頁。
(77) 新正幸『憲法と立法過程』(創文社、一九八八年)二四六、八頁。
(78) 佐藤・前掲注(10)(『憲法』)一四七頁。また参照、伊藤正巳『憲法〔第三版〕』(弘文堂、一九九五年)六七二頁。
(79) 佐藤・前掲注(10)(『憲法』)一四七頁。
(80) 佐藤・前掲注(10)(『憲法』)八〇～一頁。

おわりに

はじめに、比較法的な観点からは、内部事項のみならず、省などの行政機関の設置・改廃・所管事項の配分もまた、憲法上は必要的法律事項でないと解するのが通例であることを確認しておきたい。もちろん、明治憲法下の官制大権のように、これらの事項が排他的に行政府の定めによるべきであるとする理解は妥当しない。しかし、行政部による規律を排除する行政組織法定主義もまた妥当しないと考える。これらは基本的に立法部と行政部の共管領域と解するべきではないかと思われる。(81)

かかる理解を採るには、従来、諸々の憲法条項が行政組織法定主義の根拠とされてきたことから、これらの条項につき従来の解釈を再検討することが必要になる。この点、実体的内容に関わるもの（第一節及び第三節の**1**〜**3**）については、本文で示したような疑問を提出することができる。法形式に関わるもの（第一節及び第三節の**4**）については、非常に射程の大きな論点であり、本書の検討は限定的なものに留まっているが、憲法を直接執行する政令が、憲法四一条などに基づく必要的法律事項に当たらず、かつ法律による規律を排除しない限りで認められるとするならば、省などの行政機関の設置・改廃・所管事項の配分はまさにかかる立法部と行政部の共管領域に当たると解される。

もっとも、行政組織の定めが立法部と行政部の共管事項だとの理解が妥当するとしても、既に国家行政組織法という法律がこの領域を包括的に規律している以上、現行法として「行政組織のため置かれる国の行政機関［……］の設置及び廃止は、別に法律の定めるところによる」（同法三条二項）との帰結が導かれることとなる。この意味での行政組織法定主義は、行政組織の定めを共管事項と理解すべきとの本書の主張を前提としても、法律レベルの要請としては当然に合憲であることを確認しておきたい。本書の立場は、現実には、立法政策として、従来争点とされてきた内部部局の設置および所掌事務の範囲（国家行政組織法七条四項）を超えて、省庁レベルの設置等についても国家行政組織法三条二項を改正して、たとえば「行政組織のため置かれる国の行政機関［……］の設置及び廃止は、別に政令の定めるところによる」と定めて政令事項とすることが許されるとの主張にすぎない。

また、仮に、上で述べたような、行政組織の定めが立法府と行政府の共管事項だとの理解が妥当せず、通説のとおり、行政組織法定主義が憲法上の要請であるのだとしても、その根拠がもっぱら上述の法形式に関わるものに限られるならば、省などの行政機関の設置・改廃・所管事項の配分についてまでも法律で行政部に（法形式としては政令に）広範な委任を行うことは、国民の権利義務に関わる規律の場合とは異なって、許されることになるだろう。[82] それゆえ、やはり、上述の通り、国家行政組織法三条二項を改正して、「行政組織のため置かれる国の行政機関［……］の設置及び廃止」を政令に委任することは憲法上可能であるし、そうするのが立法政策としても望ましいと考える。なお、その際、イギリスやドイツの諸ラントにおけるような、事後的な議会による消極的決議による統制を確保することが望ましいが、これを行っていなければ違憲であるとまではいえないと解する。

この点、立法政策としても、現行の国家行政組織法のごとく、これらを法律事項とすることが適切であるとの考えも強い。[83] これに対して、本章で示した見解は、冒頭で述べたように、行政組織法定主義は、一見、行政部に対する立法部の統制を強め、行政国家現象へのひとつの対処策になっているように見えるが、実際には、各省の組織を固定化することで行政部内における内閣による行政各部の統制を弱め、各省割拠の悪しきセクショナリズムを温存する効果を有しているのではないか、との見立てに基づくものである。

（81） 同旨、村西・前掲注（24）二五八～九頁。また参照、宮井清暢「『統治（Regierung）』の概念について」北野弘久先生還暦記念『納税者の権利』（勁草書房、一九九一年）九七頁以下の一〇三～四頁。この場合、内閣が行政組織編制権を保有する根拠条文が問題となるが、私見では憲法六五条にこれを求めるべきであると解する。この点については、本編第二章第二節**1**、とくに(6)を参照。

（82） 参照、玉井克哉「国家作用としての立法」法学教室二三九号（二〇〇〇年）七二頁以下の七八頁。「現行法制が限度である」とするものとして、塩野・前掲注（15）一五頁。

（83） 参照、佐藤・前掲注（7）一四四頁。

第二章　公務員の人事権

はじめに

国家公務員制度改革基本法が、二〇〇八年六月六日に成立し、同月一三日から施行された[1]。

公務員制度の改革は、一九九〇年代に始まる統治構造改革の一環として位置づけることができるが、行政改革、司法改革に遅れ、本格的な始動は二一世紀に入ってからであるといえる[2]。二〇〇一年の「公務員制度改革大綱」は、「現行の国公法の抜本的改革……へと舵を切ったもの」と評価されたが[3]、改革の動きは、そこで「新たな公務員制度の概要」として示された、「新人事制度の構築」「多様な人材の確保」「適正な再就職ルールの確立」「組織のパフォーマンスの向上」という方向へ、その後も——遅々とした足取りではあるが——向かっているといえよう[4]。

国家公務員制度改革基本法も、この流れの延長線上に位置づけられる。同法は、二〇〇七年七月に内閣総理大臣の下に設置された「公務員制度の総合的な改革に関する懇談会」（いわゆる「制度懇[5]」）が二〇〇八年二月五日に提出した報告書に基づいて立案されたものである。法案の内容をめぐって政府内部、与野党の間で対立や議論があり、審議は紆余曲折を辿ったものの、五月後半に福田首相の法案成立に対する強い意欲が表明されたこともあり、与野党で「憲政史上画期的」[6]とも評される妥協が成立し、国会における修正を経て、五月二九日に衆議院、六月六日に参議院でも可決され、一三日に公布された[7]。

同法は、政策の企画立案等などに関して内閣総理大臣を補佐する「国家戦略スタッフ」、大臣を補佐する「政務スタッフ」を創設すること（五条一項）、政官関係の透明化のために職員が国会議員と接触した場合に記録を作成、管理すること（五条三項）、採用試験を見直して「総合職試験」「一般職試験」「専門職試験」の三本立てにするとともに、「院卒者試験」「中途採用試験」を設けること（六条）を求めている。

そして、同法は、これらの改革に必要な法整備について三年、必要な措置について五年を目処に行うこととし（四条）、これを推進するために、基本法の例に漏れず[8]、内閣に国家公務員制度改革推進本部を設置することとしている（一三条以下）。

*

注目すべきは、「縦割り行政の弊害を排除するため、内閣の人事管理機能を強化」（同法五条二項柱書）せんとし、内閣官房に内閣人事局を設置して（同法一一条）、次の事務を一元的に内閣官房で行わせることとしている点である。

すなわち、第一に、「事務次官、局長、部長その他の幹部職員」を「幹部職員」としてひとつのカテゴリーとし（同法五条二項一号）、「任用については、内閣官房長官が、その適格性を審査し、その候補者名簿の作成を行うとともに、各大臣が人事を行うに当たって、任免については、内閣総理大臣及び内閣官房長官と協議した上で行うこと」（同条二項三号）として、この適格性の審査及び候補者名簿の作成を内閣官房で行うこととする（同条四項八号）。

第二に、「課長、室長、企画官その他の管理職員」を「管理職員」として、これもひとつのカテゴリーに括るとともに（同法五条二項二号）、管理職員の選考に関する統一的な基準の作成及び運用の管理（同条四項五号）、管理職員の府省横断的な配置換えに係る調整（同項六号）を内閣官房で行うこととする。また、幹部職員及び管理職員（これらをこの法律では「幹部職員等」と呼ぶ。本書もこれに倣う。）に係る各府省の定数の設定及び改定（同項一号）、幹部職員等の人事に関する情報の管理（同項九号）、目標設定等を通じた幹部職員等の公募の推進（同項一〇号）を内閣官房で行うこととする。

第三に、「管理職員としてその職責を担うにふさわしい能力及び経験を有する職員を総合的かつ計画的に育成するための仕組み」である「幹部候補育成課程」を整備することとし（同法六条三項）、この課程に関する統一的な基準の作成及び運用の管理（同法五条四項二号）、課程対象者に対する研修の企画立案及び実施（同項三号）、課程対象者の府省横断的な配置換えに係る調整（同項四号）、課程対象者の人事に関する情報の管理（同項九号）を内閣官房で一元的に行うこととする。

さらに、その他、幹部職員等以外の職員の府省横断的な配置に関する指針の作成（同項七号）、官民の人材交流の推進（同項一一号）を内閣官房で一元的に行うこととする。

そして、内閣官房でこれらの事務を行わせるため、内閣人事局を設置することとし、必要な法制上の措置について一年以内を目途として講じることと求める（同法一一条）。

*

本章では、この内閣の人事管理機能の強化および内閣人事局の設置という点に絞って、関連する公務員の人事権のあり方について、憲法の観点から考察を行いたい。

なお、本章のタイトルは「公務員」の語を用いたが、憲法で「公務員」というときには、「国または公共団体の公務に参与することを職務とする者の総称[9]」を広く指すところ（憲法一五条一項、九九条）、公務員制度改革の対象は中央政府の行政部の職員である（国家公務員制度改革基本法一条も「行政の運営を担う国家公務員に関する制度」と課題を限定する）ので、紛れがないよう、本論で憲法論を行う際には原則として「公務員」の語を用いないこととしたい。

また、本章で人事権というとき、任免権をはじめとして、職員の昇任や転任、給与額の決定、人事評価、研修、懲戒や分限を行う権限を広く含めることとする。

（1）　参照、西尾隆「国家公務員制度改革基本法」ジュリスト一三六三号（二〇〇八年）四四頁以下、渡邊泰之「法令解説　国家公務員制度改革を総合的に推進――国家公務員制度改革基本法」時の法令一八二三号（二〇〇八年）六頁以下、政木広行「国家公務員制度改革基本法案」立法と調査二八四号（二〇〇八年）三頁以下。また同法の制定を含めた公務員制度改革に推進派の立場で関与した当時の官僚による記録として、参照、髙橋洋一『霞が関をぶっ壊せ！』（講談社、二〇〇八年）。

（2）　橋本行革の成果である、中央省庁等改革基本法（平成一〇年法律第一〇三号）は、「第五章　関連諸制度の改革との連携」の冒頭に置かれる第四八条で、「政府は、中央省庁等改革が行政の組織及び運営を担う国家公務員に係る制度の改革を併せて推進することにより達成されるものであることにかんがみ、政策の企画立案に関する機能とその実施に関する機能との分離に対応した人事管理制度の構築、人材の一括管理のための仕組みの導入、内閣官房及び内閣府の人材確保のための仕組みの確立、多様な人材の確保及び能力、実績等に応じた処遇の徹底並びに退職管理の適正化について、早期に具体的成果を得るよう、引き続き検討を行うものとする」と定めていた。

（3）　稲葉馨＝高橋滋＝西尾隆「〔鼎談〕公務員制度改革大綱をめぐる論点」ジュリスト一二二六号（二〇〇二年）六頁以下の九頁〔稲葉馨発言〕。

（4）　これまでの経緯について、参照、宇賀克也＝稲継裕昭＝株丹達也＝田中一昭＝森田朗「〔座談会〕公務員制度改革の現状と課題」ジュリスト一三三五号（二〇〇八年）二頁以下の五～七頁〔宇賀克也・株丹達也発言〕、原田久『NPM時代の組織と人事』（信山社、二〇〇五年）第六章。二〇〇七年の国家公務員法改正（平成一九年法律第一〇八号）は、①人事評価制度の導入による能力・実績主義に基づく人事管理制度の構築、②再就職あっせんの禁止などによる新たな退職管理の導入を行おうとするものであるが、これは公務員制度改革大綱の「新人事制度の構築」の一部と、「適正な再就職ルールの確立」で示されていた内容に対応する。参照、中井亨「国家公務員法等の一部を改正する法律（平成一九年法律第一〇八号）について」ジュリスト一三三五号（二〇〇八年）二四頁以下。

（5）この会議の設置根拠は内閣総理大臣決裁（平成一九年七月一二日）であり、庶務は内閣官房が処理することとされた。会議について、第一編第三章第一節**二2**(2)を参照。

（6）平成二〇年六月三日『参議院内閣委員会会議録』第一八号三頁（渡辺喜美国務大臣）。

（7）この間の経緯については、西尾・前掲注（1）四五～六頁を参照。

（8）政策プログラムを実施するための「基本法」は、これを推進する機関の定めを設けるのが通例である。参照、赤坂正浩「立法の概念」公法研究六七号（二〇〇五年）一四八頁以下の一五四頁。基本法について、参照、川崎政司「基本法再考」自治研究八一巻八号（二〇〇五年）四八頁以下、一〇号（二〇〇五年）四七頁以下、八二巻一号（二〇〇六年）六五頁以下、五号（二〇〇六年）九七頁以下、毛利透「基本法による行政統制」公法研究七二号（二〇一〇年）八七頁以下。

（9）宮澤俊義（芦部信喜補訂）『全訂日本国憲法』（日本評論社、一九七八年）二一八頁。

第一節　現在の法制及び慣行

1　人事権者＝各大臣

職員に対する人事権は、各大臣（内閣総理大臣、各省大臣）が有することとされている。[10] すなわち、国家公務員法は、任命権を各大臣に認めるとともに（五五条一項）、職員の休職、復職、退職及び免職並びに懲戒処分を行うのは任命権者であると定める（六一条、八四条）。内閣は、「その直属する機関（内閣府を除く。）に属する官職」の職員の人事権をもつにとどまっているのである（五五条一項）。

もっとも、各省の構成員の中で、特別職国家公務員（国家公務員法二条三項）に該当する、大臣（二号）、副大臣（七号）、大臣政務官（七号の二）、大臣秘書官（八号）は、各大臣が任免権をもつわけではない。大臣は内閣総理大臣が国務大臣として任命した上で（憲法六八条一項）、各省大臣として任命する（国家行政組織法五条二項）。副大臣、大臣政務官の任免は大臣の申出により内閣が行う（国家行政組織法一六条五項、一七条四項）。また、大臣秘書官の任免は大臣の申出により内閣総理大臣が行うようである。[11] これらは、内閣総理大臣が任免に対し実質的に直接関与できる政治任用のポストであり、身分保障も存しない。

また、橋本行革の結果、内閣機能強化の観点から、平成一二年一二月一九日の閣議決定によって、「事務次官、局長その他の幹部職員の任免を行うに際しては、あらかじめ閣議決定により内閣の承認を得た後にこれを行うこととする」とされ、いわゆる内閣の事前承認制度が設けられている。この閣議決定に先立ち、内閣官房長官と内閣官房副長官とからなる「閣議人事検討会議」が開かれている。[12]

それゆえ、各省の職員に対する人事権は、内閣総理大臣（内閣）の関与が限定的にみられるものの、原則は、上級職員に対するものを含め各大臣の権限とされている。このように個別の人事権が分散している点は日本の公務員制度の特徴であるといえる。[13]

(10) 国家公務員法五五条は、他に会計検査院長、人事院総裁、宮内庁長官及び各外局の長を挙げている。

(11)　参照、公務員制度の総合的な改革に関する懇談会（第五回）資料三「大臣を補佐する体制」（平成一九年一〇月一二日）。

(12)　内閣官房行政改革推進室「国家公務員の採用から退職に係る現状について」（平成一九年七月二四日）九頁。この資料は、「制度懇」第一回の資料七として配られたもので、首相官邸のウェブサイトで見ることができる。なお、それ以前は、「事務次官、外局の長、内局の長等の命免の了解」は閣議事項とされていたところである。内閣制度百年史編纂委員会『内閣制度百年史　上巻』（大蔵省印刷局、一九八五年）五七二頁。

(13)　諸外国（英米独仏）における公務員の任免権の概要は、以下の通りである。

　イギリスは、事務次官については内国公務員長官の推薦に基づき首相が任命し、局長クラスの上級公務員についても内国公務員長官の推薦に基づき首相が同意するかたちで決定される。局長より下の人事については事務次官が任命を行う。

　アメリカは、憲法二条二節二項で、原則は、大統領が上院の助言と承認を得て任命するとしつつ、下級公務員の任命権を、議会が法律で、大統領、各部局の長（そして裁判所）に与えることができると定める。具体的には、長官（Secretary）、副長官（Deputy Secretary）、次官（Under Secretary）、次官補（Assistant Secretary）について、大統領が任命権をもち、その他の職員は、法律に基づき行政機関の長が任命権者となっているようである。See, 5 U.S.C. §3101.

　ドイツは基本法六〇条一項により連邦大統領が連邦公務員の任免権を与えられている。その上で、俸給表Aが適用される一般官吏（本省の課長以下）の任命権は、最上級庁（＝各大臣）に委任されている。俸給表Bが適用される上級公務員（本省重要課長以上）については、各大臣の決定および政府の同意に基づいて連邦大統領が任命している。

　フランスも、憲法一三条二項により大統領が文官の任命権を与えられる一方、二一条で、「内閣総理大臣は、一三条の規定を留保して、文官および武官を任命する」とされている。実際には、任命権はオルドナンスで内閣総理大臣に委任され、さらに内閣総理大臣は各大臣に再委任している。上級職への任用（大使や知事、地方長官などを含めて六〇〇程度、うち本省ポストは総局長、局長などで二五〇程度）は、各大臣による選任の後、大統領が主宰する閣議に諮った上で、大統領により行われる。自由任用であり、身分保障はない。ただし、職業公務員が上級職に任命される場合には、官吏の身分を維持したまま派遣のかたちをとるので、上級職を辞職した後も、通常ポストへの復帰の可能性がある。

　以上につき、参照、村松岐夫編『公務員制度改革』（学陽書房、二〇〇八年）、外国公務員制度研究会編『欧米国家公務員制度の概要』（生産性労働情報センター、一九九七年）。イギリス、ドイツについて、本書第一編第一章第一節**三2**、第二章第一節**三2**も参照。

2　二元的人事行政体制

(1)　人事院

もっとも、日本にも中央人事行政機関がないわけではない。人事院と内閣総理大臣がそれであり、「二元的人事行政体制[14]」と呼ばれる。

人事院は、「給与その他の勤務条件の改善及び人事行政の改善に関する勧告、職階制、試験及び任免、給与、研修、分限、懲戒、苦情の処理、職務に関する倫理の保持その他職員に関する人事行政の公正の確保及び職員の利益の確保等に関する事務をつかさどる」（国家公務員法三条）。これらの事務に関連して、人事院は、周知のとおり、準立法作用[15]や準司法作用[16]をも行う。それゆえ、これらの作用も「人事行政[17]」に含めて理解することができる。しかし、本章ではもっぱら行政作用に着目した検討を行う[18]。

人事院は、一般的に、人事行政改善の勧告（国家公務員法二二条）、国家公務員法の目的達成のための法令の制定改廃に関する意見の申出（国家公務員法二三条）や勤務条件に関する基礎事項の変更の勧告（国家公務員法二八条一項）を行う諸権限を有する。

また、個別的には、①給与に関して、常時必要な調査を行い、俸給表が適当であるかについての報告を少なくとも年に一回国会及び内閣に行うとともに、改定を行う必要があると認めた場合には勧告——人事院勧告——を行う[19]権限を有する（国家公務員法二八条、六七条、一般職の職員の給与に関する法律二条三号）ほか、級別定数の設定および改定（一般職の職員の給与に関する法律八条[20]）、②キャリア全般に関して、採用試験の実施（国家公務員法四八条、人事院規則八—一八第九条）、任期付職員制度の調査、研究、勧告（一般職の任期付職員の採用及び給与の特例に関する法律一一条）、官民交流制度の実施（国と民間企業との間の人事交流に関する法律三条）、職員研修の計画及び実施（国家公務員法七三条一項一号、二項）、③勤務条件に関して、公務災害補償制度の研究（国家公務員法九五条）、退職年金制度の調査研究、意見の申出（国家公務員法一〇八条）、勤務時間・休日・休暇に関する制度の調査研究、勧告（一般職の職員の勤務時間、休暇等に関する法律二条）といった諸権限を有する。これらの事務は、人事院の中で、給与関係は給与局、キャリア関係は人材局、勤務条件関係は職員福祉局が担当する。(21)

さらに、人事院の下には国家公務員倫理審査会が設置され、国家公務員倫理規程の制定・改廃に関する意見の申出、倫理保持のための研修の企画・調整、倫理法や命令の違反に対する懲戒処分の基準の作成・変更、倫理法等違反がある場合の調査・懲戒手続の実施・懲戒処分の承認などを行う（国家公務員倫理法一〇条以下）。

既に触れたように（第一編第三章第一節**二3**(3)）、人事院は、「中央人事行政機関」といっても、内閣の直接の指揮命令を受けず、独立してその職権を行う独立性の高い特殊な機関である点には留意が必要である。

(2)　内閣総理大臣

これに対し、一九六五年以降、内閣総理大臣も、各行政機関が行う人事管理に関する方針、計画等の総合調整（国家公務員法一八条二項）、職員の人事評価、能率、厚生、服務、退職管理等に関する事務で人事院の所掌でない事務（同条一項）をつかさどる。実際には、これらの事務について総務省が補佐することとされ（総務省設置法四条二号）、人事・恩給局がこれを担当する。総務省人事・恩給局は、この他に、国家公務員に関する制度の企画立案、国家公務員の退職手当制度、特別職国家公務員の給与制度、その他の人事行政に関すること、恩給制度の企画立案、恩給の支給等を担当する（同条一、三〜七号）。

(3) 小括

このように、行政作用に限定してみた場合、二つの中央人事行政機関は、関係諸制度の調査、研究や企画立案、採用試験や研修の実施といった、周辺的、限定的な事務を行っているにすぎないとも評価できる。「省庁人事行政[22]」という語が示すように、行政部の職員に対する個別の人事権は、まず各省が有しているのである。

(14) 原田・前掲注(4)一一七頁。

(15) 人事院規則の制定がこれにあたる。人事院規則で定めるべき内容としては、任免の根本基準（国家公務員三三条）、分限、懲戒、保障の根本基準の実施につき必要な事項（同法七四条）、服務の根本基準の実施につき必要な事項（同法九六条）、政治的行為の禁止の詳細（同法一〇二条）、勤務条件（同法一〇六条）、一般職の職員の給与に関する法律の実施または技術的解釈に必要な事項（一般職の職員の給与に関する法律二条一号）、俸給や昇給の基準（同法二条四号）が挙げられる。

(16) 勤務条件に関する行政措置の要求の判定（国家公務員法八六～八八条）、不利益処分に関する不服申立ての審査（国家公務員法八九条以下）、公務災害の補償の実施に関する不服申立ての審査（国家公務員災害補償法二四条）などが挙げられる。公平審査局が担当する。

(17) そもそも、「人事行政」の意味は把握しづらい。実定法上も、国家公務員法三条や二二条に「人事行政」の語が登場するが、注釈書を見てもその定義は明確ではない。例えば、佐藤功＝鶴海良一郎『公務員法』（日本評論新社、一九五四年）一三三～五頁。また、「人事行政」の意味として「人事管理」の語を互換的に用いるものもある。園部逸夫監修『国家公務員法　地方公務員法』（青林書院、一九九七年）四〇～一、七四～五頁。行政学においては次のような叙述がある。「行政システムの管理運営には、組織の形成、予算と並んで、以下に扱う公務員制度と人事行政とが不可欠である。まず、公務員制度であるが、これは行政組織に人員を採用、配置、昇進させるために報酬や労働条件を定める制度である。公務員の退職や服務規律も、公務員制度の一部と考えられる。公務員制度の運用は、全省庁にかかわる試験、俸給、給与の格付け、公平裁定、行動規範、研修にかかわる人事院の任務と、各省庁によって行われる採用・昇進・退職管理に分かれる」。村松岐夫『行政学教科書〔第二版〕』（有斐閣、二〇〇一年）一七三頁。このうち、「個々の採用・昇進・退職管理」のみを「人事行政」というのか、「全省庁にかかわる試験、俸給、給与の格付け」などまでを「人事行政」というのか、公務員制度の形成までをも含めて「人事行政」というのか、一般の捉え方は曖昧であるように思われる。本書では、第三の範囲、すなわち公務員制度の運用のみならず制度形成までを広く含めて「人事行政」と捉える。後述、第二節**1**(**6**)を参照。

(18)　とはいえ、立法作用と行政作用との区別は難しい。たとえば、法律で定めるべき事項の調査、研究、勧告は本書では行政作用と位置づけるが、人事院は、このような作用と並んで、同じ事項について人事院規則の制定をも行う。

(19)　俸給表に定める給与を百分の五以上増減する必要が生じたと認められるときは勧告が義務づけられる（同法二八条二項）。

(20)　級別定数とは、給与の等級格付けを人事院指令によって行うものである。職務の人員数を組織別、会計別および職名別に行う。参照、大森彌「省庁の組織と定員」西尾勝＝村松岐夫編『講座行政学第四巻　政策と管理』（有斐閣、一九九五年）一頁以下の二六～九、三七頁。

(21)　人事院は官房部局と四局の体制であり、もう一つの局は、準司法的作用を営む公平審査局である。注(16)を参照。

(22)　村松・前掲注(17)一八四頁。

第二節　関連する憲法解釈

1　六五条

(1)　執政権説に立つ場合

それでは、このような状況は憲法上、どのように評価するべきか。そもそも、日本国憲法は行政部の職員の任免権や人事権のあり方についてどのように考えているのだろうか。まず憲法六五条が手がかりとなるだろう。

もっとも、憲法六五条の「行政権」の解釈については、近年、様々な見解が示されている。[23]従来はいわゆる行政控除説が通説的地位にあったが、これに対する批判を踏まえて[24]、これを「執政権」として理解する解釈も有力になってきている[25]。従来は「行政」の観念に包摂されてきた（または「行政」の観念から排除され消去されてきた）「執政（または統治）」の作用を独立させて（または再生させて）観念し、これを憲法六五条の「行政権」に読み込もうとする主張である[26]。この主張の背後には、諸外国においてはこの種の区別が通例であるという学問的な知見[27]とともに、政治家による政策形成のあり方や官僚制に対する統制のあり方を自覚的に考察するためにはこの種の区別が有用であるという実践的な問題意識がある。

執政権説に立つ論者の論じ方としては、「憲法が、内閣に、直接付与した仕事」と、「種々の法律が、内閣や省庁や委員会等の行政機関を指名して、これらに与えた仕事」とを区別し、憲法六五条の「行政権」は前者に属する、いわゆる「執政的権能」であると位置づけるもの[28]や、モンテスキューの議論に遡りつつ、「法律を執行するという意味での『行政権』と、ロックの同盟権に相当する『執政権』の二つの対象」を区別し、内閣は、「政策を決定する『執政権』の主体である」とするもの[29]が知られる。

これらの議論は、内閣がもつ行政権としては、「国政の大綱・施政方針の決定[30]」のような、高度に統治的な作用のみを指すと理解されがちである[31]。しかし、近年の執政権説には、もう一つ、行政機関に対する指揮、調整、統制といった作用も含まれる点は見過ごせない。執政権説は、内閣と行政機関（日本国憲法の文言でいえば「行政各部」（憲法七二条））とを区別し、内閣は憲法が直接に割り当てる高度に統治的な作用を、行政機関は法律が創設した作用を行う（それゆえ、行政機関の任務こそが「法律の執行」となる）とするが、ここで内閣と行政機関を自覚的に区別する結果、内閣は、行政機関による法律の執行が適切なものとなるよう管理、監督する権限をも有することが明らかになるのである[32]。

執政権説に立つ代表的な論者も、内閣の行うべき事柄として、「国政の大綱・施政方針の決定」などとならんで、「行政運営体制の確立（人事および組織を含む）」、「行政各部の督励と指揮監督」、「行政各部の政策や企画の承認」、「行政各部の指揮監督」を挙げる。[33] また、別の論者も、行政機関の活動に対する内閣のコントロールが「憲法上の特別の介入」としてなされることを、憲法七三条一号、七二条、六六条三項を挙げながら論じつつ、この作用が法律によって制限、剥奪される場合には六五条の行政権が侵害されると論じるところから、行政機関に対する内閣のコントロールが六五条の「行政権」の中に含まれることを示すところである。[34]

それゆえ、本稿では、執政権説に立つ場合、憲法六五条の「行政権」とは、「統一的な政策を決定し、さまざまな行政機関を指揮監督してその総合調整をはかる権限[35]」であるとする整理に従いたい。要するに、執政権とは、①統一的、総合的な政策の決定という要素と、②行政機関の指揮監督および総合調整という二つの要素からなると理解できるのである。

(2)　法律執行説に立つ場合

これに対し、憲法六五条の「行政権」をもっぱら「法律を執行する権限」であるとする解釈も有力である。[36] この説は、行政控除説のみならず、執政権説に対する懸念にも基づいていると解される。[37] この執政権説への懸念を様々な観点から指摘するのが、毛利透である。毛利の主張する懸念は、①「執政」観念を法的議論に持ち込む自体への警戒と、②「執政」と「行政」を分け、後者を官僚機構に割り当てることへの懐疑とからなると理解できる。[38]

すなわち、前者は、「執政権に属する権限には極めて多種多様なものが考えられうる」ため、これを行政権の内容として承認することは、「憲法が明示的に認めていない権限を認容することにつなが」り、「権力統制を中心的関心事とする近代憲法学にとってあまりにも危険である」とする認識である。[39] また、後者は、さらに次のように分説できる。①「執政」と「行政」を分離することは、「行政」を担当する官僚制に正統性を付与することになってしまう。②「執政」と「行政」の分離は、「行政」に固有の領域を認めることになってしまう。③その結果、「内閣の介入はむしろ一定の理由を必要とする例外的事態だと評価するのが素直な帰結」となり、「官僚組織は自らの専門的判断能力を楯に内閣からの政治的介入を防ごうとすることが多いと推察するが、執政・行政区分論はこの努力に憲法上のお墨付きを与えてあげることになる」。[40]

毛利は、このような批判に基づき、内閣の有する行政権は法律の執行に尽きるとする。そして、法律執行の多くは行政事務であるところ、[41]憲法は、まず「内閣にあらゆる行政事務を行う権限をいったん与えていると理解するべき」だとする。その上で、内閣は行政各部にこの権限を分担させることができる、と構成する。ここで行政各部が分担できる条件が「内閣の指揮監督に服する」ことである。[42]内閣と官僚機構を区別せず「組織的複合体としてとらえ」、官僚組織のコントロールは、ヒエラルキー構造によって、「法的には大臣の指揮命令で行政各部内は統制できるはず」だとする。[43]

それゆえ、法律執行説に立つ場合、行政権とは、法律の執行権であるが、この法律執行の中に、内閣が引き受けた法律執行を、ヒエラルキー構造をとる行政部の中で内閣の指揮監督に服する行政各部に分担させることが含まれていると理解できる。

(3)　指揮監督権の理解

このように両説を整理したときに気づくのは、執政権説のいう「①統一的、総合的な政策の決定という要素」としての「執政（または統治）」という概念を権限レベルで承認するか否か、という点には大きな対立があるものの、執政権説のいう「②行政機関の指揮監督および総合調整という要素」についてはは違いがないのではないか、という点である。官僚制の位置づけについて両説で認識が若干異なる可能性はあるものの、[44] 少なくとも、憲法六五条が、内閣は行政機関に対して完全な指揮監督権を有していなければならないという要請を含んでいる点では一致していると解されるのである。

この点、(2)で取り上げたように、毛利は、執政権説に立った場合、「執政」と「行政」を区別することによって、「行政」に固有の領域が認められ、その結果、法律を執行する行政機関が、法律の執行に関して独立の判断権に基づいて、内閣の意思に対する従属を拒否することが許されてしまうとしつつ（②、③の批判[45]）、「現実に法律を直接執行しているのが『行政各部』であるとしても、なぜそれが憲法解釈上当然の前提としてよい事態なのかは、説明が必要ななずである」と述べる[46]。各省大臣を作用法上の主体とする現在の日本の法制は自明のものではないとの主張であるとも理解することができ、極めて重要な指摘である。その上で、毛利は、「私は、現実の法状態が憲法上許容されるのは、行政各部のヒエラルヒー構造によって、法的には内閣の意思が行政組織末端にまで貫徹できるはずだからだと理解する。現実に行政各部が法律を執行してよいのは、いざというときにはいつでも内閣がその執行に対して介入できるという法的保障が存在するからである[47]」との理解を示す。

この主張に、筆者も全面的に賛成する。このような「ヒエラルヒー構造」で内閣、行政各部を理解するためには、「法律を執行する」のは行政各部の権限ではなく内閣の権限とするべきである、というのも正当な議論の進め方である。また、このような理解は、憲法七四条の、法律に対する国務大臣の署名を執行責任とする見解とも整合的である。

しかし、同様の構成は、(1)のように構成した執政権説に立った場合でも可能であると考えられる。毛利自身が指摘するように、内閣の「事務処理負担[48]」に鑑みれば、実際には、行政機関が内閣に代わって法律を執行することとなるのは明らかである。憲法が、憲法七二条で、指揮監督権の対象として行政各部を示すのは、憲法がかかる現実の姿を予め取り込んでいたからであると解される。そうであるならば、実際に内閣が行うのは、行政機関が日常的に行う法律執行が適切なものであるかを監督し、問題が生じた場合には是正をはかることであるといえる。執政権説が「行政機関の指揮監督および総合調整」という要素を挙げるのは、まさにこのような、実際に内閣が行っている（あるいは、行うべき）作用に着目していると理解できるのである。

なお、この立論の前提として、執政権説に立っても、「執政」と区別した場合の「行政」を、「立法」「司法」「執政」と並ぶ第四の権力であるとは位置づけていない点に注意が必要である。ここでいう「行政」も、法律執行説における と同様、法律の執行である以上、執行すべき事項は完全に法律の定めるところに依拠する。法律の廃止によって当該法律執行権限の剥奪もできるのである。また、執行の方法についても法律で詳細に規律することができる。その点で、「司法権」や「執政権」が法律によっても奪うことのできない固有の領域を含んでいるということとは同列に論じ得ないのである（(2)でみた、執政と行政を分けることへの②の批判に対する応答）。

また、内閣と行政各部との区別は、「立法部」「司法部」に対する「行政部」の内部における区別にすぎず、行政部の内部で、行政各部は内閣に完全に従属し、行政部として他の部門（とくに立法部）に対して行政部を代表するのは内閣（ひいては内閣総理大臣）である、と解することができる（憲法七二条参照）。行政機関による現実の法律執行につき、他の部門（とくに立法部）に対して直接に責任を負うのは内閣である。この責任を担保するために行政機関を直接に監督する権限が内閣に完全に認められているのだということを、執政権説は明示的に表現しているのだということになる（③の批判に対する応答）。

このように執政権説を再構成すれば、「執政」と「行政」を行政部内で区別しても、行政機関に独立性や固有の領域を認め、官僚制に対する内閣による指揮監督の排除を正当化することには繋がらない。むしろ行政部内で「執政」と「行政」を区別することで、この両者の関係、すなわち内閣の行政機関に対する指揮監督や総合調整の権限のあり方に憲法学の目を向けさせるという効用があるのではないだろうか[49]。

ともあれ、憲法六五条は、「行政権」の定義に関する対立があるにもかかわらず、いずれの説に立っても、内閣は行政機関に対して完全な指揮監督権を有していなければならない、という要請を含むものといえる[50]。

(4)　行政機関の監督、調整と人事権（その一）――指揮監督権

しかし、この指揮監督権の詳細については、憲法学でまったくといってよいほど論じられていない。この点、行政法学や行政学の知見を参照にしながら批判的に検討してみたい。

はじめに注意を要するのは、指揮監督権とは、これを行使する機関がその対象となる機関に対して行政組織のヒエラルキーの中で上位に当たることの現れであるという点である。「行政組織のハイラーキーないしピラミッド的構造は上級の官職すなわち上級機関の長が指揮監督の権限を有するという規定によって表現される」のである[51]。日本国憲法は、憲法七二条で、「指揮監督」の語を用いており、内閣そして内閣総理大臣が行政部のヒエラルキーの最上位にあることを明示している[52]。

指揮監督権の具体的内容としては、行政法学で上級機関の下級機関に対する指揮監督権の内容として論じられているところから類推して、「監視」、「同意又は承認等」、「訓令・通達」、「取消・停止」を挙げることができる[53]。また、指揮監督権を担保する手段としての「罷免権」も、ここに加えることができよう[54]。憲法六五条の行政権に行政機関の指揮監督権が含まれるとする本書の立場からは、内閣は、ここに挙げた諸権限を同条に基づき有すると解することになる。

もちろん、実際上は、現行の内閣制度は国務大臣行政長官兼任制をとっているので、行政機関による法律の適切な執行は、内閣がこれと分離された行政機関に指揮監督権を行使するという方法ではなく、内閣内部での内閣総理大臣と国務大臣＝行政長官との「調整」を通じて実現されることが多いと思われる。

しかし、ここでの「調整」という語の使い方には注意が必要である。「調整」の語の意味は「必ずしも一義的に明らかではない[55]」からである。この点、佐藤功がマイヤーを引用しつつ説くように、「調整」の語は、上位の機関がその意思に下位の機関を従わせるための手段としての作用のうち指揮監督権に含まれないものを指す場合と、上位—下位の関係に立たない機関の間で意思を統一するために用いられる作用を指す場合とがあり、前者を「統合的調整」、後者を「分立的調整」と呼んで区別することが有益であると考えられる。[56]

この区別によるとき、内閣内部での内閣総理大臣と国務大臣との「調整」は、どちらに位置づけられるのか。一般には、内閣という合議体内部の関係であること、内閣総理大臣と国務大臣とは行政機関におけるのと同様の意味で上位—下位の関係に立っているとまではいえないことから、「分立的調整」であるとイメージされているのかもしれない。しかし、内閣総理大臣は明治憲法下における「同輩中の主席」ではなく「首長」であり、国務大臣に対して（行政機関における上位—下位の関係とは同一ではないものの）上位の地位にあると考えるべきであろう。従って、この調整は、「統合的調整」に引きつけて理解するべきであると考える。

あるいは、内閣内部の内閣総理大臣と国務大臣との間の調整も、国務大臣が兼任する各省大臣の事務に関するものである以上、実質的には（内閣を代表する）内閣総理大臣と各省大臣との間の調整と見ることができる。そのように見るならば、この調整は、明らかに、上位—下位の関係に基づく「統合的調整」だということになる。

内閣内部の調整が「分立的調整」であるとのイメージは、国務大臣は各省大臣を兼任しており、各省大臣のもとにある各省それぞれが独立した一つのヒエラルキーであるとの認識に強く縛られた結果であるように思われる。しかし、かかる明治憲法以来の「国務大臣＝各省大臣＝「絶対の責任者」」という発想[57]は日本国憲法の下では妥当しない。むしろ、行政部は、内閣を頂点とした一つのヒエラルキーとして理解するべきである。このような見方を可能にする点でも、内閣が行政機関に対して上位にあり、指揮監督権を有するのだという理解を強調する意義があると考えられる。

(5)　行政機関の監督、調整と人事権（その二）——総合調整権・総説

しかし、内閣が行政機関に対して法律を適切に執行させるために有する権限は、狭い意味での指揮監督権だけにとどまらない。藤田宙靖は、次のように述べる。

およそ組織の頂上を占める機関には、その組織体としての意思を統一するための作業を行う権限と責務があることは、理の当然であって、これは我が国現行法上法律による明文の定めがある場合に限られるわけではない。その際、「統轄（ないし統括）」のための手法としては、先に見た指揮監督権の行使の他、下級機関に対する指導と助言、下級機関相互間の権限争議の裁定［……］、下部組織の統廃合、人事権、予算案の作成と執行、等々があり得る。[58]

藤田は、このような諸作用を「調整」という語の下に把握する。そして、行政部の頂上を占める機関としての内閣は、下級機関である各省に対して、このような諸権限を有するとする。先に見た執政権説に立つ教科書の叙述が「さまざまな行政機関を指揮監督してその総合調整をはかる権限」となっているのも、このような諸作用を含むものと理解することができよう。[59]

しかし、ここでも、「調整」の語の意味について、(4)でみた「統合的調整」「分立的調整」の区別を意識する必要

がある。この視点から従来の内閣の行政機関に対する権限をめぐる議論をみると、「調整」の語を用いるとき、両者が混同され[60]、前者が打ち消されてしまう――あたかも内閣と行政機関（各省）とが上位―下位の関係に立たないかのように論じられる――傾向があることに気づく。例えば、佐藤功による次のような叙述である。

> 行政権は内閣に属し（憲法六五条）、その意味において内閣は最高の行政機関であるが、［……］行政事務はすべて内閣が自ら行うのではなく、主任の大臣が分担管理し、各省庁がそれぞれの所掌事務および権限として実施し、内閣はそれを統轄するのである［……］。そしてこの「統轄」は調整を意味する。［……］およそ最高の頂点におけるハイラーキー的権威は最高の調整権力として現われるものにほかならないからである。したがって内閣の行政各部に対する指揮監督権も、原則として、この統轄すなわち調整に当たって、かつそれに必要な限度において行使されるものというべきである。[61]［傍点筆者］

引用の前半部分では、内閣が行政各部に対して上位の機関であることを前提として、内閣の意思に従わせるための諸作用という意味で「調整」の語を用いている。ここで「調整」は、「統合的調整」の色彩が強く、狭義の指揮監督権を補充あるいは拡充する作用として理解されているように見える。ところが、後半部分では、「調整」が内閣の指揮監督権を制限する結論を導くものとして使われている。この背後には、「調整」の語が、各大臣、各省庁という上位―下位の関係に立たない機関間での意思の統一の諸作用を意味する、すなわち、「分立的調整」の色彩が強いものだとする理解が潜んでいるのではないだろうか。同じ「調整」の語を用いながら、ニュアンスを動かすことで、内閣の指揮監督権が制限されるとする結論が導かれているのである。[62]

しかし、内閣が行政機関に指揮監督権を行使するのは、「分立的調整」、すなわち、対等、独立な機関間――すなわち各省間――で意思が一致せず「調整」を要する場合に限られず、「統合的調整」、すなわち、上位の機関である内閣の意思に下位の機関である行政機関を従わせる場合も当然に想定される。またそもそも、行政機関が法律を適切に執行しておらず、これを是正する場合にも指揮監督権は発動されるべきこと、当然である。

にもかかわらず、上の佐藤の表現は、指揮監督権の発動を各省間の意思の不一致の場合に限定する理解を導くものであると感じられる。このような議論の背後には、根強い分担管理原則の影響が窺える。しかし、憲法論としては、内閣は行政機関に対して上位の立場にあって、指揮監督権を持つとともに、それに加えて、内閣の意思に従わせるための非強制的な手段として、総合調整の諸権限を有するという認識から出発するべきである。(63)

(6)　行政機関の監督、調整と人事権（その三）――総合調整権・各論

それでは、このように「調整」を理解するならば、内閣の総合調整の作用の中には具体的にどのようなものが含まれるのだろうか。この点も行政法学や行政学の知見に従うと、対外的な活動に関わる「行政目的に即しての調整」と、対内的な活動である「行政管理機能による調整」に二分することができる。(64) 前者は、行政機関による法律の適切な執行を確保するための作用のうち、指揮監督権に含まれない、非強制的な作用を指す。例えば、指示の多くや計画の一部はここに含まれる。(65) これに対して、後者は、行政機関を管理する内部的な作用である。具体的には、組織、人事、予算の管理が挙げられる。(66)

ただし、ここでいう人事管理とは、行政学で論じられる傾向の強い、具体的任免権が各省大臣にあることを前提とした大枠の分立的調整(67)に限られない。(68) すなわち、人事管理には、広く二つの内容が含まれると解すべきである。第一は、「体制の確立」であり、人事制度そのものの管理、改善を行う作用である。(69) 第二は、「運営」そのものである。そして、人事の運営に係る諸作用の根幹にあるのは、個別的任免権であろう。(70) この点、阪本昌成が「行政権」の中に含まれる作用を例示的に列挙して説明する中で、「行政運営体制の確立（人事および組織を含む）」と述べるの

が示唆的である。[71] 内閣は、行政機関の構成員、すなわち公務員の任免権を憲法六五条に基づき有していると解釈できる。

このように憲法六五条から公務員の任免権を導く解釈は、決して突拍子もない見解ではない。憲法六五条の「行政権」の解釈につき伝統的な控除説に立つ論者は、ここに「公務員」の任免権を含めていた。例えば、宮澤俊義は、六五条にいう行政権は、「国家作用のうちから、法規範を定立する作用、および、民事・刑事の裁判を行う作用を除き、法律を執行したり、外交事務を処理したり、公務員を選任したり、指揮監督したり、国内の治安を維持したり、その他国民生活の安定と向上をはかるために各種の政策を遂行する国家作用の総称である」とする（傍点筆者）[72]。また、清宮四郎も、行政権の概念を論じる中で、行政の観念について触れ、行政作用には「直接行政作用」のみならず「間接行政作用」も含まれるとするが、この「間接行政作用」の一つとして「公務員」の「任免」を挙げる。[73] さらに、小嶋和司も、日本国憲法は行政権者を行政の管理者として捉えているとの理解を示した上で、「行政権とは、その意思にしたがって行政が統一的になされるよう確保する地位・権能と考えられ、そのための手段として、(ア)職務上の指揮監督権と(イ)人事権があると考えられる」と述べる。[74]

また、人事院をはじめとする行政委員会の合憲性が問題になるとき、行政委員会が職権行使の独立を有するのみならず、内閣の委員に対する任命権や罷免権が制限されている点が取り上げられるのも、[75] 具体的人事権が憲法六五条の「行政権」に含まれていることを示唆している。

(7)　小括

憲法六五条の「行政権」の解釈については、近年、執政権説や法律執行説が有力に主張され、従来の行政控除説と合わせて百家争鳴の状態となっている。しかし、いずれの説に立っても、「行政権」には行政機関に対する指揮監督権および総合調整権が含まれているといえる。そして、この総合調整権の中に、行政部の職員の任免権、人事権を位置づけることができる。

(23) 行政法学の立場より、明治憲法下からの行政概念をめぐる議論を整理したものとして、塩野宏「行政概念論議に関する一考察」同『法治主義の諸相』(有斐閣、二〇〇一年)三頁以下。憲法学の立場より、近時の憲法六五条の「行政権」をめぐる議論を批判的に検討したものとして、浅野博宣「『行政権は内閣に属する』の意義」安西文雄ほか『憲法学の現代的論点〔第二版〕』(有斐閣、二〇〇九年)一四九頁以下。

(24) 一九九〇年代前半に、主としてドイツ法を参照しながら、日本国憲法制定時の議論にも触れつつ、行政権の概念を再考しようとしたものとして、宮井清暢「『行政権』と『執行権』のあいだ——憲法学における『行政権』の捉え方についての覚書」愛知学院大学論叢法学研究三四巻三=四号(一九九二年)一三三頁以下、三五号一=二号(一九九二年)六五頁以下、初宿正典「ボン基本法における《執行権》の概念についての若干の覚え書き——日本国憲法上の《行政権》の概念と関連させつつ」法学論叢一三二巻四=五=六号(一九九三年)一六三頁以下。

(25) 執政権説に立つことを明言するものとして、阪本昌成『憲法理論Ⅰ〔補訂第三版〕』(成文堂、二〇〇〇年)一六九頁、三六四~七〇頁、渋谷秀樹『憲法〔第二版〕』(有斐閣、二〇一三年)五九三~五頁、小林孝輔=芹沢斉編『基本法コンメンタール〔第五版〕』(二〇〇六年)三一八~九頁〔岡田信弘〕。

(26) 参照、石川健治「政府と行政」法学教室二四五号(二〇〇一年)七四頁以下。また、「執政」と「行政」の区別を支持しつつも、六五条の「行政権」ではなく七三条一号の「国務を総理すること」に「統治」を読み込む見解も存在する。水島朝穂=石川健治=蟻川恒正=長谷部恭男「国民主権、議会、地方自治〔討論〕」二七頁〔長谷部恭男発言〕。もっとも、この論者も別の箇所では、「内閣に属する『行政権』が法律の誠実な執行に限定されていないことは疑いがない」、「行政権〔は〕立法活動の指導をも含む国政全体の総合調整機能を果たす」と述べ、六五条の「行政権」にも「統治」的な作用を読み込んでいるようにも見受けられる。長谷部恭男『憲法〔第五版〕』(二〇一一年)六四頁。

(27) 参照、石川健治「執政・市民・行政」法律時報六九巻(一九九七年)六号二二頁以下。

(28) 中川丈久「立法権・行政権・司法権の概念の序論的考察」塩野宏先生古稀記念『行政法の発展と変革㊤』(有斐閣、二〇〇一年)三三三頁以下の三四四~五頁。また参照、同「行政活動の憲法上の位置づけ」神戸法学年報一四号(一九九八年)一五四~

六六頁。

(29)　阪本昌成「議院内閣制における執政・行政・業務」佐藤幸治＝初宿正典＝大石眞編『憲法五十年の展望Ⅰ』(有斐閣、一九九八年) 二三〇～一頁、二六一頁。

(30)　阪本・前掲注 (29) 二六一頁。

(31)　執政権説の嚆矢とも言える論者は、このように構成していたと理解できる。山田幸男「行政委員会の独立性について」公法研究一号 (一九四九年) 四六頁。ただし、この論者も、後には、憲法六五条の「行政権」を法律の執行にひきつけて理解していると見える叙述をするに至っている。同「内閣の行政権と行政委員会」小嶋和司編『憲法の争点』(有斐閣、一九七八年) 一五二頁以下。執政権説を採る近時の論者も、行政権をもっぱら高度に統治的な作用だと解される叙述をすることがある。例えば、阪本昌成は、行政を法律の執行とする理解に異論を唱えながら、「そのとらえ方による限り、外交関係の処理、財政支出、予算・法律案の策定、国家基本政策の立案・見直し等が『行政』の網の目から漏れ出るのである」と主張する。阪本・前掲注 (29) 二三七～八頁。

(32)　参照、渋谷・前掲注 (25) 五九二～三頁。

(33)　阪本・前掲注 (29) 二六一頁。

(34)　中川・前掲注 (28)「行政活動の憲法上の位置づけ」一八〇～三、一八五～八頁。

(35)　渋谷秀樹＝赤坂正浩『憲法 〔第五版〕』(有斐閣、二〇一三年) 六〇頁 〔赤坂正浩〕。また参照、佐藤幸治『日本国憲法論』(成文堂、二〇一一年) 四七九～八二頁。

(36)　法律執行説に位置づけることができるものとして、杉原泰雄『憲法Ⅱ』(有斐閣、一九八九年) 三四二頁、高橋和之『立憲主義と日本国憲法 〔第二版〕』(有斐閣、二〇一〇年) 三三六～七頁、松井茂記『日本国憲法 〔第三版〕』(有斐閣、二〇〇七年) 二一一～一六頁、毛利透「行政概念についての若干の考察」ジュリスト一二二二号 (二〇〇二年) 一三二頁以下。

(37)　野中俊彦＝中村睦男＝高橋和之＝高見勝利『憲法Ⅱ 〔第五版〕』(有斐閣、二〇一二年) 一八七～九一頁 〔高橋和之〕、松井・前掲注 (36) 二一三頁。松井は、「憲法六五条にいう『行政権』の本来の意味は、アメリカ大統領のもつ『執行権』と同義であり、それはまさに『法律の執行』と解すべき」とするが、他方で、「法律を執行するということは、法律の執行に際する高度の政策的判断を含むものであり、それゆえ内閣に法律を執行する権限が委ねられたということは、法律の執行に際する最も基本的な政策的判断を内閣が行わなければならないことを意味する」、「[執行権には] 選挙に際して国民に提示をして支持を得た基本的な政策を実現するために国民に働きかける機能も含まれている」とも述べる。同「『行政権』と内閣総理大臣の権限および地位」大阪大

学法学部創立五十周年記念論文集『二十一世紀の法と政治』（有斐閣、二〇〇二年）一頁以下の四九〜五〇頁。また参照、毛利透「行政権の概念」小山剛＝駒村圭吾編『論点探求憲法』（弘文堂、二〇〇五年）二九三頁以下の二九七頁。

(38) ①について、毛利・前掲注（36）、②について、毛利透「官僚制の位置と機能」ジュリスト一三一一号（二〇〇六年）六四頁以下を参照。

(39) 毛利・前掲注（36）一三四頁。

(40) 毛利・前掲注（38）六六頁。

(41) 法律の執行の中には「政治的判断を伴う」ため「政治問題化する場合」も存することについて、毛利・前掲注（36）一三四頁。

(42) 毛利・前掲注（36）一三四頁注一〇。

(43) 毛利・前掲注（38）六六、六四頁。

(44) (2)で取り上げた、「執政」と「行政」を分け、後者を官僚機構に割り当てることへの懐疑うちの①にかかわる。執政権説に立つ場合、一定の条件を充たす限りで、行政機関の存在に正統性が認められるし認めて良いのだということになるだろう。すなわち、憲法一五条一項に定めるとおり、行政機関の構成員も、民主的な正統性の回路に包含される必要があるのはもちろんであり、逆に言えば、その条件を充たす限り、具体的には、任免について内閣および国会がコントロールできる限りで（実際にはとくに罷免は自由にできないが、これは法律がメリットシステムを定めるゆえである）、行政機関の構成員も民主的であって、その範囲内で正統性が認められることになると思われる。これに対し、毛利は、「国民から民主的に選ばれたわけではない官僚機構からなる『行政各部』が法的正統性をも調達する」（毛利・前掲注（38）六五頁）ことに疑問を投げかける。もっとも、彼も、「国民の目には、日常的に接する官僚機構こそ権力そのものだと感じられることになる」と述べるところであって（同六四頁）、今日、政府の活動に行政機関が不可欠であることは否定しない。行政機関に正統性を認めた上でこれに対する統制のあり方を憲法論として正面から論じるか、正統性を認めずに憲法論としてはヒエラルキーの要請以外を論じないか、の違いということになるのだろうか。

(45) 第一の批判に対する応答については注（44）を参照。

(46) 毛利・前掲注（38）六五頁。

(47) 毛利・前掲注（38）六六頁。

(48) 毛利・前掲注（38）六七頁。

(49)　なお、毛利は、一方で行政組織のヒエラルキーの重要性を説きつつ、この要請の限界も説いている。内閣による指揮監督を強調しすぎることは、内閣が実際に行政組織の活動を隈無く把握することが不可能である以上、かえって官僚制の専行を許すことにつながるのではないか、また近年の実際の行政組織は、情報公開や行政手続を通じて、あるいは審議会等の会議への利害関係人や専門家の参加を通じて、国民に対して開かれており、その方向性での行政組織への統制も正面から統治機構の議論に組み込むべきではないか、といった問題意識からである（毛利・前掲注（38）六七～七一頁、同「民主主義と行政組織のヒエラルヒー」法学論叢一五二巻三号〔二〇〇二年〕一頁以下、同「行政権民主化論の諸相」樋口陽一＝森英樹＝高見勝利＝辻村みよ子＝長谷部恭男編『国家と自由・再論』〔日本評論社、二〇一二年〕三二七頁以下）。

このような問題意識にも筆者は共感する。特に後者の点は、極めて現代的な問題であり、今後、詰めて考察していかなければならない重要な論点である。ただ、本書の問題意識は、日本の現実の内閣及び行政組織の運用は、内閣が、本来行うべき活動をなしえておらず、各省がバラバラに独自に活動を行うという体制であり、また憲法、行政法の解釈も、かかる体制に適合的でかつそれを助長するものとなっていたのではないか、現代的問題に対処しつつもまず原則を実現することを考えるべきではないか、という点にある。

(50)　本章では、行政控除説に立った場合に、行政部内のヒエラルキーを前提とする指揮監督権や総合調整権が認められるか、については検討を行っていない。しかし、これは、行政控除説がこの点について自覚的に議論をしていないからであって、(6)で引用する宮澤俊義や清宮四郎のように、伝統的な行政控除説に立つと思われる論者も、内閣が行政権の一部として行政部の職員の任命権を有することを認めており、ヒエラルキーの存在を暗黙のうちに前提としているように思われる。

(51)　佐藤功『行政組織法〔新版増補〕』（有斐閣、一九八五年）七二頁。五七頁も参照。

(52)　憲法七二条の解釈問題については、本書第一編第三章第一節**三3**を参照。

(53)　参照、藤田宙靖『行政組織法』（有斐閣、二〇〇五年）七四頁～九頁、塩野宏『行政法Ⅲ〔第四版〕』（有斐閣、二〇一二年）三九～四一頁。

(54)　罷免権を指揮監督権の一として挙げるものとして、佐藤・前掲注（51）二三八頁。藤田宙靖や塩野宏が罷免権を指揮監督権の要素として挙げていないのは、罷免権が行政機関の地位を占める公務員に関わる権限であって、行政組織法の中で捉えるのではなく、公務員法の中で捉えるべきものと解しているからであると推測できる。

なお、ロッキード事件最高裁判決（最大判平成七年二月二二日、刑集四九巻二号四五七頁）が憲法七二条の「指揮監督」権の内容をどのように理解しているのかについては、本書第一編第三章第一節**三3**を参照。

(55) 藤田・前掲注(53)九四頁。また参照、蝋山政道「行政管理における調整の意義」同『行政学論文集』(勁草書房、一九六五年)一八四頁以下。

(56) 佐藤・前掲注(51)七七頁。例えば、「調整」とは、「共通目的の遂行に際して行動の統一をもたらすように集団的努力を順序よく配列することである」との定義を引きながら、「調整の機能は、権力的・命令的な指揮監督の機能ではない」というとき、前者のニュアンスが濃厚である(同書七五頁)。これに対し、行政委員会を念頭に置きつつ、「一国の全体としての行政組織が主たるピラミッドの外に、それとは独立した並立的な幾つかのピラミッドから成り立っている」場合に、他方にある「行政の統一性の維持」の要請をも充たすために、調整の原理が「行政組織編成の第三の原理として現れてくる」というとき、後者のニュアンスで調整を捉えていることになる(同書七五頁)。

(57) 本書第一編第三章第二節を参照。

(58) 藤田・前掲注(53)九六頁。

(59) 現行法上、内閣が行う調整を「総合調整」と呼ぶことにつき、藤田・前掲注(53)九八頁。

(60) 例えば、(4)の注(56)で示した佐藤功の叙述は、連続してなされている。その結果、佐藤功の「調整」の原理とは、もっぱら「対等行政機関間の協議」の問題だと受け取られることになる。遠藤文夫「行政機関相互の関係」雄川一郎ほか編『現代行政法大系7　行政組織』(有斐閣、一九八五年)一五九頁以下の一八五頁。この点、歴史的な考察を元に、「調整」には二省間の協議(「二省間調整」)と内閣レベルの「総合調整」とがあること、さらに実際には「調整」が重層的になされる点に戦後日本の行政における調整活動の特徴があるという分析が示されている。参照、牧原出『行政改革と調整のシステム』(東京大学出版会、二〇〇九年)一七九〜八六頁。ここでは、「総合調整」にも、内閣レベルのもの、財務省や内閣法制局といった複数の総合調整のための組織によるものが含まれるとされるが、内閣レベルのものは、「高度な政治判断」、「階統的最上位の政治的判断」による解決であることが意識されている。

(61) 佐藤・前掲注(51)三〇〇頁。

(62) 毛利が執政権説に対して向ける批判のひとつは、内閣と行政各部を区別することは、この引用のように、内閣の統轄権を制限的に解する見方に結びつくのではないか、というものであるとも理解できる。しかし、本稿の立場は、執政権説をとっても(とるがゆえに)、かかる内閣の統括権を制限的に解する見方の問題点を剔出することができるというものである。

(63) もっとも、第一編第三章第一節**三3**でみたように、実際には、内閣または内閣総理大臣と各省との間における指揮監督権の強制力は、指示権のそれと大きな違いがないように見受けられる。

(64) 遠藤・前掲注（60）一八九頁、西尾勝『行政学〔新版〕』（有斐閣、二〇〇一年）三六四頁。

(65) 内閣レベルでの「計画」の策定も、すでに「統一的、総合的な政策の決定」や、執行するべき法律（まさに「基本法」が典型である）の制定が終わっており、これらを実施する段階での「計画」であるならば、ここに含まれるだろう。ただし、「計画」には、「統一的、総合的な政策」の生成段階のものが含まれる。そのような「計画」は、(1)で見た執政権説の構造に照らしてみた場合、第一の「統一的、総合的な政策の決定」に関わるものとして理解すべきだということになるだろう。なお、計画が調整の機能を有していることにつき、秋月謙吾「計画の策定」西尾勝＝村松岐夫編・前掲注（20）一五三頁以下の一六一～二頁。

(66) アメリカ行政学の古典的な組織管理論として知られるギューリックのPOSDCoRB理論は、①企画、②組織、③人事、④指揮監督、⑤調整、⑥報告、⑦予算、であるが、④⑥が本章にいう指揮監督権に、⑤が対外的な活動に関わる「行政目的に即しての調整」に、①は計画のレベルによって「統一的、総合的な政策の決定」と対外的な活動に関わる「行政目的に即しての調整」に相当するといえる。残りの②③⑦の3つが「行政管理機能による調整」に整理可能である。なお、遠藤文夫は、「行政管理機能による調整」として、これらに法制管理を加える。

　なお、組織、人事、予算すべて、行政機関に対する内部的な調整にとどまらず、統一的な政策形成とも密接に関わっている点にも注意が必要である。

(67) 総務省行政管理局が行っている定員管理のイメージである。大森・前掲注（20）一頁以下の二六～三六頁。

(68) 参照、西尾・前掲注（64）三七五～六頁。

(69) それゆえ、組織の管理に関しては、内閣の行政組織編制権も、憲法六五条に含まれることになる。行政組織編制権については、第一章を参照。また、予算の管理に関しても、毎年の予算の作成、適正な執行の確保にとどまらず、会計制度を含めた制度の見直しを（もちろん、法律で定められている事項については、法律案の提出と国会による議決を通してであるが）行う権限を内閣は有すると考えられる。以上の点につき、財政投融資に関して触れたことがある。拙稿「財政投融資の憲法学的一考察㈢」近大法学五四巻四号（二〇〇七年）一頁以下の五二頁。

(70) 諸外国でも、行政部職員の人事に関する権限の所在は、任命権（任免権）の所在を憲法に明記することで示しているとみられる。アメリカ合衆国憲法二条二節二項、ドイツ基本法六〇条一項、フランス憲法一三条二項、二一条など。

(71) 注（33）の本文を参照。

(72) 宮澤（芦部補訂）・前掲注（9）四九四頁。

(73) 清宮四郎『憲法Ⅰ〔第三版〕』（有斐閣、一九七九年）三〇二頁。

(74)　小嶋和司『憲法概説』（良書普及会、一九八七年）四三九頁。
(75)　参照、山内一夫「憲法六五条と行政委員会」同『行政論考』（一粒社、一九六五年）一〇五頁以下。一九四八年の国家公務員法改正で人事院の独立性が問題になった時の論点のひとつは、改正前は存在していた内閣総理大臣による人事官の訴追権が奪われた点であった。鵜飼信成「人事院の地位・権限・憲法」公法研究一号（一九四九年）二一頁以下の二六〜七頁。

2　七三条四号

(1)　任免権を含むとする解釈

憲法が行政部の職員の任免権、人事権についてどのように考えているかを探るにあたっては、内閣が「官吏に関する事務」を「掌理」すると定める憲法七三条四号の解釈も問題となる。この点、「官吏に関する事務」の「掌理」に「官吏」の任免権が含まれるか否かが、古くから争われてきたところである。(76)

この点、まず、内閣に任免権があるとする説の中で、もっとも明快なのは佐々木惣一の議論である。いわく、

官吏に関する事務とは、国家が官吏のことについて行うことを適当と認められる事務である。例えば、官吏を任免し、服務関係を正し、待遇を定め、賞罰を行うなどのことである。これらの事務を掌理するとは、これらの事務を処理する行為を為すことである。その行為は、或は規則をつくることもあろう。或は処分を為すこともあろう。いずれにしても、その基準は法律が定め、内閣は右の基準に従うて、前述の行為を為すのである。(77)

この叙述によれば、任免権に関して、憲法七三条四号は、①「官吏」の任免権は内閣にあること、②「官吏」の任免に関する規則を定める権限も内閣にあること、③「官吏」の任免の基準は法律が定めること、を定めていることになる。

そもそも、この解釈は、すでに紹介されているように、(78)憲法制定議会で政府が立っていた説でもあった。金森徳次郎国務大臣は次のように述べていた。

何故茲ニ任免ノ規定ヲ置カナイカ、ソレハ任免ト云フ規定ヲ置イテモ宜シイカモ知レマセヌ、併シ此ノ憲法ノ建前ガ官吏ト云フモノヲ単リ任免ノ一角カラ見ルニ非スシテ、官吏ノ資格トカ、或ハ任用ノ形式トカ、任免ノ手続トカ、更ニソレニ基ク服務、懲罰、其ノ他一切ノコトヲ内閣ニ於テ集中シテ見ルト云フ建前デアリマスガ故ニ、「法律の定める基準に従ひ、官吏に関する事務を掌理すること」ト云フ広イ言葉ヲ用ヒタノデアツテ、此ノ憲法ノ他ノ条文ニ支障ナキ限リ任免ハ固ヨリ含マレテ居ル訳デアリマス(79)

ここで「官吏ノ資格」「任免ノ形式」「任免ノ手続」を決定する権限は、佐々木説にいう②規則を定める権限に相当するものだろう。

また、佐々木説ほど明確ではないが、法学協会編のコンメンタールも、憲法七三条四号は、「国家公務員法〔……〕の定める基準に従って現実に官吏の任免・試験・懲戒その他官吏に関する事務を掌ることは内閣の権限に属するものとした」（傍点筆者）と述べている。(80)

これとほぼ同様の理解を示すものに鵜飼信成がいる。人事院の合憲性を説く部分の中であるが、いわく、

〔憲法七三条四号の規定〕を旧憲法における天皇の任官大権と比較してみると明らかなように、その核心は、官吏の任免権でなければけなければならない〔……〕。すなわち、この規定は、一方では、官吏の任免権が、天皇から内閣に移ったことを示すと同時に、他方では、その権限を行う基準を定めるものが、従来は勅令であったのが、今後は法律でなければならないことを示しているのである。(81)

ここでも、佐々木説の整理に引きつければ、①「官吏」の任免権は内閣にあること、③「官吏」の任免の基準は法律が定めることが説かれている。鵜飼は、憲法七三条四号の規定は「およそ官吏に関する一切の事務は内閣の掌理に属するという意味［……］ではない」とした上で、「基準」を法律で定める権限をもつ国会が、専門的知識をもつ「自己の代理」を設置して副立法を行う権限を与えることが許されると解釈して、人事院合憲論を導くわけであるが[82]、この条項の「核心は、官吏の任免権でなければならない」として、任免権の行使そのものは内閣の権限である点を浮かび上がらせている点が注目される。

この鵜飼の議論は、人事院の合憲性が論点となった裁判例[83]が、憲法七三条四号について次のように述べているところを敷衍したものであると思われる。

> 憲法七三条所定の職権の中、同条第四号の官吏に関する事務とは、後に述べるように官吏を任命する権限をいうものと解する［……］。［……］若し憲法七三条四号が、官吏に関する一切の事務は内閣の掌理に属するということを定めたものならば、人事院が内閣より独立した存在であることは、同条に違背するものである。然しながら、同条同号の規定は、一方では官吏の任免権が天皇から内閣に移ったことを示すと同時に、他方ではその権限を行う基準を定めるものが、従来勅令であったのが、今後は法律でなければならないことを示したものと解するのが、大日本帝国憲法所定の天皇の任官大権と比較して考えてみて、正当であると思われる。[84]

これらの点から、憲法制定時およびその後の早い時期には、憲法七三条四号は任免権を含むとする説が一般的であったことが窺われる。その後の学説でも、同号の定めには内閣が「官吏」の任免権を有することが含まれているとするものが見られる。[85]

(2)　任免権を含まないとする解釈

これに対し、憲法七三条四号の「官吏に関する事務を掌理すること」には任免権が含まれず、人事権の定めは法律事項であるとする解釈が登場した。宮澤俊義の見解がそれである。いわく、

「官吏に関する事務を掌理すること」は、官吏の任命権とは、関係がない。明治憲法は、天皇が官吏を任命する権を定めたことを定めた（明治憲法一〇条）が、本条は、それと同じように、内閣が官吏の任命権を有する旨を定めているのではない。

ここにいう「官吏」の任命権は、憲法に規定のあるもののほか、それぞれ法律の規定すべきところである。(86)

注目すべき見解であり、その後はこの説に従う論者も多い。(87)

また、伊藤正己も、任免権を含まないとの解釈を示すが、次のごとく宮澤説とも若干異なる表現をとる。

官吏に関する事務を掌理する権限に、［……］任命のための事務は当然含まれるとしても、任命権そのものは、憲法の他の規定があるもののほかは、それぞれ法律の定めによって決められると解してよいと思われる。(88)

「任命のための事務は当然に含まれる」と述べる点で、「官吏の任命権とは、関係がない」とする宮澤説と若干異なる印象を受ける一方で、任命権者の定めについては明確に法律事項説を採用するのである。

これらの説が出された理由は定かではない。ひとつの可能性は、国家公務員法五五条などの任命権の定めが憲法に抵触する恐れをはじめから避けるためであると推測される。宮澤は、上記の引用部分の直後で、憲法じしんが定める任命権者や、国家公務員法五五条が定める任命権者について概説しているからである。

この点、小嶋和司が、国家公務員法が国会職員や裁判所職員等を特別職としているのは、憲法七三条四号の「官吏」に立法部および司法部の職員をも含める前提に立った上で、特定のものを排除する趣旨でありうることを示し、この説に立つ場合は「『掌理』が具体的人事権までを意味しないとされることは当然である」との解釈論を示しているのが興味をひく。[89]「掌理」の解釈には、「官吏」の解釈が連動することを示す叙述であるが[90]、国家公務員法の定め方を手掛かりに憲法の解釈を行っている点では、上で示した筋道と共通の発想に立つものといえよう。[91]

(3)　両説の検討

とはいえ、任免権が含まれないとする説には、次のような難点があると思われる。

第一に、これらの説に立つ場合、「官吏に関する事務を掌理すること」が何を意味しているのか問題となる。この点、宮澤は「人事行政事務を行うこと」[92]とするが、宮澤自身の説くところからはその具体的内容は定かでない。宮澤説の系譜を引くと考えられる高橋和之は、「『掌理する』とは、全体として調和のとれた円滑な事務処理を配慮するぐらいの意味に理解される」と述べる。[93] しかし、憲法がこの程度の事務のためにわざわざ具体的列挙の一つとして規定を設けるのか、という疑問を提出することができる。

また、伊藤正己は、「『官吏に関する事務』とは、ここにいう官吏に関する事務すなわち人事行政についての事務であり、具体的には、官吏の職階制、試験、任免、給与、研修、分限、懲戒、服務などに関する事務をいう。『掌理する』とは、このような人事行政事務を総括して行うことである」[94]とするところである。これに対しても、上記の疑問に加えて、憲法がこれらの人事行政事務についてだけ定めをおいて、より根本的な任命権についての定めを置いていないとするのはバランスを欠くのではないかとの疑問を呈することができる。

第二に、これらの説に立つと、任免権の定めは法律でいかようにも定めることが可能であるとの帰結が導かれるが、この結論が妥当であるとは思われない。例えば、行政機関の職員の任免権を完全に内閣から切り離して国会の手元に置くことも全く問題を生じないということになるが、そこまでをこれらの説が説いているとは思われない。

第三に、宮澤説の、憲法七三条四号は任免権と無関係であるとする結論は、宮澤じしんが同号の趣旨について論じるところと一貫していないと解される。すなわち、宮澤は、同号の註釈の冒頭で、明治憲法下のあり方として、天皇が官吏に関する一般的規程を設ける権限とともに、「その任命はもっぱら天皇の権能に属するとされ」ていたことを挙げつつ、「本条は、明治憲法のこのやり方に反対し、官吏の身分に関する一般的規程を設けることをすべて法律に留保し、それによって、内閣のこの点に関する権限を国会のコントロールのもとにおこうというのである」[95]（傍点筆者）と述べる。本条が明治憲法の「やり方に反対」の趣旨であるとしながら、任免権の所在について本条は関係がないというのは矛盾を孕んでいないか[96]。

この宮澤の見解に対しては、古くから清宮四郎による批判があり、「憲法が、官吏の原則的任命権について、特別の規定を設けていないところをみると、原則的任命権は、やはり、内閣が掌理する『官吏に関する事務』のうちに含まれるとしているのが、憲法の趣旨と解してよかろう」[97]と論じる。結局、「明治憲法下、官吏の任免権は天皇にあった（任官大権、明憲一〇条）が、これを内閣に移し、かつその基準は国会が定めることにした」のだとの理解[98]のほうが、筋が通っていると考えられる。

しかし、他方、任免権が含まれるとする説も、その意味を厳格に解すれば、後述するように、国家公務員法をはじめとする現行法を憲法適合的に説明することができなくなってしまう。この説も、現行法が違憲であるとまで説くわけではないであろう。たとえば、上の清宮の所説でも、「原則的任免権」という語からは、一切の例外を許さないという趣旨ではないことが窺える。

(4)　憲法七三条四号の再検討

それでは、どのように考えるべきなのだろうか。憲法七三条四号は、文言上、二つの部分から構成されている。第一の部分は、内閣の職権として「官吏に関する事務を掌理すること」である。憲法七三条四号が置かれている位置からいっても、この内閣の職権の定めが中心部分であるといえよう。そして、この「官吏に関する事務の掌理」の中には、任免権、人事権が含まれていると解され、そうである以上、ここでの「官吏」は行政部の職員を指すと解すべきことになる。

しかし、内閣が実際にすべての行政部の職員の人事権を直接に行使することまでを要求しているわけではない。内閣は、みずからの判断で、実際の人事権の行使を下位の行政機関に委ねることができるのである。(1)でみた佐々木説は、憲法七三条四号の解釈として、①公務員の任免権は内閣にあることだけでなく、②公務員の任免に関する規則を定める権限も内閣にあることをも示していたが、ここにいう公務員の任免に関する規則には、委任による具体的任免権者の決定も含まれると理解できる。

このように、憲法七三条四号が、内閣に、人事権と、人事権の行使に関する規則制定権を与えた趣旨については、人事権の意味づけによって次の二つの角度から捉えることができる。

一つは、人事権とは、**1**で六五条との関連で考察したように、行政機関による法律の適正な執行を確保するためのヒエラルキーに関わり、指揮監督権の周辺にあって内閣の意思を下位の行政機関に貫徹するための手段の一つであるとの理解である。この理解に立つならば、本号が置かれている趣旨は、人事権が行政部のヒエラルキー構造を担保するため重要な手段であることを示して、これを内閣の権限として特に保障しようとするものであるということができよう。

もう一つは、人事権を、内閣による政策の形成や実現という目的を達成するため不可欠な人員を適材適所に配置する手段であると位置づけることである。かかる理解は、執政権説のいう「統一的、総合的な政策の決定という要素」に引きつけて人事権を捉えるものである。この場合、本号は、内閣による政策の形成や実現を可能にするための手段であると解することができる。

他方、憲法七三条四号は、第二の部分として、官吏に関する事務を掌理する際には「法律の定める基準に従〔う〕」べきことを定める。同号は、条文の配置上は基本的に内閣の権限について定めた条項と理解するべきではあるが、同時に国会の権限についても定めているのである。

ここにいう「基準」とは、人事権が内閣にあることを前提として、その行使に関わる要件や手続等の準則であると理解できる。この「基準」を法律事項とした趣旨は、主に、行政部の職員を民主的な存在ならしめるとともに、その専門性、中立性、公平性を維持すること――メリットシステムの構築――に必要な規律を行わせるためであると考えられる。[99] したがって、任免権との関係でいえば、法律で定めるべき基準とは、職員の資格や試験に関する定めや、職員の任免の要件や手続に関する定めなどであると考えられる。

(5)　具体的な任免権者の決定権

もっとも、さらに進んで、「基準」として具体的な任免権者までを法律で定めることができるかが問題となる。この点は次のように考えられるだろう。

憲法七三条四号は、行政部の職員に対する人事権を内閣に付与したものであり、その結果、内閣は、委任による具体的な人事権者の決定権をも有する。この決定権が内閣に独占されるならば、具体的な人事権者の決定は法律で定める「基準」には含まれないということになりそうである。しかし、政府に対する民主的統制の確保や、メリットシステムの維持といった理由から、法律により具体的な人事権者を定めることにも合理性が認められる場合があるだろう。それゆえ、同号にいう「基準」の中に具体的な任免権者の決定も含まれると解し、これを法律で行うことも可能だと考える。結局、これは内閣と国会との共管事項だということになる。

ただし、この場合であっても――(1)で触れた、同号は任免権を含まないとする説の論理的帰結のように――法律でいかようにも任免権者を定められるとはならない点に注意が必要である。同号が行政部の職員の人事権を内閣に与えていることの趣旨自体に抵触することは許されない。法律による具体的な人事権者の決定の内容が、行政部のヒエラルキー構造の意義を損なうものでないか、内閣の政策形成、実現を害するものでないか、厳しく検討する必要があるのである。

(6)　七三条と六五条との関係

なお、憲法六五条の「行政権」の中に行政機関の職員の任免権が含まれるとした上でさらに、憲法七三条四号でも内閣の職権として行政機関の職員の任免権が含まれると解する場合、両者の関係が問題となる。

この点は、憲法七三条の各号について、「ここに列挙されている事務を内閣から奪ってはならないという含意をともなっていると解される」[100]と述べる学説が参考になる。すなわち、憲法六五条の「行政権」は、しばしば説かれるように、憲法四一条の「立法」権や憲法七六条の「司法権」と同じ意味で内閣が独占的、排他的に有する権限ではない。それゆえ、内閣が有している職員の任免権に制限を加えることも、憲法六五条の「行政権」に対する制約として論じるだけであるならば、指揮監督権に対する制約と同様、合理的な理由があれば――独立行政委員会の設置が認められるごとく――許されることになる。

しかし、憲法七三条四号の「官吏に関する事務の掌理」に任免権を含むと解するとき、この趣旨には、法律の適正な執行を確保するための行政部のヒエラルキー構造の維持、内閣の政策形成や実現を補佐するための人員配置の確保が含まれるので、同号は、憲法六五条の「行政権」に総合調整権の一つとして含まれている任免権をとくに取り出して、これを強く保障するものであるということになる。それゆえ、法律で内閣の任免権に実質的な制限を加える場合には強い理由が求められ、憲法七三条四号が任免権を内閣に与えた趣旨を損なっていないか、厳格な検討が求められることになる。

なお、同号の「掌理」には任免権を含まないとする見解に立った場合でも、憲法六五条の「行政権」からこの権限が導かれるので、少なくとも行政部のヒエラルキー構造の維持の観点から任免権の制限の可否を検討すべきであることとなる点には注意が必要である。(101)

(7)　小括

憲法七三条四号の「官吏に関する事務の掌理」には、行政部の職員の任免権、人事権も含むと解される。ここから派生して、内閣は、具体的な任命権者、人事権者の決定を規則を定めて行う権限も有する。しかし、国会は、「法律の定める基準」として、民主的統制の確保やメリットシステムの構築という目的から、具体的な任命権者、人事権者を法律で定めることも可能である。ただし、その場合にも、憲法七三条四号が内閣に人事権を与えた趣旨、すなわち、法律の適切な執行を担保するためのヒエラルキー構造の維持、内閣の政策形成や実現を補佐するための人員配置の確保といった点を損なっていないか、厳格に検討することが求められる。

なお、(2)で述べたように、同号の「官吏」を、国会職員や裁判所職員も含めて広く国の公務員を指すと解するならば、「事務を掌理すること」に任免権を含めることは困難になるが、「権力分立などの憲法構造・理念」に鑑みれば(102)、国会職員や裁判所職員は含まないとするべきである。(103)「官吏」をこのように解した上で、「掌理」に任免権を含

めるとすることは、充分に整合的な解釈であろう。(104)

(76) この点を整理したものとして、新正幸「『官吏に関する事務を掌理する』の意味」小嶋和司編『憲法の争点〔新版〕』(有斐閣、一九八五年)一九一頁以下、樋口陽一＝佐藤幸治＝中村睦男＝浦部法穂『憲法Ⅲ』(青林書院、一九九八年)二五四〜六頁〔中村睦男〕。
(77) 佐々木惣一『日本国憲法論〔改訂版〕』(有斐閣、一九五二年)二九三〜四頁。
(78) 新・前掲注(76)一九二頁、清水伸編著『逐条日本国憲法審議録第三巻』(有斐閣、一九六二年)三九三頁。
(79) 『貴族院帝国憲法改正案特別委員会議事速記録』第一九号(昭和二一年九月二一日)三三頁。
(80) 法学協会編『註解日本国憲法　下巻』(有斐閣、一九五四年)一〇八八頁。これと類似の表現として、「官吏に関する事務」とは「官吏の職階制、試験、任免、給与、研修、分限、懲戒、服務などに関する事務」をいうとし、「掌理する」とは、「これらの人事行政事務を総括して行うこと」であるとするものとして、樋口ほか・前掲注(76)二五六頁〔中村睦男〕。ただし、同書は、この直後に、ここに任免権が含まれるか否かについて争いがあるとし、肯定、否定両説を紹介するので、上の定義に任免権が含まれるのかは定かでない。これに対し、法学協会編には、「現実に」という語が入っている点が注目される。
(81) 鵜飼信成『公務員法〔新版〕』(有斐閣、一九八〇年)三三九頁。
(82) 鵜飼・前掲注(81)三三九頁。
(83) 福井地判昭和二七年九月六日行集三巻九号一八二三頁。
(84) 行集三巻九号一八五六〜七頁。
(85) 清宮・前掲注(73)三二五頁など。「事務を掌理するとは任免・昇進・給与・懲戒等の処理を行うことのように広く認めることができ〔る〕」と述べるものとして、辻村みよ子『憲法〔第四版〕』(日本評論社、二〇一二年)四三三頁。
(86) 宮澤(芦部補訂)・前掲注(9)五七一頁。
(87) 野中ほか・前掲注(37)二〇八〜一〇頁〔高橋和之〕、松井・前掲注(36)二一九頁など。
(88) 伊藤正己『憲法〔第三版〕』(弘文堂、一九九五年)五五六頁。
(89) 小嶋・前掲注(74)四四三頁。
(90) この点の認識を共有するものとして、野中ほか・前掲注(37)二〇九〜一〇頁〔高橋和之〕、大石眞『憲法講義Ⅰ〔第二版〕』

（有斐閣、二〇〇九年）一八五～六頁、辻村・前掲注（85）四三三頁、西浦公「『官吏に関する事務を掌理する』の意味」大石眞＝石川健治編『憲法の争点』（有斐閣、二〇〇八年）三三六頁以下の三三七頁。両者の解釈が連動していないものとして、伊藤・前掲注（88）五五五～六頁、松井・前掲注（36）二一九頁。

(91) もっとも、宮澤俊義自身は、上で引用をしたコンメンタールでは、「官吏」に少なくとも立法部の職員は含まれないとしていたし、別の教科書では「立法権や司法権に参与する公務員や、非常勤的な公務員は、含まれない」と述べている（宮澤俊義『憲法〔改訂版〕』〔有斐閣、一九七三年〕三〇四頁）ので、小嶋の説明の仕方とは異なることになる。

(92) 宮澤・前掲注（芦部補訂）（9）五七〇頁。

(93) 野中ほか・前掲注（37）二一〇頁〔高橋和之〕。

(94) 伊藤・前掲注（88）五五六頁。

(95) 宮澤・前掲注（芦部補訂）（9）五六七頁。

(96) しかも、宮澤は、六五条の「行政権」の意味の中に、「公務員を選任したり、指揮監督したり」する国家作用を読み込む。宮澤（芦部補訂）・前掲注（9）四九四頁。

(97) 清宮・前掲注（73）三二五頁。

(98) 渋谷・前掲注（25）六一三頁。

(99) 憲法七三条四号の英文は、“Administer the civil service, in accordance with standards established by law” であるが、この条項は、すでにマッカーサー草案六五条四号の段階で “Administer the civil service according to standards established by the Diet” となっており（高柳賢三＝大友一郎＝田中英夫『日本国憲法制定の過程　I原文と翻訳』〔有斐閣、一九七二年〕二九〇頁）、四月一三日草案の段階で、「by the Diet が by law に訂正された」（佐藤達夫〔佐藤功補訂〕『日本国憲法成立史第三巻』〔有斐閣、一九九四年〕三二九頁）他は、この段階で固まっていたといえる。GHQ内部の起草作業においても、第二次試案すなわち小委員会案の段階で、“Administer the civil service according to standards established by the Diet” となっている（高柳ほか・前掲一八〇頁）。ところが、ハッシー文書に残されている第一次試案の七条四号は、“Select and direct the activities of public employees of the national administration according to the standards established by the legislature. Public employment shall be a non-political career service based on merit only and open to all Japanese citizens without regard to religion, politics, sex or any other discrimination except ability” とされており、このタイプを斜線で消しつつ、上から第二次試案と同じ法文が書き込まれている（Hussey Papers “24-A Draft of the “Preamble” to the Revised Constitution” ～ “24-I Drafts of Chapter ten, “Supreme Law”, of

the Revised Constitution" <YE-5, Roll No. 5>24-E-1-6. 国立国会図書館のウェブサイトの「日本占領期資料」を参照した)。この間の経緯と意図については定かでない（四号二文について、田中英夫『憲法制定過程覚書』(有斐閣、一九七九年）一五六〜八頁を参照)。ただ、第一次試案七条四号二文からはGHQ内部でメリットシステムの採用が念頭に置かれていたことが明らかであり、興味深い。ちなみに、日本側の当時の理解としては、上記のマッカーサー草案六五条四号を「国会ノ定ムル規準ニ従ヒ内政事務ヲ処理スヘシ」と翻訳し、三月二日案の段階でも、「マ草案の administer the civil service は、外務省訳で『内政事務ヲ処理スヘシ』となっていたが、われわれとしてはその翻訳の適否は問題にしながらも、英語の意味の如何にかかわらず、日本案としては、やはり『内政事務』の方が適当であろうということに落ちついた」（佐藤〔佐藤補訂〕前掲八四頁）ところ、三月六日要綱で初めて「官吏ニ関スル事務」という訳語が当てられたことが知られる。この点に関して、「この条文では第四号の『内政事務ヲ掌理スルコト（administer the civil service)』がここではじめて『官吏ニ関スル事務ヲ掌理スルコト』となった。私の書類には『官吏ニ関スル事務』と鉛筆で記入してその横に『其ノ他ノ公務員』と付け加えているが、当時、こういう表現も一応話題になったと思う」と言われる（佐藤〔佐藤補訂〕前掲一八六頁)。

(100) 佐藤・前掲注（35）四九七頁。

(101) 同号の「掌理」には任免権を含まないと解した上で「任命権は、六五条の行政権から導かれる」と明示的に述べるものとして、松井・前掲注（36）二一九頁。

(102) 佐藤・前掲注（35）四九八頁。同旨、辻村・前掲注（85）四三三頁。

(103) 結論としてこの解釈を示すものとして、上田章＝浅野一郎『憲法』(ぎょうせい、一九九三年）二二三〜四頁。

(104) なお、このように憲法七三条四号の「官吏」を行政部の職員に限定する解釈に対しては、同じく「官吏」の語を用いる憲法七条五号と整合しないのではないかとの批判が提出される。すなわち、憲法七条五号にいう「官吏」には、行政部の職員に限らず、裁判官なども含まれると解される以上、憲法七三条四号の「官吏」も同様に解する必要があるのではないかとの指摘である。憲法七条五号との関係では、現行法上、最高裁判所裁判官と高等裁判所長官の任免は天皇が認証することとされている（裁判所法三九条二項、四〇条二項)。しかし、このような法律の定めを前提に憲法解釈を行うべきでないのは本文でも述べたとおりである。逆に、同一の用語の解釈が条文により異なることが、まったく許されないわけではない。ここでも、憲法七条五号にいう「官吏」と憲法七三条四号の「官吏」とは意味が異なると解釈することは許されないわけではないと考えられる。

ちなみに、英文は前者が officials、後者が civil service である。もっとも、civil service であるから行政部の職員であるとはいえない。アメリカにおいて、civil service とは「制服組（uniformed services）を除いた、合衆国政府の行政部、司法部、立法部におけるすべての任命による官職（appointive positions）からなる」と定義されているからである。5 U.S.C. §2101. 他方、イギリスにおいては、civil serviceとは、「国王（Crown）の奉仕者であり、政治的官職または司法的官職以外の者で文民の資格で雇用され、その俸給がもっぱらおよび直接的に議会によって議決された予算から支給される者である」というトムリン委員会（一九三〇－三二年）報告書の定義が伝統的に妥当してきたようである（近年の若干の定義の変化も含めて、坂本勝『公務員制度の研究』〔法律文化社、二〇〇六年〕九〇～四頁。また参照、三宅太郎「公務員（官僚制）」宮澤俊義先生還暦記念『日本国憲法体系第四巻　統治の機構1』〔有斐閣一九六二年〕二一一頁以下の二一九～二五頁）。

第三節　現状と改革の評価

1　現状について

(1)　現在の問題の所在と背景

第二節では、憲法六五条の「行政権」及び憲法七三条四号の「官吏に関する事務」から内閣に行政部の職員の任免権が導かれるとする憲法解釈を示した。このような憲法解釈を前提にした場合、内閣ではなく各省大臣に当該各省の職員の任命権（そしてその結果として人事権）を与えている国家公務員法五五条は、憲法六五条および憲法七三条四号に抵触するおそれがある、ということになる。

しかし、この点を指摘する論者は見当たらない。なぜ、国家公務員法五五条の合憲性にはなんの疑問も挟まれてこなかったのだろうか。

その理由として、すべての職員の任免権を行政権者が実際に行使することは不可能で、少なくとも下位の職員については下位の行政機関に委ねることが必要かつ合理的であると思われることが挙げられる。現に、外国においても、下位の職員の任命権は各省の大臣に与えられている例が多く見られる。[105]また、明治憲法の下でも、各省官制通則七条一項によって、「各省大臣ハ所部ノ官吏ヲ統督シ……判任官以下ハ之ヲ専行スル」とされ、判任官以下の任免権は各省大臣に委任されていたところである。

しかし、内容上も形式上も、国家公務員法五五条による任命権者の定めには、比較法史的にみて看過できない点があるように思われる。まず、内容を見た場合、諸外国や明治憲法下の例で下位の行政機関に委ねられているのは、せいぜい中～下位の職員の任命権に限られる。日本のように、事務次官以下各省の職員の任命権をすべて各省に委ねている例は英米独仏に存在しない。また日本でも、明治憲法下は、親任官、勅任官、奏任官の任命権は天皇にあった。[106]

また、形式に着目するときにも、諸外国（英独仏）や明治憲法下では、下位の行政機関に任命権を委ねる形式は、本来の任命権者である君主や大統領の命令である。これに対して日本では、国会が定める法律により各省大臣を任命権者と定めているのである。たしかに、アメリカでも下級公務員の任命権については法律が各行政機関に与えているところである。しかし、そこでは、憲法にこれを法律事項とする明示的な定めが置かれている点に注意する必要がある（二条二節二項）。日本では、このような憲法の定めは存在しない。むしろ、第二節で考察したように、憲法六五条や憲法七三条四号から内閣に行政部の職員の任免権が与えられていると解釈できるのである。

しかし、この点に対する憲法学の意識は弱い。たとえば、憲法七三条四号の「官吏に関する事務」に任免権を含むと解する学説は次のように述べる。

官吏に関する事務は、内閣において掌理するのが原則であるが、これに対しては、〔……〕法律の定めるところにより、右の内閣の権限を他の国家機関例えば内閣総理大臣、各省大臣等に委任することも可能である。[107]〔傍点筆者〕

また、同様の趣旨と思われる記述が、憲法制定直後に出されている逐条解説にも見られる。いわく、

其の〔＝官吏の〕任免・賞罰・監督は法律に依り特に他の機関に委任せられて居るものの外、原則として内閣の権限に属するのである。[108]〔傍点筆者〕

これらの学説は、法律によって官吏に関する事務の「委任」ができると述べているが、この叙述は、法形式論として違和感を覚えるものである。委任とは、いうまでもなく、委任機関が自らの権限に属する事項の決定を、自らの判断で受任機関に委譲し、その機関の権限として行わせることだからである。[109]国家公務員法五五条による定めは、内閣ではなく国会の判断で内閣の権限を各大臣に分配するもので、委任ではない。

にもかかわらず、このような叙述がなされた背景としては、次のような推測が可能である。明治憲法下では、天皇に任官大権があったが、実際に天皇がすべての官吏の任免を行っていたわけではなく、勅令を定めることで下位の機関にこれを委ねていた（官吏の任免権→勅令による下位機関への委任）。ところが、日本国憲法が制定されたことにより、官吏の任免権は、国民主権のもと、国民→国会→内閣という正統性の鎖の中で内閣に移った。ところが、これと同時に、実際の任免権が各省大臣にあることの定めも――いわば機械的に――勅令事項から法律事項に移された。しかし、結論が大きく違っていないように見える――実際にはすべての職員の任命権を各省大臣の権限とした点で違っているのだが――ために、従来の「委任」という語を使ってしまったのではないか。

国家公務員法五五条の合憲性にまったく疑問が持たれてこなかった背景には、行政部に対する国会の民主的統制であり基本的に望ましいものであるとの発想とともに、このような認識も潜んでいたと思われる。しかし、本稿のように内閣は行政部の職員の任免権を憲法上有するとする立場からは、国家公務員法五五条は、憲法が定める内閣の任免権を法律で動かすものである以上、看過できないということになる。

(2)　国家公務員法五五条の形式面の検討

そこで、まず、この形式の側面に着目して、国家公務員法五五条が憲法に違反しない、あるいは、はじめから憲法適合性が問題とならないのならばそれはなぜか、検討したい。

この点、従来、国家公務員法五五条の合憲性になんの疑問も挟まれてこなかったのは、同条が定める任命権者は各省大臣であり、各省大臣国務大臣兼任制をとる現行法のもとでは各省大臣は内閣の一部ともいえること、また各省大臣は行政部のヒエラルキーの中で内閣に直接従属する機関であることから、同条は、内閣の任命権に抵触するものではないという認識が暗黙のうちになされていたからであると思われる。

もっとも、各省大臣国務大臣兼任制ゆえに、任命権を各省大臣に委ねても、内閣の権限と同視できるとは直ちに言えない点には注意を要する。日本の兼任制は、〝各省大臣はじめにありき〟[110]の色彩が濃厚であり、各省大臣＝国務大臣と、内閣とを安易に同一視するのではなく、両者を区別する意識をもつべきである。

それゆえ、重要となるのは、各省大臣は行政部内のヒエラルキーの中で内閣に直接従属する機関であるという点であろう。ただ、この点から、各省大臣に任命権を与えることが内閣の権限に抵触するものではないといえるためには、一定の条件を充たす必要があると思われる。

この点、参考になるのは毛利透の次の叙述である。既に第二節**1**(3)で引用したところではあるが、もう一度引用する。

現実の法状態が憲法上許容されるのは、行政各部のヒエラルヒー構造によって、法的には内閣の意思が行政組織末端にまで貫徹できるはずだからだと理解する。現実に行政各部が法律を執行してよいのは、いざというときにはいつでも内閣がその執行に対して介入できるという法的保障が存在するからである。(111)

ここにいう「現実の法状態」とは、毛利論文では、作用法の主体が各省大臣である状態を指しているが、任免権についても、同じことがいえるのではないか。つまり、国家公務員法五五条は、任命権、人事権の主体を各省大臣としているが、このことが問題視されないのは、「いざというときにはいつでも内閣がその執行に対して介入できる」からではないだろうか。法律で任免権者を内閣からその下位の行政機関である各省大臣に動かしたところで、その任免権の行使についても、内閣は対外的に（とくに国会との関係で）責任を負うべき地位に立つ。もちろん、実際には、任免権の行使の第一次的な責任は各省大臣にあり、兼任制を前提にすれば国会に対する説明責任も国務大臣＝各省大臣が果たすことになるわけであるが、だからといって、内閣の連帯責任の対象から外れるわけではなく、国会が内閣としての説明責任を追及するならば内閣はこれに応答する義務が生じるであろう。その意味で対外的に任免権はなお内閣にある、ということができる。結局、国家公務員法五五条は、任命権、人事権を内閣の手から取り上げていないから問題とならない、と考えられるのである。(112)

それゆえ、内閣は、国家公務員法五五条で任命権、人事権を与えられている各省大臣に対して、これらの権限の行使に関し、いつでも指揮監督権を行使できなければならない。この条件を充たしていることが、憲法六五条や憲法七三条四号との関係で同条の合憲性が問題とならない、大きな論拠であると考える。国家公務員法が各省の職員の任命権ひいては人事権を各省大臣に与えていることを根拠として、内閣及び内閣総理大臣が省内の人事に関与することは憚られるとの理解があるのだとすれば、それは本末転倒である。かかる観念は否定されなければならない。

(3)　国家公務員法五五条の内容面の検討

それでは、国家公務員法五五条の内容面、すなわち、すべての職員の任免権を各省大臣と定めている点はどのように評価すべきだろうか。

この点、まず、内閣が行政部のすべての職員の任免を実際に行うのは明らかに不可能であり、一律に下位の行政機関である各省大臣にこれを行わせるとすることで、内閣の「事務処理負担[113]」を軽減し、同時に、行政部の内部における第一次的な責任の所在を規格化して明確にすることの合理性が挙げられよう。

しかし、内閣の事務処理負担の観点からであれば、事務次官や局長といった上級の職員についてまで下位の機関に委ねる必要はないともいえる。責任の所在を明確にするといっても、すべてを各省大臣の責任としなければならないわけではない。

また、国家公務員法五五条が事務次官以下すべての職員の任命権者を各省大臣としているのは、これを内閣から切り離すことで、メリットシステムを維持するためであるとの説明も考えられる。しかし、この説明にも、現行制度上、各省大臣は内閣の一員である国務大臣、すなわち政治家が兼任するものである以上、各省大臣を任命権者にしたところで、これだけではメリットシステムの維持には繋がっていないのではないか、メリットシステムの維持は身分保障の定め（国家公務員法七四条以下）によるのであって、具体的な任命権者の所在は関係しないのではないか、との疑問を提起することが可能である。

メリットシステムの維持は、第二節**2**(4)で見たとおり、憲法七三条四号に入っている「法律の定める基準に従ひ」

という文言との関係で主に念頭に置かれている目的であると考えられ、内閣の人事権に対する制限を正当化する重要な目的であることは確かである。しかし、だからといって、このことから各省大臣を任命権者とする定めが導かれるものではない。

逆に、憲法七三条四号が内閣に行政部職員の人事権を与える趣旨の中に内閣の政策形成、実現の確保が含まれるのであれば、政策の企画立案や業務管理に携わる上級職員の人事権を各省大臣に分散して持たせる国家公務員法五五条のあり方は、同号の趣旨を損なうおそれがあるのではないだろうか。国家公務員法五五条が上級職員の任命権、人事権を各省大臣に与えている結果として、「大臣の人事権という名のもとに各省において事務方の仲間内人事が行われる、そういう人事を大臣が追認せざるを得ないような実態が指摘され」ているところであるが[114]、かかる「事務方の仲間内人事」は、内閣主導の政策形成、実現を阻害するものとして、憲法上、座視することのできない問題だということになる。

もちろん、上級職員についてもメリットシステムを維持する制度を採用する以上は[115]、内閣が直接に任免権や人事権をもつ場合でも、上級職員の中立性、公平性を確保することとのバランスを取ることが必要となる。しかし、このことは上級職員の任命、懲戒、罷免等の要件、手続を工夫することで対応することができよう。上のような実態が見られる以上は、上級職員も含めて一律に具体的な任命権者を各省大臣とする国家公務員法五五条は、批判的に見直す必要があると思われる[116]。

(105)　注(13)を参照。

(106)　参照、佐々木惣一『日本行政法論』(有斐閣、一九二一年)一四四～六頁、美濃部達吉『行政法撮要　上巻〔再版〕』(有斐閣、一九二八年)一五七、二二四頁、同『日本行政法　上巻』(有斐閣、一九三六年)四一一～二頁。任命の形式は、天皇からの距離

に応じてその関与に濃淡があり、親任官は、「官記ニハ親署ノ後御璽ヲ鈐シ内閣総理大臣年月日ヲ記入シ之ニ副署ス」（公式令一四条一項）、それ以外の勅任官は、「官記ニハ御璽ヲ鈐シ内閣総理大臣年月日ヲ記入シ之ヲ奏ス」（三項）、奏任官は、「官記ニハ内閣ノ印ヲ鈐シ内閣総理大臣年月日ヲ記入シ之ヲ宣ス」（四項）とされていた。もっとも、奏任官については、「各省大臣ハ〔……〕奏任官ノ進退ハ内閣総理大臣ヲ経テ之ヲ上奏」するという定めもあり（各省官制通則七条一項）、各省大臣が主導権をとるとされていたようである。また、奏任官の実際の任命手続には上記のとおり天皇は参与しない。明治憲法下の官吏制度について、参照、渡辺保男「日本の公務員制」辻清明ほか編『行政学講座　第二巻　行政の歴史』（有斐閣、一九七六年）一一一頁以下の一一二〜一三三頁。

(107) 法学協会編・前掲注（80）一〇八八頁。

(108) 美濃部達吉『新憲法逐條解説』（日本評論社、一九四七年）一一五頁。

(109) 参照『法律学小辞典〔第四版〕』（有斐閣、二〇〇四年）二九五頁、『コンサイス法律学用語辞典』（三省堂、二〇〇三年）五六頁。

(110) 第一編第三章第二節参照。

(111) 毛利・前掲注（38）六六頁。

(112) 山内一夫も、独立委員会の委員の任命に関してであるが、「内閣が直接任命権を有しないで、主任の大臣が任命権を有するとすることは、どうか、という問題がある。これは許される、と解すべきであろう。けだし、主任の大臣には、内閣の指揮監督権が及ぶからである」と述べる。山内・前掲注（75）一一六頁。

(113) 毛利・前掲注（38）六七頁。

(114) 平成二〇年五月二八日『衆議院内閣委員会議録』第二〇号八頁（渡辺喜美国務大臣）。同様の認識は、参議院でも繰り返されている。平成二〇年六月三日『参議院内閣委員会会議録』第一八号四頁（渡辺喜美国務大臣）。他方、質問中の「仲間内人事」との認識に対して、「そうした決め付けは必ずしも正しくない」、「確かに事務当局の意見というものは参考にいたしましたけれども、人事案はすべて当時の大臣であった私の責任において決め、そして閣議にお諮りをしたという記憶を明確に覚えております」という、異なる認識を示す者もいる。平成二〇年五月三〇日『参議院会議録』第二三号八頁（町村信孝国務大臣）。

(115) ＧＨＱの第一次草案のような文言が入っていない以上（これについては注（99）を参照）、憲法上、上級職員の一部を政治任用――この語も多義的であるが、ここでは任用に資格を要求せず、政権担当者である政治家が自らが好む者を任用できるという意味である――とする制度を構築することが憲法上禁止されているわけではない点には注意を要する。

(116)　なお、諸外国における行政制度、公務員制度の改革の流れの中で、イギリス発のＮＰＭが注目されている。ＮＰＭに基づく制度では、人事や給与を決定する権限を各省庁やエージェンシーに分散化することとなる。これらの制度の導入と、本書の立場との関係が問題となるが、この点は、次のように考えられる。本稿は、憲法七三条四号が内閣に行政部職員の任免権、人事権を与える趣旨を、①法律の執行を適正に行わせるためのヒエラルキー構造の維持と、②内閣の政策を形成、実現するために不可欠な人員を適材適所で配置するための手段の二点から捉えるが、エージェンシーが行う行政の実施、行政サービスの提供に携わる職員について、その管理機能を分権化しても、②の観点からは問題とならない。エージェンシーは政策の企画立案には携わらないからである。これに対し、エージェンシー制の導入は、これらの機関に対する内閣の指揮監督、総合調整の権限を弱めることになるため、①の観点との関係で問題を孕むことになる。

この点、イギリスでは、エージェンシーは政府の一部であり、「枠組文書（framework document）」を各省の大臣とエージェンシーの長とで締結し、これに基づきエージェンシーの長は人事や運営に関する権限を得るが、これは行政組織内部における大臣による委任と構成することができる。長は一年ごとに annual performance agreement の締結を通じて業績のチェックを受け、業績が悪ければ任期の満了で退職することとなる。そもそもエージェンシーの設立自体が大臣の命令によるものであり、政府による統制と関与は大きいと言える。

これに対し、日本の独立行政法人は、政府の一部ではなく別法人であるので、ひとつの説明の仕方として、憲法七三条四号が内閣が職員の任免権や人事権を持つことが要請される「行政部」（あるいはそもそも「国」）に含まれない、と理解することが考えられる。もちろん、現実にある諸組織、法人を、「官」「民」の二項に切り分けることは難しく、この間に位置づけられる諸組織について、どのような統制を取るべきか、憲法学の視点からも論じる必要がある。参照、長谷部恭男「独立行政法人」ジュリスト一一三三号（一九九八年）九九頁以下、山本隆司「行政組織における法人」塩野宏先生古稀記念『行政法の発展と変革　上巻』（有斐閣、二〇〇一年）八四七頁以下。

2　国家公務員制度改革基本法について

(1)　「議院内閣制」の文言の挿入について

それでは、本書の立場から国家公務員制度改革基本法はどのように評価できるだろうか。

この点、第一に目を引くのは、基本法二条一号が、基本理念の冒頭に、「議院内閣制の下、国家公務員がその役割を適切に果たすこと」を掲げることである。この文言は国会での修正によって入ったものであるが、「議院内閣制」の語が法律で用いられるのも初めてのことであり、注目される。この点、「我が国が議院内閣制の国であるということは言わずもがなのことではないでしょうか。あえてこの法案に議院内閣制という言葉を用いた理由をご説明願いたい」との質疑に対して、担当大臣は、

官僚内閣制とやゆされるような、官僚が大臣と国会議員を上手に動かしながら、いつの間にかイニシアチブを取っていくという［……］ことを根本的に改めるという決意がこの真の議院内閣制という文言に秘められたものでございます。(117)

と説明している。ここで「議院内閣制」とは、

議院内閣制については今更説明するまでもございません。政治の意思決定というのは選挙で行われます。選挙の結果、国会の多数派が形成をされます。その国会の多数派が内閣をつくります。内閣の一員たる大臣が各省官僚機構をコントロールし、まさに選挙で示したマニフェストを具体化、政策として、官僚機構を使いながら企画立案し、国会に提示をするものでございます。(118)

とされる。国会の多数派で形成される内閣がそのヒエラルキーの下にある行政機関の権限行使も含めて、連帯して国会に政治責任を負う、その裏表として、内閣はヒエラルキー構造を通じて行政機関に指揮監督を行うという仕組みを指しているものであり、本章の憲法七三条や六五条の解釈が立脚する原理に合致するものといえよう。(119)

(2)　幹部職員の任用について

とはいえ、基本法も、各省大臣が各省職員の任命権、人事権を一手に持つという国家公務員法五五条のあり方に対する変更を明示していない。ただ、幹部職員の任用は、①内閣官房による適格性審査、②内閣官房による幹部候補者名簿の作成、③内閣総理大臣、内閣官房長官、各省大臣による任免協議を経て各省大臣による任命という手続を経ることが明示された。①②は、各省の垣根を越えて（公募制度の導入により行政部の外部からも）、幹部職員の人材を、内閣が主導的に各省に配置することを可能にするであろう。さらに、③も、ここにいう「協議」が、第二節**1**(4)(5)で見た「統合的調整」の一種であるということに留意すれば、内閣総理大臣が幹部職員の任用に実質的に関与することを可能とする制度として機能するだろう。現に、国会質疑においても、「仮に、内閣官房長官、内閣と各省庁の人事が相容れないもの、もめた場合に、果たしてその人事権、任命権はどちらが優先するんでしょうか[120]」との質問に対して、修正案提案者は次のように答弁している。

さすがに、やはり内閣総理大臣や官房長官がこれはちょっとおかしいのではないかというふうが御意見があったときに、各大臣がそれを振り切ってやれるかどうか。内閣総理大臣には一般的指揮命令権もありますから、そういった点から考えて、これは充分に内閣による全体のコントロールが及ぶものと、さように考えております[121]。

第二節**1**で検討した憲法上の指揮監督権、総合調整権に関する理解からすれば当然の帰結であるが、これらの仕組みは、運用次第で、実質的に幹部職員の任命権を内閣総理大臣が行使することに繋がる可能性を秘めている制度であるといえるだろう。基本法の審議中の答弁で、担当大臣は、「修正後の五条二項三号に基づいて、当然、国家公務員法、現行の五五条は改正すべきものと考えております」と述べていることから[122]、上記の手続を具体的に制度化する中で国家公務員法五五条が改正される可能性もあり、注目される。

なお、国会の質疑において、この①から③の仕組みは、いったん幹部職員に任用されたものが役職を動く際にも改めて踏まれることが繰り返し述べられている。[123] また、幹部職員の範囲について、法律では、事務次官、局長、部長が含まれることは明らかであるが、国会の質疑において、実質的には給与法上の指定職を想定していること、括弧書で対象から除外される「地方支分部局等」の「等」とは、研究所などの附置機関、病院や療養所等を想定していること、司法的な作用を行う官職は除外され、逆に外交、防衛の作用を行う官職や予算編成に携わる主計官などは幹部職員に広く含まれることもありうることなどが明らかとされた。[124]

関連して注目すべきは、この範囲について、「法律ですべて幹部職員の範囲を確定をしてしまうのではなくて、政権の判断に応じて弾力的に変更出来るようにすることも考えられるのではないか。この場合には、内閣一元管理の趣旨にかんがみれば、人事院規則に落とすということではなくて政令に落とすということも考えられよう」と担当大臣が説明していることである。[125] 本書は憲法七三条四号の解釈として、内閣は職員の任免権や人事権を有するのみならず、職員の任免に関する規則を定める権限も有する旨主張するものであるが、一部の範囲について政令事項とすることは、国会と内閣の共管事項の一部を内閣に返すものと理解できよう。[126]

(3)　管理職員の任用及び幹部候補育成課程について

これに対し、管理職員の任用および幹部候補育成課程の運用は、第一次的には各省に委ねられることとされている。しかし、管理職員の人事については、「任用する場合の選考に関する統一的な基準の作成及び運用の管理」、「府省横断的な配置換えに係る調整」を内閣人事局が行うこととされており（五条四項五、六号。なお、幹部職員と同様、管理職員についても、定数の設定及び改定〔一号〕、人事に関する情報の管理〔九号〕を内閣人事局が行う）、また幹部候補育成課程の運用についても、「統一的な基準の作成及び運用の管理」、「研修のうち政府全体を通ずるものの企画立案及び実施」、「課程対象者の府省横断的な配置換えに係る調整」を内閣人事局が行うこととされている（五条四項二〜四号）。

国会での審議からは、「統一的な基準の作成及び運用の管理」の権限を通じて、各省の任用および運用に対して、内閣が積極的に関与することが期待されていることが知られる。すなわち、管理職員の任用について、「基準に各省が必ずしも従わないというときは、しっかりとそれは内閣一元の立場で［……］人事局に大いに各省の管理職の人事についても申入れをしていただきたいというふうに思うわけですが、大臣、いかがでしょうか」[127]との質疑に対して、

課長級の場合には、内閣人事局の定める統一基準などの下で、大臣は基本的には官房長官との協議を行うことなく任用をすることになろうかと思います。ただし、統一基準から逸脱して任用がなされているなどという場合には、官房長官から大臣に協議を申し入れることが考えられます[128]。

との説明が見られる。また、幹部候補育成課程の運用についても、「あなたのところは結局、従来のキャリア制のそのままの運用をしているじゃないかと、それについてきちんと内閣人事局は監視できて物を言えるのでしょうか」[129]という質問に対して、

内閣人事局は、幹部候補育成課程に関する統一的な基準の作成及び運用の管理を行うことになっております。各府省において不適切な運用がなされている場合には是正を求めることが想定されております[130]。

と説明されている。先の説明にいう「協議」も、(2)で幹部職員の任用について見たのと同様、統合的調整の観点から捉えるべきであろう。後者が「是正」という用語を使っていることからも、このことは明らかである。内閣（内閣人事局）は、単に基準の作成をして終わりではなく、各省が行う個別の任用、運用に対して積極的に関与することができるとされている点で、従来の各省割拠主義を打ち破ることが期待されているといえる。

なお、国家公務員制度改革基本法の政府提出原案では、「総合職」合格者は内閣人事庁が一括採用するとされていたが、修正により削除された。(131) この点は、「総合職試験の合格者の中から採用された者だけについて他の採用者と異なるルールを適用すると、こういうふうな採用試験をやりますと、幹部候補を事実上固定化するようなキャリアシステムの維持につながるんではないか(132)」との懸念から、「身分固定的な慣行の廃止(133)」を優先したとされる。

(4)　内閣人事局の組織及び権限について

最後に、内閣人事局の組織及び権限についてである。内閣が職員の任免権、人事権を実質的に掌握して、政策の企画立案及び法律の執行を果たすためには、補佐機構である内閣人事局のあり方が重要になる。この点、原案では「内閣人事庁」であったものが、修正後は「内閣人事局」に格下げされた。その理由として、修正案提案者によれば、いったん「官のいたずらな肥大というものについてはだれもが納得をしないということで、庁にすると行政の肥大化を招くおそれがある、そういう観点から、内局にすることによって、あり得る弊害を事前に防ごうとしたものでありますとの説明がなされた後、(134)「単に行政組織の［……］規模の問題」に配慮したのではなく、「あくまで内閣重要事項は政権中枢で担うという［……］基本理念にのっとったもの」と訂正されている。(135) この格下げによって権限が縮小されることとなるのであれば問題であるが、国会での議論からは、そのような意図はうかがわれず、大臣答弁からはむしろ内閣人事局の権限及び組織に関する大胆な構想が見える。

すなわち、権限については、基本法一一条二項では、「総務省、人事院その他の国の行政機関が人事行政に関して担っている機能について、内閣官房が新たに担う機能を実効的に発揮する観点から必要な範囲で、内閣官房に移管すること」とされているが、大臣の説明でも、「例えば、総務省行管局の機構、定員関係事務とか、人事院給与局の級別定数を定める部局とか、人事・恩給局の事務、それから年金、共済関係の事務、こういったことが一応考えられます」とされている。(136)

組織についても、「局長は、例えば、官房副長官級にするということも考えられるのではないでしょうか。副長官の併任とするということもあろうかと思います」とされ、各省の幹部職員の能力を正確に把握することができるとともに、各省に振り回されない権威と見識をもつ人物の登用を求めている。(137)

基本法は、幹部職員等の任用、給与その他の処遇を弾力的に行うこと（五条二項五号）、また内閣官房において幹部職員等に係る各府省ごとの定数の設定及び改定を行うこと（五条四項一号）としていることから、これらを実効的に行うためには、少なくとも幹部職員等の給与を管理する権限、そして行政機構を管理する権限――局長や部長の数を調整することは省庁の内部部局を改廃することにつながる――を内閣人事局に一元化することが求められるだろう。具体的な人事権を内閣に移すことは、予算権（人件費の配分権）や組織編制権をも内閣が実質的に把握することに繋がるわけである。これらの実現は、本書が憲法上の要請であるとして主張する、内閣の指揮監督権や総合調整権の十全化と方向を同じくするものであると評価できる。

(117)　平成二〇年六月三日『参議院内閣委員会会議録』第一八号二一頁（渡辺喜美国務大臣）。
(118)　平成二〇年六月三日『参議院内閣委員会会議録』第一八号二一頁（渡辺喜美国務大臣）。
(119)　これに関して、「憲法が要求する議院（国会）内閣制の下での公務員の役割をどう再定義するかこそ、基本法全体を貫くテーマだといえ」、「この理解はおおむね改革を推進する側の優先順位に重なる」と言われる。西尾・前掲注（1）四七頁。
(120) 平成二〇年六月三日『参議院内閣委員会会議録』第一八号二八頁（北川イッセイ議員）。
(121) 平成二〇年六月三日『参議院内閣委員会会議録』第一八号二八頁（増原義剛衆議院議員）。
(122) 平成二〇年六月三日『参議院内閣委員会会議録』第一八号五頁（渡辺喜美国務大臣）。
(123) 平成二〇年五月二八日『衆議院内閣委員会議録』第二〇号六頁、八～九頁（西村智奈美議員、、馬淵澄夫議員、渡辺喜美国務大臣）、平成二〇年六月三日『参議院内閣委員会会議録』第一八号四～五頁（松井孝治議員、松本剛明衆議院議員、渡辺喜美国務大臣）。
(124) 平成二〇年六月三日『参議院内閣委員会会議録』第一八号六～七頁（松井孝治議員、吉田耕三人事院事務総局給与局長、松本剛明衆議院議員、渡辺喜夫国務大臣）。
(125) 平成二〇年六月三日『参議院内閣委員会会議録』第一八号七頁（渡辺喜美国務大臣）。
(126) なお、幹部職員について、政府提出原案では、内閣人事庁および各府省に所属するとされていたものが、修正により削除された。改革が目指すような、各省に対する悪しき帰属意識を薄めて全省庁横断的な人事異動が可能となれば、その時々でどの省に所属しているのかは拘る必要がなくなるのであろうが、省に対する帰属意識が強烈な現状に照らせば、これを改める方策として、原案のように併任制をとることは望ましいと思われる。
(127) 平成二〇年六月三日『参議院内閣委員会会議録』第一八号四頁（松井孝治議員）。
(128) 平成二〇年六月三日『参議院内閣委員会会議録』第一八号四頁（渡辺喜美国務大臣）。
(129) 平成二〇年六月三日『参議院内閣委員会会議録』第一八号一二頁（松井孝治議員）。
(130) 平成二〇年六月三日『参議院内閣委員会会議録』第一八号四頁（渡辺喜美国務大臣）。
(131) 参照、西尾・前掲注（1）四六頁。
(132) 平成二〇年六月三日『参議院内閣委員会会議録』第一八号二八頁（増原義剛衆議院議員）。
(133) 平成二〇年六月三日『参議院内閣委員会会議録』第一八号二九頁（渡辺喜美国務大臣）。
(134) 平成二〇年五月二八日『衆議院内閣委員会議録』第二〇号六頁（吉良州司議員）。
(135) 平成二〇年六月三日『参議院内閣委員会会議録』第一八号九～一〇頁（馬淵澄夫衆議院議員）。
(136) 平成二〇年六月三日『参議院内閣委員会会議録』第一八号一〇頁（渡辺喜美国務大臣）。
(137) 平成二〇年六月三日『参議院内閣委員会会議録』第一八号一〇頁（渡辺喜美国務大臣）。

おわりに——その後の経過も含めて

本章は、国家公務員制度改革基本法の制定を契機として、この法律の定める諸改革のうち、内閣人事局の設置と幹部職員人事の内閣一元管理等に着目して、公務員（行政部の職員）の人事権につき憲法が何を定めているのかを再考した上で、現行の国家公務員法五五条の定めやその運用を批判的に考察するとともに、基本法の改革の憲法上の位置づけ検討しようとするものであった。まず、憲法解釈として、次の二点を示した。

第一に、憲法六五条は、「行政権」の定義について争いがあるものの、その説の如何にかかわらず、内閣が法律の執行に関して行政各部に対して指揮監督権、総合調整権を有することを含んでおり、この総合調整権の一部として行政部職員に対する任免権、人事権が位置づけられる（第二節**1**）。

第二に、憲法七三条四号も、「官吏に関する事項」に行政部の職員の任免権、人事権が含まれるのか学説は対立しているところ、肯定に解するのが妥当である。また、それゆえ、具体的な人事権者を定める権限も内閣に存する。他方、「法律の定める基準」は具体的な人事権者の定めも含むと広く解されるので、この定めを法律によって行うことも許される。ただし、法律による定めが許されるのは、内閣に行政部の職員の人事権を与えた趣旨を損なわない限りである。その趣旨としては、法律の適切な執行に関わるヒエラルキー構造の維持と、内閣の政策形成及び実現を可能とする人材配置の確保が掲げられる（第二節**2**）。

このような憲法解釈に立つ場合、現行の国家公務員法五五条は、各省の職員の人事権者を法律の定めによって包括的に各省大臣とするものであり、憲法六五条及び憲法七三条四号に抵触しないか問題となる。この点、従来、とくに問題視されてこなかったところであるし、また、結論としても合憲であると解されるが、その理由として、各省大臣の人事権の行使に対して、ヒエラルキーの上位に立つ内閣が常に指揮監督権を行使できることが重要である。とはいえ、憲法七三条四号の趣旨として内閣の政策形成及び実現を可能とする人材配置の確保が含まれることに鑑みると、企画立案及び運営管理に従事する上級職員の人事権までを各省大臣に分散させる現在のあり方は憲法七三条四号の趣旨を損なっているおそれがあるようにも思われる（第三節**1**）。

この点、国家公務員制度改革基本法は、国家公務員法五五条の改正にまで至るのかは不明であるものの、少なくとも運用において、幹部職員の具体的任命権を内閣（内閣総理大臣）が直接に行使することを可能とするものであり、評価できる。また管理職員の任用や幹部候補育成課程の運用についても、国会質疑において、統一的な基準の作成及び運用の管理を通じて内閣（内閣総理大臣）が指揮監督権を行使できることが認識されていることは重要である。さらに、内閣人事局の組織及び権限についても、このような制度を実効化するために、総務省や人事院から人事行政に関わる権限を移転することや、局長を内閣官房副長官級のものとすることが予定されており、結果として内閣が組織編制権や予算権を把握することに繋がるならば、内閣の指揮監督権や総合調整権の十全化に資するものといえる（第三節**2**）。

＊

国家公務員制度改革基本法に基づき、二〇〇八年七月一一日、国家公務員制度改革推進本部と事務局が設置されるとともに、国家公務員制度改革推進本部令（平成二〇年政令第二二一号）に基づき国家公務員制度改革推進本部顧問会議も設置された。顧問会議は、九月に第一回目の会合を開き、当初は、座長も設けず、月一回程度の会議で結果を出すことが狙われていたようであるが、[138]顧問からの批判が相次ぎ、ワーキンググループを設けて、そこでまず幹部人事の一元管理、国家戦略スタッフおよび政務スタッフのあり方の検討を行うこととされた。ワーキンググループは、一〇月一五日から一一月一三日まで八回開催され、一一月一四日の推進本部の第四回顧問会議に「論点整理に関する報告」を提出した。顧問会議はこれをそのまま「報告」として、同日、公務員制度改革担当大臣に提出した。

この報告は、「一　今回の制度改革の理念と内閣人事局の設置の目的」、「二　論点整理事項」、「三　内閣人事局の担うべき機能及びその組織のあり方について」という三部分からなり、二では、「一元管理のあり方」、「国家戦略スタッフ・政務スタッフのあり方」、「定年まで勤務できる環境の整備」、「幹部職員の任用・給与の弾力化」、「国際性の向上」の五点に触れられている。顧問会議及びワーキンググループの議論の流れをそのまま反映した構成となっているが、内閣人事局に関わる三の内容を纏めると次の通りである。

まず、業務をPlan-Do-Check-Actionに分類し、そのうちPlan（企画立案、方針決定、基準策定、目標設定）とAction（制度や運用の改善、改革）は内閣人事局が担当する。Do（制度の運用）は各省（一元管理については内閣人事局）が、Check（検証）は各省、人事院、内閣人事局が分担して担当する。ここで人事院との関係が問題となるが、労働基本権が制約されている下では、勧告・意見申出機能、公平審査機能は人事院が担うべきであるものの、勤務条件の細目については内閣人事局が企画立案を行うこととされた。

次に、人事院の試験、任免、給与、研修の企画立案機能、分限、懲戒等の機能のうち少なくとも企画立案機能、総務省人事・恩給局の人事行政に関する機能、財務省主計局の予算、給与、旅費に関する機能のうち総人件費枠のなかでの各省への具体的な配分・調整機能、内閣総務官室の人事行政に関する機能を内閣人事局に移管することとした。総務省行政管理局の機構・定員管理機能の移管については、両論併記とされた。

最後に、内閣人事局の組織について、その長は、特別職とするものの、継続的・中立的に任務を行うため、政権と去就をともにすることはせず、各省の事務次官に対して指導力を発揮することができるだけの「ハイレベルなポスト」にすることとされた。

顧問会議のメンバーに「制度懇」からの継続性があったこともあり、総じて、「制度懇」報告書および国家制度改革基本法の趣旨を具体化したものといえるだろう。

しかし、結局、一一月二八日に、内閣総理大臣と公務員制度改革担当大臣との会談の結果、内閣人事局の設置時期を一年先送りして二〇一〇年四月とすることとされた。当時の新聞報道は、このような「先送り」の背景に「省庁側の抵抗を押し返せなかったこと」があり、「内閣人事局への移管対象を抱える人事院や省庁の抵抗は根強く、難題は多い」と述べていた。(139)

＊

その後、二〇一二年の終わりまで、基本法を具体化する法律の制定は、何度か関連法案が提出されたものの実現していない。

まず、麻生内閣の下で二〇〇九年三月に「国家公務員法等の一部を改正する法律案」（以下「第一次改正案」という。）

が提出されたが、一度も審議されないまま、七月二一日の衆議院解散により廃案となった。その経緯は概ね次のとおりである。二月三日に国家公務員制度改革推進本部が「公務員制度改革に係る『行程表』について」を決定し、全体の「行程表」とともに、通常国会に提出するべき国家公務員法等の一部改正の基本方向を明らかにした(140)。これは基本法及び顧問会議の報告に沿うものであったが、人事院から反対(後述)が出され、二月末に法律案の原案が明らかになると、各方面からの反対や異論も相次いだ。具体的には、①人事院からの「級別定数」、「試験や採用、研修などの企画立案機能」移管に対する人事院の反対(141)、②総務省行政管理局から定員・機構管理の担当部門のみならず、電子政府や独立行政法人の担当部署をも移管して、名称を「内閣人事・行政管理局」とすることに対する、「焼け太り」であるとの与党からの批判(142)、③天下り廃止が明記されていないことに対する与党からの批判(143)、④局長につき事務官房副長官の兼務を想定していたことに対する与党の反対が挙げられる。結局、②につき、定員・機構管理部門のみの移管として三〇~四〇人規模とし、名称も「内閣人事局」とすること(144)、④につき、原案通り事務副長官の兼務とするが、副長官を四人に増やす内閣法改正を首相に要請するとの条件を付すことで(145)与党の了承を得て、三月三一日に法案の閣議決定と法案提出がなされた。しかし、直ちには審議入りされなかった。この背景には、⑤公務員への労働基本権付与と合わせて議論すべきだとの野党の批判(146)や、与党内においても、⑥幹部公務員を国家公務員法や給与法の適用対象から外して降格や減給を容易にすべき(147)、⑦再就職のあっせんを刑事罰で禁止すべきだとの意見があった(148)。第一次改正案は、ようやく六月二五日に衆議院内閣委員会に付託されたが、一度も実質的な審議をされないまま衆議院の解散に伴い廃案となった(149)。

　次に、二〇〇九年八月の衆議院議員総選挙による政権交代を経て、鳩山内閣の下で二〇一〇年二月に「国家公務員法等の一部を改正する法律案」(以下「第二次改正案」という。)が提出されたが、これも廃案となった。民主党は、マニフェストで、「公務員制度の抜本改革」（「内閣の一元管理による新たな幹部職制度の実施」「公務員の労働基本権を回復し、民間と同様、労使交渉によって給与を決定する」）を掲げていたものの、[150]年内には動きが見られなかった。[151]年が明けてから首相の閣僚懇談会での発言が報道されるなどするようになり、[152]二月一二日に閣議に付されることが報じられたが、⑧次官級・局長級から部長級への降任が実際には困難で「絵に描いた餅」になっていないか、などとの総務大臣の意見があり、閣議決定が延期されるという「異例」の事態となった。[153]結局、⑧に関し次官級・局長級から部長級への降任も容易にするように内容が改められ、[154]二月一九日に閣議決定、法案提出がなされた。

もっとも、この法律案は、重要な点で前年の第一次改正案から後退しているものであった。すなわち、上記の顧問会議の報告が明言していた、人事院、財務省、総務省からの内閣人事局への権限移転が完全に抜け落ち、人事局の権限が幹部人事の一元管理に限定されていたのである。[155]

これに対して、野党（自民党とみんなの党）は政府案を批判して、上記の内閣人事局への権限移転とともに、部長級以上の幹部職員を一般職から外して課長・室長級への降任を認め、また再就職のあっせんを刑事罰で禁止する内容を含む対案（「国家公務員法等の一部を改正する法律案」「幹部国家公務員法案」）を提出した。[156]

第二次改正案及び対案は、四月六日に衆議院本会議、七日に衆議院内閣委員会で趣旨説明が行われ、九日から内閣委員会で審議が始められた。審議は、冒頭、鳩山首相が記者会見で修正協議に応じることを否定する発言をしたため中断したものの、[157]内閣委員会で一〇回の審議（総務委員会との連合審査会及び公聴会を含む）を経て、第二次改正案は、施行期日を交付日に変更するなどの修正を行った上で、五月一二日に委員会で可決、一三日に本会議でも可決された。参議院でも五月一九日に本会議、二〇日に内閣委員会で趣旨説明が行われ、その後、内閣委員会で四回の審議（公聴会を含む）が行われたが、六月二日に首相の辞任表明があったため、審議未了で廃案となった。

その後、二〇一〇年夏の参議院議員通常選挙を経て秋の臨時国会には政府案は提出されなかったが、[158]「国家公務員の労働基本権（争議権）に関する懇談会」の議論と報告書を踏まえ、第一七七回国会――二〇一一年の通常国会――に向けて、非現業一般職公務員への労働協約締結権の付与と公務員庁の設置、人事院の廃止を含む新たな改正案が準備された。[159]取り纏めは東日本大震災の発生もあり遅れたが、四月五日に国家公務員制度改革推進本部が「国家公務員制度改革基本法等に基づく改革の『全体像』について」を決定し、関連法案の通常国会への提出も明記された。しかし、関連法案（「国家公務員法等の一部を改正する法律案」「国家公務員の労働関係に関する法律案」「公務員庁設置法案」「国家公務員法等の一部を改正する法律等の施行に伴う関係法律の整備等に関する法律案」。以下これらを纏めて「第三次改正案」という。）の閣議決定と国会提出はようやく六月三日になってのことであった。

この第三次改正案の目玉は非現業一般職公務員への労働協約締結権の付与であるが、[160]本書の関係では、人事院の廃止と並んで、内閣人事局とともに内閣府の外局として公務員庁、人事公正委員会の設置が予定された点が注目される。[161]ここでは、内閣人事局の権限は「行政機関の幹部職員の任免に関しその適切な実施の確保を図るために必要となる企画及び立案並びに調整に関する事務」に限定される――これは第二次改正案と同様である――一方で、公務員庁には、団体交渉や団体協約の当事者としての権限のほか、人事評価、服務、退職管理といった従来中央人事行政機関としての内閣総理大臣が有していた権限、また総務省から定員・機構管理のみならず、電子政府や独立行政法人に関する権限が移管され、さらに総人件費枠のなかでの各省への具体的な配分・調整機能が与えられることとされていた。[162]

このような組織改編については、基本法から第一次改正案までの流れで念頭に置かれていた、内閣に直属の内閣人事局を設置するという構想とは異なり、内閣府の外局にほとんどの任務を担当させるという点、その所掌事務の多くが内閣の機関としてではなく「分担管理事務」を行う機関として行われることが想定されている点をどのように評価するべきかという問題が残る[163]。行政機構、定員管理、そして――本当に財務省から移管できるのだとして[164]――人件費の総額及び各省への配分の決定といった機能は、本書の立場からすれば、内閣の行政各部に対する指揮監督権及び総合調整権を十全化するための重要な要素である以上、内閣（内閣総理大臣）から遠いところに置くことが適切なのかという疑問である。また、関連して、公務員庁長官の位置づけ――職業公務員か外部からの登用か、各省事務次官とどちらの地位が高いのか、さらに内閣人事局長や内閣官房副長官との関係如何――といった論点も生じる。

ともあれ、第三次改正案は、第一七七回国会において趣旨説明も行われないまま閉会中審査に付された。これは、非現業一般職公務員への労働協約締結権の付与といわば引替えに公務員の人件費を三年間五～一〇％削減する「国家公務員の給与の臨時特例に関する法律案」が提出されたところ[165]、人事院勧告に基づかない削減は憲法違反ではないかとの疑念が出されたことが影響しているとみられる[166]。その後第一七八回国会、第一七九回国会、第一八〇回国会、そして第一八一回国会でも実質的な審議がなされないまま、審議未了で廃案となり、議論は基本法の施行後五年を経過した今日まで持ちこされている。基本法四条一項が改革に必要となる法制上の措置を講ずる目途とした三年も、改革の措置を講ずる目途とした五年も越えたのである。基本法が遵守されない事態が生じているともいえ[167]、ここに公務員制度改革の難しさが現れているように思われる。

またこの間の政治過程――多くは「ねじれ国会」の中であるが、与野党の合意に基づき制定された詳細なプログラムを含む基本法があるにもかかわらず、そしてまた民主党政権下で政権党が両議院の多数を占めていた期間があったにもかかわらず、改正法が成立しなかった経緯と背景――もそれ自体として非常に興味深いものがある[168]。

＊

公務員制度に関する論点は、多岐に亘る。国家公務員制度改革基本法が明示的に定めるものだけでも、「国家戦略スタッフ」や「政務スタッフ」の創設、政官関係の透明化、採用試験の見直しや「幹部候補育成課程」の設置を通じたキャリア制度の廃止といった点が挙げられる。また、いわゆる「天下り」と公務員の生涯のキャリア形成のあり方も国民の関心事である。そして、公務員に労働基本権を認めるかどうかという憲法学においても激しく争われてきた大きな論点も存在する。

しかし、制度を整えても、最後はそれを動かす「人」のあり方が決定的である。それは官僚の側だけでなく、政治家——国会議員および大臣——のあり方、育て方にも関わってくる。本章は、このように裾野の広い問題群のごく一部を取り扱ったにすぎない。

(138) 参照、国家公務員制度改革推進本部顧問会議第一回（平成二〇年九月五日）議事録六～七頁における屋山顧問発言（「座長も何もなしで、それで説明によれば一〇月に一回、一一月に一回やればいいだろうと。つまり意見をばらばらっと聞いておいて、あとはこっちでやると。それで、新聞を見たら四〇〇人規模にどうのという日経の記事がありましたけれども。つまり我々は何も顧問会議が全く知らない間にどんどんできちゃう。これは官僚改革なので、官僚改革をまないたのコイの官僚が自分でさばくということになるわけですよ。そういうことをやられたのではこの会議自体意味がないと思うんですよ」）。

(139) 『朝日新聞』二〇〇八年一一月二九日朝刊四面。

(140) 「公務員制度改革に係る『行程表』について」（平成二一年二月三日国家公務員制度改革推進本部決定）。

(141) 『読売新聞』二〇〇九年二月七日朝刊四面の谷人事院総裁のコメントが詳しい。

(142) 『読売新聞』二〇〇九年三月一三日朝刊四面。

(143) ②③に関して、『朝日新聞』二〇〇九年二月二七日朝刊四面、『読売新聞』二〇〇九年三月七日朝刊四面。

(144)『読売新聞』二〇〇九年三月一八日朝刊二面。
(145)官房副長官を一名増員することは、事務官房副長官の兼務ではなく外部から登用して専任させるという含みを持つが、他方で職の増加に否定的な意見もあり、首相も消極的だったようである。この間の経緯について、『読売新聞』二〇〇九年三月一九日朝刊二面、『読売新聞』二〇〇九年三月二四日朝刊四面、『読売新聞』二〇〇九年三月二五日朝刊五面、『読売新聞』二〇〇九年三月二八日朝刊四面。
(146)参照、『読売新聞』二〇〇九年三月三一日朝刊四面。
(147)『朝日新聞』二〇〇九年四月一八日朝刊四面。
(148)自民党の一部に⑥⑦を含めた「幹部公務員法案」を議員立法で提案するという動きがあった。参照、『読売新聞』二〇〇九年六月一九日朝刊四面など。
(149)もっとも、この間、「実は水面下の与野党協議の場がずっと生きて」おり、「衆参一週間ずつあれば何とかなるよと民主党さんから言っていただきました。もっと日程が詰まってきたら、最後は、大丈夫ですよ、大臣、衆議院と参議院を両方まとめて一週間であっという間に通せますからという返答が来たのであります。それは何をしたかというと、水面下での与野党歩み寄り作業というのをした」のだが、内閣不信任決議が提出されたために「泣く泣く廃案になっちゃった」と、当時の公務員制度改革担当大臣は振り返っている。平成二二年四月九日『衆議院内閣委員会議録』第五号一七頁（甘利明議員）。
(150)『朝日新聞』二〇〇九年九月一一日朝刊三面。
(151)この間、管見による限り、公務員制度改革に関する新聞報道は、谷人事院総裁の退任と江里川前厚生労働次官の就任に関するもの（『朝日新聞』二〇〇九年一一月四日夕刊二面、『毎日新聞』二〇〇九年一一月五日朝刊五面など）、原口総務大臣が総務省に対し消防職員に団結権の付与を検討するよう指示したこと（『毎日新聞』二〇〇九年一〇月二九日夕刊一面）が挙げられるくらいである。後の第二次改正案の国会での審議において、担当大臣が、一二月一五日に総理大臣より法案提出の指示があった旨の発言をしている。平成二二年四月一六日『衆議院内閣委員会議録』第七号六頁（仙石由人国務大臣）。
(152)『読売新聞』二〇一〇年一月二九日夕刊二面、『毎日新聞』二〇一〇年一月二九日夕刊一面。
(153)『読売新聞』二〇一〇年二月一二日夕刊二面、『毎日新聞』二〇一〇年二月一三日朝刊二面。もっとも、この延期は、後述するように第二次改正案の内容が第一次改正案より後退していることに直前になって気付いたからであるとの見立てもある。参照、「スカスカ霞が関改革　民主政権『脱官僚』は看板倒れ」ＡＥＲＡ二〇一〇年二月二二日号六八頁。
(154)すなわち、当初の案では、次官級、局長級のみを国家公務員法三四条にいう「職制上の段階」との関係で同格とみなし、この間の異動（降格）は無条件で可能であったのに対し、部長級への降格には第一次改正案の七八条の二と同じ三要件を充足する必要があったようであるところ、部長級も同格とみなすように書きぶりが改められた（第二次改正案の三四条三項）と推測される。『毎日新聞』二〇一〇年二月一九日夕刊九面参照。

(155)　第一次改正案では、内閣法一二条二項に次の各号が追加されることとされていた。

七　国家公務員に関する制度の企画及び立案に関する事務
八　国家公務員法（昭和二十二年法律第百二十号）第十八条の二（独立行政法人通則法（平成十一年法律第百三号）第五十四条の二第一項において準用する場合を含む。）に規定する事務に関する事務
九　国家公務員の退職手当制度に関する事務
十　特別職の国家公務員の給与制度に関する事務
十一　国家公務員の総人件費の基本方針及び人件費予算の配分の方針の企画及び立案並びに調整に関する事務
十二　第七号から前号までに掲げるもののほか、国家公務員の人事行政に関する事務（他の行政機関の所掌に属するものを除く。）
十三　行政機関の機構及び定員に関する企画及び立案並びに調整に関する事務
十四　各行政機関の機構の新設、改正及び廃止並びに定員の設置、増減及び廃止に関する審査を行う事務

ところが、第二次改正案では、わずかに「七　行政機関の幹部職員の任免に関しその適切な実施の確保を図るために必要となる企画及び立案並びに調整に関する事務」という一号のみの追加が提案されていた。

また、人事院との関係でも、第一次改正案では、国家公務員法一八条の二の内閣総理大臣の権限を、「内閣総理大臣は、法律の定めるところに従い、採用試験、任用、一般職の職員の給与に関する法律第六条の二第一項の規定による指定職俸給表の適用を受ける職員の号俸の決定並びに同法第八条第一項の規定による職務の級の定数の設定及び改定、職員の人事評価（任用、給与、分限その他の人事管理の基礎とするために、職員がその職務を遂行するに当たり発揮した能力及び挙げた業績を把握した上で行われる勤務成績の評価をいう。以下同じ。）、能率、厚生、服務、退職管理等に関する職務（第三条第二項の規定により人事院の所掌に属するものを除く。）をつかさどる。」と改正し（下線部が改正箇所）、また任免の根本基準に関する三三条に、「前項に規定する根本基準の実施につき必要な事項は、この法律に定めのあるものを除いては、人事院の意見を聴いて、政令で定める」と

する二項を追加することとされていたが、第二次改正案ではこれらの条項に触れられていない。

この点について、衆議院内閣委員会での審議では、「総務省あるいは人事院等からの機能移管については、労働基本権のあり方を検討する過程で、抜本的な改革の中で検討することが適当である」との考え方が示されている。平成二二年四月九日『衆議院内閣委員会議録』第五号八頁（大島敦内閣府副大臣）。同号二二頁（仙石由人国務大臣）も参照。これに対し、級別定数の移管は労働基本権の問題と切り離して可能であるし基本法もその前提で定められているとの批判がある。同号二三頁（甘利明議員）。

(156) 平成二二年四月六日『衆議院会議録』一九号三頁（塩崎恭久議員）、平成二二年四月七日『衆議院内閣委員会議録』四号二〜三頁（塩崎恭久議員）。

(157) 『毎日新聞』二〇一〇年四月七日朝刊五面など。

(158) 野党は一一月四日に対案（「国家公務員法等の一部を改正する法律案」「幹部公務員法案」）を提出している。

(159) 『読売新聞』〇一一年一月二七日朝刊一面、二面、『朝日新聞』二〇一一年二月二三日朝刊六面、『朝日新聞』二〇一一年三月三日朝刊四面など。

(160) 参照、荒木尚志＝岩村正彦＝山川隆一＝山本隆司＝渡辺章「〔座談会〕転機を迎える国家公務員労働関係法制——国家公務員労働関係法案と自律的労使関係制度」ジュリスト一四三五号（二〇一一年）八頁以下。

(161) 参照、西村美香「国家公務員制度改革関連四法案と公務員の人事管理」ジュリスト一四三五号（二〇一一年）三四頁以下、稲葉馨「公務員制度改革関連法案と人事行政組織の再編」自治総研三九九号（二〇一二年）一頁以下。

(162) 公務員庁設置法案は三条、四条で所掌事務を定めるが、四条二項の所掌事務のうち、一号、三号は国家公務員法一八条の二第一項に相当し、四号、七〜一二号は総務省設置法四条三号、一〇〜一五号と同じであり、一三号は第一次改正案の内閣法一二条一一号と同じものである。もっとも、注(164)を参照。

(163) 公務員庁設置法三条、四条の定め方（注(162)参照）は内閣府設置法四条に類似しており、三条二項の任務、四条二項の所掌事務には内閣の事務の補佐という位置づけが与えられていない。

(164) 一連の改正案において、財務省設置法の所掌事務には触れられていない。

(165) 臨時特例法案は第三次改正案と同じ六月三日の閣議で決定されている。『朝日新聞』二〇一一年六月三日夕刊二面など。

(166) 二〇一一年九月三〇日に人事院が〇・二三％の削減を勧告したことにより、平均七・八％削減の特例法案との違いが顕在化した。人事院の江利川総裁は「憲法上問題がある」との談話を出すことも検討していると報じられた。『朝日新聞』二〇一一年一〇月二二日朝刊四面。

(167)　基本法四条一項の義務の名宛人は「政府」であるので、「法制上の措置」といっても、法律については法律案の提出までしか性質上求められず、それゆえ、現段階でも義務の違背はない、と構成することも考えられる。しかし、仮に法的にはそうだとしても、かかる事例の出現は、基本法の政治的な効力を損うことになるだろう。

(168)　また、二〇一二年には、国家公務員制度改革推進本部事務局が内閣官房から内閣府本府に移されている。このことも興味深い。

結章

第二編では、比較法的にみて、とりわけ、日本の内閣、内閣総理大臣の権限が弱いと解される行政各部に対する関係について、批判的考察を行った。

興味深いのは、行政組織編制権も、人事権も、国会の関わりが問題となる点である。行政組織編制権は、国家行政組織法により法律事項とされているが、そもそも、このことは、行政組織法定主義として自明視されているように見受けられる。また、幹部職員の人事権については、国会が、国家公務員法の制定を通じて各省大臣に付与している。これらは、いずれも、本書の視点からは、内閣が憲法上（共管事項としてであれ）有している権限の存在を見落としているものと捉えることができる。かかる権限分配のありようは、内閣を飛び越えて、国会と行政各部とを過剰に直接に結びつける機能を果たしているとも理解できるのである。

もちろん、通説的見解からすれば、前者は憲法四一条に基づき憲法上国会に認められた権限であり、後者も憲法七三条四号に基づき憲法上国会に認められた権限を行使した結果であって、いずれも憲法上の根拠を有する、ということになるのだろう。

しかし、そのような、通説的見解が前提とする憲法解釈や制度構想は決して十分なものではないのではないか。憲法六五条の「行政権」の内容として、内閣は行政各部に対する指揮監督権及び総合調整権を有し、その中に人事権そして行政組織編制権が含まれる（また人事権については憲法七三条四号の「官吏に関する事務の掌理」にも含まれる）

との解釈に基づき、これらの権限は内閣にも共管事項として認められていると理解するべきである、というのが本編の結論である。かかる理解を組み込んだ上で、内閣の権限を損わないように、行政組織編制権の実際の有りようや幹部職員の人事権の所在について再考するべきであろう。

まとめ

本書の内容をまとめれば、次のとおりである。

第一編では、はじめに、英独における首相の地位と権限に関する規範的枠組みを解明した（第一章、第二章）。そこでは、形式的な面で、基本法など制定法で宰相の権限や地位を明確に定めるドイツと、多くを不文の法や慣行に委ねるイギリスとの間に違いを指摘することができる。また、実質的な面でも、首相・宰相が任命できる大臣等の範囲が異なり、また各省の公務員に対する人事権の行使における「政」と「官」の線引きの仕方が異なる（イギリスでは公務員の自律性が強いのに対し、ドイツでは政治的官吏の観念が妥当する）。しかし、すぐ後で述べる日本と比較する場合、むしろ以下のような共通点を挙げることができると思われる。

まず、内閣の運営における首相・宰相の大臣に対する優越的な地位が、内閣の組織に関する首相・宰相の優越的な地位――首相・宰相は大臣の実質的任免権を有するとともに、内閣の存続との関係でその地位は決定的である――と密接に結び付いているように見受けられる。内閣の運営に関しても、イギリスでは、閣議主宰権の射程が広いことから首相の強い権限が導かれるが、ドイツでも、同様の宰相の権限が基本方針決定権と執務指揮権の内容として論じられているところである。各省庁との関係でも、首相・宰相は実質的な組織編制権を有するし、各省幹部の人事権も――首相・宰相が直接に政治的な影響力を与え得る程度には違いが認められるものの――内閣レベルにあり、その結果、各省の垣根を越えた人事が通常となっている。首相も宰相も、各省の個別の行政事務に関し命令権までを有しているかは定かでないが、少なくとも指示を行うことは認められており、これにより自らが関心を持つ個別の政策領域に関与することが十分に可能となっている（第一章第一節、第二章第一節）。

　また、責任の観念に関しても、イギリスでは連帯責任の内容として「全員一体活動義務」「秘密原則」が含まれる――意思決定における全員一致の原則ではないことに注意が必要である――と解されているが、同様の義務が、ドイツにおいても、執務指揮権から導かれる総合調整権の内容として認められる。また、両国ともに大臣の個別責任・単独責任の観念が存在するが、これらに対応する大臣の自律性は相対的なものにとどまる。なぜなら、他方で連帯責任・宰相の単独責任の観念が妥当するとともに、首相・宰相は大臣の任免権を有するがゆえに――大臣を議会から守ることの裏返しとして――自らの政策に大臣を従わせることが可能となるからである（第一章第二節、第二章第二節）。

　これらと比較しながら日本をみた場合、内閣総理大臣は、組織上の優位は憲法上明確であり（憲法六七条、六八条、七〇条）、英独よりも一貫しているとすらいえるのに対し、運営上の権限、行政各部に対する権限に脆弱性が含まれている点に特徴がある。日本では、内閣総理大臣が主宰権を通じて内閣の個別の政策形成を積極的に導き、また内閣における政策形成のための一般的な組織やルールを決めるのだとの発想が乏しい。また、政策形成に関して内閣総理大臣の主導性を過度に抑制する、外在的な規範の存在を指摘することができる（第三章第一節）。

　その規範の代表が、いわゆる「全員一致原則」である。その論拠として、しばしば「連帯責任」が持ち出されてきたが、憲法史的な考察から、日本における「連帯責任」の観念は、イギリスの理解とも、ドイツの「合議体原理」「所管原理」とも異なる、明治憲法下における「国務大臣＝各省大臣＝「絶対の責任者」」という発想に引きずられたものであって、日本国憲法下の理解としては妥当しないとの分析を示した（第三章第二節）。

　第二編では、内閣の行政各部に対する広義の指揮監督権が憲法六五条の「行政権」に含まれるとの解釈を提示した上で、この指揮監督権は、国会が省庁の編制を決め、また人事権者を一律に各省大臣と定めることで、掘り崩されてしまっているのではないか、政治学において、内閣不在のまま国会――いわゆる「族議員」――と各省とが直接に結びついているとの批判を受ける状況を、憲法学も見過ごしてきたのではないか、という指摘を行った。この点、憲法六五条の「行政権」の意味の再検討を通じて、憲法学においても処方箋を示すことができると考える。

*

それでは、内閣の運営および行政各部との関係における内閣総理大臣の地位と権限について、どのように理解するべきか。本書の主張は次のとおりである。すなわち、組織上、はじめに内閣総理大臣が指名・任命され、内閣総理大臣が国務大臣の任免権を有するという任免の関係（憲法六七条、六八条）、内閣総理大臣の欠缺が直ちに内閣総辞職を導くという牽連の関係（憲法七〇条）から、内閣総理大臣が優位に立つことは明らかである。かかる組織上の優位に基づいて、内閣総理大臣は、内閣の運営上も優越的な地位にあることが、日本国憲法上、含意されていると解するべきである。憲法が内閣総理大臣を「首長」（憲法六六条一項）とするのは、そのような含意の表れとして解釈するべきであろう。憲法典は内閣の運営に関して明文の定めを置かないが、これは内閣に一定の自律権を認めた趣旨であると解されるところ、この自律権の枠内で運営を行うのは首長たる内閣総理大臣なのである。内閣総理大臣は、首長であることから、閣議の主宰権を有し、みずから国政上重要であると判断する事項――中長期的な政策から個別の案件まで広く含まれる――を議題として設定し、議論を主導し、必要であれば内閣としての意思決定を導くことができる。連帯責任（憲法六六条三項）は、しばしば説かれてきたごとく内閣内部の意思決定時における全員一致原則と直ちに結び付くものではなく、むしろ、内閣の意思決定後の内閣構成員の外部での言動に関する一体性の要請を導くものであると解するべきである。それゆえ、この原則は、内閣総理大臣の権限を制限するのではなく、強化する機能を有する。閣議の秘密性の原則もこのような連帯責任の観念に対応したものと解するべきである。

行政各部との関係では、第一に、行政組織編制権は、憲法六五条の「行政権」に含まれる行政各部に対する広義の総合調整権の一部として内閣にも帰属し、それゆえ国会と内閣の共管事項であるとの理解に立つべきである。このように解しても現行法の定めが合憲であることに変わりはないが、内閣に対する広範な委任が可能であるという点に政治的にも少なからぬ意味が出てくるところである。また、さらに進んで、ドイツのごとく、首相の組閣権——国務大臣の任免権（憲法六八条）——から行政組織編制権も首相単独に帰属するのだとの解釈を導くことも可能かもしれない。仮にそこまでの解釈を行うことはできず、行政組織編制権は合議体としての内閣に属するのだとしても、上述の通り、内閣の自律権の枠内でその運営を主導するのは首長たる内閣総理大臣であることから、結局はこの権限の行使を実質的に内閣総理大臣に委ねることが可能になるだろう。

第二に、行政部の職員の人事権もまた、憲法六五条の「行政権」に含まれる行政各部に対する広義の総合調整権の一部として位置づけることができる。さらに、憲法七三条四号の「官吏に関する事項」にも含まれると解するならば、内閣からその権限を奪い——行政各部であっても——他の組織に移すことは、その制度自体に合理性が認められない限り許されないことになろう。この点、下位の職員に関する人事権を各省大臣に委ねることは合理的であろうが、内閣が決定するべき重要な政策の形成に参画することを職務とする幹部職員については——内閣の補佐機構に属する者に限らず各省に属する者についても——内閣の関与を外すべきではない。メリットシステムを維持するために適切な任免の要件や手続を定めることは別に考慮すべきであるが、それを理由として内閣から権限を奪うことまでは正当化されないだろう。幹部職員の人事権についても、行政組織編制権についてと同様の論理で、内閣総理大臣（メリットシステムを維持する観点からは内閣レベルの職業公務員）の主導的な関与を認めることも可能であると解される。

第三に、憲法七二条が定める指揮監督権について、その主体は合議体としての内閣であって、内閣総理大臣による行使には閣議決定が必要であるとの理解が支配的であったが、近時、事前の閣議決定は一般的な方針で足りるとしてその要件を緩和する考えが強くなっている。他方で、ロッキード事件最高裁判決には、さらに、内閣総理大臣の単独による指示権への言及が――憲法上の根拠条文については様々であるが――みられるところ、これに光を当てて活用を図ることも考えられる。指示権と指揮監督権とではその法的効力に大きな差異があるように思われるが、内閣総理大臣と各省大臣という行政部内部の最高レベルの関係におけるその実効性担保手段に着目すれば、両者にその用語が与える印象ほどの違いはない。憲法七二条の解釈として内閣総理大臣は単独で指揮監督権を有するとの理解も学説上は以前から有力に主張されており、筆者もこの理解を支持するが、指示権の活用によってこれと実質的に違いのない状況を生み出すことが可能であると考えられる。

＊

このような理解に基づいて、いくつかの具体的な提案を行ってみたい（なお、以下は、上記の理解に基づけば政府内部で自律的に採用しうる具体的制度には幅が認められることを前提として、より良い政府の運営のために筆者が望ましいと考えるあり方の提案であって、日本国憲法の解釈上、一義的にこうでなければならないというものではない）。

①　内閣の運営について

(ア)　閣議事項　閣議事項の対象は、憲法および法律で内閣の意思決定が求められる事項以外にも、閣議の主宰者たる内閣総理大臣の判断で拡大できることを確認するべきである。政策形成過程において、法律案、予算案や、政令、法律等により作成が予定されている計画といった、内閣としての最終段階の意思決定のみを閣議事項の対象と捉えるのではなく、[1]より前段階での議論——首相からみれば相談や協議に当たる事柄——をも閣議事項とすることを考えてよい。これにより、閣議そしてその主宰者たる内閣総理大臣が、政策を創出する源泉として実際にも機能しうることとなろう。

(イ)　閣議運営・意思決定　現在、大臣行為規範は、閣議決定の形式をとっているが、実質的には、組閣時に内閣総理大臣が国務大臣に対して任命の条件として発出し大臣が任命を受け入れることを通じて合意された文書であると解することもできるだろう。同様に、閣議の意思決定に関するルールを、任命時の内閣総理大臣と国務大臣の合意として捉えることによって、閣議のあり方について、首相が自らのやり方を打ち出すことが容易になると思われる。

閣議中の花押による署名の伝統は、暗黙のうちに厳格な全員一致原則と結び付いているように感じられる。全員の花押の存在が閣議決定の法的な効力発生の必要条件であると解する必要のないことは苫米地事件最高裁判決からも窺えるが、この点を明らかにする必要がある。閣議において実質的な議論を行うという観点からも、この慣行は改めるべきである。議事録は閣議後に作成することを前提とすれば、花押による署名の制度を残すとしても、それは議事録に対する儀礼的なものにとどまる――意思決定の効力は閣議時に、遅くとも首相による議事録の作成と署名の時点で発生している――とするべきだろう。

(ウ)　委員会制度・補佐機構　実質的に内閣の委員会の機能を果たすべき会議体や補佐機構の多くが法律によって設置されている点は日本の特徴である。これは、民主的統制の観点からは正当化されるのかもしれないが、内閣総理大臣による内閣の機能的・創造的運営を過度に抑制していると思われる。委員会や補佐機構の設置改廃が基本的には内閣の首長であり主宰権者である内閣総理大臣の権限であることを出発点として、規律の緩和を図るべきである。その際、組織の設置には人員や予算の割当てが不可欠であるが、かつての首相補佐や近時の国家戦略室等の例から明らかなように、法令によらない場合にこれらを認めない発想が法制にあるようである。少なくとも内閣の補佐機構に関しては、人員や予算に関する法制も組織の柔軟な改編を可能とする方向で見直す必要がある。他方、閣僚会議、本部、連絡会議、重要政策会議といった内閣レベルに置かれる各種の会議体について、その実質的な役割や相互の関係が不明確のまま留まっている。これらを統一的な観点から整理することが、透明性の向上を通じた事後的な民主的統制の観点からも求められる。

②　行政各部との関係について

(ア)　行政組織編制権　国家行政組織法等を改正し、国会による事後的な統制に服することを条件として、内閣ひいては内閣総理大臣に省庁レベルの改廃も含めて広範に委任を行うべきである。委任事項には、組織法の改廃権限のみならず、作用法についても、権限主体に具体的な大臣の名称が明記されている場合にその名称を書き換える権限を含めるのが実際的である。

(イ)　人事権　国家公務員制度改革基本法に従って、各省の幹部職員の人事権を内閣に移管するべきである。人事権者を各省大臣とする国家公務員法五五条については、現在の改正案のように、これを維持したまま適格性審査や協議という制度によって内閣による管理を実質的に可能とすることも考えられるが、これを改正して任命権者を内閣ひいては内閣総理大臣に移管する方が望ましい。メリットシステムの維持は、資格要件や解職要件といった実体法、任免のための手続法の整備を通じて行うべきである。その際、人事権が内閣レベルか各省単位かという論点と、政治家の関与の有無、強弱という論点は、別であることに留意するべきであろう。

(ウ)　指揮監督権　差し当たりロッキード事件最高裁判決が示した「指導、助言等の指示を与える権限」に注目してこれを活用することが有用だと考える。もとより、憲法七二条が内閣総理大臣に単独での指揮監督権を付与しているのだとの本書の立場を前提にするならば、この権限に対する内閣法六条の制限を改廃することも検討に値する。

＊

本書は、憲法学の立場から、首相の地位と権限を規定する規範に関して考察を行ったものである。この考察には、著者自身の力量不足によるものに加えて、考察対象を限定したこと由来する一定の限界があること、もちろんである。最後に、この点を、今後の課題と合わせて示しておきたい。

第一に、政官関係を考察するには、首相や内閣に着目するだけでは足りず、各省内部における「政」と「官」との関係、すなわち各省大臣、副大臣、政務官からなる政治家集団と事務次官を頂点とする各省官僚との関係を検討することが必要である。[2] そこでは、内閣との関係も視野に入れながら、実際の政策過程——法律案や政省令の作成、予算の編成と執行、計画等の企画立案——に即した行政部内の権限や手続に関する法制や慣行を考察することが課題となる。

第二に、現実政治における首相の権力との関係でいえば、政府内部における権限はそれを規定する一要素にすぎない。もちろん、最近の政治学における成果が示すように、それは重要な要素である。[3] しかし、首相の権力を考察するには、議院内閣制においてはとりわけ、与党や国会、さらには国民との関係にも注目する必要があるだろう。[4] 憲法学の立場からは、統治機構の全体像も描きながら、[5] 法律や予算の制定手続、両院の権限分配、さらには選挙制度などについて、[6] 適切な首相の権力の創出や首相たるにふさわしい有能な政治家の輩出という観点からの考察を進める必要がある。[7]

第三に、首相の地位と権限のみを論じ、内閣の運営や行政各部との関係において首相の地位と権限を強化すべきだと説く本書は、もっぱら首相権限の強化が狙いであるとの印象を与えてしまうかもしれない。しかし、それは筆者の本意ではない。内閣を主導する首相権限の意義を認識することで、現代国家において拡大し、また各省に遠心化する傾向のある行政に対して、内閣レベルの政策決定と省庁統制を実効化ならしめることは、国会、国民との関係における行政部全体の責任の所在を明確化することに繋がる。本書でみた連帯責任の論理が示す通り、首相の権限はその行使に対する責任と表裏の関係にある。首相による適切な責任の取り方とそれを通じた行政部全体に対する適切な民主的統制を可能とする具体的な制度について考察することもまた今後の課題である。[8]

（1）法律上内閣の決定が求められる行政計画も、それ以降に内容の具体化が予定されているとはいえ、その時点での内閣の最終的な意思決定ということができる。
（2）憲法学における先行業績として、毛利透「内閣と行政各部の連結のあり方」公法研究六二号（二〇〇〇年）八〇頁以下など。
（3）参照、待鳥聡史『首相政治の制度分析』（千倉書房、二〇一二年）。
（4）政権党との関係を重視するものとして、参照、高安健将『首相の権力』（創文社、二〇〇九年）。
（5）この点、はじめにでも触れた「国民内閣制論」はこれらの点を包括的に論じようとする魅力的なモデルである。高橋和之『国民内閣制の理念と運用』（有斐閣、一九九四年）。
（6）参照、佐藤幸治「日本国憲法と行政権」同『日本国憲法と「法の支配」』（有斐閣、二〇〇二年）二〇九頁以下の二三九〜四〇頁。
（7）筆者のその方面への取り組みとして、参照、拙稿「議院の議事運営に対する内閣の関与について」大石眞先生還暦記念『憲法改革の理念と展開　上巻』（信山社、二〇一二年）五五二頁以下。
（8）参照、大石眞「内閣制度の展開」同『憲法秩序への展望』（有斐閣、二〇〇八年）一八七頁以下の二〇五〜六頁。

索　引

ろ

わ

著者紹介

上 田 健 介（うえだ　けんすけ）

1974年　愛媛県に生まれる
1997年　京都大学法学部卒業
1999年　京都大学大学院法学研究科修士課程修了
2001年　京都大学大学院法学研究科博士後期課程中途退学
現　在　近畿大学大学院法務研究科教授

首相権限と憲法

2013年10月1日　初　版第1刷発行

著　者　上　田　健　介
発行者　阿　部　耕　一

〒162-0041　東京都新宿区早稲田鶴巻町514番地
発行所　株式会社　成　文　堂
電話 03(3203)9201　FAX 03(3203)9206
http://www.seibundoh.co.jp

製版・印刷　三報社印刷　　製本　弘仲製本

ISBN978-4-7923-0554-3 C3032　　検印省略
定価（本体7000円＋税）